国家社科基金后期资助项目

生成语法框架下关系结构的句法与一语习得研究

A Study of the Syntax and the Acquisition of Relative Structures in the Framework of Generative Grammar

杨彩梅　著

商务印书馆
创于1897 The Commercial Press

2013年·北京

图书在版编目(CIP)数据

生成语法框架下关系结构的句法与一语习得研究/杨彩梅著.—北京:商务印书馆,2013
ISBN 978-7-100-10136-3

I.①生… II.①杨… III.①英语—语法—对比研究—汉语②英语—语法—对比研究—法语 IV.①H314②H146③H324

中国版本图书馆CIP数据核字(2013)第170358号

生成语法框架下关系结构的
句法与一语习得研究
杨彩梅 著

商 务 印 书 馆 出 版
(北京王府井大街36号 邮政编码 100710)
商 务 印 书 馆 发 行
北京瑞古冠中印刷厂印刷
ISBN 978-7-100-10136-3

2013年11月第1版 开本787×1092 1/16
2013年11月北京第1次印刷 印张23¼
定价:58.00元

国家社科基金后期资助项目
出版说明

后期资助项目是国家社科基金设立的一类重要项目，旨在鼓励广大社科研究者潜心治学，支持基础研究的优秀成果。它是经过严格评审，从接近完成的科研成果中遴选立项的。为扩大后期资助项目的影响，更好地推动学术发展，促进成果转化，全国哲学社会科学规划办公室按照"统一设计、统一标识、统一版式、形成系列"的总体要求，组织出版国家社科基金后期资助项目成果。

全国哲学社会科学规划办公室

序

本书作者杨彩梅研究关系结构已有十年之久，从事这一课题研究原先的设想是用关系从句来测试汉语句子的界限，这是一个很有创意的设想。我认识她也有十年之久了，这期间充分见证她孜孜不倦学习，勤勤恳恳钻研。十年来我们曾通过电邮、电话、会面等方式反复讨论，交换意见。她针对这一问题持续多年研究，可谓锲而不舍，终于把研究的结果用英语写成了 *To Define Chinese Sentence by Means of Relativization*（《关系化对汉语句子的界定》）一书，由外语教学与研究出版社于 2012 年 6 月出版。

杨彩梅的研究不局限于用关系结构界定汉语句子，还扩展到研究关系结构本身。长期以来中国语言学界对所谓关系结构是比较陌生的，汉语究竟有没有关系结构，大家并没有共识。即使汉语没有所谓的关系结构，也不是什么了不起的中国特色，可能许多语言都没有，甚至大多数语言都没有。大概任何语言都有需要，也都有办法表达“我们请来的客人”“发明蒸汽机的科学家”“人类没有到过的地方”“电脑还没有发明的时代”……不过各种语言用来表达这些意思的句法形式是不是都有共同性的关系结构？许多主张普遍语法的人说是，许多研究语言类型学的人说不是。Bernard Comrie 发现除了欧洲说的印欧语和少数受印欧语影响的其他语族的语言外，世界上其他各地的语言基本上都不用类似英语的关系结构。长期以来中国语言学界并不认为汉语有关系结构，然而近几十年来一些在海外的华人语法学者和看他们著作的外国语言学家往往以为汉语有类似英语的、经过移位构成的关系结构。他们的根据是什么，他们的论据可靠吗？杨彩梅进行了深入研究、论证、判断。

经过十年努力，她对汉语关系结构的方方面面都有所涉及，有所发现。举一个例子，本书第 10 章指出以下两个句子都是关系从句加中心语的结构，然而两者的可接受程度明显不同：“教过的学生全都考上大学的那位老师”；“教过的小王同学走了进来的那位老师”。第一句明显比第二句好。为什么？类似的差异在研究话题句的文献中有记载，一般以为是由于有定无定的差异造成的或者已然未然的差异造成的，杨彩梅首次指出在关系句中也有与话题句相似的情况，并且提出了与前人完全不同的解释。

研究了汉语关系结构的句法和语义特点以后，作者又转向研究关系结构的语言习得，探索儿童是如何学会关系结构的，于是又开辟了一个新的研究领域，通过取样、调查、实验来论证儿童掌握关系结构的假设。十年来研究的课题和研究后的发现像滚雪球一样愈滚愈大，终于取得了丰硕的成果，十年来她在核心期刊上发表了10篇相关内容的论文，成为《生成语法框架下关系结构的句法与一语习得研究》一书的主要内容，该书分成上下两篇，由商务印书馆出版。希望杨彩梅再接再厉，也希望看到更多的同行读过她写的书以后踊跃参与讨论研究。

徐烈炯

2013年3月

目　录

绪　言

“一个孩子习得英语，或者是一个成人学习英语，只要去找到英语的词汇个性就行了，不需要学习英语的特征，因为它们是天生的，是普遍语法。……为什么全世界会有如此多的语言呢？原因在于普遍语法外化(externalization)的手段多种多样。”(Chomsky 2010：60～61)。这些话中的道理似乎不难理解。然而，到底什么是普遍语法/语言共性？什么是普遍语法的外化手段？什么又是词汇个性？这些问题往往很难说清楚。研究者很容易将普遍语法在一种或几种语言中的具体外化手段误认为是普遍语法，或者将词汇个性误认为是语言共性。本书在生成语法的框架下，通过详细比较以英语为母语的成年人、以汉语为母语的成年人、以英语或法语为母语的学龄前儿童以及以汉语为母语的学龄前儿童产出的相应母语关系结构(relative structures)的句法和一语习得，来对以上问题进行详细探讨和回答。全书包括上、下两篇。上篇题为“关系结构的句法研究”。该篇从语言系统内部子系统之间的匹配以及语言系统与外部系统的接口入手，详细探讨了英语、汉语关系结构的共性和个性。下篇题为“关系结构的一语习得研究”。该篇在较大样本实验调查的基础上，详细比较了英语、法语和汉语关系结构的一语习得情况，并提出关系从句的习得假设。全书主要涉及以下3个方面的内容：

1)狭义句法中的合并(external merge)和移位(movement/internal merge)

在以往的跨语言比较研究中，研究者往往倾向于将一种语言中一种语言现象的合并和移位分析直接套用到另一种语言中相应语言现象的句法分析上，例如，近三十年的文献普遍认为英语关系化(relativization)涉及关系代词或/和中心语的移位，结果，研究者纷纷认为汉语关系化也涉及空关系代词或/和中心语的移位。本书则认为，合并是个语言共性问题，因为任何一个句法结构都是成分合并的结果，但谁和谁能进行合并有时却只是个词汇个性问题。与此类似，移位很可能也是个语言共性问题，因为很可能在任何一种语言中都存在某个或某些句法结构是移位的结果，但到底哪种语言中的哪个结构中的哪个成分需要移位却通常只是个词汇个性问题。本书尝试证明：英语关系结构的狭义句法推导中有句法算子的合并和移位，而汉语关系结构的狭义句法推导中没有句法算子的合并和移位，也就是说，虽然关系结构中语义算子—语义变量关系的存在是普遍语法，但句法算子—句法变量关系的存在却不是普遍语法，它只是英语的个性，不是汉语的。这就是本书所要论证的"英语关系结构移位分析"和"汉语关系结构非移位分析"。

2)句法表达式与语义表达式之间的匹配(matching)

研究者一直都在思考句法表达式和语义表达式是否相同这一问题。Russel(1905)很早就指出，虽然在很多情况下，句法表达式和语义表达式相同，但在另一些情况下，句法表达式和语义表达式很难相同。Chomsky(1981:22)认为，"最自然的假设是，句法表达式应该尽可能地和语义表达式相同，这样的句法表达式才是最优的(optimal)"。本书觉得 Chomsky 的这一说法值得商榷。本书提出以下假设：就关系结构而言，句法表达式的复杂是为了句法表达式到语义表达式的转化过程的简单，句法表达式的简单必然导致句法表达式到语义表达式的转化过程的复杂；也就是说，狭义句法推导(即句法表达式的推导生成)中把语义推导(即句法表达式到语义表达式的转化)中的一些任务完成，语义推导就简单些，反之就复杂些。但是，不管是英语关系结构还是汉语关系结构，"狭义句法推导＋语义推导"的总和都会尽可能地同样精简和省力。因此，尽管英、汉语关系结构的句法表达式不同，和语义表达式的相似度也就不同，但在各自的语言体系内都是最优的、完美的。因此，语法的"完美"是个语言共性问题，而走向语法"完美"的途径是个语言个性问题。

3)关系结构的一语习得

40 年来，英语、法语、意大利语等语言中的中心语前置关系从句[①]的习得一直是习得研究中的热点话题，也是一个很有争议的话题。从儿童关系从句的产出和/或理解情况的调查入手，研究者纷纷对关系从句的习得时间提出不同看法和解释，主要呈现出两种截然相反的结论和假说：有文献发现，儿童习得关系从句晚——6 岁以前儿童不能产出和理解成人产出的大部分关系从句——因此提出了"儿童关系结构非移位说"，另有文献则发现，儿童习得关系从句早——儿童在 3 岁左右就能产出和理解关系从句，而且，儿童对主语关系从句的产出和理解早于对宾语关系从句的产出和理解——因此提出了"儿童关系结构移位说"。

① 本书下篇所涉及的关系从句只是限制性关系从句。

本书下篇在对前人的英语、法语关系从句一语习得实验结论和本书的汉语关系从句一语习得实验结果进行比较后提出了全新的“儿童关系结构非移位分析”，认为所有儿童（包括英语、法语、汉语和其他语言的儿童）产出的关系结构的句法表达式中都没有句法算子的存在，也就不存在句法算子的移位。

此外，本书还尝试为儿童语言能力评估和语言障碍诊断编制“儿童关系结构理解能力测试”和“儿童关系结构产出能力测试”。这只是一个开端，还有很多的相关实验和研究需要继续进行。

上篇：关系结构的句法研究

第1章 前言

1.1 研究现状和本书主要观点

从20世纪50年代兴起的转换—生成理论到80年代非常活跃的管约论再到目前方兴未艾的最简方案，关系结构的句法一直是生成语法研究的重要对象，对不同语言中关系结构的句法共性的研究对揭示人类自然语言的普遍语法和人脑认知体系中语言模块的运作规律具有非常重要的意义。本书上篇详细比较了英语、汉语关系结构的句法，主要涉及以下两个问题的研究：1）合并（external merge）和移位（movement/internal merge）操作（主要是指狭义句法/显性句法中的合并和移位操作，本书上篇第9章也提到了隐性句法中的合并和移位操作）；2）句法表达式与语义表达式之间的匹配。

1.1.1 合并和移位

语言科学中语言成分的排列组合问题类似于生命科学中生命成分的排列组合问题。生命科学中，少数基本元素按照一定的规则组合成分子结构，分子结构再按照一定的规则组合成更大的结构，最后组合成一个复杂有序、精巧完美的系统，这一系统就是生命。与此类似，语言科学中，少数基本特征按照一定的规则组合成较大成分，较大成分再按照一定的规则组合成更大的成分，最后组合成一个复杂有序、精巧完美的系统，这一系统就是语言。半个多世纪以来，围绕语言成分之间的排列组合问题，生成句法学家一直在探讨合并和移位这两种基本句法操作手段的运用。在以往的跨语言比较研究中，研究者倾向于将一种语言中一种语言现象的合并和移位分析直接套用到另一种语言中相应语言现象的句法分析上。关系化的句法分析就是一个典型例子：近三十年的文献（如 Chomsky 1977；Safir 1986；Kayne 1994；

Bianchi 1999;De Vries 2002,2006;Aoun & Li 2003;Del Gobbo 2003 等)普遍认为英语关系化中涉及移位,或者是关系代词进行移位,或者是中心语(relative head)进行移位,或者是关系代词和中心语一起移位;与之相应,研究者(如 Huang 1982/1998;Chiu 1993;Wu 2000;Simpson 2001,2002;Del Gobbo 2003;Aoun & Li 2003;熊仲儒 2005;陈宗利 2007;刘礼进 2010;安丰存、刘春光 2010 等)纷纷对汉语关系化做出类似分析,认为汉语关系化也涉及关系代词或/和中心语的移位。但本书认为,文献中已有的关于英语关系化的移位分析很可能都不适合于汉语关系化的句法分析。本书上篇的一个重要内容就是尝试提供较多、较系统的事实证据来支持英语关系化的移位分析和汉语关系化的非移位分析,在此基础上寻找关系结构的句法共性。本书下篇尝试从一语习得的角度来证明关系化的移位分析也不适合于儿童关系结构的句法分析。本书以为,无论是英语、法语儿童还是汉语儿童还是其他语言儿童,其关系结构的生成机制和汉语成人关系结构的生成机制一致,即非移位生成/合并生成。因此,合并是个语言共性问题,因为任何一个语言结构都是成分合并的结果,但到底谁和谁能进行合并有时却只是个词汇个性问题,例如在汉语中*吃*和*食堂*能合并,而在英语中相应的表达 eat 和 the cafeteria 却不能合并,又如汉语中的*适应*可以和*社会*合并,而英语中必须用 adapt oneself to the society 来表示类似概念/意义。与此类似,移位很可能也是个语言共性问题,因为很可能在任何一种语言中都存在某个或某些语言结构是移位的结果,但到底哪种语言中的哪个结构中的哪个成分需要移位却通常只是个词汇个性问题。本书通篇尝试证明,成人英语关系结构的狭义句法推导中有句法算子的合并和移位,而成人汉语关系结构以及所有儿童关系结构的狭义句法推导中没有句法算子的合并和移位。

陆俭明、郭锐(1998:20)曾提到,"简单地搬用西方普通语言学理论来处理汉语,这当然是不可取的;片面地强调汉语的特性,这也是不可取的。因为上述两种倾向,正如王洪君(1994)所指出的,'在某种意义上看有通病,就是其立足点事实上都只限于如何处理汉语,而不把处理人类语言的共性当作自己的任务'"。本书尝试做到,既不简单地搬用西方语言学理论来处理汉语,也不片面地强调汉语的特性,而是把分清人类自然语言的共性和个性作为研究的目标。

1.1.2 句法表达式与语义表达式之间的匹配

句法表达式与语义表达式之间的匹配也一直是语言学研究的重要课题。研究者主要从以下两个着眼点来讨论句法表达式和语义表达式之间的匹配问题，并出现较大分歧①：

1）是否每一个句法表达式都和唯一一个语义表达式匹配，同时每一个语义表达式都和唯一一个句法表达式匹配？

Chomsky(1957,1965,1981)中的通过推导得出的 Surface-Structure 大致等于 Chomsky(2004)中的 D_{NS}(derivation in narrow syntax)，也即 Radford(2004)中的 syntactic structure，本书将它们翻译成“句法表达式”；而 Chomsky(1981)中的 LF-representation 大致等于 Chomsky(2004)中的 SEM，也即 Radford(2004)中的 semantic representation，本书将它们翻译成“语义表达式”或“LF-表达式”。Chomsky(1957,1965)中的 Deep-Structure 大致等于 LF-representation 或 SEM，这两组概念的重叠性以及它们在语法流程上的冗余性正是 Chomsky(1995,2004)后来取消 Deep-Structure 并修改早期语法流程的重要原因。

有人认为，每一个句法表达式都和唯一一个语义表达式匹配，每一个语义表达式都和唯一一个句法表达式匹配。换句话说，每一条狭义句法规则都和唯一一条语义规则匹配，每一条语义规则都和唯一一条狭义句法规则匹配(参 Lyons 2000:207)。也就是说，由句法表达式为元素构成的集合和由语义表达式为元素构成的集合之间呈现一一映射②(又叫双射函数)的数理逻辑关系。用来证明这一观点的经典例子是 old men and women 这一表达。该表达有[[old men] and women]和[old[men and women]]这两种句法表达式，来分别与两种不同的语义表达式匹配。具体来说，其一，先采用“形容词修饰名词”这一狭义句法规则(即$[_{NP}$ old$[_{NP}$ men]])来与“$\lambda_x \in D_e$. x is old & x is a man”这一语义表达式匹配，然后采用“并列连词”这一狭义句法规则(即由 and 来连接 old men 和 women 这两个并列成分)来与“[$\lambda_x \in D_e$. x is old & x is a man]$\cup$[$\lambda_y \in D_e$. y is a woman]”这一语义表达式匹配，

① 请注意本书对“句法”这个术语的使用。本书的“句法”包括生成语法文献经常提到的“显性句法”和“隐性句法”两个组成部分，是一种广义概念，也就是说，包括本书的“狭义句法”(又称显性句法)和“语义系统”(又称隐性句法)两个组成部分(component)。

② “映射”(mapping)这一数学术语在管约论体系下的著作中就有所使用，如 Chomsky(1981)，在最简方案著作中继续使用，如 Chomsky(1995:20～24,2004:107～109)。映射是函数的同义词。设 A,B 是两个集合，如果按照某种对应法则 f(unction)，对于集合 A 中的任何一个元素，在集合 B 中都有唯一的元素与它对应，这样的对应叫作从集合 A 到集合 B 的映射/函数。映射/函数分为映满、映入、一对一(one-to-one)和多对一(many-to-one)四种。映满和映入函数的区别在于值域，如果值域中所有的元素都被论域中的元素选取，那么该函数是一个映满函数，否则是一个映入函数。如果一个函数既是一对一的函数，又是映满函数，则为双射函数(bijection)。另外，(完全)函数和部分函数(又称不完全/部分映射)的区别在于函数的定义域，即定义域中的元素是否都有一个对应的值在值域中(参蒋严、潘海华 1998)。

这样一来,无论在句法表达式中还是在语义表达式中,old 都只作用于 men 而不作用于 women,也就是说,只有 men 处于 old 的辖域(scope)①内;其二,先采用“并列连词”这一狭义句法规则(即由 and 来连接 men 和 women 这两个并列成分)来与“$[\lambda_x \in D_e.\ x \text{ is a man}] \cup [\lambda_y \in D_e.\ y \text{ is a woman}]$”这一语义表达式匹配,再采用“形容词修饰名词”这一狭义句法规则(即$[_{NP}$ old $[_{NP}$ men and women$]]$)来与“$[\lambda_x \in D_e.\ x \text{ is old } \&\ x \text{ is a man}] \cup [\lambda_y \in D_e.\ y \text{ is old } \&\ y \text{ is a woman}]$”这一语义表达式匹配,这样一来,无论在句法表达式中还是在语义表达式中,整个短语 men and women 都处于 old 的辖域内。总之,持这种观点的人认为,每一条狭义句法规则都和唯一一条语义规则相匹配,每一条语义规则都和唯一一条狭义句法规则相匹配,即所谓的“规则对规则假说”(rule-to-rule hypothesis)(Lyons 2000:207)。这一假说可用图 1 表示。

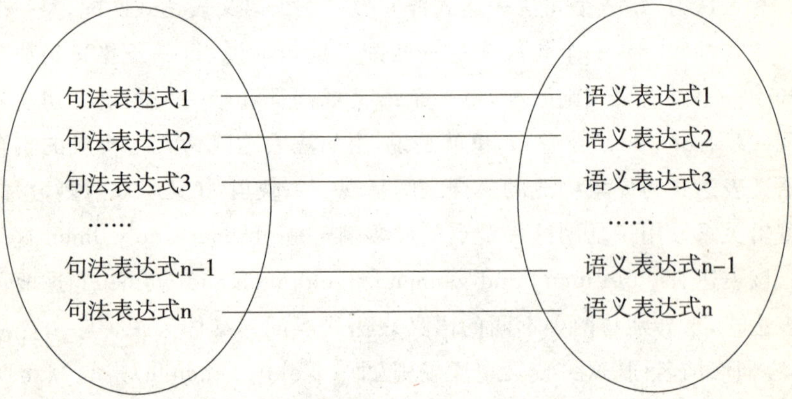

图 1 句法表达式集合和语义表达式集合之间的关系(一)

与以上观点不同,有人认为,有时候,同一个句法表达式会和两个或多个语义表达式匹配。例如,很多文献(包括 Kayne 1994、Bianchi 1999、Demirdache 1991 和 Del Gobbo 2003 等)认为,关系结构的句法表达式(即显性句法)中没有限制性—非限制性(restrictive-nonrestrictive)区别,所有关系从句都处于限定词的辖域内,但语义表达式(即隐性句法)中有限制性—非限制性区别,限制性关系从句处在限定词的辖域内,而非限制性关系从句不在限定词的辖域内。也就是说,有两种语义表达式与同一种句法表达式相匹配。本书也认为,同一种句法表达式可以和两种或更多语义表达

① “辖域”的定义是:当且仅当 B“成分统制”A 时,A 处于 B 的辖域内(Huang 1982/1998:46)。“成分统制”(c-command)的定义是:当且仅当 α 和 β 互不支配(dominate)而且支配 α 的第一个分叉节点也支配 β 时,α“成分统制”β(同上)。

式相匹配(详见本书上篇第 9 章)。

那么,是否存在同一种语义表达式和不同的句法表达式匹配的可能性呢?Chomsky 在管约论(1981)和最简方案(2004)中反复采用"从句法表达式到语义表达式的映射"(mapping)这样的说法。在数学中,映射的定义是:设 A,B 两个集合,如果按照某种对应法则 f,对于集合 A 中的任何一个元素,在集合 B 中都有唯一的元素与它对应,这样的"关系"(Relation)就叫作从集合 A 到集合 B 的映射。因此,"从句法表达式到语义表达式的映射"这种说法本身应该隐含着:对于句法表达式集合中的每一个元素来说,语义表达式集合中都有且只有一个元素来与之匹配,但不排除两个或多个句法表达式来与同一个语义表达式匹配的多对一(many-to-one)映射关系。但是,尽管 Chomsky 用了"从句法表达式到语义表达式的映射"这样的措辞,其本意可能还是说,从句法表达式集合到语义表达式集合的映射为一一映射,因为他强调说,就一种语言现象(比如 *wh*-疑问结构)而言,"最优的"(optimal)句法表达式只有一个,即和语义表达式最相似的那个(又见下文)。然而,本书尝试证明,虽然英、汉语关系结构的语义表达式相同,但句法表达式完全不同,前者是移位的结果,而后者是非移位的结果。因此,同样的语义表达式在不同的语言中可以有不同的句法表达式来与之匹配,而且这些句法表达式对于各自的语言体系而言都是最优的、完美的。

总之,本书认为,虽然在大多数情况下,一个句法表达式和一个语义表达式匹配,即一对一匹配,但有时候,同一个句法表达式可以和两个或更多语义表达式匹配,即一对多匹配,而有时候,两个或更多句法表达式可以和同一个语义表达式匹配,即多对一匹配。

值得注意的是,虽然在典型的形式系统(如数理逻辑、计算机编程技术等)中,两个集合之间的"关系"可以分为映满映射、映入映射、一对一映射、多对一映射、不完全映射以及一对多"关系"①等多种形式,但是,与典型的形式系统不同,自然语言所遵循的"充分解读原则"(Full Interpretation;Chomsky 1995:27,130)决定了:在自然语言中,句法表达式集合和语义表达式集合之间的"关系"可用图 2 表示——两个集合元素之间存在一对一、多对一以及一对多等三种匹配形式,但两个集合之间的"关系"不能是映入映射,也不能是部分映射/不完全映射。也就是说,在自然语言中,不存在无语义表达式与之对应

① 设 A,B 两个集合,如果集合 A 中存在至少一个元素,在集合 B 中有两个或两个以上的元素与之对应,那么集合 A 和集合 B 的"关系"本书称之为一对多"关系"。这种"关系"不是映射。

的句法表达式,也不存在无句法表达式与之对应的语义表达式。

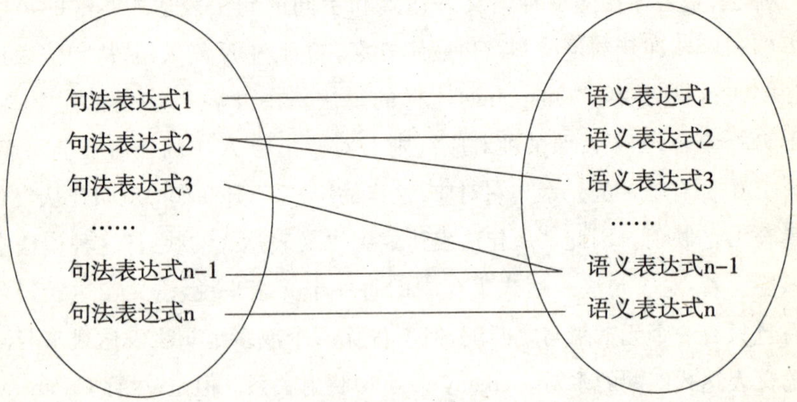

图 2　句法表达式集合和语义表达式集合之间的关系(二)

2)句法表达式和语义表达式是否相同(identical)?

Russel(1905)很早就指出,虽然在很多情况下,句法表达式和语义表达式相同,但在另一些情况下,句法表达式和语义表达式很难相同,这可从 The king of France is bald 的句法表达式和语义表达式之间的不一致得到证明——The king of France is bald 的句法表达式是一个简单句,句子的主语是含限定词 the 的名词短语,然而这一句子的语义表达式却是一个含有三个从句的复合句,这三个从句分别是“there is an only x”,“x is a king of France”和“x is bald”,显然,前两个从句没有狭义句法上的支持(转引自 Lyons 2000:207)。

Chomsky(1981:22)在对英语疑问结构进行研究的基础上总结说,“当句法表达式和语义表达式相同(identical)或基本相同(minimal differences)时,从句法表达式到语义表达式的映射是平凡的/直接的(trivial/stright-forward)”。他还指出,“最自然的假设是,从句法表达式到语义表达式的映射越平凡/直接越好,这样的句法表达式才是最优的”,也就是说,“句法表达式应该尽可能地和语义表达式相同,这样的句法表达式才是最优的”(Chomsky 1981:22)。因此,在 Chomsky 看来,从句法表达式到语义表达式的映射是平凡映射(即每个句法表达式都会和语义表达式尽可能地相同),也是一一映射(即每个句法表达式都有且只有一个语义表达式与之对应)(详见本书上篇 2.1.2 节)。

本书认为,Chomsky 的以上观点值得商榷。本书认为,就关系结构而言,如果由于狭义句法推导过程中有句法算子的合并和移位而使得狭义句法推导过程和相应的句法表达式比较复杂的话,那么句法表达式和语义表达式就会比较一致（即有和语义算子—语义变量关系匹配的句法算子—句法变量关系），语义推导过程（即从句法表达式到语义表达式的映射/转化过程）也就会因此而比较简单；但如果由于狭义句法推导过程中没有句法算子的合并和移位而使得狭义句法推导过程和相应的句法表达式比较简单的话，那么句法表达式和语义表达式就会比较不同（即没有和语义算子—语义变量关系匹配的句法算子—句法变量关系），语义推导过程也会因要涉及语义算子的合并和移位而变得比较复杂（详见后文）。简而言之，就关系结构而言，狭义句法推导的复杂是为了语义推导的简单，狭义句法推导的简单必然导致语义推导的复杂。也就是说，狭义句法推导中把语义推导中的一些任务完成，语义推导就简单些，反之就复杂些。总之，不管是英语关系结构还是汉语关系结构，“狭义句法推导＋语义推导”的总和都会尽可能地同样精简和省力。所以，尽管英、汉语关系结构的句法表达式不同，和语义表达式的相似度也就不同，但在各自的体系内都是最优的、完美的。

1.2　理论的利用和创新

图3是最简方案（Minimalist Program）中的语法流程模型图（参Chomsky 1995，1998，1999，2004，2008；Collins 2011；比较 Radford 2004：9；石定栩 2003：38；徐烈炯 2008：111）。它是本书的理论框架和基本思路。二十年来最简方案研究不断发展，术语也常有变化，但本书以为，图3中反映的是最简方案中的一些根本性的内容，这些内容在Chomsky最简方案著作中始终没有改变，有的内容在管约论体系（如Chomsky 1981，1982）中就有较为详细的论述。

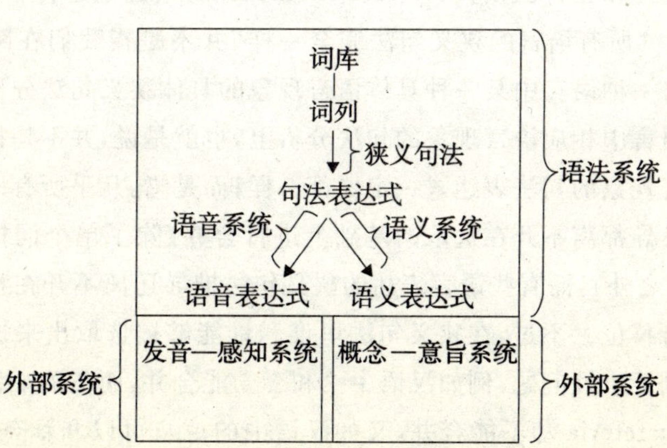

图3　语法流程模型图

接下来对图3做一解析,并阐述本书对Chomsky最简方案语法流程设想的理解、利用和创新:

如图3所示,自然语言L的语言系统(或者说语法系统)除了词库(Lexicon)外,还包括三个子系统:狭义句法(系统)(narrow syntax,又称语言运算系统)、语音系统(phonological component)和语义系统(semantic component)(Chomsky 2004:107)。

普遍语法决定了所有人类自然语言中普遍存在的狭义句法和语义特征,比如,vP的子范畴(subcategorize)是VP,这是一条普遍的狭义句法特征,又如,关系从句的语义解读中一定有语义变量和语义算子的存在,这是一条普遍的语义特征(详见本书上篇2.1.1节);这些普遍特征构成一个大集合{F}(F为Feature的缩写);每一种自然语言各自都从{F}中挑出一定的特征,构成子集[F],即[F]⊂{F};[F]中的特征被排列组合成很多词项(lexical items),这些词项的集合形成该语言的词库。每一种语言都有自己独特的词库,不同语言的词库不同,"你"有的词项"我"不一定有,"我"有的词项"你"不一定有(Chomsky 2004)。

"管约论时期用不同参数来处理语言与语言之间的不同现象,最简方案中不提参数了,而把所有的不同几乎都看成是词项与词项之间的不同"(徐烈炯2008:106)。既然语言之间的不同被限制在词库里,那么"所有语言的狭义句法就完全一样"了(Chomsky 2004:107)。"所有语言的语义系统也完全一样"(Chomsky 2004:107)。但"不同语言之间的语音系统会不同"(Chomsky 2004:4)。

Chomsky所说的"所有语言的狭义句法完全一样"被本书理解为:所有语言都采用同一套人类语言运算系统,该运算系统包括在选取(select)的基础上进行合并和在特征核查(feature-checking)的基础上进行移位(参Collins 2011)。"所有语言的狭义句法完全一样"并不是指我们在跨语言比较研究中可将一种语言中某一种具体语言现象的具体狭义句法分析直接套用到另一种语言中相应语言现象的句法分析上,也就是说,并不是指不同语言中相同语言现象的句法表达式一定要都一样;而是指:几乎所有语言表达的狭义句法推导都离不开在选取的基础上进行合并(除了单个词构成的表达如Snake!之外),而有些语言表达的狭义句法推导还离不开在特征核查的基础上进行移位。不过,在狭义句法里谁和谁能够被选取出来进行合并有时只是个词汇个性问题,例如汉语中吃和食堂能合并,而英语中相应的表达eat和the cafeteria却不能合并,又如汉语中的适应可以和社会合并,而英语中必须用adapt oneself to the society来表示类似概念,正如Larson

(2011)所主张的,狭义句法中的选取不是个语义问题(Selection is not semantic),而是个词汇个性(lexically idiosyncratic)问题。同样道理,在特征核查的基础上进行的移位操作也应该是个语言共性问题,因为在任何一种语言中总会存在某个或某些语言结构是移位操作的结果,不过,到底哪种语言中的哪个结构中的哪个成分需要移位却通常只是个词汇个性问题,比方说,英语关系结构中的 who、which 等关系代词需要移位(详见后文),而汉语关系结构中没有类似关系代词,也就没有类似关系代词的移位。总之,"所有语言的狭义句法完全一样"并不是指不同语言中同一语言现象的句法表达式(和句法推导过程)一定要一样;不同语言中同一语言现象的句法表达式(和句法推导过程)可以一样,也可以不一样,但都会运用选取、合并(有时也有移位)这些句法操作,而且由此可以"自然推断婴儿先验地具有循环使用这些句法操作的本领,这个本领是通过人类基因遗传下来的"(宁春岩 2011b:233)。只要有一定的启动(trigger),这些本领就会在一定的时间内很快习得,比如儿童通常在2岁左右习得合并操作,6岁左右习得移位操作。

任何一种自然语言都会通过一定的狭义句法操作生成很多句法表达式。其中,能被拼读出来(spell-out)的句法表达式只有 v*P 语段和 CP 语段。v*P 语段是包括内论元和外论元的及物动词短语(Chomsky 1999),也可以是非作格(unergative)动词构成的动词短语(Collins 2011)。CP 语段是包括时态和语势/语气(force/mood)的完整小句(Chomsky 1999)。要得到某一自然语言中的某一句法表达式,我们首先要从该语言的词库中选取一定的词项,构成一个小集合,该集合被称为词列(lexical array)。例如,从汉语词库中选取他,喜欢和我三个词项,组成{他,喜欢,我}的词列。词列的另一种形式是"被编号过的词列"(numeration),例如{$他_2$,$说_1$,$喜欢_1$,$我_1$}就是一个"被编号过的词列",其中,词项$他_2$会被选取两次,与他说他喜欢我这一表达中的两个他对应。接下来,我们逐一从词列或"被编号过的词列"中选取词项,并依靠合并或"合并+移位"来运算出句法表达式。用 Chomsky(2004:107)的话来说,"语言运算系统按一定的对应法则将词列映射到一定的句法表达式上",或者说,"语言运算系统按一定的对应法则将词列中的词项进行选取、合并或者合并加移位来生成一定的句法表达式"(Chomsky 2004:107~108)。然后,句法表达式被移交(transfer)[①]给语义系统和语音系统。而后,"语音系统按一定的对应法则将句法表达式映射到一定的语音表达式上",或者说,"语音系统按一定的对应法则将句法表达式解读为

① Radford(2004:9)将"移交"解释为"输入"(input)。

一定的语音表达式”(Chomsky 2004:107～108)。同时,“语义系统按一定的对应法则将句法表达式映射到一定的语义表达式上”,或者说,“语义系统按一定的对应法则将句法表达式解读为一定的语义表达式”(同上)。因此,Chomsky 总结说,狭义句法/语言运算系统是生成性的,生成句法表达式;语音系统和语义系统是解读性的,分别将句法表达式解读成一定的语音表达式和语义表达式(Chomsky 2004:109;徐烈炯 2008:111;对比 Culicover & Jackendoff 2005)。而 Radford(2004:9)将 Chomsky 的“语义系统按一定的对应法则将句法表达式映射/解读到一定的语义表达式上”解释为“在语义系统里,句法表达式按一定的对应法则转化(convert)成语义表达式”。本书以为,“转化”一词可能比“解读”一词更明了,因为此时,语义系统容易被理解成一种动态的、从句法表达式到语义表达式的转化系统。其他研究者说得更清楚:词项首先进入狭义句法,进行合并、移位等一系列显性推导,终点是静态的句法表达式,这一终点也称拼读点(spell-out);过了拼读点,句法表达式中的句法单位再进入语义系统,进行合并、移位等一系列隐性推导,终点是静态的语义表达式/LF-表达式;因此,拼读点之前的狭义句法又称显性(overt)句法,拼读点之后的语义系统又称隐性(covert)句法(Grümpel 2002:2;徐烈炯 2009:345)。

本书以为,“所有语言的语义系统也完全一样”应包括以下两个方面的内容和理解:其一,语义系统内的所有(静态的)语义表达式都具有普遍语法的性质,涉及论元结构(argument structure)、信息结构(information structure)、辖域(scope)等内容(Chomsky 2004:114),例如,不管是英语句子 he ate at the restaurant yesterday,还是汉语句子他昨天吃了饭馆,都具有一样的语义表达式,即 he ate something at the restaurant yesterday;其二,既然语义表达式(和句法表达式一样)也是一种层级(hierachical)结构,那么,其形成过程也会涉及隐性的选取、合并和移位等基本的运算手段。但与狭义句法中的选取不同,语义表达式隐性推导中的选取是个语义问题,此时,谁和谁能被选取出来进行隐性合并是个语言共性问题,例如英语动词 eat 和汉语动词吃都只可能选取受事格(Patient Case),不能选取其他格。值得注意的是,虽然不同语言中同一语言现象的语义表达式一样,但句法表达式可能完全不一样,因此,从句法表达式到语义表达式的映射/转化/解读/隐性推导的具体过程也就可能会有很大的不同。从句法表达式到语义表达式的映射/解读/转化/隐性推导的难易度会涉及两种极端,其他的情况处于这两种极端之间,是一个连续变化体。这两种极端分别是:其一,句法表达式和语义表达式一致,也就是说,从句法表达式到语义表达式的映射是平凡的/

直接的(Chomsky 1981:22),此时,句法表达式到语义表达式的转化非常容易,或者说,语义系统内的隐性句法推导非常简单,比如,句法表达式[John likes Susan]和语义表达式[John likes Susan]完全相同,因此从句法表达式[John likes Susan]到语义表达式[John likes Susan]的映射是平凡的,此时,句法表达式到语义表达式的转化非常容易,或者说,语义系统内的隐性句法推导非常简单;其二,句法表达式和语义表达式有很大的不同,从句法表达式到语义表达式的映射是不平凡的/非直接的,此时,句法表达式到语义表达式的转化很难,也就是说,语义系统内的隐性句法推导很复杂,比如说,句法表达式"[$_{CP}$[$_{IP}$ Every man loves a woman]]"在拼读点后进入隐性句法中,其中的句法成分还要继续进行隐性的移位和合并推导,才可得到"[[a woman]$_1$[[every man]$_2$[t_2 loves t_1]]]"这一语义表达式,这就涉及存在量词短语 a man 的隐性提升(Chomsky 1981;1995:377;1998:108,109),导致语义表达式中量词的辖域发生变化。就关系结构来说,本书认为,(以英语为母语的成人)英语关系结构的狭义句法中有句法算子的合并和移位以及句法算子—句法变量关系的形成,因此,从句法表达式到语义表达式的转化容易,我们可以直接将句法算子—句法变量关系转化/解读成语义算子—语义变量关系,此时,句法表达式和语义表达式相同,从句法表达式到语义表达式的映射是平凡的/直接的;而(以汉语为母语的成人)汉语关系结构的狭义句法中没有句法算子的合并和移位,也就没有句法算子—句法变量关系的形成,但是,语义表达式中必须有语义算子、语义变量以及语义算子—语义变量关系的形成,因此,从句法表达式到语义表达式的转化比较难,在转化过程中必须有语义变量、语义算子的合并以及语义算子—语义变量关系的产生,此时,句法表达式和语义表达式不相同,从句法表达式到语义表达式的映射是不平凡的(详见本书后文)。

Chomsky(1981:22)指出,"最自然的假设是,句法表达式应该尽可能地和语义表达式相同",也就是说,"从句法表达式到语义表达式的映射应该越平凡/直接越好,这样的句法表达式才是最优的"。换言之,从句法表达式到语义表达式的转化/解读越容易越好,或者说,语义系统内的隐性句法推导越简单越好,相应的句法表达式才最优。但本书不支持这种看法。本书认为,就关系结构而言,如果由于狭义句法推导过程中有句法算子的合并和移位而使得句法表达式比较复杂的话,那么句法表达式和语义表达式就会比较一致,句法表达式到语义表达式的映射也就会比较平凡,从句法表达式到语义表达式的转化/解读过程也就会比较简单,语义系统内的隐性推导过程也就会比较简单——英语关系结构的情况就属于这一种;但如果狭义句法推导过程中没有句法算子的合并和移位而使得句法表达式较简单的话,那么句法表达式和语义表达式就会比较不一致,句法表达式到语义表达式的映射也就会比较不平凡,从句法表达式到语义表达式的转化/解读过程也就会比较复杂,语义系统中的隐性推导过程也就会因涉及语义算子、语义变量的推导生成而比较复杂——汉语关系结构的情况属于这一种。本书因此以为,不管是英语关系结构还是汉语关系结构,其"句法表达式在狭义句法系统中的显性推导过程"加上"从句法表达式到语义表达式的解读/转化过程(也即语义系统中的隐性推导过程)"的总和或者说总的语法流程都会同样的简单、省力和完美。所以,尽管英、汉语关系结构的句法表达式完全不同,但都是最优的。可见,语法的"完美"和"精简/经济"是个语言共性问题,而走向语法"完美"和"精简/经济"的具体途径是个语言个性/词汇个性问题。总之,任何一种人类语言的狭义句法系统和语义系统都是相互制约、相互补充、相互完善的完美匹配,在该语言的语法系统/语言系统内部达到最省力和最完美的组合,并合力得到一个完美的语法系统/语言系统。这一完美的语言系统再和语言之外的其他认知系统进行完美接口。

图 3 中的最后环节就是语言系统与外部系统的接口①。如图 3 所示,由词库、狭义句法、语音、语义四个子系统构成的语言系统是人脑特有的语言机制。与这一语言系统进行接口的有两个外部系统:发音—感知系统和概念—意旨系统。② 从语言系统这一"机器"中生产出来的"产品",即语音表达式和语义表达式必须能分别被发音—感知系统和概念—意旨系统使用。如果"产品"能够被外部系统使用,那么该产品的整个"生产流程"成功,否则,整个"生成流程"崩溃。语音表达式和语义表达式实际上是语言系统对外部系统发出的工作指令,分别交由发音—感知系统和概念—意旨系统去执行,从而完成整个言语行为(speech acts)。因此,语言系统与外部系统的接口其实是指语音表达式和发音—感知系统之间的接口以及语义表达式和概念—意旨系统之间的接口(Radford 2004:9;chomsky 2004,2010)。例如,语言系统产出 It is very hot 的语义表达式后,向概念—意旨系统发出工

① 效仿 Chomsky(2004),本书对"接口"、"匹配"/"映射"三个术语进行区别,"匹配"/"映射"是指语言内部子系统之间的对接,"接口"则是指语言系统和外部系统之间的对接。

② 发音—感知系统(articulatory-perceptual system)被 Radford(2004:9)解释为言语系统(speech systems);概念—意旨系统(conceptual-intentional system)被他解释为思维系统(thought systems)。Chomsky(2010)用 semantic system 和 conceptual-intentional system 来表示同样的意思,用 sensorimotor system 和 articulatory-perceptual system 来表示同样的意思。请注意 semantic component 和 semantic system 这两个术语在 Chomsky(2004,2010)中的区别,前者就是本书中的"语义系统",是语法/语言系统内的一个子系统;而后者就是"概念—意旨系统",属于外部系统。

作指令，概念—意旨系统就利用这一语义表达式来表达一定的概念、意旨和思维，行使一定的语用功能，最终完成要求听者打开空调的言外行为（illocutionary acts）。又如，疑问句 who do you like？的语义表达式要完成的是疑问的概念和意旨，而英语非限制性 non-restrictive 关系从句（the man,）who I like 的语义表达式要完成的是补充说明或者说注释的意旨和功能（详见本书上篇第 9 章）。

最近，Chomsky（2010：60～61）还说，“为什么会有如此多的语言呢？原因在于普遍语法外化（externalization）的手段多种多样……。外化可不是个简单的任务，它连着两个完全不同的系统：感知运动系统（sensorimotor system）[即发音—感知系统]和语言运算系统。词法（morphology）和音系（phonology）将内部句法体（internal syntactic objects）转成感知运动系统可以处理的东西[即语音表达式]。词法和音系是精细复杂的、变化的、受偶然历史和文化事件（例如诺曼底征服）影响的”。可见，与语义表达式的普遍性不同，语音表达式不具有普遍性，因为不同语言的词法和音系不同。

1.3　主要内容

本书上篇包括 10 章。第 1 章是前言。第 2～6 章主要针对狭义句法（又称语言运算系统或显性句法或从词列到句法表达式的映射系统或句法表达式的推导生成系统）与语义系统（又称语义推导系统或隐性句法或从句法表达式到语义表达式的映射/转化/解读/匹配系统）之间的关系进行研究。这涉及图 4 中的流程图（图 4 为图 3 的一部分）。

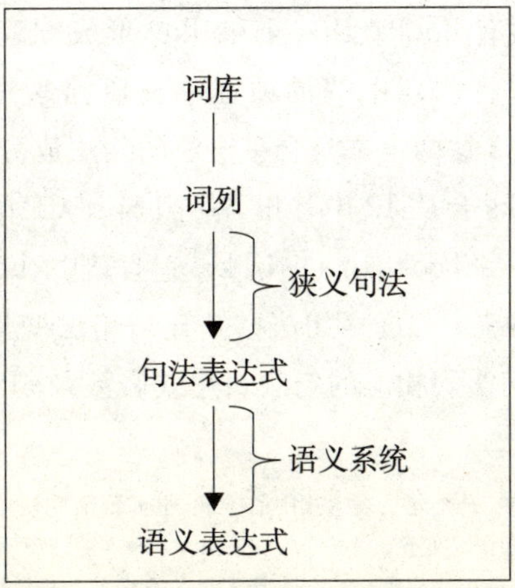

图 4　狭义句法到语义系统的流程图

第2章讨论了英语关系结构的语义表达式和狭义句法。第3章讨论了汉语关系结构的狭义句法。第4章阐述了7条主要的诊断性理由来支持狭义句法中英语关系结构的移位分析和汉语关系结构的非移位分析。第5章通过和英语关系从句语义表达式的比较来研究汉语关系从句的语义表达式。第6章研究了英、汉语关系结构的不同允准条件。总的来说，第2～6章旨在回答以下问题：

1)英语关系结构(如 the books that I like e)中的空语类 e(e 为 empty category 的缩写)是移位语迹/句法变量还是空代词？这一空语类是否存在于英语词库内并被选取出来进入英语关系从句的狭义句法？英语关系结构的句法表达式是什么？狭义句法是怎样将词列映射到句法表达式上的？所采用的句法操作手段是什么？狭义句法运算过程和相应的句法表达式是简单还是复杂？英语关系结构的语义表达式是什么？语义系统是如何将句法表达式映射到语义表达式上的？从句法表达式到语义表达式的映射是平凡的还是不平凡的？

第2～6章中的论证表明，英语关系结构如 the books that I like e 中的空语类 e 不会出现在英语词库中，也就不会被选入词列，因为它只是句法算子移位后留下的语迹，是句法变量。英语关系结构的句法表达式中存在句法算子—句法变量关系，关系从句内的某成分移往关系从句的周边即[Spec CP]位置而成为句法算子，留下的语迹成为句法变量。因此，在英语关系结构(不包括含接应代词的英语关系结构)中，句法算子—句法变量关系的形成一定要通过狭义句法中的移位来完成，合并与移位这两种句法运算手段一起，一步一步地进行操作，最终将词列映射到英语关系从句的句法表达式上。比方说，为了推导出英语关系结构(the) books that I like t，首先，从词库中选入词列的词项有 books、that、I 和 like，形成词列集合{books，that，I，like}，然后，狭义句法将词列中的词项逐一选取出来进行合并、移位操作，当 that 和 I like books 这两个本身合乎语法的句法成分合并成 IP 后，原本在 IP 内基础生成的 books 会从 IP 中移出，落至[Spec CP]位置，成为句法算子，最后得到句法表达式[$_{CP}$ books$_i$ that[$_{IP}$ I like t$_i$]]，其中，books 的移出必然导致 IP 中出现一个句法空缺 t[①]，这一句法空缺充当句法变量[②]。总之，就英语关系结构而言，其狭义句法和相应的句法表达式因涉及句法算子的移位而显得

---

① 本书中的“句法空缺”是指句法表达式中的空缺，也即狭义句法中的空缺。而“语义空缺”是指语义表达式中的空缺，也即语义变量。

② 文献对英语关系结构中到底哪个成分进行了移位有争议，如本书上篇第2章所示。此处暂且接受其中一种分析。

比较复杂。这便是本书所支持的英语关系结构的移位分析。

英语关系从句的语义表达式是一元函数“$\lambda_x \in D_e.\ \varphi(x)$”，存在语义算子—语义变量关系，x 为语义变量，它为 λ-算子所约束，例如“[*who John loves e*]=$\lambda_x \in D_e$. John loves x”。英语关系从句的语义表达式“$\lambda_x \in D_e.\ \varphi(x)$”会有一些复杂变体。但无论是哪种变体，英语关系从句的语义表达式都只能是一元函数，唯一的语义算子（即 λ-算子）约束唯一的语义变量。此为关系结构的“语义双射原则”。该原则是一种普遍语法。

英语关系结构的句法表达式中有句法算子—句法变量关系来与语义表达式中的语义算子—语义变量关系相匹配，因此，从句法表达式到语义表达式的映射是平凡的/直接的，此时，句法表达式和语义表达式相似，分别遵循“句法双射原则”和“语义双射原则”。“句法双射原则”和“语义双射原则”之间呈现出一定的匹配规律。此时，从句法表达式到语义表达式的转化/解读比较容易。总之，英语关系结构的狭义句法较为复杂，涉及句法算子的合并和移位，结果，句法表达式到语义表达式的映射较为平凡/直接，句法算子和语义算子之间以及句法变量和语义变量之间呈现直接的匹配关系，句法表达式和语义表达式呈现很大程度的相似性。

2）与英语关系结构表面对应的汉语关系结构（如我喜欢 e 的书）中的空语类 e 是移位语迹/句法变量还是空代词？它是否存在于汉语词库内并被选取出来进入汉语关系结构的狭义句法推导过程？汉语关系结构的句法表达式是什么？狭义句法是如何将词列映射到句法表达式上的？所采用的句法操作手段是什么？狭义句法运算过程和相应的句法表达式是简单还是复杂？汉语关系结构的语义表达式是什么？语义系统是如何将句法表达式映射到语义表达式上的？从句法表达式到语义表达式的映射是平凡的还是不平凡的？与英语关系结构明显不同的“典型汉语式关系结构”（如女儿很有出息的那个女人；消防队来得非常及时的那场大火；一斤 10 元钱的那种鸡蛋；我给了每个孩子一本书的那户人家；我看你你看我，谁也不知道怎么办的那些人）中到底有没有空语类/空缺？“典型汉语式关系结构”的句法表达式是什么？狭义句法是如何将词列映射到句法表达式上的？所采用的句法操作手段是什么？狭义句法运算过程和相应的句法表达式是简单还是复杂？“典型汉语式关系结构”的语义表达式是什么？语义系统是如何将句法表达式映射到语义表达式上的？从句法表达式到语义表达式的映射是平凡的还是不平凡的？

第 2～6 章表明，汉语关系结构如我喜欢 e 的书中的空语类 e 会出现在汉语词库中，因而会被选入词列，并进入狭义句法推导。该空语类 e 是空接应代词。关系结构中的空接应代词和接应代词都是基础生成,属于(空)代词,只不过其所处语境决定了这一(空)代词只能与中心语同指,不具备他指性。正如(你喜欢张三吗?)我喜欢 pro 这一表达中的空代词 pro 只能与上文中的张三同指一样,其语境决定了这一空代词不具备他指性。表面上,汉语关系结构有两小类:第一小类是关系从句中含有(空)接应代词与中心语同指的关系结构;第二小类是关系从句中不含(空)接应代词与中心语同指的"典型汉语式关系结构"。但实质上,这两类关系结构的句法表达式没有本质区别,都是非移位的结果,也就是说,汉语中其实只有一类关系结构,即"汉语式关系结构"(本书也称之为"汉语关系结构")。和"英语式关系结构"(本书也称之为"英语关系结构")完全不同,"汉语式关系结构"的狭义句法中没有句法算子的合并和移位,因此不存在句法算子和句法变量的约束和被约束关系。当然,任何关系从句的语义表达式都存在语义算子、语义变量以及语义算子和语义变量之间的约束和被约束关系。因此,就"汉语式关系从句"而言,句法表达式到语义表达式的映射/转化是不平凡的/非直接的。这便是本书所主张的汉语关系结构的非移位分析。比方说,为了推导出含空接应代词与中心语同指的汉语关系结构我喜欢 e 的书,首先,从词库中选入词列的词项有我、喜欢、的、书和空接应代词 e,形成词列集合{我,喜欢,的,书,e},然后,狭义句法将词列中的词项逐一选取出来进行合并操作,喜欢和 e 合并成[喜欢 e],[喜欢 e]再和处于主语位置的我合并成[$_{IP}$我喜欢 e],[$_{IP}$我喜欢 e]再和的合并成[$_{CP}$我喜欢 e 的],[$_{CP}$我喜欢 e 的]再和书合并成[$_{NP}$[$_{CP}$我喜欢 e 的]书],其中的空接应代词 e 是基础生成。与此类似,为了推导出"典型汉语式关系结构"大鱼吃小鱼的(那帮家伙),首先从词库中选入词列的词项有大、鱼、吃、小、鱼和的,形成词列集合{大,鱼,吃,小,鱼,的},然后,狭义句法将词列中的词项逐一选取出来进行合并操作,最终得到句法表达式,完成从词列到句法表达式的映射,此时,关系从句中不存在任何句法空缺或接应代词来与中心语同指。

和英语关系从句一样,汉语中所有关系从句的语义表达式也都是一元函数"$\lambda_x \in D_e.\ \varphi(x)$",语义变量 x 被 λ-算子所约束,例如,"[*我爱的(那个人)*]=$\lambda_x \in D_e$. 我爱 x"。部分"典型汉语式关系从句"的语义表达式是"$\lambda_x \in D_e.\ \varphi(x)$"的一种复杂变体,例如"典型汉语式关系从句"我看你你看我的(那些人)的语义表达式"$\lambda_Z \forall_x \forall_y.\ x \in Z\ \&\ y \in Z\ \&$ y 看 x & x 看 y"就是这种特殊变体的一种具体表现,其中的我、你和中心语那些人构成元素—集合关系。同英语关系从句一样,所有汉语关系从句(包括"典型汉语式关系从句")的语义表达式都必须遵守"语义双射原则"。

汉语关系结构的狭义句法较为简单。汉语关系结构的狭义句法不涉及句法算子的合并和移位。因此，句法表达式到语义表达式的映射不平凡/非直接，汉语关系结构中没有句法算子和句法变量来分别与语义算子和语义变量匹配。此时，从句法表达式到语义表达式的转化/解读较难。既然汉语关系结构的句法表达式中没有句法算子和句法变量，那么汉语关系结构就不会受到"句法双射原则"的限制。但是，就句法表达式与语义表达式之间的匹配而言，存在如下规则：关系结构的句法表达式中只有一个（空）接应代词来与语义表达式中的语义变量匹配，其他与（空）接应代词同指的句法成分实现为（空）代词或（空）"反身代词"。不过，汉语中的（空）接应代词、（空）代词和（空）"反身代词"都具有代词性，也就是说，它们实质上都是（空）代词，只不过它们分布在不同的语境中，这些语境决定了它们的解读是什么，是否具有他指性。汉语式关系从句的语义表达式中一定存在语义算子—语义变量关系，故一定要受到"语义双射原则"的制约。在汉语式关系结构中，从句法表达式到语义表达式的映射/转化是不平凡的/非直接的，句法表达式和语义表达式区别很大，没有句法算子—句法变量关系来和语义算子—语义变量关系相匹配。

3）英、汉语关系从句的句法共性和个性是什么？语义共性又是什么？

第2～6章表明，英、汉语关系从句的语义共性是，英、汉语中所有关系从句的语义表达式均为一元函数"$\lambda_x \in D_e . \varphi(x)$"，存在一个语义算子—语义变量关系。这一语义算子—语义变量关系的存在是所有关系结构合格的必要条件。这一必要条件具有普遍语法的性质。句法共性是，都是合并操作的结果。句法个性是，英语式关系结构（不包括含接应代词的英语关系结构）的句法表达式中存在句法算子—句法变量关系来与语义表达式中的语义算子—语义变量关系匹配，句法表达式和语义表达式相似，从句法表达式到语义表达式的映射是平凡的；英语式关系结构的句法算子—句法变量关系由移位产生，句法算子移位后留下语迹成为句法变量；而汉语式关系结构的句法表达式中不存在移位，也就不存在句法算子和句法变量，更不会存在句法算子—句法变量关系，因此，句法表达式和语义表达式出现较大的不一致，从句法表达式到语义表达式的映射/转化是不平凡的/非直接的。英、汉语关系结构在允准条件上的个性是，英语关系结构必须在句法上被允准，即关系从句的谓词必须是句法开放性谓词，句法开放性谓词的存在蕴涵了语义开放性谓词的存在；但是，汉语关系结构必须在句法和语义上同时被允准，语义上，关系从句的谓词必须是语义开放性谓词，而句法上，关系从句的谓词本身必须完整/合乎语法/能单独使用。

总之，虽然生成语法学的历史是一部"移位"研究史，移位的运用和解释贯穿生成语法学的始终,是探索句法的经济性和语言的最简本质的重要内容,但本书以为,当代句法研究对移位分析可能有一定程度的滥用。本书通过英、汉关系化的句法对比来证明一种语言一种结构的移位分析可能并不适合于另一种语言相应结构的分析。本书支持英语关系结构的移位分析但主张汉语关系结构的非移位分析,也就是说,英语关系结构的狭义句法中有移位,而在汉语关系结构的狭义句法中没有移位。因此,本书以为,合并是个语言共性问题,任何一个句法结构都是成分合并的结果,但到底谁和谁能进行合并有时却只是个词汇个性问题。与此类似,移位很可能也是个语言共性问题,因为很可能在任何一种语言中都存在某个或某些句法结构是移位的结果,但到底哪种语言中的哪个结构中的哪个成分需要移位却通常只是个词汇个性问题。本书还认为,就关系结构而言,如果狭义句法推导过程中有句法算子的合并和移位而使得狭义句法推导过程和句法表达式较复杂的话,那么句法表达式和语义表达式就会较为相似(即句法表达式中有和语义表达式中的语义算子—语义变量关系直接匹配的句法算子—句法变量关系),语义推导过程或者说从句法表达式到语义表达式之间的映射/转化过程也会因此而较为简单;但如果狭义句法推导过程中没有句法算子的合并和移位而使得狭义句法推导过程和句法表达式较简单的话,那么句法表达式和语义表达式之间的区别就会较大(即句法表达式中没有和语义算子—语义变量关系匹配的句法算子—句法变量关系),语义推导过程或者说从句法表达式到语义表达式之间的映射/转化过程也会因此而较为复杂。在这两种情况下,我们都能最终得到相同的语义表达式。因此,狭义句法推导中把语义推导中的一些任务完成,语义推导就简单些,反之就复杂些。简而言之,狭义句法推导过程的复杂是为了语义推导过程的简单,狭义句法推导过程的简单必然导致语义推导过程的复杂。但是,不管是英语关系结构还是汉语关系结构,从狭义句法推导到语义推导的总的语法流程都会尽可能地同样简单和完美。所以,尽管英、汉语关系结构的语法流程的具体途径有所不同,但在各自的整体体系下都是最优的、完美的。可见,语法的"完美"是个语言共性问题,而走向语法"完美"的过程是个语言个性/词汇个性问题。总之,不管是英语还是汉语还是其他人类自然语言,每一种语言都是一种完美(Chomsky 2004),每一种语言的狭义句法系统和语义系统都会相互作用、相互制约、相互补充,在该语言的内部达到最佳、最省力的组合。

本书第 7～10 章通过与句子(Sentence)的比较来探讨关系从句的句法。这四章除了继续讨论句法(包括狭义句法和语义系统)外,还讨论了句法与概念—意旨系统之间的接口问题。这涉及图 5 中的流程图(图 5 为图 3 的一部分)。

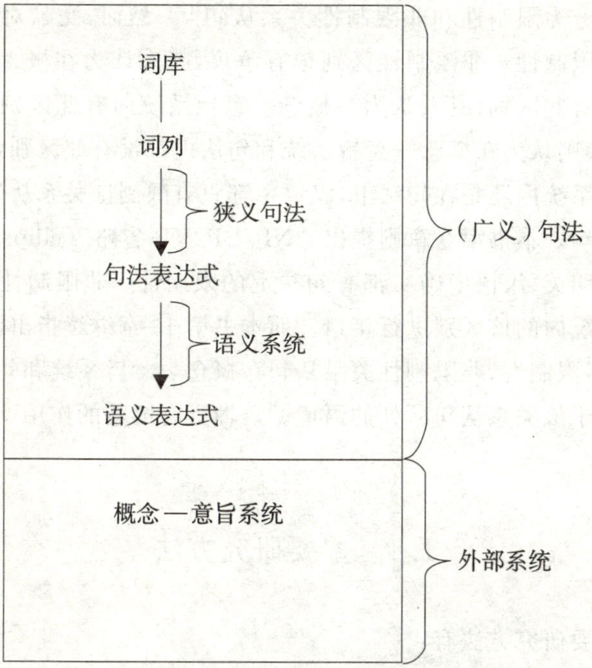

图 5　(广义)句法和概念—意旨系统的接口

第 7 章对比了句子的主观性(subjectivity)和关系从句的客观性(objectivity)这两个概念—意旨系统内的不同语用/功能特征,总结了英、汉语中所有句子主观性语言实现(如语音调节、情态副词、狭义句法移位、句末语气词等)都不能出现在关系从句中的语言事实,基于这些事实评述了 Cinque(1999,2004)、Rizzi(1997,2002)和 Chomsky(1998,2004)等对主观性语言实现的句法研究,最后分析了携带[-subjectivity]特征的关系从句 $CP^{[-subjectivity]}$ 与携带[+subjectivity]特征的句子 $CP^{[+subjectivity]}$ 之间在句法上的联系与区别。

有文献主张在句法系统内从形态句法(morphosyntactic)的角度来界定主从(subordination)和并列(coordination)复句,也有文献在概念—意旨系统内从功能/语用的角度来界定它们。前者认为主从和并列是两种不同的句法结构;后者则认为主从和并列只是概念—意旨系统内的两种思维对立,没有固定的句法结构。本书第 8 章则提出,"关系化检验"是一种稳定可靠、适用于所有语言的界定主从和并列复句的形式手段,也就是说,能关系化的语言表达是主从结构,不能关系化的是并列结构。这一检验表明,主从和并列是两种不同的句法结构,两者的句法位置完全不同。

文献普遍认为英语关系从句在概念—意旨系统内区分为限制性(restrictive)和非限制性(non-restrictive)关系从句,同时在(显性和/或隐性)

句法上也区分为限制性和非限制性关系从句①。然而,文献对于汉语关系从句是否有限制性—非限制性区别很有争议:有人认为在概念—意旨系统和句法内都有此区别;有人认为在概念—意旨系统内有此区别而在句法上没有;少数人则认为在概念—意旨系统和句法内都没有此区别,因为无论在概念—意旨系统内还是在句法上,汉语中都只有限制性关系从句,没有非限制性关系从句。本书第 9 章则提出,"NP/DP/VP-省略"(ellipsis)这种形式手段可以证明英、汉语中确实都有句法上的限制性—非限制性区别来与概念—意旨系统内的该区别进行接口。而本书第 10 章继续指出,无论在英语还是汉语中,限制性、非限制性关系从句在概念—意旨系统和句法内的区别最终都取决于该关系从句所处的语境。语境具有解歧的作用。

1.4 主要研究方法

本书主要研究方法有:

1)对比研究法。对比研究法是生成语法研究的一个基本方法,在理论构建中得到广泛应用。具体技术问题主要是寻找有意义的最小差异对(minimal pair)。例如(1a)和(1b)就是一个有意义的最小差异对,它说明:在汉语关系结构中,介词宾语位置必须出现接应代词(resumptive pronoun)②(详见本书上篇 4.7 节)。通过对最小差异对的发现和解释,我们可以探讨"合法句"和"非法句"之间的对比,在对比中给出关于"为什么"的解释,在"是"与"非"之间寻找"是"的法则,在"能这样说"和"不能那样说"的"其然"中寻找"所以然"(参桂诗春、宁春岩 1997)。对比研究法贯穿本书的每一章节。

(1)a. *[$_{IP}$张三昨晚跟 e 跳了三支舞]的那个女孩(就是小丽)

b. [$_{IP}$张三昨晚跟她跳了三支舞]的那个女孩(就是小丽)

2)跨语言比较研究法。跨语言比较研究法也是生成语法研究的一个重要方法(参桂诗春、宁春岩 1997;徐烈炯 2008:141~149)。生成句法研究者所寻求的普遍语法原则是可以在每一种个体语言中找到的;但从方法论

---

① 非限制性关系从句又被称为同位语(appositive)关系从句(De Vries 2006)和描写性(descriptive)关系从句(Chao 1968;Hashimoto 1971)。

② 潘海华、韩景泉(2005)将 resumptive pronoun 译为复指代词,本书译成接应代词。

的角度来说，研究者很难在一种孤立的个体语言中发现隐藏在语言事实背后的、抽象的普遍语法原则，只有通过语言与语言之间的比较，才更有可能也更容易去伪存真，发现真正的普遍语法原则，从而揭示语言的本质和生物属性。本书对跨语言比较研究法的运用主要体现在对英、汉语关系结构的句法比较研究上。在这一英、汉比较研究中，本书努力做到既不简单地搬用西方普通语言学理论来处理汉语，也不片面地强调汉语的特性，而是尽量摆正汉语特性和语言共性的关系。

3）方法上，“证明其有”比“证明其无”要难得多，“证明其有”必须给出“有”的证据，“证明其无”则只要说明“有”的所有证据都站不住脚。例如，如果要证明世上有鬼，那么就要给出张三是鬼李四是鬼的事实；而如果要证明世上没鬼，那么只要证明张三和李四其实都不是鬼就行了。本书第4章就采用了这样一种方法来证明汉语中的关系化（relativization）中没有移位。文献中提到了几种证据来证明汉语中的关系化中有移位，也就是说，他们捉到了几只“鬼”来证明“有鬼存在”，然而，本书一一说明了这些“鬼”都不是真正的“鬼”，因此得出汉语关系从句中没有移位这一结论。

4）在语料调查方面，本书在收集英语语言事实时采用问卷调查、访问（interview）和语料库相结合的方法，而在收集汉语语言事实时采用内省、问卷调查、访问和语料库相结合的方法。

为了讨论的方便，本书将 the woman whom/that he loved passionately 和他热烈地爱过的女人这样的复杂名词短语称为“关系结构”或者“复杂名词短语”，将其中的 whom/that he loved passionately 和他热烈地爱过的称为“关系从句”，将英语关系从句去除关系代词/*that* 之后的剩余部分 he loved passionately 和汉语关系从句去除的之后的剩余部分他热烈地爱过称为“关系从句的谓词”或者“关系从句的 IP”或者“关系结构的谓词”。Shyu（1995）和 Rizzi（1997，2002）等文献对话题短语 TopP 和焦点短语 FocP 能否出现在关系从句内很有争议（又见杨彩梅 2007），但本书暂不细究，将所有能出现在关系从句内的表达统称为关系从句的谓词/IP。另外，本书研究的对象是含有中心语的关系结构，不包括含空缺中心语的自由关系结构，除非另有说明。还有，本书研究的对象是限制性（restrictive）关系从句，除非另有说明。本书中的“移位”是指显性移位，除非另有说明。

第 2 章　英语关系结构的句法

这一章主要包括以下内容和观点：1）句法表达式中的算子、变量概念与语义表达式中的算子、变量概念有直接的联系，但也有很大的区别（接下来本书使用句法算子和句法变量来分别指狭义句法中的算子和变量，使用语义算子和语义变量来分别指语义系统中的算子和变量）；2）英语关系结构的狭义句法推导中存在句法算子的移位，句法算子移位后留下的语迹成为句法变量；3）英语关系结构的句法表达式遵守"句法双射原则"；4）"句法双射原则"不同于"语义双射原则"，两者呈现一定的匹配规律。

2.1　句法算子与句法变量：移位的结果

2.1.1　语义算子和语义变量：语义开放性谓词

形式语义学利用集合、变量、算子、特征函数等数学概念来揭示自然语言的数学特征，研究的对象主要是词和短语的语义/指谓（denotation）、句子的真值（truth value）以及从词的语义到句子真值的组合过程。例如，不及物动词 snore 的语义是所有打鼾的人构成的集合，该集合用特征提取法（abstraction）定义为"{x：x snores}"，读作"for x，x snores"，其中"x snores"是特征描写式，描写出集合中的所有元素所具备的特征，"for x"是算子，算子对变量 x 进行约束（bind）。如果将集合转化为特征函数（characteristic function），那么 snore 的语义用"λ 提取法"可表达为"$\lambda_x \in D_e$. x snores"，其中"x snores"是特征描写式，x 是变量，λ_x是算子，算子 λ_x约束变量 x，函数的语义类型为 $D_{\langle e,t\rangle}$。因此，snore 是语义开放性谓词。自然语言中的句子（例如 John snores）是由语义开放性谓词（例如 John snores 中的 snores）和能使它饱和的名词短语（例如 John snores 中的 John）构成，名词短语的作用就是使语义开放性谓词得到饱和（saturated）。

在数学和其他所有涉及形式语言的学科(包括数理逻辑、计算机科学/计算机编程技术、形式语义学)中,算子和变量的位置关系是:变量出现在特征描写式中;而算子位于特征描写式的最左端;算子约束变量。例如,在(2a)中,求和算子$\sum_{x=1}^{10}$约束函数关系式 f(x)中的变量 x;在(2b)中,全称算子$\forall_x$和存在算子$\exists_y$分别约束特征描写式/函数关系式φ中的变量 x 和 y。所以,在数学和其他所有涉及形式语言的学科中,约束关系是指算子和变量之间的关系,而且约束关系与一定的线性顺序对应,即算子一定要出现在特征描写式或函数关系式的最左边。更多例子如"For all x,$(x+1)^2=x^2+2x+1$"和"There exists x,such that $x^2=2$",其中的"for all x"和"there exists x"均为算子。

(2) a. $\sum_{x=1}^{10} f(x)$

b. $\forall_x \exists_y. \varphi(x,y)$

另外,本书采用"[*a*]:=b"的格式来表示"某一表达 a 的语义是 b",其中的 a 采用斜体,例如"[*snore*]:= $\lambda_x \in D_e$. x snores"读作"词项 snore 的语义是'$\lambda_x \in D_e$. x snores'"。

世界是一个以无数实体(entity)为元素构成的巨大集合。该集合可分成无数个子集,例如所有的人可以构成子集 A,所有的书可以构成子集 B,子集 A 和 B 各自又有子集,例如所有打鼾的人构成的集合 C 是 A 的子集。每一集合中的所有实体都具有同样的特征,该特征能使人们把该集合中的实体和其他实体区分开来。Jackendoff(1972:61~62)指出,"(限制性)关系从句是这样一种句法手段,它能让语言清楚地描写出那些无法用单个词来描写的复杂特征,从而使听话人顺利地将具备这种复杂特征的实体从其他实体中区分出来。"Lyons(1977:761)也指出,"(限制性)关系从句通过特征描写来使听话人识别整个复杂名词短语①的所指。例如,the man who broke the bank at Monte Carlo(is a mathematician)这一复杂名词短语能通过限制性关系从句 who broke the bank at Monte Carlo 这一特征描写来使听话人识别到底是哪个人被认为是数学家"。Quine(1960:110~111)指出,"关系从句的性质同形容词,处于定语的位置,关系从句和形容词都是通称项,例如在 the car which I bought from you 中的 which I bought from you 是

① 关系从句和中心语(Relative Head)一起构成复杂名词短语(complex noun phrase),本书也称之为关系结构。

通称项,用来修饰和限制以普通名词形式出现的通称项 car,得到另一通称项 car which I bought from you,然后限定词 the 并入,产生单称项 the car which I bought from you。”Arnold(2004:1)还提到,(3a)中的关系从句 which Mary looks after 对中心语 dogs 进行修饰和限制,使得(3a)一方面表示“Kim 有三只由 Mary 照看的狗”,另一方面还暗示着“Kim 除了有三只由 Mary 照看的狗之外还有其他不由 Mary 照看的狗”,故(3a)可扩充成(3b)。

(3)a. Kim has three dogs which Mary looks after. ①

b. Kim has three dogs which Mary looks after. The others all fend for themselves.

根据 Heim & Kratzer(1998:88)的“交集性修饰语”(intersective modifier)观点,(3a)中关系结构 dogs which Mary looks after 的语义可进行如下分析:圆 A 和圆 B 分别代表集合 A 和集合 B,集合 A 表示通称项 dogs 的语义,即“[*dogs*]:={x:x is a dog}”;集合 B 表示关系从句 which Mary looks after 的语义,即“[*which Mary looks after*]:={y:Mary looks after y}”;A⋂B 则表示 dogs which Mary looks after 的语义,即“[*dogs which Mary looks after*]:={x:x is a dog}⋂{y:Mary looks after y}”。当|A⋂B|=3(读作“A⋂B 中元素的数量等于 3”)时,得到 three dogs which Mary looks after 这一表达。另外,A 与 B 的交集关系表明了“A−(A⋂B)”的必然存在。“A−(A⋂B)”表示 dogs which Mary doesn't look after 的语义。因此,(3a)可以有“Kim 除了有由 Mary 照看的狗之外还有其他不由 Mary 照看的狗”这一隐含义,故(3a)可扩展成(3b)。

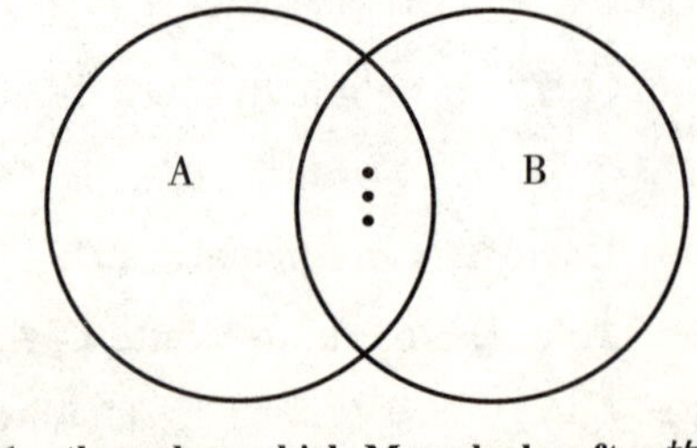

图 1　three dogs which Mary looks after 的语义

在以上关系从句的集合义分析的基础上,Heim & Kratzer[1998:114

① 全文的例句分三类:以“Arnold 2004:1”的格式出现的是直接引用;以“参 Chomsky 1995:205”的格式出现的,是在原著例子的基础上有非实质改变的;其余为笔者所造。

(16)]进一步总结出了英语关系从句①的"λ-提取规则",也称英语关系从句的"谓词提取规则",即(4)。根据此规则及其他规则,英语关系从句(dogs) $which_i$ Mary looks after t_i 的语义可进行(5)中的演算,最后得出"$[\![which_i\ Mary\ looks\ after\ t_i]\!] = \lambda_x \in D_e.\ Mary\ looks\ after$ x"(详见 Heim & Kratzer 1998:86～130)。(5)中演算结果表明,英语关系从句的语义表达式用"λ 提取"表示法可表达为"$\lambda_x \in D_e.\ \varphi(x)$",其中 x 为变量,被 λ-算子约束,函数的语义类型为 $D_{\langle e,t\rangle}$。

(4)谓词提取规则(Predicate Abstraction Rule):

如果 α 节点下有 β_i 和 γ 两个子成分,其中 β_i 是关系代词,且 $i \in \mathbb{N}$,那么,对于任何变量赋值 a 来说,$[\![\alpha]\!]^a = \lambda_x \in D_e.\ [\![\gamma]\!]^{a^{x/i}}$。

(5)　a. $[\![which_i\ Mary\ looks\ after\ t_i]\!]$: ②

$= $ b. $[\![which_i\ Mary\ looks\ after\ t_i]\!]^{\varnothing}$ ③

$= $ c. $\lambda_x \in D_e.\ [\![Mary\ looks\ after\ t_i]\!]^{\varnothing^{x/i}}$ ④

$= $ d. $\lambda_x \in D_e.\ [\![Mary\ looks\ after\ t_i]\!]^{i \to x}$ ⑤

$= $ e. $\lambda_x \in D_e.\ [\![\![looks\ after]\!]^{i \to x}([\![t_i]\!]^{i \to x})([\![Mary]\!]^{i \to x})]$ ⑥

$= $ f. $\lambda_x \in D_e.\ [\![\![looks\ after]\!]([\![x]\!])([\![Mary]\!])]$

$= $ g. $\lambda_x \in D_e.\ [[\lambda y \in D_e.\ \lambda z \in D_e.\ z\ looks\ after\ y](x)(Mary)]$

---

① Heim & Kratzer(1998:115)界定的英语关系从句更广泛,既包括 who、which、when 等引导的关系从句,也包括 what、whoever 和 whichever 引导的在句中可充当主语、宾语或表语的自由关系从句。另外,Heim & Kratzer(1998)把"句法表达式不同"但"语义上等同于其他普通关系从句"的 such that 结构也看成关系从句。

② 根据 Heim & Kratzer[1998:112(11)]中的规则(11)可从(5a)演算出(5b)。该规则的内容:"对于任何树形图 α 而言,$[\![\alpha]\!] := [\![\alpha]\!]^{\varnothing}$。"

③ 根据(4)中的"谓词提取规则"可从(5b)演算出(5c)。

④ 根据 Heim & Kratzer[1998:112(13)]中的规则(13)可从(5c)演算出(5d)。规则(13)的内容为:如果 a 是一个赋值函数,且 $i \in \mathbb{N}$, $x \in D$,那么 $a^{x/i}$($a^{x/i}$读作"修改后的 a 以便将 x 能赋值给 i")是满足以下条件的唯一赋值函数:(i)$a^{x/i}$的定义域是 a 的定义域和{i}的交集;(ii)$a^{x/i}(i) = x$;且(iii)如果 j 是 $a^{x/i}$ 的定义域中的一个元素,只要 $j \neq i$,那么 $a^{x/i}(j) = a(j)$。

⑤ 根据 Heim & Kratzer[1998:44(3)]中的规则(3)可从(5d)演算出(5e)。规则(3)的内容为:函数应用规则(Functional Application)的内容是:如果 α 节点下有 β 和 γ 两个子成分,且$[\![\beta]\!]$是一个函数,其定义域含有$[\![\gamma]\!]$,那么$[\![\alpha]\!] = [\![\beta]\!]([\![\gamma]\!])$。

⑥ 根据 Heim & Kratzer[1998:94(9)]中的规则(9)和 Heim & Kratzer(1998:111)中的规则(9)可从(5e)演算出(5f)。Heim & Kratzer(1998:94)中的规则(9)的内容为:对于任何树形图 α 来说,当且仅当对于所有赋值函数 a 和 b 而言都有"$[\![\alpha]\!]^a = [\![\alpha]\!]^b$"时,α 是函数$[\![\ ]\!]$的定义域内的元素;如果 α 是函数$[\![\ ]\!]$的定义域内的元素,那么对于所有赋值函数 a 而言都有$[\![\alpha]\!] = [\![\alpha]\!]^a$。Heim & Kratzer(1998:111)中的规则(9)的内容为:语迹和代词规则:如果 α 是代词或语迹,a 是变量赋值函数,且 i 是 a 的定义域中的一个元素,那么$[\![\alpha_i]\!]^a = a(i)$。

$=h.\ \lambda_x \in D_e$. Mary looks after x(证完)

(参 Heim & Kratzer 1998:114)

另外,Heim & Kratzer(1998:65)还提出了"谓词修饰原则",即(6)。根据这一原则,复杂名词短语 dogs which Mary looks after 的语义为"$\lambda_x \in D_e$. x is a dog & *Mary looks after* x",如(7)所示。

(6)谓词修饰原则(Predicate Modification):

如果 α 节点下有 β 和γ两个子成分,其中[*β*]和[γ]的函数类型都为 $D_{\langle e,t\rangle}$,那么[*α*]:$=\lambda_x \in D_e$.[[*β*](x)]=[[γ](x)]=1。

(7)[*dogs which Mary looks after*]:

$=\lambda_x \in D_e$.[[*dogs*](x)]=[[*which Mary looks after*](x)]=1

$=\lambda_x \in D_e$. x is a dog & *Mary looks after* x

前文提到,Jackendoff(1972:61~62)指出,"关系从句是这样一种句法手段,它能让语言清楚地描写出那些无法用单个词来描写的复杂特征"。这些特征的复杂程度有大有小,因此,语义表达式"$\lambda_x \in D_e.\ \varphi(x)$"中的特征描写式φ(x)所使用的元语言(metalanguage)的复杂程度也会有大有小。比较简单的比如"[*(the man) who$_i$ t$_i$ sleeps*]:$=\lambda_x \in D_e$. x sleeps"和"[*(the man) who$_i$ t$_i$ loves Mary*]:$=\lambda_x \in D_e$. x loves Mary"中的特征描写式,其中的变量 x 只在一处出现。而比较复杂的特征描写式φ(x)中可在多处出现变量 x。例如在(8b)中,语义表达式中的变量 x 出现在三处地方,分别与(8a)中的语迹 t、代词 he 和反身代词 himself 这三个不同句法概念相对应。又如(9b)中的语义表达式中的变量 x 出现在两处地方,分别与(9a)中的语迹 t 和代词 he 对应;该语义表达式中除了有变量 x 被 λ_x 约束外,另有变量 y 被ι_y算子约束,且 λ_x的辖域大于ι_y。再如(10b)、(11b)和(12b)中的语义表达式中的变量 x 都出现在两处地方,分别与(10a)、(11a)和(12a)中的语迹 t 和寄生空缺 t 对应(关于寄生空缺的论述详见后文),其中在(12b)中,语义表达式中除了有变量 x 被算子 λ_x约束外,另有变量 y 被算子$\forall_y$约束,且 λ_x的辖域大于$\forall_y$。

(8)a. (the man) who t_i says that he_i hates $himself_i$

b. [*who t$_i$ says that he$_i$ hates himself$_i$*]:$=\lambda_x \in D_e$. x says that x hates x

(9) a. (the man) who t_i killed the woman he_i loved

b. [*who t_i killed the woman he_i loved*]: $=\lambda_x \in D_{e.}\ \iota_y \in D_{e.}$ x killed y & y is a woman & x loved y

(10) a. (the man) who the police warned t_i that they would arrest t_i

b. [*who the police warned t_i that they would arrest t_i*]: $=\lambda_x \in D_{e.}$ the police warned x that they would arrest x

(11) a. (the article) $which_i$ John filed t_i without reading t_i

b. [*$which_i$ John filed t_i without reading t_i*]: $=\lambda_x \in D_{e.}$ John filed x without reading x

(12) a. (the $girl_i$) that everyone who gives presents to e_i likes t_i

b. [*that everyone who gives presents to t_i likes t_i*]: $=\lambda_x \in D_{e.}$ $\forall_y \in D_{e.}$ y gives presents to x & y likes x

另外，根据 Heim & Kratzer(1998:65)的“谓词修饰原则”，双重关系从句的语义表达式为“$\lambda_x \in D_e.\ \varphi(x)$ & $\sigma(x)$”，如(13b)所示。含并列子句的关系从句的语义表达式也为“$\lambda_x \in D_e.\ \varphi(x)$ & $\sigma(x)$”，如(14b)和(15b)所示。

(13) a. (the book) that Bill likes t_i which Mary wrote t_i

b. [*that Bill likes t_i which Mary wrote t_i*]:

$=\lambda_x \in D_{e.}$ [[*Bill likes*](x)] = [[*Mary wrote*](x)] = 1

$=\lambda_x \in D_{e.}$ Bill likes x & Mary wrote x

(14) a. (the man) who John hates but/and Mary likes t_i

b. [*who John hates but/and Mary likes t_i*]: $=\lambda_x \in D_{e.}$ John hates x & Mary likes x

(15) a. (the man) who t_i hates John but likes Mary

b. [*who t_i hates John but likes Mary*]: $=\lambda_x \in D_{e.}$ x hates John & x likes Mary

由以上情况可知，英语关系从句的语义表达式是一元函数“$\lambda_x \in D_e.\ \varphi(x)$”，其中 x 可出现在特征描写式的一处位置，也可出现在特征描写式的不同位置。“$\lambda_x \in D_e.\ \varphi(x)$”还可以扩展为“$\lambda_x \in D_e.\ \varphi(x)$ & $\sigma(x)$”。无论是哪种情况，英语关系从句的语义表达式都有唯一一个变量 x 被唯一一个 λ-算子约束，函数的语义类型为 $D_{\langle e,t\rangle}$，此为英语关系从句的“语义双射原则”。任何英语关系从句的语义表达式都必须遵守这一原则。以下三种情况下的英语关系从句的语义表达式因违反了“语义双射原则”而不合语法：

a)语义表达式中出现了自由变量。

变量分两种:自由变量和被约束变量。在典型的形式系统(如数理逻辑、计算机编程技术等)中,没有被算子约束的变量为自由变量,被算子约束的变量为被约束变量。例如,在"$\forall_x \exists_y . \varphi(x,y,z)$"中,z是自由变量,x和y是被约束变量,因此,这一表达的逻辑值(logical value)取决于z的值(参Heim & Kratzer 1998)。

但是,与典型的形式系统(如数理逻辑、计算机编程技术等)不同,自然语言的充分解读原则决定了自然语言绝不允准自由变量的存在(Chomsky1995:153)。例如在(16a)中,语义表达式中出现了自由变量y,违反了"语义双射原则",因而不合语法。同样,在(16b)中,语义表达式中的x是自由变量,y是被约束变量(它被ι-算子约束),既然出现了自由变量x,这一表达式就因违反了"语义双射原则"而不合语法。如果一个关系从句的语义表达式中出现了被约束变量x之外的另一变量y,那么,为了避免违反"语义双射原则",变量y必须被存在算子∃、全称算子∀或有定算子ι等约束,例如(9b)中的"[*who t_i killed the woman he_i loved*]:$= \lambda_x \in D_e.\ \iota_y \in D_e.$ x killed y & y is a woman & x loves y"中含有变量y,但y已被有定算子ι_y约束。同样,(12b)中的"[*that everyone who_i gives presents to t_i likes t_i*]:$= \lambda_x \in D_e.\ \forall_y \in D_e.$ y gives presents to x & y likes x"中含有变量y,但y已被全称算子$\forall_y$约束。因此,(9b)和(12b)都没有违反"语义双射原则",故都是合乎语法的。

(16)a. *[*who_i t_j gives presents to t_i*]$= \lambda_x \in D_e.$ y gives presents to x

b. *[*t_i likes the man who_j t_j left*]$= \iota_y \in D_e.$ x likes y & y is a man & y left

(参 Heim & Kratzer 1998:119)

b)语义表达式中只有算子没有变量,即空量化。

例如在(17b)中,语义表达式中只有算子λ_x,特征描写式中没有变量x,这也违反了"语义双射原则",因此不合语法。

(17)a. *(the man)who John loves Mary

b. *[*who John loves Mary*]:$= \lambda_x \in D_e.$ John loves Mary

c)语义表达式为二元函数。

"$\lambda_x \in D_e.\ \lambda_y \in D_e.\ \varphi(x,y)$"这一语义表达式中出现两个变量x和y,分别

被两个算子 λ_x 和 λ_y 约束，它相当于二元谓词（如 love）的语义表达式。但关系结构的语义表达式只能是一元函数。(18b)中的语义表达式就是二元函数，违反了“语义双射原则”，因而不合语法。

(18) a. *(man book) who_i $which_j$ t_i wrote t_j

b. *[*who_i $which_j$ t_i wrote t_j*]：$=\lambda_x \in D_e.\ \lambda_y \in D_e.$ x wrote y

由上文可知，所有英语关系从句的语义表达式用“λ 提取”表示法都可表达为“$\lambda_x \in D_e.\ \varphi(x)$”，函数的语义类型为 $D_{\langle e,t\rangle}$。该表达式含有唯一一个被 λ-算子约束的语义变量 x。我们知道，不及物动词（又称一元谓词）的语义表达式也是一元函数“$\lambda_x \in D_e.\ \varphi(x)$”，例如，snore 的语义表达式是一元函数“$\lambda_x \in D_e.$ x snores”。可见，英语关系从句的语义表达式相当于 snore 等一元谓词的语义表达式，都只能是一元函数，有唯一一个被 λ-算子约束的语义变量，在语义上不自足，所以英语关系从句的谓词就是语义开放性（一元）谓词。既然英语关系从句的谓词是语义开放性谓词，它就需要达到饱和才能出现在句子中。因此，英语关系从句和中心语之前必须有 the、these、every、any、all、my 等“一类限定词”和 some、few、lots of、two、most、each 等“二类限定词”（Aoun & Li 2003：108，118，122，125）的加入，如(19)所示，这些限定词的功能就是使语义开放性谓词得到饱和，从而使得整个复杂名词短语不再受到 λ-算子的约束，而是受到ι-算子、∀-算子或∃-算子的约束。

(19) a_1. the book which John has read (Alexiadou, et al. 2000：2)

b_1. [*the book which John has read*] $=\iota_x \in D_e.$ x is a book & John has read x

a_2. every girl that Mary saw (Alexiadou, et al. 2000：5)

b_2. [*every girl that Mary saw*] $=\forall_x \in D_e.$ x is a girl & Mary saw x

a_3. some patients that Mary said every doctor would examine tomorrow (Aoun & Li 2003：116)

b_3. [*some patients that Mary said every doctor would examine tomorrow*]
$=\exists_x \in D_e.$ x is some patients & Mary said every doctor would examine x tomorrow

值得注意的是，虽然算子、变量、约束和辖域等概念或术语最初都是数学和形式语义学中的概念或术语,但 Chomsky 等生成句法研究者不断地使用它们。生成句法学中的这些术语与数学和形式语义学中的相应术语息息相关。不过,与数学和形式语义学不同的是,生成句法学对这些术语的诠释通常和一些狭义句法概念紧密联系,例如,在 Chomsky(1977,1981,1995,1999,2004 等)、Koopman & Sportiche(1982)、Huang(1982/1998)、Safir(1986)、Ning(1993)、Aoun & Li(2003)等生成句法文献中,算子、变量概念总是与"前往 COMP 的移位"、"非论元约束"等典型的狭义句法概念不可分割。而且在狭义句法中,算子对变量的约束会受到一些句法原则如"双射原则"(Koopman & Sportiche 1982)的制约。总之,句法表达式中的算子—变量关系源于语义表达式中的算子—变量关系,但又不同于语义表达式中的算子—变量关系,两者之间会呈现一定的匹配规律。接下来本书讨论句法表达式中的算子(即句法算子)和变量(即句法变量)的定义和特点,并探讨句法表达式中的算子和变量与语义表达式中的算子(即语义算子)和变量(即语义变量)之间的联系和区别。

2.1.2 句法算子与句法变量

2.1.2.1 *wh*-算子移位分析

Chomsky(1977,1980,1981,1995,1999,2004 等)以英语 *wh*-疑问句和关系结构[1]为例详细说明了句法算子和句法变量是如何分别与语义算子和语义变量发生联系的,或者说,句法表达式是如何映射到语义表达式上的,或者说,狭义句法系统和语义系统之间是如何匹配的。

先看(20~23)中的 *wh*-疑问句:

(20)M-who Bill saw[2] (Chomsky 1981:22;Chomsky 1995:290)

(21)for which person x,Bill sawx (同上)

(22)M-[$_{CP}$ who[$_{TP}$ Bill[$_{VP}$ saw α]]] (同上)

(23)M-[$_{CP}$ who$_i$[$_{TP}$ Bill[$_{VP}$ saw t$_i$]]] (同上)

(20)中的 *wh*-疑问句的语义表达式为(21),其中的 for which person x

① 英语中被分析成 *wh*-算子移位的结构除了 *wh*-疑问句和关系结构外还有话题结构(topic structure)和分裂结构(clefts)。

② M是 matrix element(主句成分)的缩写,例如 I don't know[who Bill saw]中的 I don't know 属于 M 部分。

是语义算子，Bill saw x 是特征描写式，x 是语义变量。那么，(21)这一语义表达式会与什么样的句法表达式匹配呢？或者说，什么样的句法表达式会被映射到(21)这一语义表达式上呢？或者说，什么样的句法表达式会被解读/转化成(21)这一语义表达式上呢？本书上篇 1.2 节提到，Chomsky 认为，有时候，句法表达式和语义表达式一致，此时，从句法表达式到语义表达式的映射是平凡的/直接的[①]；有时候，句法表达式和语义表达式不一致，此时，从句法表达式到语义表达式的映射是不平凡的/非直接的。Chomsky 还认为，最自然的假设是，句法表达式应该尽可能地和语义表达式接近，也就是说，从句法表达式到语义表达式的映射越平凡/直接越好，这样的句法表达式才是最优的。因此对于语义表达式(21)而言，(22)是最优的句法表达式——因为(22)中的 *wh*-短语 who 在语义系统中能被直接解读[②]为(21)中的语义算子"for which person x"，而(22)中的 α 在语义系统中能被直接解读为(21)中的语义变量 x。于是，(22)中的 who 就成为了句法表达式中的算子(即句法算子)，而 α 就成为了句法表达式中的变量(即句法变量)，句法算子 who 约束句法变量 α。由于(22)中的句法变量 α 在语音表达式中缺乏语音属性(即 α＝$[_{NP}e]$)，且 α 被 who 约束，所以在狭义句法里，句法变量 α 被认为是句法算子 who 移位后留下的语迹。这样一来，对语义表达式(21)而言，最优的句法表达式就是(23)。

现在正过来思考，就英语疑问结构而言，语言系统这一"机器"是按怎样的"生产流程"/语法流程首先生产出句法表达式(23)，然后将句法表达式(23)映射到语义表达式(21)上的呢？如下图 2(即第 1 章中的图 4)中的语法流程所示，首先从英语词库中选出词项 Bill、saw 和 who 构成词列{Bill，saw，who}(语迹 t 不会进入词列)，接着，语言运算系统进行合并操作，从词列中选取 saw 和 who 合并成$[_{VP}$saw who]，接着，Bill 与$[_{VP}$saw who]合并成$[_{TP}$ Bill$[_{VP}$ saw who]]，最后，特征(即 *wh*-特征)核查驱动句法算子 who 移至[Spec CP]位置[③]，留下的语迹 t 成为句法变量，从而得到句法表达式$[_{CP}$ who$_i$ $[_{TP}$ Bill$[_{VP}$ saw t$_i$]]]，即(23)。然后，(23)中的句法算子 who 在语

---

① Chomsky(1981:22)认为就(John knew)that Bill saw Mary 这一表达的句法表达式和语义表达式是一致的，都是 M-$[_{CP}$ that$[_{TP}$ Bill[＋Tense]$[_{VP}$ saw Mary]]](M 是 matrix element 的缩写)。

② Chomsky(1981)的原话是"by spelling out the *wh*-phrase *who$_i$* as 'for which person x'"，这里，他用"拼读"(spell out)来说明句法表达式和语义表达式之间的关系，后来，Chomsky(1995，1998，1999，2004)更多地用"拼读"来说明句法表达式和语音表达式之间的关系(参石定栩 2003；对比徐烈炯 2008：111)，而语义表达式和语音表达式都是对句法表达式的"解读"(interpret)(参 Chomsky 1995：291，2001：5；徐烈炯 2008：111)。

③ C 是"complimentizer"的缩写，通常被译为"标句词"。关于 C 的特征详见下文。

义系统中被解读/转化成(21)中的语义算子“for which person x”,(23)中的句法变量 t 在语义系统中被解读/转化成(21)中的语义变量 x,(23)中的句法算子—句法变量关系被解读/转化成(21)中的语义算子—语义变量关系,也就是说,(23)中的句法表达式被映射到(21)中的语义表达式上。此时,句法表达式和语义表达式一致,因此从句法表达式到语义表达式的映射/解读/转化是平凡的/直接的。

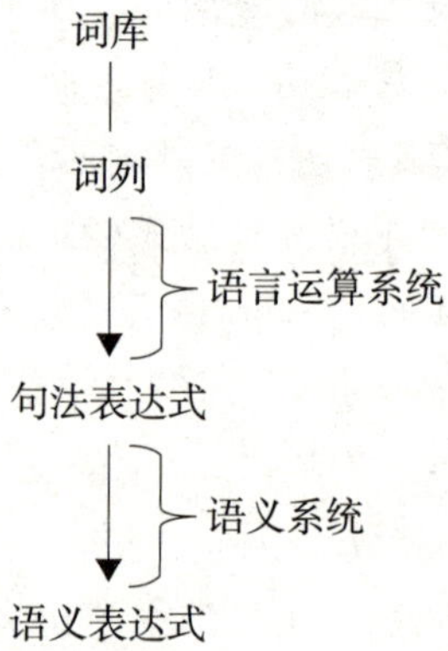

图 2 狭义句法到语义系统的流程图

英语关系从句的句法表达式与语义表达式之间的匹配和以上 *wh*-疑问句的句法表达式与语义表达式之间的匹配极为相似,以(24~27)为例具体说明①。

(24)(the man) who Bill saw

(25)$\lambda_x \in D_e$. Bill saw x

(26)$[_{CP}$ who$[_{TP}$ Bill$[_{VP}$ saw $\alpha]]]$

(27)$[_{CP}$ who$_i[_{TP}$ Bill$[_{VP}$ saw $t_i]]]$

(24)中的关系从句的语义表达式为(25),λ_x是算子,Bill saw x 是特征描写式,x 是语义变量。对于语义表达式(25)而言,(26)为最优的句法表达式——因为(26)中的 who 在语义系统中被解读为语义算子 λ_x,(26)中的 α 在语义系统中被解读为语义变量 x。于是,(26)中的 who 被看成句法算子,α 被看成句法变量,句法算子 who 约束句法变量 α。由于(26)中的句法变

① Chomsky(1977,1981)将关系从句的 *wh*-算子移位和疑问句中的 *wh*-疑问词移位做统一分析,认为两者都有 *wh*-算子(关系代词/*wh*-疑问词)的非论元移位,因为两者都满足非论元移位的诊断原则(diagnostics of A′-movement),即既遵守邻近原则(Subjacency)又允准寄生空缺。

量 α 在语音表达式中缺乏语音属性（即 α=[$_{NP}$e]）①，且 α 被 who 约束，所以在狭义句法里 α 被看作是句法算子 who 移位后留下的语迹。这样一来，对语义表达式(25)而言，最优的句法表达式是(27)。

现在正过来思考，为了得到句法表达式(27)，首先从词库中选出词项 who、Bill 和 saw 构成词列{Bill，saw，who}，接着，狭义句法进行合并操作，从词列中选取 saw 和 who 合并成[$_{VP}$saw who]，然后 Bill 与[$_{VP}$saw who]合并成[$_{TP}$ Bill[$_{VP}$ saw who]]，最后，特征核查驱动句法算子 who 移至[Spec CP]位置，留下变量语迹 t，从而得到句法表达式[$_{CP}$ who$_i$[$_{TP}$ Bill[$_{VP}$ saw t$_i$]]]，即(27)。然后，(27)中的句法算子 who 在语义系统中被解读为(25)中的语义算子 λ_x，而(27)中的句法变量 t 在语义系统中被解读为(25)中的语义变量 x，这样，句法表达式(27)中的算子—变量关系就被映射到语义表达式(25)中的算子—变量关系上了。此时，句法表达式和语义表达式一致，从句法表达式到语义表达式的映射/转化是平凡的/直接的。

本书上篇 2.1.1 节中提到，语义算子和语义变量的位置关系是：语义变量一定出现在特征描写式中；而语义算子位于特征描写式的最左端；语义算子约束语义变量，如(21)和(25)所示。为了在句法表达式中形成与语义表达式中的语义算子—语义变量关系直接对应的句法算子—句法变量关系，英语 *wh*-疑问句和关系结构的狭义句法推导中都有前往[Spec CP]位置的移位操作，如(28)所示，留下的语迹 t$_i$是句法变量，*wh*-短语移往[Spec CP]位置后成为句法算子②。对于该句法表达式而言，[Spec CP]位置是最左端的位置，因此移往这一位置的句法成分也就成了句法算子。可见，虽然算子、变量、约束和辖域等最初都是数学和形式语义学中的术语，但 Chomsky 生成句法研究理论中的这些术语与数学和形式语义学中的相应术语息息相关。

---

① 其他语言如 Gbadi 语和 Vata 语等，关系从句中的句法变量 α 在 PF 语音系统中实现为接应代词，这种接应代词的性质同英语关系从句的句法算子移位语迹（参 Suñer 1998；McCloskey 2006，转引自 Asudeh 2007）（详见本书 4.7 节中关于接应代词的分析）。

② 关于 CP 及其与 TP（即 IP）的关系，Chomsky（1995，1998，2004 等）给予了以下解析：

1）标句词 C 表达各种语势/语气（force/mood）；T 表达时态/事件结构（tense/event structure）。

2）C 和 T 的选择属性（selectional properties）为：

a）就语义选择（semantic selection）而言，C 可以不被任何成分选择，如果被选择，必须被实词（substantive category）选择；T 必须被 C 或 V 选择，被 C 选择时具备完整的ϕ-特征，被 V 选择时不具备完整的ϕ-特征，即 $T_{defective}$。

b）除了以上语义选择外，C 和 T 都还允许一个额外的 Spec 位置，C 的标示语（Specifier，缩写为 Spec）位置为 *wh*-短语提供落脚点，T 的 Spec 位置能为主语提供落脚点，C 和 T 所具有的这一特征被称为 EPP-特征。

(28)

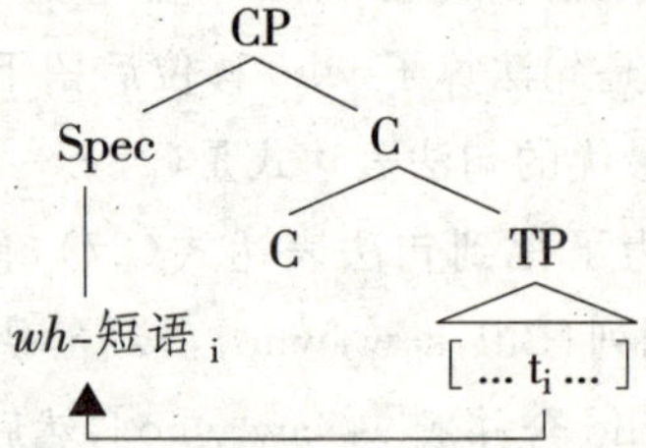

本书认为,就英语 *wh*-疑问句而言,从句法表达式(23)到语义表达式(21)的映射确实是平凡的,而句法表达式(23)也确实是最优的;同样,就英语关系从句而言,从句法表达式(27)到语义表达式(25)的映射确实是平凡的,而句法表达式(27)也确实是最优的。但本书不支持 Chomsky(1981:22)所说的"最自然的假设是,句法表达式应该尽可能地和语义表达式接近,也就是说,从句法表达式到语义表达式的映射应该是越平凡越好,这样的句法表达式才是最优的"这一假设。本书认为,这一假设对英语关系从句和英语 *wh*-疑问句而言为真,但对汉语关系从句而言为假。因此,本书对"什么是最自然的假设"和"什么是最优的句法表达式"持不同看法,详见本书上篇 1.1 和 1.2 节中的相关论述和本书后文的进一步论证。

2.1.2.2 句法算子和句法变量的界定

基于对数学和其他所有涉及形式语言的学科(包括数理逻辑、计算机科学/计算机编程技术、形式语义学)中的算子和变量的思考,也基于对狭义句法系统和语义系统的匹配(特别是 *wh*-疑问句和关系从句中的狭义句法系统和语义系统的匹配)规律的思考和假设(详见上节内容),Chomsky(1981:185)对"变量"给出了如下定义:

(29) 当且仅当 α 满足以下三个条件时,α 才是变量:
(i) $\alpha=[_{NP}e]$,
(ii) α 处于论元位置,
(iii) 有一个 β"局部非论元约束"α。 (原文见 41 页脚注①)

紧接着他对(29)中的 β 做出如下界定:

(30) β 可以是算子、COMP① 中的语迹、COMP 中的空名词短语或

① COMP 是"complimentizer"的缩写,在后来的著作(如 Chomsky 1995)中,"complimentizer"被缩写为 C。Chomsky(1981)中的 COMP 包括[Spec CP]和 C 两个位置。Chomsky(1981:52)指出,COMP 内有两个位置,一个为 *wh*-算子移往 COMP 时提供落脚点,另一个为具有[+/-WH]特征的成分提供落脚点,其中,[-WH]=that,[+WH]指疑问句中的抽象成分。S 即后来的 TP,S̄ 即后来的 CP。

其他附加在 S 或 $\bar{S}$ 上的成分。①

同时，Chomsky(1981:102)对(30)中的"算子"又给出了如下界定：

(31)算子包括量词(quantifiers)、*wh*-短语或 COMP 中起约束作用的名词短语；或有定、无定算子。②

在尾注中，Chomsky(1981:224)用 Riny Huybregts 的研究来支持自己对"变量"的界定，他说："在一篇未出版的文章中，Riny Huybregts 对'变量'提出了类似定义，即认为变量的局部约束者是一个有着'非论元语法功能'的成分，不一定是某种算子。"(原文见本页脚注①。)

Chomsky(1981:184)还反复强调："变量"是"前往 COMP 的移位所留下的语迹"。他(1981:184)还说，任何从论元位置移位(或连续移位)到非论元位置的成分都是"算子"，"算子"是一种"广义的概念"，其意义"很模糊"。后来，Chomsky(1995:41)简明扼要地将"变量"定义为"算子的移位语迹"。

本书以为，从以上的措辞来看，Chomsky(1981，1995)对"算子"和"变量"的界定有些不太明确。他想把狭义句法系统中的"算子"和"变量"概念与语义系统中的"算子"和"变量"做一区分，但此时的他还受到语义系统中的"算子"和"变量"概念的干扰，因此，他所说的"算子"移位既包括了显性移位(即在显性句法中或者说在狭义句法中进行的移位)，也包括了隐性移位(即在隐性句法中或者说在语义系统中进行的移位)。从(31)中关于"算子"的界定来看，"COMP 中起约束作用的名词短语"为"算子"时，算子—变量关系是在狭义句法内进行显性移位的结果；就 *wh*-短语而言，英语中一定有

---

① 原文为：

(6) α is a variable if and only if

(i) $\alpha = [_{NP} e]$

(ii) α is in an A-position

(iii) there is a β that β locally $\bar{A}$-binds α　　(Chomsky 1981:185)

… In the case of a variable, the binder β in (6) may be an operator, a trace in COMP, an empty NP in COMP, or some other element adjoined to S or $\bar{S}$.　　(同上)

在对以上内容加以尾注说明时，Chomsky 写道：In unpublished work, Riny Huybregts suggests a definition of this sort for the notion "variable" (specifically, taking the local binder to be an element bearing an $\bar{A}$-GF, not necessarily an operator of some sort)。(Chomsky 1981:224)

② 原文为："We will understand operators to include quantifiers, *wh*-phrases, or a binding NP in COMP; or definite or indefinite operators as in relative clauses."

一个 *wh*-短语移往[Spec CP]位置成为"算子",此时,算子—变量关系是在狭义句法内进行显性移位的结果,但多元 *wh*-问句中的其他 *wh*-短语只能是在语义系统内进行隐性移位的"算子";此外,(31)中的"量词"在英语中也只能在语义系统内进行隐性的提升,例如 Every man loves a woman 中的全称量词 every 和存在量词 a 都是隐性移位的算子,隐性移位得到[[every man]$_1$[[a woman]$_2$[$_{IP}$ t_1 loves t_2]]]和[[a woman]$_1$[[every man]$_2$[$_{IP}$ t_2 loves t_1]]] 两种不同的语义表达式,即"[$\forall_x$[$\exists_{y.}$ x is a man & y is a woman & x loves y]]"和"[$\exists_x$[$\forall_{y.}$ x is a woman & y is a man & y loves x]]"。即使在 Chomsky(1995)中,对于类似 Every man loves a woman 这样的量词结构,Chomsky(1995:377;1998:108,109)还是以量词提升(即隐性移位)的方式来解释量词结构中"算子—变量关系"的形成。因此,本书以为,Chomsky(1981,1995)没有将语义系统内的算子和变量与狭义句法系统内的算子和变量明确区分开来。

但后来,Chomsky(2004)将语义系统和狭义句法系统做了明确的区分(见本书上篇 1.2 节)。此时,隐性句法中的移位和合并等隐性操作被放到语义系统中。因此,只有在狭义句法(即显性句法)内进行了"前往 COMP 的移位"才会形成句法表达式中的变量和算子,即句法变量和句法算子。因此,(31)中的"COMP 中起约束作用的名词短语"是句法算子,句法算子—句法变量关系是狭义句法系统内显性移位的结果。就(31)中的 *wh*-短语而言,只有一个 *wh*-短语移往[Spec CP]位置成为句法算子,此时,句法算子—句法变量关系是显性移位的结果,但多元 *wh*-问句中的其他 *wh*-短语只能是进行了隐性移位的语义算子,语义算子—语义变量关系是语义系统内隐性移位的结果。同样,(31)中的"量词"在英语中只能是语义算子,如 Every man loves a woman 中的全称量词 every 和存在量词 a 都是语义算子,因为 every 和 a 在狭义句法内都没有"前往 COMP"的显性移位,但在语义系统内有前往语义表达式最左边的隐性移位。

总之,本书以为,尽管先前 Chomsky(1981,1995)对"算子"的界定有些模棱,但从他(2004)后来的行文中可以看出,他所强调的"算子"和"变量"应该分别是指(与显性移位息息相关的)句法算子、句法变量,不同于语义系统中的语义算子、语义变量。只有在狭义句法(即显性句法)内进行了"前往 COMP 的移位"才会形成句法变量—句法算子关系。只有将句法算子、句法变量分别和语义算子、语义变量区分开来,才能清楚地把握狭义句法中的句法表达式和语义系统中的语义表达式之间的匹配规律。本书还以为,虽然 Chomsky(1981,1995)中的"算子"的界定有些模棱，包括了显性移位和隐性移位产生的“算子”，但他所关注的其实一直只是显性移位。因此，他（1981，1995）的“变量”其实还是指句法表达式中的变量（即句法变量），与这一“变量”相应的“算子”也就只能是指句法表达式中的算子（即句法算子）。

综上，Chomsky（1981，1995，2004）所要关注和强调的“算子”和“变量”是指狭义句法/句法表达式层面的概念，而不是语义系统/语义表达式层面的概念。

Chomsky（1981：184）还指出，（句法）算子对（句法）变量的约束又称“周边约束”。他（1998：102，108）还指出，“周边系统”包括语势/语气、话题、焦点等[①]，“周边系统”由标句词 C(omplementizer)来实现。因此，在 Chomsky 看来，英语中的 *wh*-疑问句、关系从句话题结构中都存在“周边约束”。换言之，由于这些英语结构中都存在狭义句法系统内的显性的“前往 COMP 的移位”，因此其句法表达式中都存在算子—变量关系，即句法算子—句法变量关系。总之，任何从论元位置显性移位（或连续移位）到非论元位置的成分都是句法算子，句法算子的语迹为句法变量。

Chomsky（1981：184～185）还对句法表达式中的“约束”关系做出了如下定义：当且仅当 α 和 β 同指（coindexed）且 β“成分统制”（c-command）α 时，β“约束”α。（“成分统制”的定义是：当且仅当 α 和 β 互不支配（dominate）且支配 α 的第一个分叉节点也支配 β 时，α“成分统制”β。）在 Chomsky（1981）及其以后的论著中始终保留四种约束关系的区分：“（句法）算子约束”（又称“周边约束”）、“先行词约束”、“论元约束”和“非论元约束”。句法算子对句法变量的约束为“（句法）算子约束”，也称“周边约束”；先行词对照应语或代词[②]的约束为“先行词约束”；在“论元约束”中，约束者处于论元位置，在“非论元约束”中，约束者处于非论元位置。“（句法）算子约束”属于“非论元约束”，且句法变量必须被句法算子或句法算子的中间语迹“局部非论元约束”，而“先行词约束”属于“论元约束”。例如（32）是含有被动语态的关系结构，（32b）中的语迹 t 是句法变量，被位于[Spec CP]位置的 who“（句法）算子约束/周边约束”；而语迹 t′是照应语，被位于[Spec IP]位置的 t“先行词约束”（参 Chomsky 1981：183，330）。又如，（33）是既含被动结构又含

① 在尾注 45 中，Chomsky（1998：144）指出语势、话题、焦点可能是重叠的（overlap）。关于这三者的关系和重叠情况参看杨彩梅（2007）以及本书第 7 章。

② 有两种代词：“当一个代词或 PRO 有个先行词与它同指时，这一代词或 PRO 称为‘近指（proximate）代词/PRO’，否则称为‘远指（obviative）代词/PRO’”（Chomsky 1981：61）。这里指的是“近指代词/PRO”。

提升结构①的关系结构,(33b)中有三个空缺 t、t′和 t″,只有 t 是句法变量,其他的空缺都是照应语,因为只有 t 满足了被位于[Spec CP]位置的 who“局部非论元约束”这一条件。具体来说,t 被 who“局部非论元约束”;t′被 who“非论元约束”且被 t“局部论元约束”;t″被 who“非论元约束”,被 t“论元约束”,且被 t′“局部论元约束”。因此,t 和 who 之间的约束关系是“(句法)算子约束”关系,t″与 t′之间的关系以及 t′与 t 之间的关系都是“先行词约束”关系。与(32～33)不同,(34)是含有连续 *wh*-移位的关系结构,整个生成过程中只有“(句法)算子约束”,没有“先行词约束”。(34b)中,处于论元位置的语迹 t′是句法变量,被处于[Spec CP_1]位置的语迹 t“局部非论元约束”,并通过语迹 t 的中介作用进而被位于[Spec CP_2]位置的关系代词 who“非论元约束”。但它不能被代词 he“先行词约束”,故不可能有“for which x, x said that Mary kissed x”的语义解读。可见,与数学和其他涉及形式语言的学科中的“约束”概念(详见前文)有些不同,生成句法中的“约束”概念变成了一种狭义句法意义上的“约束”概念。

(32)a. (the man) who was killed

b. (the man)[$_{CP}$ who[$_{IP}$ t was killed t′]]

(33)a. (the man) who seemed to have been killed

b. (the man)[$_{CP}$ who[$_{TP}$ t seemed[$_{TP}$ t′ to have been killed t″]]]

(34)a. (the man) who he said Mary kissed

b. (the man)[$_{CP2}$ who[$_{TP}$ he said[$_{CP1}$ t[$_{TP}$ Mary kissed t′]]]]

总之,Chomsky(1981,1995,1999,2004 等)始终认为:(句法)算子必须处于非论元位置,而(句法)变量必须处于论元位置,为(句法)算子的语迹;“(句法)算子约束”是移位的结果,而“先行词约束”有时是(显性)移位的结果,有时不涉及移位。例如(32b)中句法变量 t 对照应语 t′的“先行词约束”是移位的结果,而(35a)中句法变量 t 对反身代词 himself 的“先行词约束”不涉及移位,(35b)中 he 对反身代词 himself 的“先行词约束”以及句法变量 t 对代词 he 的“先行词约束”都不涉及移位,同样,(35c)中变量 t 对代词

① 这里的提升结构是指含有“提升(raising)谓语”的结构,“提升谓语”有 likely、probable、seem、be believed 等。在这种结构中存在名词短语的移位(NP-movement)(Chomsky 1981),名词短语移往另一个论元位置(而不是移往非论元位置),属于“论元约束”和“先行词约束”。移位后留下的语迹是照应语。

he 的“先行词约束”也不涉及移位。

(35) a. (the man) who t_i hates himself_i

b. (the man) who t_i says that he_i hates himself_i

c. (the man) who t_i killed the woman (whom) he_i loved

2.1.2.3　“句法双射原则”与“语义双射原则”的关系

Koopman & Sportiche(1982)提出了一条制约句法算子—句法变量关系的普遍原则，即“双射(bijective)原则”(对比 Safir 1984；Sells 1984)。该原则的内容为：句法算子和句法变量呈现双射对应关系。也就是说，句法表达式中每一个句法变量都被唯一的句法算子约束，每一个句法算子都约束唯一的句法变量。这一原则是针对句法表达式而言的，因此本书称之为“句法双射原则”。“句法双射原则”的提出与上节中提到的 Chomsky 对句法算子—句法变量关系的界定异曲同工。下面通过与“语义双射原则”的比较，分两种情况来说明“句法双射原则”对句法算子—句法变量关系的制约作用，并揭示“语义双射原则”和“句法双射原则”的匹配规律。

第一种情况：句法变量与语义变量一一匹配，句法算子与语义算子一一匹配。例如，(36b)中的句法变量 t 与(36c)中的语义变量 x 一一匹配，(36b)中的句法算子 who 与(36c)中的语义算子 λ_x 一一匹配。又如，(37b)中的句法变量 t 与(37c)中的语义变量 x 一一匹配，而 t′和 t″是空照应语，不是句法变量，不与语义变量 x 匹配；同时，句法算子 who 与 λ-算子一一匹配。又如，(38b)中的句法变量 t′与语义表达式(38c)中的语义变量 x 一一匹配，语迹 t 是句法算子 who 的中介，不与语义变量 x 匹配；同时，句法算子 who 与 λ-算子一一匹配。

(36) a. (the woman) whom I loved

b. [$_{CP}$ whom [$_{TP}$ I loved t]]

c. [*who I loved*]: = $\lambda_x \in D_e$. I loved x

(37) a. (the man) who seemed to have been killed

b. [$_{CP}$ who [$_{TP}$ t seemed [$_{TP}$ t′ to have been killed t″]]]

c. [*who seemed to have been killed*]: = $\lambda_x \in D_e$. x seemed to have been killed

(38) a. (the man) who John said Mary kissed

b. [$_{CP}$ who [$_{TP}$ John said [$_{CP}$ t [$_{TP}$ Mary kissed t′]]]]

c. [*who John said Mary kissed t*]: $=\lambda_x \in D_e$. John said Mary kissed x

第二种情况:句法表达式中的句法变量、代词或反身代词等同时与语义表达式中的语义变量匹配,但句法算子还是与语义算子一一匹配。例如,(39b)中三个性质完全不同的句法成分(一个为句法变量 t、一个为代词 he,另一个为反身代词 himself)同时与(39c)中的语义变量 x 相对应。而句法表达式(40)违反了"句法双射原则"——(40)中有三个句法变量,被同一个句法算子 who 约束——因而不合语法。又如,(41b)中两个性质完全不同的句法成分(一个为句法变量 t、一个为代词 he)同时与(41c)中的语义变量 x 相对应。与(40)同理,(42)中的句法表达式违反了"句法双射原则",因而不合语法。

(39) a. (the man) who says that he hates himself

b. [$_{CP}$ who$_i$ [$_{TP}$ t$_i$ says that he$_i$ hates himself$_i$]]

c. [*who says that he hates himself*]: $=\lambda_x \in D_e$. x says that x hates x

(40) *(the man) [$_{CP}$ who$_i$ [$_{TP}$ t$_i$ says that t$_i$ hates t$_i$]]

(41) a. (the man) who killed the woman (whom) he loved

b. [$_{CP}$ who [$_{TP}$ t$_i$ killed the woman (whom) he$_i$ loved]]

c. [*who killed the woman (whom) he loved*]:

$=\lambda_x \in D_e$. $\iota_y \in D_e$. x killed y & y is a woman & x loves y

(42) *(the man) [$_{CP}$ who [$_{TP}$ t$_i$ killed the woman (whom) t$_i$ loved]]

前文提到,根据 Heim & Kratzer(1998:65)的"谓词修饰原则",(43a)的语义表达式为(43c)。此时,(43b)中的双重/叠加关系从句通过两套句法算子—句法变量的并列来与(43c)中的一套语义算子—语义变量匹配。但不能出现(44)中的句法表达式,其中有两处句法变量,被同一个句法算子 which 约束,违反了"句法双射原则"。

(43) a. (the book) that Bill likes which Mary wrote

b. [$_{CP}$ Op$_i$ that [$_{TP}$ Bill likes t$_i$]] [$_{CP}$ which$_i$ [$_{TP}$ Mary wrote t$_i$]]

c. $[\![$*(the book) that Bill likes t which Mary wrote t*$]\!]$:

$= \lambda_x \in D_e.\ [\![$*Bill likes*$]\!](x) = [\![$*Mary wrote*$]\!](x) = 1$

$= \lambda_x \in D_e.$ Bill likes x & Mary wrote x

(44) *(the book)[$_{CP}$ which[$_{TP}$ Bill likes t_i][$_{TP}$ Mary wrote t_i]]

以上语言事实表明，由于“句法双射原则”的制约作用，句法表达式中只能出现唯一一处句法变量，被唯一一个句法算子约束，其他与句法变量同指的成分只能实现为代词或者反身代词。而在叠加关系从句结构中，由于“句法双射原则”的制约作用，句法表达式中会有两套句法算子—句法变量与一套语义算子—语义变量相对应。

“句法双射原则”是否能被违反？研究者对这一问题的思索主要针对英语寄生空缺结构。(45～48)存在两个空缺，一个为真空缺，另一个为寄生空缺(详见后文)。Chomsky(1982)认为这两个空缺都是句法变量，被同一个 *wh*-算子约束。这就违反了“句法双射原则”。Chomsky(1982:38)开始指出，对“句法双射原则”的违反使得寄生空缺结构在英语中只能是一种边缘性(marginal)语言现象，不为所有母语者普遍接受。但后来，Chomsky(1986)还是选择了一种遵守“句法双射原则”的解释，认为含寄生空缺的子句中隐含一个“局部非论元约束”寄生空缺的空算子(对比 Safir 1984；Sells 1984 等)，如(48)所示，此时，句法表达式中有两套句法算子—句法变量与一套语义算子—语义变量对应。并列结构(49)与寄生空缺结构的情况类似。如果将(49)中分析成两个句法变量，被同一个 *wh*-算子约束，就违反了“句法双射原则”。于是，George(1980)(转引自 Chomsky 1982:102)指出，该表达在句法上应被分析成并列短语，如(50)所示，这样就没有违反“句法双射原则”。

(45) a. (the man) who$_i$ the police warned t_i that they would arrest t_i

b. $[\![$*who$_i$ the police warned t_i that they would arrest e_i*$]\!]$:

$= \lambda_x \in D_e.$ the police warned x that they would arrest x

(46) a. (the man) that everyone who$_i$ gives presents to t_i likes t_i

b. $[\![$*that everyone who gives presents to t_i likes t_i*$]\!]$:

$= \lambda_x \in D_e.\ \forall y \in D_e.$ y gives presents to x & y likes x

(47) a. (the article) which$_i$ John filed t_i without reading t_i

b. $[\![$*which$_i$ John filed t_i without reading t_i*$]\!]$: $= \lambda_x \in D_e.$ John filed x & John didn't read x

(48) a. (the man)[who$_i$ the police warned t_i that[Op$_i$ they would arrest t_i]]

b. (the man)[Op_i that everyone[who_j t_j gives presents to t_i] likes t_i]

c. (the article)[$which_i$ John filed t_i without[Op_i reading t_i]]

(49) a. (the man) who_i John hates t_i but Mary likes t_i

b. [*(the man) who_i John hates t_i but Mary likes t_i*]: $=\lambda_x \in D_e$. John hates x & Mary likes x

(50) (the man) who_i[John hates but Mary likes] t_i

总之，文献基本认定，"句法双射原则"不能被违反。以下两种情况因违反了"句法双射原则"而不合语法：

1)出现自由句法变量。

例如，(51a)中的空缺 t_1 没有句法算子去约束，是自由句法变量，故(51a)不合语法；(51b)中的空缺 t_1 为自由句法变量(Heim & Kratzer 1998)，因而(51b)也不合语法。

(51) a. [$_{NP}$ man who_2 t_2 likes t_1] (Heim & Kratzer 1998:117)

b. [$_S$ t_1 likes the man who_1 t_1 left]

(Heim & Kratzer 1998:118)

2)只有句法算子而没有句法变量(即空量化)(Chomsky 1995:152)。

例如，(52)中的 *wh*-算子 who 没有可被约束的句法变量，所以(52)不合语法。

(52) who John saw Bill / who did John see Bill

(Chomsky 1995:152)

2.2 英语关系结构的句法算子移位分析

研究者通常从推导和结构两方面来分析英语关系从句的狭义句法。一直存在争议的问题是：就结构而言，关系从句是限定词的补足语还是中心语的附加语？关系从句处于树形图的什么位置？就推导而言，关系结构的中心语(Relative Head)是在关系从句外基础生成①的，还是先在关系从句内基础生成再移出关系从句的？根据他们对这些问题的回答，研究者对关系

① 基础生成(base-generated)指的是由合并(external merge)生成，而不是由移位(internal merge/move)生成(参 Chomsky 1977，1982)。

从句的分析主要可归纳为以下三种：*wh*-算子移位分析，中心语移位分析和折中分析。接下来简单介绍这三种移位分析。

2.2.1　*wh*-算子移位分析

wh-算子移位分析又称标准分析（Chomsky 1977，1980，1981，1995，1999，2004；Safir 1986；Alexiadou et al. 2000）。该分析在本书上篇 2.1.2 节中已有一定介绍。主要观点被 Alexiadou et al.（2000）总结如下：如（53）所示，1）就结构而言，关系从句 CP 是中心语的附加语（adjunct），此为附加语假说；2）就推导而言，关系从句的中心语在关系从句外基础生成，此为中心语基础生成假说；3）就关系从句内部的推导而言，关系从句内的 *wh*-算子或零形式算子 Op 会移到[Spec CP]位置，从而留下句法变量语迹。具体例子如（54a，b）所示：（54a）中的关系代词 which 和（54b）中的零形式 *wh*-算子 Op 从动词 made 的宾语位置移到[Spec CP]位置，留下句法变量语迹 t；整个关系结构是中心语 claim 的附加语；中心语 claim 基础生成，即它是直接从词库中选取出来与 which John made 合并的。Aoun & Li（2003）用（54c）来简明扼要地概括这种分析。标准分析又被称为"附加语＋中心语基础生成分析"。

（53）

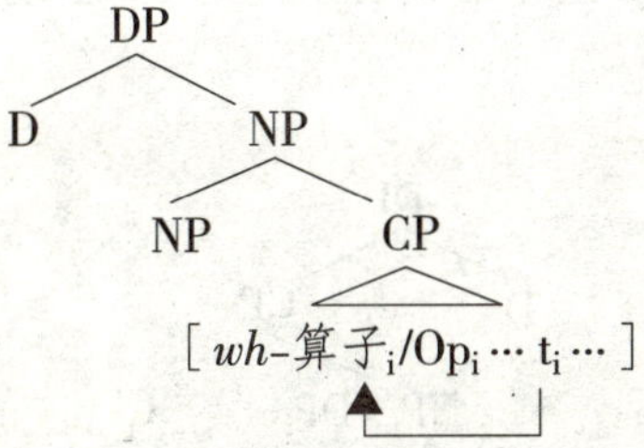

（54）a. $[_{DP}$ the$[_{NP}[_{NP}$ claim$_i][_{CP}$ which$_i$ John made $t_i]]]$

b. $[_{DP}$ the$[_{NP}[_{NP}$ claim$_i][_{CP}$ Op$_i$（that）John made $t_i]]]$

（参 Alexiadou et al. 2000：3）

c. $[_{NP/DP}[_{Head}$ NP/DP$_i$…$][_{Relative\ CP}$ wh$_i[_{IP}$… t_i…$]]]$

（Aoun & Li 2003：100）

总之，*wh*-算子移位分析/标准分析表明，英语关系从句中存在 Chomsky 所界定的句法算子—句法变量关系（详见本书上篇 2.1.2.2 节），句法算子"局部非论元约束"句法变量，其中，句法算子为关系代词或零形式关系代词，句法算子最先位于论元位置，移位到[Spec CP]位置后留下句法变量语迹。

2.2.2 中心语移位分析

中心语移位分析主要是指 Kayne(1994)的“D-CP+中心语直接提升分析”。其基本观点被 Alexiadou et al.(2000)总结如下:如(55)所示,1)就结构而言,关系从句 CP 是限定词 D 的补足语,此为限定词补足语假说;2)就推导而言,关系从句的中心语 NP_i/DP_i 从从句内部移出,落在[Spec CP]位置,留下语迹 t,此为中心语提升假说。两者结合起来被称为“D-CP+中心语直接提升分析”。具体例子如(56~57)所示。(56a)中的中心语 claim 从 made 的宾语位置移到关系从句内的[Spec CP]位置,从而得到(56b),产生语迹 t。(57)中的情况略微复杂些:首先,(57a)中的 which claim 中的名词短语 claim 移位到[Spec DP]位置从而得到(57b),然后,(57b)中的整个限定词短语 claim which 移到[Spec CP]位置,从而得到(57c)。结构上,(56~57)中的关系从句 CP 都是限定词 the 的补足语。值得注意的是,自从有了 NP 与 DP 的区别(Abney 1987),便有了中心语是 NP 还是 DP 的争议(如 Kayne 1994;Bianchi 1999;Aoun & Li 2003;De Vries 2002,2006)。Kayne 将(56)中的中心语 claim 分析成 NP,但 De Vries(2006)在接受 Kayne 的主要观点的基础上将所有从关系从句内移出的中心语统一分析成 DP。按 De Vries 的思路,(56)应改成(58),其中 which 以零形式关系代词 Op 出现。①

(55)

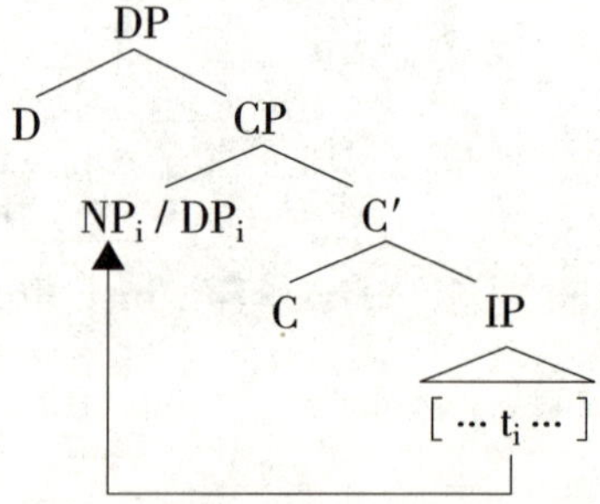

(56) a. $[_{DP}$ the$[_{CP}$ that John made$[_{NP}$ claim]]]

→b. $[_{DP}$ the$[_{CP}[_{NPi}$ claim] that John made t_i]]

(参 Kayne 1994:94)

---

① 对关系从句的中心语移位分析除了“D-CP+中心语直接提升分析”外,还有 Schachter(1973)等人的分析,他们认为,中心语移位后落在关系从句 CP 外,留下 NP-语迹,关系从句是中心语的附加语,如(1)所示。“D-CP+中心语直接提升分析”和 Schachter(1973)等人的分析之间的区别在于中心语移位后落点的不同处理以及中心语与关系从句的结构关系的不同分析。

(1)$[[_{NP}$ the man$]_i[_{CP}$who$[_{IP}$ Mary loves t_i]]] (参 Schachter 1973:33)

(57) a. $[_{DP}$ the $[_{CP}$ C^0 John made $[_{DP}$ which $[_{NP}$ claim]]]]

→b. $[_{DP}$ the $[_{CP}$ C^0 John made $[_{DP}$ $[_{NPi}$ claim] which t_i]]]

→c. $[_{DP}$ the $[_{CP}$ $[_{DPj}$ $[_{NPi}$ claim] which t_i] C^0 John made t_j]]

（同上）

(58) a. $[_{DP}$ the $[_{CP}$ that John made $[_{DP}$ Op $[_{NP}$ claim]]]]

→b. $[_{DP}$ the $[_{CP}$ that John made $[_{DP}$ $[_{NPi}$ claim] Op t_i]]]

→c. $[_{DP}$ the $[_{CP}$ $[_{DPj}$ $[_{NPi}$ claim] Op t_i][that John made t_j]]]

（参 De Vries 2002）

总之，Kayne、De Vries 等的“D-CP＋中心语直接提升分析”也表明，英语关系从句中存在 Chomsky 所界定的句法算子—句法变量关系（详见本书上篇 2.1.2.2 节），句法算子“局部非论元约束”句法变量，其中，句法算子是中心语，或者是关系代词与中心语的组合体，句法算子最先位于论元位置，移位到[Spec CP]位置后留下句法变量语迹。

2.2.3 折中分析

Alexiadou et al.（2000：1～20）详细总结了以上两种分析的优缺点，例如，标准分析无法解释类似 the headway he made 中的重构效应（详见本书上篇 4.1 节）。而“D-CP＋中心语直接提升分析”虽然能很好地解释重构效应，但有些具体推导缺乏语言事实依据。比如，在(56)中，移位的光杆名词 claim 在英语中不能单独存在，也就是说，英语中没有 John made claim 这样的表达；既然没有这样的表达，就不可能在此基础上进一步进行 claim 的移位。(58)中的推导分析也存在同样的问题。另外，(57)中的推导分析也存在问题，因为英语中虽然有[which NP]的表达，但没有[who NP]、[why NP]、[where NP]和[when NP]等用法。

因此，Aoun & Li(2003)尝试对英语关系从句的句法采用一种折中分析。他们在“分裂-CP”(split-CP)框架(Rizzi 1997)下，尝试既解释英语中重构效应的存在，又避免英语中虽然有[which NP]的表达，但没有[who NP]、[why NP]、[where NP]和[when NP]等表达这一问题。他们认为，就结构而言，英语关系从句都是限定词 D 的补足语；就推导而言，英语中存在以下两类关系从句，其句法推导完全不同：

其一，含有 *wh*-关系代词的英语关系从句以及虽然不含 *wh*-关系代词但中心语的限定词为 some、few、lots of、two、most、each 等“二类限定词”的英语关系从句都是关系代词/*wh*-算子移位的结果（参 Aoun & Li 2003：

108,118,122,125)。比如在(59)中,CP 分裂成 ForceP 和 TopP,中心语"boy"在[Spec ForceP]位置上基础生成,而 *wh*-算子 who 在 IP 内基础生成后移至[Spec TopP]位置。

(59)a. the boy who I like

b.

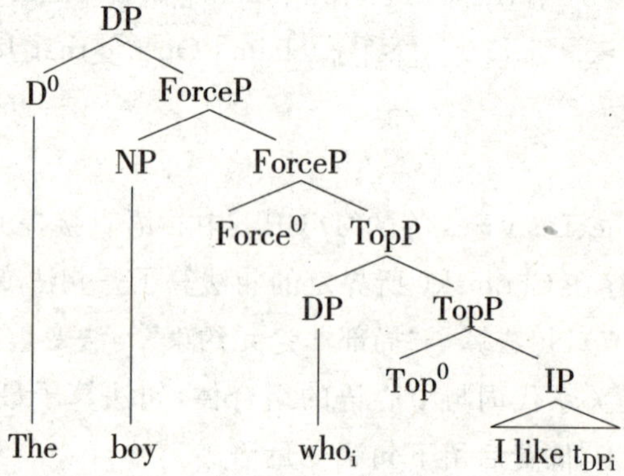

(Aoun & Li 2003:122)

其二,不含 *wh*-关系代词且中心语的限定词为 the、these、every、any、all、my 等"一类限定词"的英语关系从句是中心语提升的结果。比如在(60)中,带空限定词的中心语[$_{DP}$∅boy]基础生成于 IP 内,途经[Spec TopP]后继续移到[Spec ForceP]位置。

(60)a. the boy that I like

b.

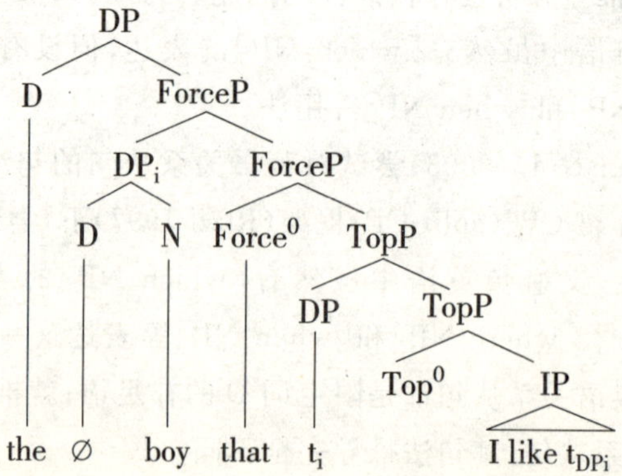

(同上)

总之,在第一类关系从句中,句法算子为关系代词,关系代词最先位于 IP 中的论元位置,移到非论元位置[Spec TopP]后留下句法变量语迹,句法算子“局部非论元约束”句法变量语迹。在第二类关系从句中，带空限定词的中心语最先位于关系从句内的论元位置，连续移位到非论元位置[Spec ForceP]后留下句法变量语迹，此时，句法算子为中心语，句法算子“局部非论元约束”句法变量语迹。这两类分析都满足了 Chomsky 对句法算子和句法变量的界定条件(详见本书上篇 2.1.2.1 节)。

2.3　移位的必然结果：句法开放性谓词（与英语事实相符的结论）

由上节内容可知，以往文献普遍认为英语关系结构的狭义句法推导中存在句法算子移位，句法算子移位后留下句法变量语迹，句法算子(或句法算子的中间语迹)“局部非论元约束”句法变量。不过有的文献认为移位的句法算子是 who/which 等关系代词(Chomsky 1977,1981;Safir 1986;Del Gobbo 2003 等)；有的认为移位的句法算子是中心语或中心语和关系代词的组合体(Kayne 1994;Bianchi 1999,2000;De Vries 2002,2006)；还有的采用折中办法，认为在有些英语关系结构中移位的句法算子是关系代词，而在有些英语关系结构中移位的句法算子是中心语(Aoun & Li 2003)。在这些分析中，不管移位的句法算子是关系代词、中心语还是关系代词与中心语的组合体，句法算子移位后始终都落在非论元位置(或是[Spec CP]位置，或是[Spec TopP]位置，或是[Spec ForceP]位置)。很显然，虽然这些文献对英语关系结构的分析有这样或那样的不同，但他们都认为：英语关系从句的推导中存在句法算子的移位，移位后留下语迹，该语迹成为句法变量，句法算子(或句法算子的中间语迹)“局部非论元约束”句法变量。这一共同点可用(61)中的树形图大致加以说明：英语关系结构的 IP(本书也称之为关系从句或关系结构的谓词)最初由 x 和 y 两个合乎语法的句法成分合并而成，当推导继续时，原本在 IP 内基础生成的中心语(或关系代词或中心语与关系代词的组合体)[1]，即(61a)中的 x(x 代表主语)或(61b)中的 z(z 代表主语以外的其他论元位置)会从 IP 中移出，并落到[Spec CP]位置，成为句法算子；x 或 z 的移出必然导致 IP 中出现一个句法空缺，这一句法空缺充当句法变量。本书支持英语关系结构的句法算子移位分析。但本书不讨论移动的句法算子到底是关系代词、中心语还是关系代词与中心语的组合体[2]。

---

① 到底是中心语、关系代词还是中心语与关系代词的组合体，本书不做选择。

② 下一节会提到，也有一部分英语关系从句的狭义句法中没有句法算子的移位。但据说这只是一种边缘性语言现象，不为所有英语母语使用者所接受。

本书第 4 章将通过与汉语关系结构的对比,给出一系列证据来证明英语关系结构的句法算子移位分析的合理性。

(61)a. b.

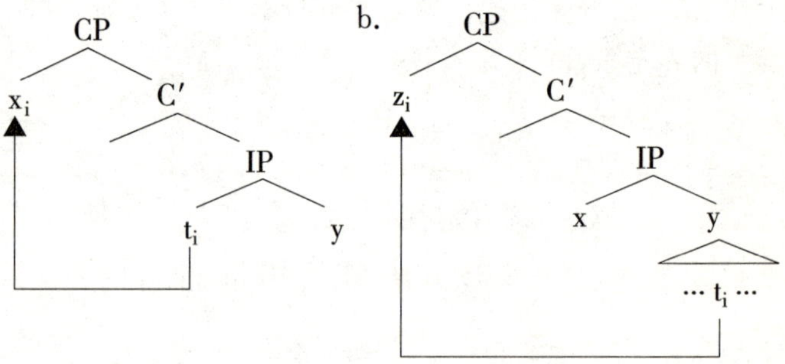

值得注意的是,英语关系结构句法算子移位的必然结果是:关系从句的谓词一定是“句法开放性谓词”。句法开放性谓词就是指含有句法算子移位语迹的谓词。移位语迹的存在必然使我们能很明显地看到,一些关系从句的谓词因结构不完整(即狭义句法是开放的)而本身不合语法,或者说本身不能单独使用。比方说,由于英语是一种不允准主语脱落的(non-pro-drop)语言(Chomsky 1981),因此当关系从句中的主语被移走而留下句法空缺时,谓词本身就不完整、不合语法,也就不能单独使用了,例如 the man who t fell in love with her 中的谓词 t fell in love with her 因主语空缺而本身不完整、不合语法、不能单独使用。又比方说,因为英语中的“强及物动词”和介词后平时是一定要带宾语的(详见本书上篇 4.4 节),所以当“强及物动词”和介词后的宾语被移走而留下句法空缺时,谓词本身就不完整、不合语法、不能单独使用了,例如 the man who I fell in love with t 中的谓词 I fell in love with t 因含有空缺宾语而本身不完整、不合语法、不能单独使用。在以上两种情况下,谓词本身的“开放性”都很明显。但有时候,谓词本身的“开放性”不明显,例如 the reason why I love her t 中的谓词 I love her t 含有空缺的附加语,但表面上 I love her 是完整的、合乎语法的、能单独使用的,此时谓词的“开放性”不明显(本书上篇第 6 章会详细讨论这一问题)。

总之,本书以为,英语关系结构中句法算子移位的必然结果是产生句法开放性谓词。这是一个与英语事实完全相符的结论(本书第 4 章会详细讨论这一问题)。

另外,既然在英语关系结构中,句法空缺是句法算子移位后留下的语迹,那么在进入句法操作之前,语迹不会进入词库,也不会被选入词列而进入狭义句法推导中。

2.4　接应代词结构中的句法算子和句法变量

从前文可知，在 Chomsky(1980，1981，1982，1995，1998，2004 等)看来，句法算子必须处于非论元位置，句法变量是句法算子的移位语迹。此外，Chomsky(1981:173;1982)还提到，英语中还存在一种必须含接应(resumptive)代词的关系从句，例如，(62～63)中的关系结构必须含有接应代词(Chomsky 1981:173)，(64)中的由 such 引导的嵌套式关系结构也必须含有接应代词(Heim & Kratzer 1998:115)。这些接应代词的存在环境是：在关系化过程中，当移位因违反孤岛效应(island effects)而不能进行时，接应代词的使用便成为一种不得已的补救手段。因此，Sells(1984)把这种接应代词称为"补救性代词"(详见本书上篇 4.7 节)。但 Chomsky 等人认为这些含有"补救性代词"的关系结构是边缘性(marginal)现象，是人造(artificial)现象，不为大部分英语母语使用者所接受(Chomsky 1981:173;Sells 1984:4)。Chomsky(1982:13)等人质疑这种结构的真实存在，其实就是不支持有非移位生成/基础生成的句法算子和句法变量关系的存在。

(62) a. (the man) who(m)$_i$ I don't believe the claim that anyone saw him$_i$ (Chomsky 1981:173)

b. (the man) who$_i$ I don't believe the claim that he$_i$ saw anyone (同上)

(63) a man who$_i$ a friend of his$_i$ likes Bill and one of his$_i$ brothers hates Tom (Chomsky 1982:103)

(64) (the man) such$_i$ that Mary reviewed the book which he$_i$ wrote (Heim & Kratzer 1998:115)

不过，另有研究者(如 Shlonsky 1992; Haegeman 1994; Hornstein 2001;Pan & Hu 2002;Aoun & Li 2003)承认这种结构的真实存在，并认为其中的接应代词也是句法变量，被位于非论元位置的句法算子约束，此时的句法变量和句法算子都是基础生成。在他们看来，虽然英语关系结构中的句法算子—句法变量关系主要是移位的结果，但也存在与移位无关的句法算子—句法变量关系(Haegeman 1994:409)。McCloskey(2006)(转引自 Asudeh 2007)提到爱尔兰语、希伯来语等语言中的关系结构中的接应代词和关系代词也是基础生成,不过,令事情变得复杂的是,英语中的接应代词和这些语言中的接应代词又有很大区别(详见本书上篇 4.7 节)。汉语关系结构中也允准接应代词。那么,汉语关系结构中的接应代词是和英语关系结构中的接应代词相似呢,还是和爱尔兰语、希伯来语等语言中的关系结构中的接应代词相似呢?本书上篇 4.7 节会讨论这一问题。

第3章 汉语关系结构的狭义句法

这一章讨论汉语关系结构句法表达式的推导。以往文献全都将英语关系结构的句法算子移位分析挪用到汉语关系结构的句法分析上。但本书的观点完全不同，本书支持英语关系结构的句法算子移位分析，但不支持汉语关系结构的任何移位分析，即主张汉语关系结构的非移位分析。

3.1 文献综述：汉语关系结构的移位分析

前文提到，文献普遍认为，英语中的关系化（本书简称为英语关系化）是句法算子移位的结果。有以下几种移位分析：有人认为移位的句法算子是 who/which 等关系代词，有人认为移位的句法算子是中心语或者是中心语和关系代词的组合体，还有人采用折中办法，认为在一部分英语关系结构中移位的句法算子是关系代词，而在另一部分英语关系结构中移位的句法算子是中心语。在这些分析中，不管移位的句法算子是什么，句法算子移位后或者落在 CP 的指示语位置，或者落在从 CP 分裂出来的 TopP、ForceP 的指示语位置。研究者纷纷将以上几种移位分析略微参数化后再用到汉语关系结构①的狭义句法分析上，认为汉语中的关系化（本书简称为汉语关系化）也是句法算子移位的结果。接下来本书详细总结了以往文献中对汉语关系化的几种主要移位分析，可以看出，这些文献都将汉语关系化也分析成一种句法算子移位。

3.1.1 空 *wh*-算子移位分析

本书上篇 2.2.1 节总结了 Chomsky(1977,1981)对英语关系结构的标

① 本书所讨论的汉语关系从句包括以动词短语或形容词短语为谓语的关系从句。

准句法分析,即“附加语＋中心语基础生成分析”。这一分析认为,如(65)所示,推导上,(65a)中的 *wh*-句法算子 which 和(65b)中的零形式 *wh*-句法算子 Op 从动词 made 的宾语位置移出,落到[Spec CP]位置,并留下句法变量语迹 t;中心语 claim 在关系从句 CP 外基础生成,并借助 which/Op 来与语迹同指;就结构而言,关系从句是中心语的附加语。Aoun & Li(2003)用(66)概括这种分析。

(65)a. $[_{DP}$ the$[_{NP}[_{NP}$ claim$_i][_{CP}$ which$_i$ John made $t_i]]]$ (=54a)

b. $[_{DP}$ the$[_{NP}[_{NP}$ claim$_i][_{CP}$ Op$_i$ (that) John made $t_i]]]$ (=54b)

(66) $[_{NP/DP}[_{Head}$ NP/DP$_i \cdots][_{Relative\ CP}$ wh$_i[_{IP}\cdots\ t_i\cdots]]]$ (=54c)

效仿此分析,Ning(1993)对汉语关系化的分析如下:如(67b)所示,零形式 *wh*-算子 Op 从动词买的宾语位置移出,落到[Spec CP]位置上,并留下句法变量语迹 t;中心语书在关系从句外基础生成;关系从句我买 t 的是中心语书的附加语。他还认为,英、汉语关系从句的不同只是在于:前者的中心语位于关系从句之前,后者的中心语位于关系从句之后;前者的标句词 that 位于 IP 之前,后者的标句词的位于 IP 之后。总之,在 Ning 看来,汉语关系化也存在 Chomsky 所界定的句法算子—句法变量关系(详见本书上篇 2.1.2.2 节),不过汉语关系从句中的句法算子只能是零形式关系代词 Op,它基础生成于 IP 内的论元位置,然后移到[Spec CP]位置,留下句法变量语迹。Chiu(1993)也采取类似分析。

(67)a. 我买的书

b. (参 Ning 1993:67)

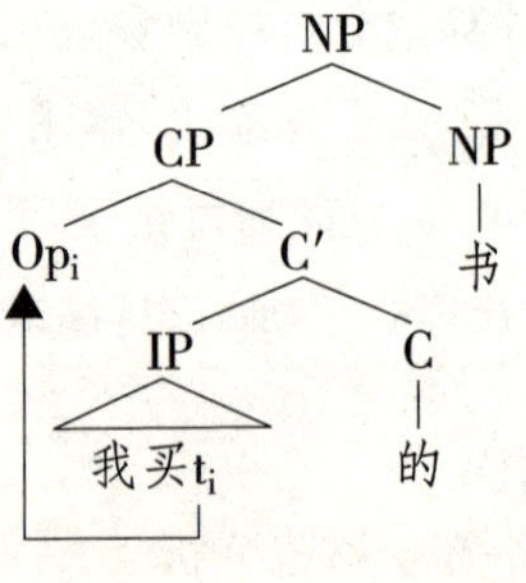

3.1.2 中心语移位分析

前文提到,中心语移位分析主要是指“D-CP＋中心语直接提升分析”。本书上篇 2.2.2 节总结了 Kayne(1994)等对英语关系化的“D-CP＋中心语直接提升分析”[①]，如(68～69)所示，结构上，关系从句 CP 是限定词 the 的补足语；推导上，(68)中的名词短语[$_{NP_i}$ claim] 从 made 的宾语位置移到关系从句内的[Spec CP]位置，留下变量语迹 t；同理，(69)中的整个限定词短语[$_{DP_j}$[$_{NP_i}$ claim] which t_i]从 made 的宾语位置移到关系从句内的[Spec CP]位置，留下变量语迹 t。

(68)[$_{DP}$ the[$_{CP}$[$_{NP_i}$claim][that John made t_i]]]　　(＝(56b))

(69)[$_{DP}$the[$_{CP}$[$_{DP_j}$[$_{NP_i}$claim] which t_i] C^0John made t_j]]

(＝(57c))

Kayne(1994:95)还认为，所有自然语言中的关系从句的狭义句法都应做出一致分析；中心语先于关系从句的关系结构的推导(比如英语关系结构(70a))和关系从句先于中心语的关系结构的推导(比如日语关系结构(70b))基本一致；两者唯一的区别在于推导进行到(70a)阶段后，关系从句内的 IP 必须整体移到[Spec DP]位置，才能得出(70b)，此时，(70b)中的中心语[$_{NP}$ picture] 会悬空，紧跟中心语的 C^0 也会悬空，且 C^0 只能以零形式出现，该零形式 C^0 总是跟在中心语后面，因此中心语[$_{NP}$ picture]后不会再有任何显性的成分。(本书中 C 和 C^0 是同一个意思。)

(70)a. [D^0[$_{CP}$[$_{NP}$ picture][C^0[IP]]]]　　(英语)

b. IP_j[D^0[$_{CP}$[$_{NP}$ picture][C^0[e]$_j$]]]　(日语)(Kayne 1994:94)

Del Gobbo(2003)仿照 Kayne 对日语关系化的处理，将汉语关系化的结构和推导分析成(71)，并举出(72b)中的具体例子来加以说明。本书将(72b)转化成树形图(72c)以便更清楚地呈现出(72b)中的内容。如(72c)所示，[$_{IP}$我昨天买书的]最先位于 C 的补足语位置，即图中的 t_i 位置，等到书$_j$移出至[Spec CP]位置成为中心语后，[$_{IP}$我昨天买 t_j 的]进一步移至[Spec

---

① 对英语关系从句的中心语移位分析又可分为两类，区别在于中心语移位后落点的不同处理以及中心语与关系从句的结构关系的不同分析。Schachter(1973)认为，中心语移位后落在关系从句 CP 外，留下 NP-语迹，关系从句是中心语的附加语，如(1)所示。Huang(1982/1998)借用这一思路来分析汉语关系结构的推导，如(2)所示。这些分析的一个明显特征就是，关系结构中不存在 Chomsky(1981)所界定的句法算子—句法变量关系，其中的语迹不是句法变量而是照应语，这是因为，中心语移位后不是落在[Spec CP]位置，而是落在 CP 外。

(1)[[$_{NP}$ the man]$_i$[$_{CP}$who[$_{IP}$ Mary loves t_i]]]　(参 Schachter 1973:33)

(2)[$_{NP}$[$_S$我喜欢 t_i]的[$_{NP}$那个人$_i$]]　(Huang 1982/1998:325)

DP]位置,从而得到我昨天买的书这一语序。因为 Kayne 认为关系从句先于中心语的关系结构中的 C^0 只能以零形式出现,所以 Del Gobbo 在(71~72)中没有界定关系从句标记的的句法性质,只是说明了它处于 IP 之中,不是 C^0。而 Simpson(2002)在基本接受 Kayne 的分析的基础上,将的分析为限定词 D①,如(73)所示。熊仲儒(2005)则基本接受 Simpson 的分析,不同的只是将移出的中心语分析成 DP 而非 NP,如(74)所示。

(71)[$_{DP}$[$_{IP}$ …t_{NP}…][$_{DP}$ D^0[$_{CP}$ NP_{rel}[$_{CP}$ C^0 t_{IP}]]]]

(汉语)(Del Gobbo 2003:14)

(72)a. 我昨天买的书

b. [$_{DP}$[$_{IP}$我昨天买 t_j 的]$_i$[$_{DP}$ D^0[$_{CP}$书$_j$[$_{CP}$ C^0 t_i]]]] (同上)

c.

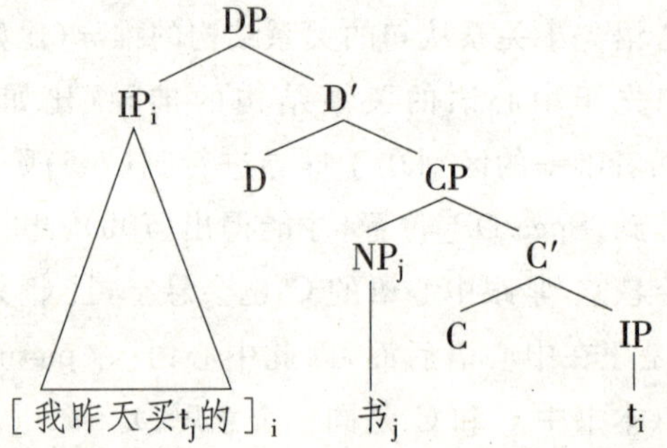

(73)a. [$_{DP}$[$_{IP}$ t_i去北京]$_k$[$_{DP}$的[$_{CP}$'人$_i$] t_k]] (Simpson 2002:77)②

b.

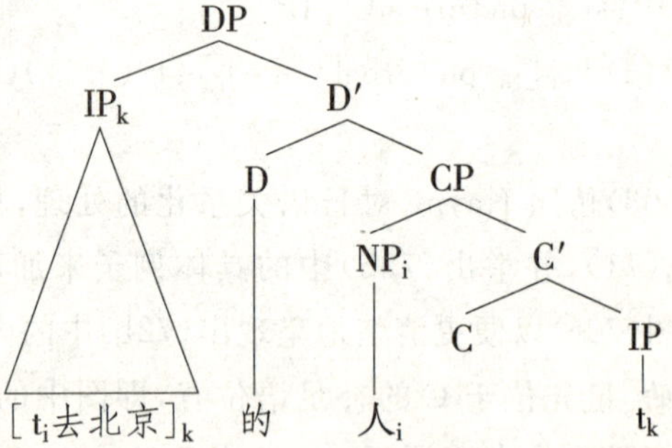

(74)a. [$_{DP}$[$_{IP}$我昨天听到 t_m]$_p$[$_D$的[$_{CP}$[$_{DP}$邓小平逝世的消息] t_p]]

(熊仲儒 2005:155)③

---

① 生成语法研究者关于关系从句标记的的性质争议颇多,参看 Ning(1993)、Chiu(1993)、Wu(2000)、Simpson(2002)、Li(2002)、Aoun & Li(2003)、司富珍(2004)和熊仲儒(2005)。

② 本书认为根据 Simpson 本人的论述,(73)其实应为"[$_{DP}$[$_{IP}$ t_i去北京]$_k$[$_{DP}$的[$_{CP}$[$_{NP}$人$_i$] t_k]]]"。

③ 本书认为根据熊仲儒本人的论述,(74)其实应为"[$_{DP}$[$_{IP}$我昨天听到 t_m]$_p$[$_{DP}$的[$_{CP}$[$_{DP}$邓小平逝世的消息]$_m$ t_p]]]"。

b.

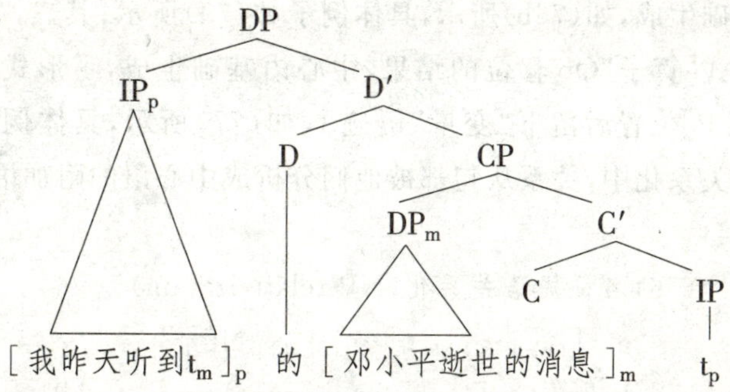

总之，以上几种分析虽然有些差别，但都恪守同样的结论，即汉语关系结构句法表达式中存在 Chomsky 所界定的句法算子—句法变量关系（详见本书上篇 2.1.2.1 节），其中的句法算子是中心语，中心语最先位于 IP 中的论元位置，移位到[Spec CP]位置后留下句法变量语迹。

3.1.3　折中分析

Aoun & Li(2003)认为汉语关系从句中的的不是限定词而是修饰语标记。他们指出，形容词和关系从句这些传统上被称为修饰语的成分能够出现在任何位置，如指示词前、指示词和数词之间、数词和类量词①之间、类量词和名词之间（如(75)中箭头所示），因此，就结构而言，汉语关系从句和形容词完全一样，都是附加语，而的正是修饰语标记，在[XP 的 NP]中，的与前面的 XP 构成一个成分，的本身不能投射(project)。

(75) 指示词＋数词＋类量词＋名词　　　(Aoun & Li 2003:147)
↑　　↑　　[↑]　　↑

Aoun & Li(2003)在对英语关系从句的句法采用折中分析后继而对汉语关系从句的句法也采用折中分析。他们认为汉语中存在三类不同的关系化：其一，不含接应代词的"名词短语关系化"是中心语移位的结果，如(76a)所示，其中，IP 内的名词短语 NP 直接提升到中心语位置，但中心语的位置位于 CP 外，具体例子如(78)所示（此种分析与 Huang(1982/1998)的分析相同，详见本书第 59 页的脚注）；其二，含接应代词的"名词短语关系化"中没有移位，中心语、位于[Spec CP]位置的零形式"算子"Op 以及接应代词

① Classifer 一般被译为"量词"，但为了区分前文中的量词(quantifer)，此处的 classifer 被译为"类量词"。

都是基础生成,如(76b)所示,具体例子如(79)所示;其三,“附加语关系化”是零形式“算子”Op移位的结果,中心语基础生成,零形式“算子”Op移至[Spec CP]位置后留下“变量”语迹 t,如(77)所示,具体例子如(80)所示。这三类关系化中,关系从句都被他们分析成中心语的附加语。

(76)名词短语关系化(NP-relativization):

a. $[[_{CP}[_{IP}\cdots[_{NP}\ t_i]\cdots]][_{Head}\ NP]_i]$

b. $[[_{CP}Op_i[_{IP}\cdots[_{NP}\ pronoun_i]\cdots]][_{Head}\ NP]_i]$

(Aoun & Li 2003:179)

(77)附加语关系化(adjunct relativization):$[[_{CP}\ Op_i[_{IP}\cdots[_{PP}\ t_i]\cdots]][_{Head}\ NP]]$ (同上)

(78)a. 我买的书

b.

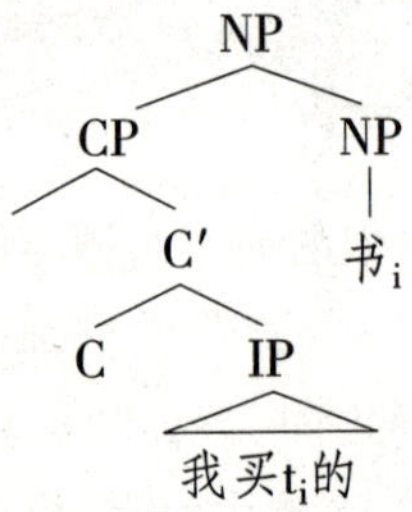

(79)a. 我打算请他来演讲的那位作家

b.

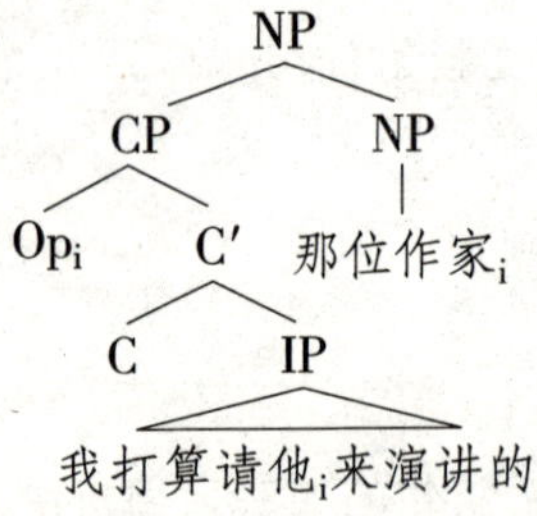

(80)a. $[[_{CP}\ Op_i[_{IP}$他$[_{PP}\ t_i]$迟到的$]][_{Head}$原因$]]$

b.

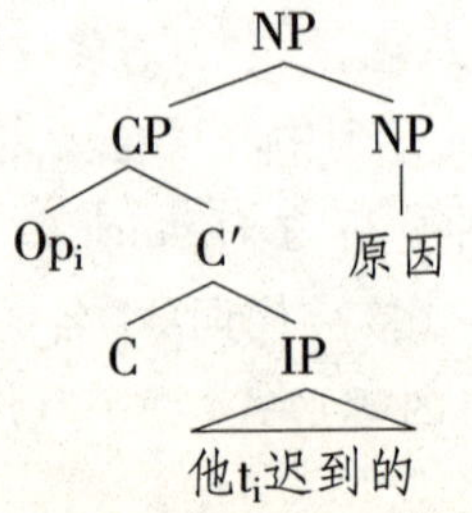

按(76a)和(78)中的分析,该类关系结构中不存在 Chomsky(1981)所

界定的句法算子—句法变量关系，其中的语迹不是句法变量而是照应语，因为中心语移位后不是落在[Spec CP]位置，而是落在CP外的论元位置。按(76b)和(79)中的分析，关系结构中存在的所谓"算子—变量关系"与移位无关，因此也不是Chomsky(1981)所界定的句法算子—句法变量关系。按照(77)和(80)中的分析，汉语关系结构中存在Chomsky(1981)所界定的句法算子—句法变量关系，零形式句法算子Op最先位于IP内的论元位置，移位到[Spec CP]后留下句法变量语迹，零形式句法算子"局部非论元约束"句法变量语迹。可见，在Aoun & Li的分析下，汉语关系从句有好几种不同的句法，内部很不同质。这样的句法处理并不理想和优美。本书以为，理想的、优美的处理是一种语言的某一语言现象只有一种句法分析。否则，就是不同的语法现象或语言现象了。

3.1.4　移位的必然结果：句法开放性谓词(与汉语事实不符的结论)

综上所述，Ning(1993)、Chiu(1993)等认为汉语关系化中移动的句法算子是零形式关系代词。而Wu(2000)、Simpson(2001，2002)、Del Gobbo(2003)、熊仲儒(2005)等认为汉语关系化中移动的句法算子是中心语。在这两种分析中，句法算子都是移到[Spec CP]位置。另有Aoun & Li(2003)采用折中办法，对一些汉语关系结构采用Ning(1993)、Chiu(1993)等所支持的零形式关系代词移位分析，对另一些采用Huang(1982/1998)①所支持的中心语移位分析。值得注意的是，与Wu(2000)、Simpson(2001，2002)、Del Gobbo(2003)和熊仲儒(2005)的中心语移位分析不同，Aoun & Li(2003)和Huang(1982/1998)认为，中心语移位后落在关系从句CP以外的论元位置，而不是落在[Spec CP]这一非论元位置上，因此此时的中心语移位不属于句法算子移位的范畴。

总之，虽然以上文献对汉语关系结构的分析有这样或那样的区别，但他们都将英语关系结构的移位分析略做参数化后套用到汉语关系结构的分析上，而且，除了Huang(1982/1998)和Aoun & Li(2003)等个别文献外，文献都认为，和英语关系结构一样，汉语关系结构的推导中也存在句法算子的移位，句法算子移走后留下句法变量语迹。这一共同点可用(81～82)中的树形图大致加以说明：汉语关系结构中的IP最初由x和y两个合乎语法的

---

① Huang(1982/1998：325)指出："汉语关系化中存在某种形式的移位：或者是中心语的移位或者是零形式算子的移位"。但他书中的汉语例子采用的是中心语移位的分析。

句法成分合并而成,当推导继续时,关系从句的中心语或零形式关系代词,即(81)中的 x(x 代表主语)和(82)中的 z(z 代表主语以外的其他论元位置)会从 IP 中移出并落在[Spec CP]位置上,成为句法算子;x 或 z 的移出导致 IP 中出现句法空缺 t,句法空缺 t 充当句法变量。

(81)

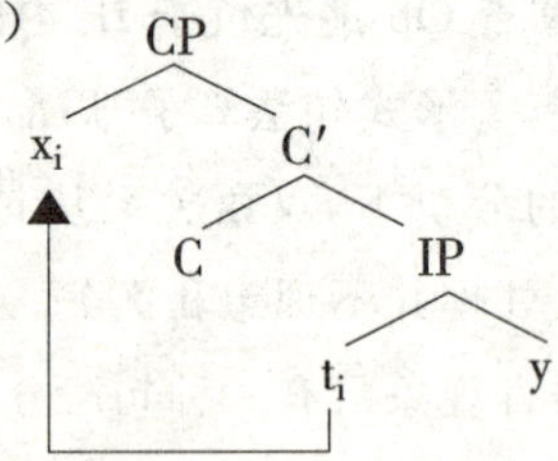

(82)

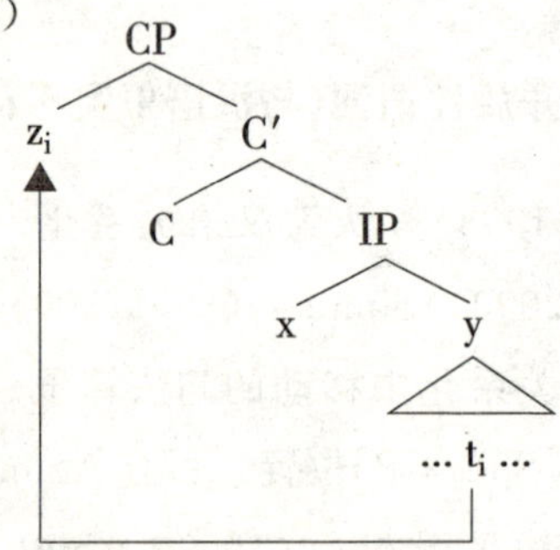

同本书上篇 2.3 节所说的原理一样,汉语关系结构中句法算子移位的必然结果是产生句法开放性谓词。移位语迹的存在会使我们期待能看到一些汉语关系结构的谓词因结构不完整(即狭义句法是开放的)而本身不合语法,不能单独使用。然而本书发现,所有汉语关系结构的谓词本身都完整、合乎语法、能单独使用。也就是说,汉语关系结构中不存在句法开放性谓词,只存在句法非开放性谓词(具体例子和详细分析见本书上篇 4.3 节)。因此,汉语关系结构的移位分析存在很大的问题。

3.2 本书新观点:非移位分析和句法非开放性谓词

3.2.1 非移位分析

本书不支持汉语关系结构的移位分析,主张汉语关系结构的非移位分析。本书认为，汉语关系结构的狭义句法推导中没有移位，既没有零形式 *wh*-算子的移位，也没有中心语的移位。详述如下：

表面上，汉语关系结构有两小类：1）关系从句内含有与中心语同指的句法空缺或接应代词的关系结构，例如 e_i喜欢我的人$_i$和我经常跟他$_i$跳舞的那个人$_i$；2）关系从句内不含与中心语同指的句法空缺或接应代词的关系结构，本书称之为“典型汉语式关系结构”，例如大鱼吃小鱼的那些人以及女儿很漂亮的那个人（更多例子和分析见本书上篇 4.6 节）。与前人研究不同，本书认为这两类汉语关系结构的狭义句法推导都与移位无关，既没有零形式 *wh*-算子的移位，也没有中心语的移位，它们的句法表达式中也就根本不存在句法算子和句法变量。因此，这两小类关系从句的狭义句法没有任何区别。这样一来，汉语中其实只有一类关系从句，统称为“汉语式关系结构”。具体说来，第一小类关系结构的狭义句法推导①大致如（83～86）所示：（83）是主语关系从句（即中心语与关系从句谓词的主语同指的关系从句）的狭义句法推导，首先，关系从句的 IP 由（处于主语位置的）句法空缺 e 或接应代词和 I'合并而成，然后 IP 再与 C（本书暂把的放在 C 的位置）合并成 CP，CP 再与中心语 x 合并，从而得到关系结构，且 CP 为中心语 x 的附加语，具体例子如（84）所示；（85）是宾语关系从句（即中心语与关系从句谓词的宾语同指的关系从句）的狭义句法推导，首先，关系从句的 IP 由（处于主语位置的）x 和 I'合并而成，其中的 I'内含有一个处于宾语位置的句法空缺 e 或接应代词，然后 IP 再与 C 合并成 CP，CP 再与中心语 y 合并，从而得到关系结构，且 CP 为中心语 y 的附加语，具体例子如（86）所示。总之，本书认为，（83～86）中的 IP 中的句法空缺 e 和接应代词均为基础生成，同时，中心语（即（83）中的 x 和（85）中的 y）也为基础生成。可见，这一类汉语关系结构中不存在 Chomsky 所界定的句法算子、句法变量以及句法算子—句法变量关系。本书还认为，在汉语关系结构中，与中心语同指的句法空缺 e 其实就是空接应代词，和接应代词的性质相同（理由详见本书上篇 4.7 节），而且在进入句法操作之前，空接应代词和接应代词一样，会出现在汉语词库中，并被选入词列，再进入到狭义句法系统进行合并操作。

---

① 本书用（83～88）中的树形图来强调汉语关系结构在狭义句法内的推导，暂不讨论的的性质到底是限定词 D，还是标句词 C，还是修饰语标记，本书暂时把的放在 C 的位置，把关系从句看成是中心语的修饰语/附加语。

(83)

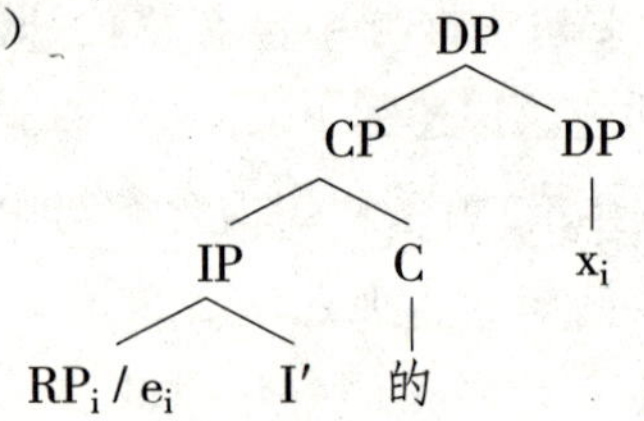

(注:图中的 RP 是“resumptive pronoun”(接应代词)的缩写)

(84)a. 他$_i$/e_i很会做家务的(那个男人$_i$)　　　　(黎小荣 2008)

b.

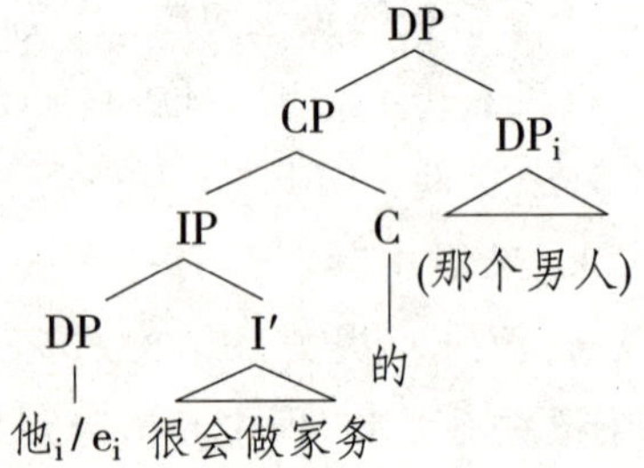

(85)

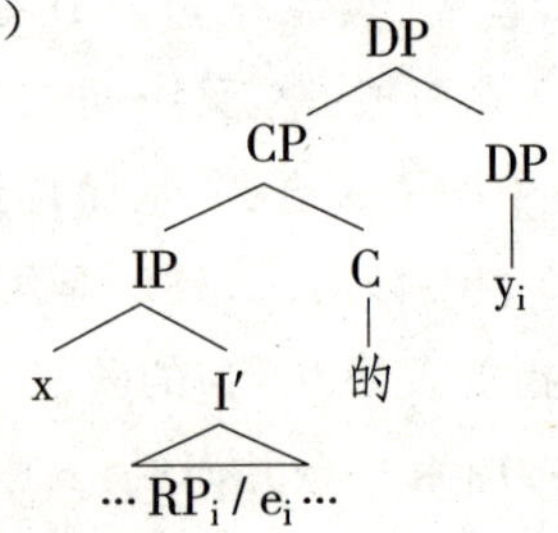

(86)a. 小丽一直暗恋着 e_i/他$_i$的(那个男人$_i$)

b.

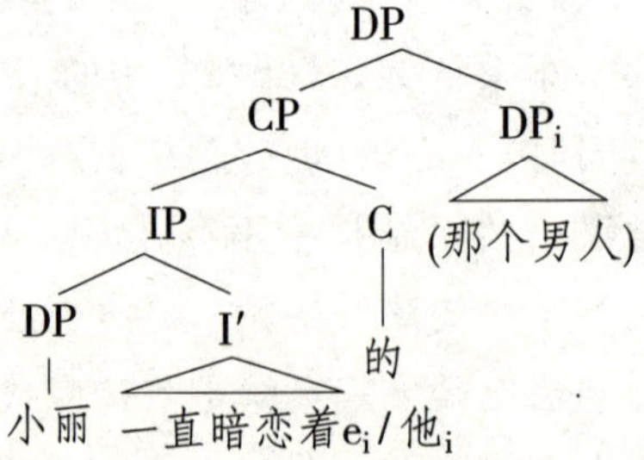

第二小类关系结构的狭义句法推导大致如(87)所示,x、y 合并成 IP,IP 再和 C 合并成 CP,CP 再和中心语 z 合并。IP 中不存在任何句法空缺或接应代词来与中心语同指。具体例子如(88)所示。可见,这一类汉语关系结构中更不会存在 Chomsky 所界定的句法算子、句法变量以及句法算子—句法变量关系。

(87)

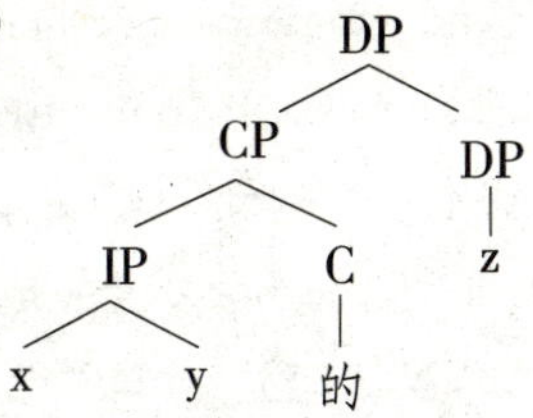

(88)a. 女儿很漂亮的那个人

b.

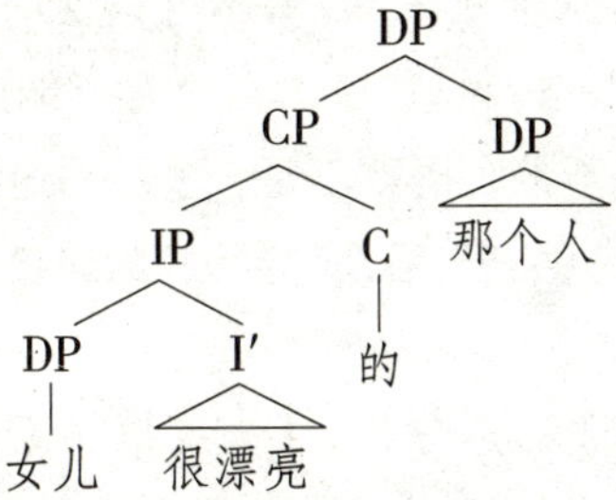

总之，本书以为，汉语中这两小类关系结构的狭义句法推导没有任何本质的区别，都是非移位的结果，也就是说，汉语中其实只有一类关系结构，即“汉语式关系结构”(本书将第二小类关系结构特称为“典型汉语式关系结构”)，只不过第一小类中含有接应代词或空接应代词，第二小类中不含接应代词或空接应代词。和“英语式关系结构”不同，“汉语式关系结构”的狭义句法推导中没有移位，只有合并，因此不存在 Chomsky 所界定的句法算子、句法变量以及句法算子—句法变量关系。当然，任何关系结构的语义表达式都存在语义算子、语义变量和语义算子—语义变量关系(理由详见本书上篇第 2 章和第 5 章)。因此，就汉语式关系结构而言，句法表达式到语义表达式的映射是不平凡的/非直接的。这便是本书所主张的汉语关系结构的非移位分析。

3.2.2　非移位的必要条件：句法非开放性谓词(与汉语事实相符的结论)

只有两个本身合乎语法的、各自结构完整的句法成分才能进行合并。这是狭义句法推导得以进行下去的必要条件①，也是 Chomsky 生成句法学中一条最基本的原理。例如，英语表达 John loved three women 不能说成 John loved women three，这是因为，women three 这一短语本身不是合乎英语语法的最大投射(maximal projection)，它也就无法与 loved 合并成

① 但不是充分条件，正确的合并操作还要满足“选择效应”(Selection effect)以及特征核查(feature-checking)原理(参 Chomsky 1981，1995，2001，2006；Collins 2011 等)。

loved women three,不合英语语法的 loved women three 也就无法与 John 合并成 John loved women three;同理,The book belongs to him 不能说成 The book belongs to,这是因为,"强及物动词"belong to 如果不带宾语就不是合乎英语语法的最大投射,它也就不能与 the book 合并成 the book belongs to。汉语中的情况也是如此。例如,汉语表达张三爱过三个人不能说成张三爱过人三个,这是因为,人三个这一短语本身不是合乎汉语语法的最大投射,它也就无法与爱过合并成爱过人三个,不合语法的爱过人三个也就不能与张三合并成张三爱过人三个;同理,张三走向她不能说成张三走向,这是因为,"强及物动词"走向如果不带宾语就不是合乎汉语语法的最大投射,它也就不能与张三合并成张三走向(关于"强及物动词"的讨论详见本书上篇 4.4 节)。

本书主张汉语关系结构的非移位分析,认为汉语关系结构的狭义句法推导过程中只有合并,没有移位。既然在合并操作中只有两个本身完整、合乎语法的成分才能进行合并,那么(83)中的 I′、IP、CP 和 x 以及(85)中的 x、I′、IP、CP 和 y 本身都必须完整、合乎语法,只有它们本身都完整和合乎语法了,才会生成合乎语法的关系结构,整个推导才会成功。如果它们中的任何一个本身不合语法,那么推导就会在该处崩溃,推导过程就会中断。例如,如果(83)中的 IP 本身不合语法,那么推导进行到 IP 时推导就会崩溃,IP 也就无法继续与 C 合并成 CP,CP 也就更不会与 x 合并成 DP。同样道理,(87)中的 x、y、IP、CP、z 本身都必须合乎语法,最终的关系结构才会合乎语法,整个推导才会成功。

总之,汉语关系结构非移位分析的必要条件是,关系从句的谓词不是句法开放性谓词,而是句法非开放性谓词。也就是说,谓词内没有任何因移位而留下的句法空缺,谓词也就不会因移位而变得残缺不全。汉语关系从句的谓词即使含有与中心语同指的句法空缺,这一句法空缺也不是移位语迹,而是空接应代词(详见本书上篇 4.7 节)。汉语中的空接应代词和接应代词都具有代词性,其存在不会让关系从句的谓词成为句法开放性谓词,正如空代词和代词的存在不会让谓词成为句法开放性谓词一样。

本书接下来将通过英、汉语关系结构的系统比较来给出一系列证据证明英语关系结构的移位分析和汉语关系结构的非移位分析。

第4章　狭义句法中移位分析和非移位分析的理由

这一章主要提出了移位和非移位的7个诊断性理由，以此来证明英语关系结构的移位分析和汉语关系结构的非移位分析。这7个理由分别是：1)是否存在重构效应；2)是否遵循邻近原则；3)关系从句的谓词本身是否完整和合乎语法使用；4)是否允准“强及物动词”悬空；5)是否允准寄生空缺；6)是否存在“典型汉语式关系结构”；7)是否存在“汉语式接应代词”。本书以为，这7个方面的不同能证明英、汉语关系结构在句法上存在巨大的不同，即前者采用移位优于合并的运算模式，而后者采用合并优于移位的运算模式。除了这7个主要理由以外，本书还给出了其他理由来证明英语关系结构的移位分析和汉语关系结构的非移位分析。本章主要内容在杨彩梅(2012c)中也有讨论。

4.1　是否存在重构效应

英语反身代词和英语习语的重构效应一直是英语关系化中存在中心语移位的有力证据(Schachter 1973；Chomsky 1995；Bianchi 1999；Alexiadou et al. 2000)。

本书以为，英语关系化中有重构效应(reconstruction effects)，而汉语关系化中没有重构效应。这是本书支持英语关系化移位分析和汉语关系化非移位分析的第一条理由。

(89a)中英语习语的重构效应和(89b)中英语反身代词的重构效应是英语关系化中存在中心语移位的最有力证据(Schachter 1973；Chomsky 1995；Bianchi 1999；Alexiadou et al. 2000)。(89c-d)与(89a-b)之间的表面对应让Aoun & Li(2003)、Li(2002)等认为汉语反身代词和汉语习语也同样体现重构效应，由此他们认为汉语关系化中也存在中心语移位。

(89) a. The $headway_i$ [that we made t_i] was insufficient.

(Alexiadou et al. 2000：9)

b. the picture of $himself_j$ that $John_j$ painted (同上)

c. [[他吃 t_i 的]$醋_i$] 比别人多/比谁都大

(Li 2002；Aoun & Li 2003：138)

d. [[我叫张三劝每个$人_i$开 t 来的]$自己_i$的车子]

(Aoun & Li 2003：132)

但汉语关系化真和英语关系化一样体现重构效应吗？请看下文详细分析和回答。

4.1.1 习语

先分析英语习语在英语关系化中所反映出来的真正意义上的重构效应。

用重构效应来证明英语关系化中有中心词移位的最有力的证据来自英语习语。英语习语的一个重要特点是习语的整体生成。比方说，如果习语是动宾结构，例如(90a)中的习语 make headway 是动宾结构，那么我们就会发现，一方面，习语中的名词短语必须作为动词的补足语(即动词的宾语)进入狭义句法推导中，习语中的名词短语决不能脱离动词而单独存在，例如(90b)中的 headway 脱离了动词 make 而单独使用，结果，(90b)不合语法；另一方面，习语的名词短语也不能承前省略成空宾语而使动词悬空，例如(91a(B))和(91b)中的名词短语 headway 就不能承前省略成空宾语而使动词 make 悬空。(90c)却完全合乎语法。这是因为，虽然在(90c)的静态表层(representational)结构中，headway 和 make 不在一起，或者说 headway 不是 make 的宾语，但是在其动态推导过程中，关系从句的中心语 headway 是从关系从句内动词 made 的宾语位置移出的，移出前 headway 和 make 在一起合并生成，这便满足了习语的整体生成条件。这说明，中心语 headway 必须重构为关系从句内动词 made 的宾语才能满足习语的整体生成条件。(90c)和(90d)的对立更有趣，也更能证明重构效应的存在，或者说，更能证明中心语移位的存在：作为关系从句中心语的 headway 不仅可以在关系从句内得到允准，而且必须在关系从句内得到允准，也就是说，作为关系从句中心语的 headway 不仅可以在关系从句内和习语的动词 make 整体生成，而且必须在关系从句内和习语的动词 make 整体生成，否则，即使它在关系从句外得到允准，或者说，即使它在关系从句外和习语的动词 make 整体生成，表达还是不合语法(参 Alexiadou et al. 2000)。这便是真正的、典型的重构效应。

(90) a. We made insufficient headway.

b. *The headway was insufficient.

c. The headway[that we made] was insufficient.

d. *We made the headway[that was insufficient].

(Alexiadou et al. 2000:12)

(91) a. A: Did he make $headway_i$?

B: Yes, *he made e_i.

b. *John made sufficient headway, and Mary also made e.

Aoun & Li(2003)和 Li(2002)认为汉语习语也存在类似的重构效应。他们认为，吃醋是一个习语，因此也必须满足习语的整体生成条件；在(92)中，虽然表层结构中醋不是吃的宾语，但在推导过程中，关系从句他吃的的中心语醋是从关系从句内动词吃的宾语位置移出的，移出前它已是吃的宾语，这便满足了习语的整体生成条件。也就是说，醋必须首先在关系从句内重构为吃的宾语，才能满足吃醋这一习语的整体生成条件。他们继而认为，既然汉语习语同样体现重构效应，那就证明了汉语关系化中也一定存在中心语移位。

(92) [[他吃 t_i 的]$醋_i$] 比别人多/比谁都大　　(＝89c)

但是，比较(90～91)和(93～94)我们就能发现，汉语习语和英语习语根本不同。首先，对应不合语法的(90b)，汉语有合乎语法的(93b)。这说明，汉语习语中的名词短语根本不需要作为动词的宾语进入狭义句法推导，也就是说，汉语习语中的名词短语本身完全能够单独使用。同样，对应不合语法的(90d)，汉语有合乎语法的(93d)。(90c)和(90d)之间的重要对立在(93c)和(93d)之间根本不存在。这进一步说明了，汉语关系从句的中心语醋根本不必在关系从句内得到允准，或者说，中心语醋不必在关系从句内和习语动词吃整体生成。再说，与(91a(B))和(91b)完全不同，汉语习语的名词短语能够承前省略成空宾语而使动词悬空，例如(94a(B))和(94b)中的名词短语醋就能承前省略成空宾语而使动词吃悬空。如果(92)这样的例子真像 Aoun & Li(2003)和 Li(2002)认为的那样体现重构效应的话，那么我们就可以说(94)中的例子也会体现重构效应。然而可以肯定的是，(94)中的两个例子都不体现重构效应，因为(94a)中的(A)和(B)是两个独立的句子，(94b)中是两个并列的分句。综上所述，与英语习语 make headway 完全不同，汉语习语吃醋中的吃和醋并不需要在狭义句法推导中的某个阶段一定要在一起,也就是说,汉语习语吃醋中的吃和醋并不需要满足整体生成条件。所以,Aoun & Li 等用(92)这样的例子来证明汉语关系化中有重构效应这一做法并不可靠,他们用(90c)和(92)之间,即(89a)与(89c)之间的表面对应来说明汉语关系化中一定有移位的结论也就值得商榷了。本书认为,其实(92)和(94)完全一样,我们只需要一条语义解读原则来将动词吃后的空缺和前面的名词成分醋联系起来就行了,并不需要借助移位这一句法操作来进行理解。

(93)a. 他老婆又吃醋了。

b. 这种醋实在让她老公难受。

c. [$_{RC}$她吃e_i的]醋$_i$比别人多/比谁都大。[1]

d. 她老是爱吃[$_{RC}$ e_i让人受不了的]醋$_i$。

(94)a. A:小张爱吃醋$_i$吗?

B:爱吃e_i。

b. 小张经常吃醋$_i$,小李也经常吃e_i。

前面提到,从方法上来说,"证明其有"比"证明其无"要难得多,"证明其有"必须给出"有"的证据,"证明其无"则只要说明"有"的所有证据都站不住脚。比如,如果要证明世界上有鬼,那么就要给出张三是鬼李四是鬼的事实;而如果要证明世界上没有鬼,那么只要证明张三和李四其实都不是鬼就行了。这里采用的就是这样一种方法。本书以为,英语中的确有"鬼"(即有体现重构效应的习语),例如,除了 make headway 是"鬼"以外,还有 kick the bucket 也是一只典型的"鬼",其用法完全同 make headway。那么汉语中是否有"鬼"(即是否有体现重构效应的习语)? Aoun & Li 等认为当然有,例如吃醋就是一只"鬼"。然而本书以上关于吃醋的论述证明了吃醋不是"鬼"(即不是真正能体现重构效应的习语)。那我们就可以认为汉语里没有"鬼"(即汉语中没有体现重构效应的习语)。汉语中其他习语[2],如(临时)抱佛脚、吃闭门羹、流口水等的用法都与吃醋相同,如(95)所示,这些习

① 由于本书对汉语关系结构主张非移位分析,故本书所造出的汉语关系结构例子中的空缺不用语迹 t 表示,而用空缺 e 表示,本书在后面的章节中将这一空缺界定为空接应代词。

② 根据 *Wikipedia, the Free Encyclopedia* (http://en.wikipedia.org/wiki/Idiom),idiom(习语)的意义不能由字面意义来决定,而只能是一种比喻意义(An idiom is a phrase whose meaning cannot be determined by the literal definition of the phrase itself, but refers instead to a figurative meaning that is known only through common use)。因此,这个意义上的汉语习语并不一定是成语,例如,汉语成语嫁祸于人、重操旧业等就不是习语。

语的动词和名词都不需要在狭义句法推导中的某个阶段一定要在一起，也就都不是真正能体现重构效应的习语。

(95)a. 平时不烧香，遇到麻烦**临时抱佛脚**，从古至今这种现象比比皆是。**佛脚**之所以成了一些人的"救命稻草"，关键时候赶紧跑到跟前求救，应该和**佛脚**的灵验有关。

（网上资料，http://club.kdnet.net/dispbbs.asp?boardid=1&id=3391926&page=1#3391926）

b. **临时的佛脚**与最后的放弃：在最后的几天里，仿佛有几个学生终于醒了，开始认真的学习，这个也就是所谓的**临时抱佛脚**了，这个**佛脚**能不能抱住还真是不可言说，说实话会很打击学生，不说吧，让有些此时刚醒来的人多多认真多读一点吧。（网上资料）

综上，本书认为，与英语完全不同，汉语习语在汉语关系结构中并不真正体现重构效应，或者说，汉语中没有真正能体现重构效应的习语。

4.1.2　反身代词

用重构效应来证明英语关系化中存在中心语移位的另一有力证据来自英语反身代词。这是因为，英语关系从句中心语中的反身代词能够且必须被关系从句内的先行词所约束（参 Alexiadou et al. 2000：9；Chomsky 1995：205；Aoun & Li 2003：132 等）。比如在(96)中，含有反身代词的中心语 the picture of himself 必须是从 painted 的宾语位置移出的，这样才能使中心语中的反身代词 himself 在移出前已经被关系从句内的 John 所约束，从而满足 Chomsky(1981)的"约束原则 A"(Binding Principle A；Chomsky 1981)。

(96) the picture of $himself_j$ that $John_j$ painted　　　　(=89b)

Aoun & Li(2003)和 Li(2002)认为汉语反身代词也存在类似重构效应。他们认为，在(97b)中，虽然在表层结构上反身代词自己不在全称量词每个人的约束范围内，却能与之同指(coindexed)，这表明，在推导上，关系从句的中心语自己的车子一定是从关系从句内的动词开的宾语位置移出的，移出前每个人约束自己从而满足了"约束原则 A"，也就是说，中心语自己的车子必须首先在关系从句内重构为开的宾语，然后在推导过程中从关系从句内移出而成为中心语。

(97)a. 我叫张三劝每个人$_i$开自己$_i$的车子$_j$来

b. [[我叫张三劝每个人$_i$开 t 来的]自己$_i$的车子] (=89d)

Aoun & Li(2003)和 Li(2002)进行以上推理的前提是:他们认为自己是反身代词,和英语反身代词一样,必须满足"约束原则 A"。但其实自己这个词表面上相当于英语反身代词,而实质上与英语反身代词有明显的不同:英语反身代词在任何情况下都一定要满足"约束原则 A",但自己在很多用法中并不需要满足"约束原则 A"。例如(98(B))和(99)都表明:与真正的反身代词不同,自己具有代词性(Pronominal),能够单独使用,不必满足"约束原则 A",也就不是真正意义上的反身代词(参程工 2004)①。在(98)中,(A)和(B)是两个句子,所以,虽然自己与上一句中的全称量词每个人同指,但自己并不在每个人的辖域内,此时的自己作代词用;(99)中,自己和别人相呼应,都只能是代词。所以,自己的词类特征决定了(97b)中的自己并非一定要在狭义句法推导的某阶段被先行词每个人约束。这样一来,Aoun & Li(2003)等用(97b)来证明汉语关系化中有重构效应这一做法也就不可靠了,他们在重构效应的基础上得出的汉语关系化中有中心语移位的结论也就值得商榷。本书以为,(97b)和(98)完全一样,我们只需要一条语义解读原则来把(97b)中的自己和关系从句中的全称量词每个人联系起来就行了,并不需要借助移位这一句法操作来进行理解。

(98)A:每个人$_i$都开车来了吗?

B:是的,而且每一辆都是自己$_i$的车。

(99)a. 成败由自己决定,而不是由别人决定。

b. 自己的事情自己做。

总之,与英语关系结构不同,汉语关系结构中无法找到能确切地体现重构效应的反身代词。既然如此,根据上节中证明有鬼无鬼的方法,我们同样可认为,英语中的确有"鬼"(即英语中有体现重构效应的反身代词),但汉语中没有"鬼"(即汉语中无法找到能体现重构效应的反身代词)。

---

① 关于自己与英语反身代词的其他不同以及影响自己的解读的语义或语用因素可参看 Xu(1994)、Pan(1998)、潘海华、胡建华(2002)和程工(2004)等。

总结这两节的论述，我们认为，既然以往证明重构效应的所谓事实依据并不属实，那么我们就可以认为汉语关系结构中没有重构效应。

4.2 是否遵循邻近原则

Chomsky(1977)、Asudeh(2007)等指出，移位的又一个诊断性依据就是看移位是否遵循邻近原则(Subjacency)，或者说，是否受到各种孤岛限制的制约(island constraints)。本书以为，英语关系化遵循邻近原则而汉语关系化不遵循。这是本书支持英语关系化移位分析和汉语关系化非移位分析的第二条理由。

4.2.1 英语

英语关系化遵循邻近原则。例如在(100)中，复杂名词短语 the books$_j$ that t$_j$ describe who 中的疑问代词 who 直接移到整个句子的句首，越过了一个 NP-边界和两个 S-边界(所谓边界就是某个封闭区域的界线)，这就违反了“复杂名词短语限制”(complex NP constraint)，导致(100)不合语法。又如在(101)中，主语子句 that she married who 中的疑问代词 who 直接移到整个句子的句首，越过了一个 NP-边界和两个 S-边界，违反了“主语子句限制”(sentential subject constraint)，导致(101)不合语法。再如在(102)中，时间状语从句 before you ate what 中的疑问代词 what 直接移到整个句子的句首，越过了两个 S-边界，违反了“附加语孤岛限制”，导致(102)不合语法。

(100) *[$_{S'}$ Who$_i$ [$_S$ do you like [$_{NP}$ the books$_j$ [$_{S'}$ that [$_S$ t$_j$ describe t$_i$]]]]]?

(C-T. J. Huang 1982/1998:323)

(101) *[$_{S'}$ Who$_i$ [$_S$ did [$_{NP}$ [$_{S'}$ that [$_S$ she married t$_i$]]] surprise you]]?

(同上)

(102) *[$_{S'}$ What$_i$ [$_S$ did you wash an apple [$_{S'}$ before [$_S$ you ate t$_i$]]]]?

(Holmberg 1986)

4.2.2 汉语

Huang(1982/1998)、Ning(1993)、Aoun & Li(2003)和 Li(2002)用与(100～102)表面对应的(103～109)来证明汉语关系化也遵循邻近原则，进

而得出结论:汉语关系化也是移位的结果。

他们认为,在(103)中,主语子句李四没看那本书中的宾语那本书直接移到句尾,越过了两个 S-边界,违反了"主语子句限制",导致(103)不合语法;同理,(104)也因违反了"主语子句限制"而不合语法。

(103) *[$_{NP}$[$_S$[$_S$李四没看t_i]真奇怪]]的那本书$_i$]

(Huang 1982/1998:326)①

(104) *[[[他开t_i]很重要的]刀$_i$] (Li 2002:8)

他们认为,在(105)中,复杂名词短语那个人看见的学生中的那个人直接移到句尾,越过了两个 S-边界和一个 NP-边界,违反了"复杂名词短语限制",导致(105)不合语法;同理,(106)和(107)也都因违反了"复杂名词短语限制"而不合语法。

(105) *[$_S$[$_{NP}$[$_S$$t_i$看见 t_j]的学生$_j$]来了]的那个人$_i$

(Huang 1982/1998:324)

(106) *[[[[t_j开t_i的]人$_j$]在这的]刀$_i$] (Li 2002:9)

(107) *这就是[[[[他喜欢[t_i做这件事]的]人]的]方法$_i$]

(Aoun & Li 2003:177)

他们还认为,在(108)中,条件状语从句如果他吃醋中的醋直接移到句尾,越过了两个 S-边界,违反了"附加语孤岛限制",导致(108)不合语法;同样,(109)也因违反了"附加语孤岛限制"而不合语法。

(108)[*[$_S$[$_S$如果他吃t_i],我会很生气] 的醋$_i$] (参 Li 2002:8)

(109) *这就是[[[[如果他t_i生气]你会不高兴]的]原因$_i$]

(Aoun & Li 2003:177)

① 按 Huang 本人的意思,应该是"*[$_{NP}$[$_S$[$_S$李四没看 t_i]真奇怪]的那本书$_i$]"。

但本书认为,(110～120)中的语言事实清楚地表明了汉语关系化并不遵循邻近原则。

(110～111)和(103～104)的句法表达式完全对应,都违反了"主语子句限制",且都是主语子句中动词后的空缺宾语与中心语同指,但(110～111)却是完全可以接受、完全合乎语法的。

(110)a. [$_S$[$_S$他说 e_i]不合适的]那些事$_i$

b. [$_S$[$_S$你这么回答 e_i]不合适的]那个问题$_i$

(111)[$_S$[$_S$小孩看 e_i]不好的]那些电影$_i$

(112～113)和(105)的句法表达式完全对应,都违反了"复杂名词短语限制",且都是关系从句中的空缺主语与中心语同指,但(112～113)却是完全可以接受、完全合乎语法的;(114～118)和(106)的句法表达式完全对应或基本对应,都违反了"复杂名词短语限制",且都是关系从句中的空缺宾语与中心语同指,但(114～118)却是完全可以接受的、完全合乎语法的。

(112)[$_S$[$_{NP}$[$_S$ e_i看见 e_j]的学生$_j$]不多的]那个人$_i$

(113)[$_S$[$_{NP}$[$_S$ e_i教过 e_j]的学生$_j$]都成功了的]那个老师$_i$

(114)[$_S$[$_{NP}$[$_S$ e_j开 e_i]的人$_j$]在这儿的]那辆车$_i$

(115)a. [$_S$[$_{NP}$[$_S$ e_j能开 e_i]的人$_j$]不多的]那种刀$_i$

b. [$_S$[$_{NP}$[$_S$ e_j敢开 e_i]的人$_j$]不多的]那种刀$_i$

(116)[$_S$[$_{NP}$[$_S$ e_j读过 e_i]的人$_j$]不多的]那本书$_i$

(117)[$_S$[$_{NP}$[$_S$$e_j$教过 e_i]的老师$_j$]都有 80 岁了的]那个学生$_i$

(118)a. [$_S$我认识[$_{NP}$很多[$_S$ e_j看不懂 e_i]的人$_j$]的]那本书$_i$

b. [$_S$我找不到[$_{NP}$[$_S$ e_j愿意收养 e_i]的人$_j$]的]那个孩子$_i$

(119～120)和(108)的句法表达式基本对应,都违反了"附加语岛屿限制",且都是状语从句中动词后的空缺宾语与中心语同指,但(119～120)却是完全可以接受、完全合乎语法的。

(119)[$_S$[$_S$在签订 e_i之前],我们先核对了条款的]那份合同$_i$

(120)[$_S$[$_S$只要他看 e_i],他爸爸准生气的]那本书$_i$

更多的例子不胜枚举。因此我们可以得出结论,和英语关系化完全不

同,汉语关系化在句法上不遵循邻近原则。进而可得出结论:汉语关系化不是移位的结果。

本书以为,C-T. J. Huang(1982/1998)、Ning(1993)、Aoun & Li(2003)和 Li(2002)提到的(103~109)这些汉语例子表面上是由于违反邻近原则而不可接受,而实质上却是其他原因导致的。

例如(103)中[$_{NP}$[$_{S}$[$_{S}$李四没看 t_i]真奇怪]的那本书$_i$]之所以不可接受,是因为其中的真这一副词明显地表达了说话者的主观情态(Chao 1968;吕叔湘 1981;徐烈炯 2005),而根据杨彩梅(2007)(又见本书上篇第7章)的观点,任何表达说话者主观情态的副词都不能出现在关系从句中。又如,虽然(121~122)中的关系化并没有涉及邻近原则,但由于主观情态副词竟然、居然、可和都等都不能出现在关系从句中,因而这些关系化都不可接受(详见本书上篇第7章)。而且,本书以为,(真)奇怪、(真是)不可思议等谓语和(110~111)中的不好、不合适等谓语也不同,前者也较明显地表达了说话者的主观情态。

(121)a. 张三竟然/居然出卖了朋友。

b.(他就是)*张三竟然/居然出卖了的那个人

(杨彩梅 2007:6)

(122)a. 张三可/都不喜欢小丽。

b.(小丽是)*张三可/都不喜欢的那个女孩 (同上)

又如,(105)与(112)(重复为(123)与(124))之间可接受性的不同,可以在 Xu & Langendoen(1985)中找到语义上的解释。他们曾提到,(125b)和(126b)这两个话题句的句法表达式相似,且都违反了邻近原则,但可接受性明显不同。他们把这一不同归因于其中的复杂名词短语的定指—非定指语义对比:(125)中谓语动词不多的使用暗示出复杂名词短语读过(那本书)的人表非定指意义,因此话题句(125b)可以接受;而(126)中谓语动词来了的使用暗示了复杂名词短语读过(那本书)的人表定指意义,因此话题句(126b)不可接受。Huang(1992)认为这是迄"今"为止最好的解释。与此相应,(123)和(124)这两个复杂名词短语的句法表达式相似,且都违反了邻近原则,但可接受性明显不同。这也可按定指—非定指语义区别的思路去解释。

(123)*[$_{S}$[$_{NP}$[$_{S}$ t_i看见 t_j]的学生$_j$]来了]的那个人$_i$

(124)[$_{S}$[$_{NP}$[$_{S}$ e_i看见 e_j]的学生$_j$]不多的]那个人$_i$

(125)a. 读过那本书的人不多。

b. 那本书，[读过的人不多]

(Xu & Langendoen 1985:14～15)

(126) a. 读过那本书的人来了。

b. *那本书，[读过的人来了]　　(同上)

但本书认为定指—非定指这一思路不能解释以下情况：根据 Xu & Langendoen 的思路，(127)中写那本书的人和翻译那本书的人也是表定指意义（徐烈炯 2003:142），但扩充后的话题句(127b)和复杂名词短语(127c)都可接受。徐烈炯(2003:142～143)承认定指—非定指语义区别并不可靠，并指出这一问题有待继续研究。杨彩梅(2009)（又见本书上篇第10章）认为关系从句的限制性—非限制性区别可用来解释(123～124)、(125b)、(126b)、(127b)和(127c)的可接受性对比：(124)和(125)中谓语动词不多的使用暗示了复杂名词短语（那个人）看见的学生和读过（那本书）的人中的关系从句是限制性关系从句，因此，(124)和(125)可以接受；而(123)和(126)中谓语动词来了的使用暗示了复杂名词短语（那个人）看见的学生和读过（那本书）的人中的关系从句是非限制性关系从句，因此，(123)和(126b)不可接受；至于(127)，写那本书的人（来了）和翻译那本书的人（没来）的对比表明它们一定是限制性关系结构，因此，(127b)和(127c)可以接受。同样，限制性—非限制性区别可用来解释(128～130)的可接受性对比（详见本书上篇第10章）。

(127) a. 写那本书的人来了，而翻译那本书的人没来。

b. 那本书，[写的人来了，而翻译的人没来]。

c. [写的人来了，而翻译的人没来]的那本书

(128) a. 那本书$_i$，*[e_j读过e_i的张三$_j$走了进来]

b. *[e_j读过e_i的张三$_j$走了进来]的那本书$_i$

(129) a. 那个强盗$_i$，[e_j能抓住e_i的人$_j$一定是英雄]

b. [e_j能抓住e_i的人$_j$一定是英雄]的那个强盗$_i$

(130) a. 那本书$_i$，[e_j读过e_i的学生$_j$走进了1号教室，而e_k没读过e_i的学生$_k$走进了2号教室]

b. [e_j读过e_i的学生$_j$走进了1号教室，而e_k没读过e_i的学生$_k$走进了2号教室]的那本书$_i$

本书上篇6.1节还会提到一些汉语例子，它们表面上是由于违反邻近原则（例如表面上违反了“左枝限制”）而不可接受，而实质上却由其他原因所致。

4.3 关系从句的谓词本身是否完整和合乎语法

本书上篇 2.3 节和 3.1.4 节提到,关系结构移位分析的必然结果是关系从句的谓词/IP 变成句法开放性谓词,含有移位语迹,而移位语迹的存在必然使得我们能看到一些关系从句的谓词/IP 因结构不完整而本身不合语法、不能单独使用。而本书上篇 3.2.2 节提到,关系结构合并/非移位分析的必要条件是关系结构中的谓词不是句法开放性谓词,而是句法非开放性谓词,不存在任何移位语迹。

反过来,如果我们能看到英语关系结构的谓词因结构不完整而本身不合语法、不能单独使用,这就说明英语关系结构的谓词是句法开放性谓词;而如果英语关系结构的谓词是句法开放性谓词,那么英语关系结构的(句法算子)移位分析也就合理了。同理,如果我们能看到汉语关系结构的谓词因结构不完整而本身不合语法、不能单独使用,这就说明汉语关系结构的谓词是句法开放性谓词,那么,汉语关系结构的移位分析也就合理。但如果所有汉语关系结构的谓词本身都合乎语法、能够单独使用,这说明汉语关系结构的谓词不是句法开放性谓词,而是句法非开放性谓词,那么,汉语关系结构的移位分析也就不合理而非移位分析也就合理。接下来的语言事实表明:汉语关系从句和英语关系从句存在着一个非常重要的区别,即英语关系从句的谓词在很多情况下因含有句法空缺而本身不合语法、不能单独使用;而汉语关系从句的谓词不管含不含句法空缺,本身都必须合乎语法、能单独使用,否则,关系结构就不合语法、不能被接受,也就是说,汉语关系结构合格的一个必要条件是关系从句的谓词本身完整、合乎语法、能单独使用。这一区别详见下文。该区别只有在英语关系结构的移位分析和汉语关系结构的非移位分析下才能得到合理解释。因此,这一区别成为本书支持英语关系结构移位分析和汉语关系结构非移位分析的第三条理由。

4.3.1 英语

英语关系从句的谓词会因含有空缺的主语或空缺的"强及物动词"宾语或介词宾语(关于及物动词的分类详见本书上篇 4.4.1 节)而本身不完整,不合语法,不能单独使用。

以含有"强及物动词"的(131～132)为例。(131b)中的关系结构是一个合乎语法、能被接受的表达,但其中的谓词[$_{IP}$he invited e] 因含空缺的宾语而本身不完整、不合语法、不能单独使用,具体例子如(131c)B_1,其中的

he invited e 因含有空缺的宾语而不能用来回答(131c)A 中的提问，除非在"强及物动词"invite 后加上宾语 her。同理，(132b)中关系从句的谓词 $[_{IP}$ John's words strengthened e$]$因含有空缺的宾语而本身不完整、不合语法、不能单独使用，具体例子如(132c)。

(131) a. He invited Mary.

b. the girl whom$[_{IP}$he invited e$]$(was Mary.)

c. A: Did he invite Mary?

B_1: *Yes, he invited *e*.

B_2: Yes, he invited her. /Yes, he did.

(132) a. John's words strengthened my determination.

b. my determination which$[_{IP}$ John's words strengthened *e*$]$

c. Mary's words strengthened my determination; *John's words strengthened *e*, too.

又如(133～135)中的控制结构。(133b)中的谓词$[_{IP}$ she let e die like flowers in the fall$]$因控制动词 let 的宾语空缺而本身不完整、不合语法、不能单独使用，具体例子如(133c)B_1，其中的 she let e die like flowers in the fall 因含有空缺的宾语而不能用来回答(133c)A 中的提问，除非在控制动词 let 后加上宾语 it①。同理，(134b)中的谓词$[_{IP}$ I persuaded e into coming here tomorrow$]$也因控制动词 persuaded 的宾语空缺而本身不完整、不合语法、不能单独使用，具体例子如(134c)。(135)同理。

(133) a. She let her sweet love die like flowers in the fall.

b. the sweet love that$[_{IP}$ she let e die like flowers in the fall$]$

c. A: Did she let her sweet love die like flowers in the fall?

B_1: *Yes, she let e die like flowers in the fall.

B_2: Yes, she let it die like flowers in the fall.

(134) a. I persuaded Mary into coming here tomorrow.

b. the woman who$[_{IP}$ I persuaded e into coming here tomorrow$]$

c. *I persuaded e into coming here tomorrow.

(135) a. John frightened Mary into crying.

---

① 这些英语表达的合乎语法性判断得到 6 位以英语为母语的受试的证实。

b. the woman who[$_{IP}$ John frightened e into crying]

c. *John frightened e into crying.

再如含介词宾语的结构(136)。(136b)中的谓词[$_{IP}$ John wanted to dance with e last night]因介词宾语空缺而本身不完整、不合语法、不能单独使用,具体例子如(136c)。

(136) a. John wanted to dance with the girl last night.

b. the girl whom[$_{IP}$ John wanted to dance with e last night]

c. *John wanted to dance with e last night.

只在少数情况下,英语关系结构的谓词即使含有空缺的宾语,本身也完整、合乎语法、能单独使用。[①] 比如,(137b)中的谓词[$_{IP}$ he passed e yesterday]虽然含有空缺宾语,但本身完整、合乎语法、能单独使用,具体例子如(137c)B_1,其中,he passed e 和 he passed it 都能用来回答(137c)A 中的提问。

(137) a. He passed the math exam yesterday.

b. the exam which[$_{IP}$ he passed e yesterday]

c. A:Did he pass the math exam yesterday?

B_1:Yes,he passed e.

B_2:Yes,he passed it.

再看关系从句的谓词中含有空缺主语的情况。由于英语不是一种允准主语脱落(pro-drop)的语言,因此,如果谓词中的主语空缺,谓词就本身不完整、不合语法、不能单独使用,例如(138b)中的谓词[$_{IP}$ e wants to invite John to speak at the meeting]因主语空缺而本身不完整、不合语法、不能单独使用,具体例子如(138c)。

(138) a. The man wants to invite John to speak at the meeting.

b. the man who[$_{IP}$ e wants to invite John to speak at the meeting]

c. *e wants to invite John to speak at the meeting.

---

① 这种情况下的及物动词在英语中较少;关于及物动词、不及物动词等动词及物性的详细分析见本书上篇 4.4.1 节。

总之，从以上英语事实，我们能很明显地看到：在很多情况下，英语关系结构的谓词本身都不完整、不合语法、不能单独使用。这足以说明英语关系结构的谓词是句法开放性谓词，含有移位语迹，因此，英语关系结构的移位分析也就非常合理。只有移位分析才能解释为什么在很多情况下，英语关系结构的谓词本身都不完整、不合语法。道理很简单：原来完整的、合乎语法的结构中有成分被移走了，剩下的当然就不完整了。不过，有时候我们能很明显地看到成分的残缺，例如(136)；而有时候我们不能很明显地看到成分的残缺，例如(137)。

4.3.2　汉语

本书发现，汉语关系从句的情况与上节中英语关系从句的情况完全不同。汉语关系从句的情况是：如果一个汉语关系结构合乎语法、能被接受，那么其中的谓词不管含不含句法空缺，其本身都一定完整、合乎语法、能单独使用；如果关系从句的谓词因含有句法空缺而本身不完整、不合语法、不能单独使用的话，那么整个关系结构也必定不合语法、不能被接受。因此，关系从句的谓词（不管其中有没有句法空缺）本身完整、合乎语法、能单独使用是汉语关系结构合乎语法、能被接受的必要条件。详情如下。

以(139a)为例。(139a)中含有一个可以带宾语也可以不带宾语的“弱及物动词”，即邀请（关于动词能否带宾语的详细分析见本书上篇4.4节）。(139b)中的关系结构张三想邀请的那个女孩合乎语法、能被接受，其中的谓词[$_{IP}$张三想邀请 e]虽然含有空缺但还是本身完整、合乎语法、能单独使用的，具体例子如(139c)B，其中的张三想邀请 e 虽含空缺但完全能用来回答(139c)A中的提问。同理，(140b)中的关系结构合乎语法、能被接受，其中的谓词[$_{IP}$张三想读 e]虽然含有空缺但还是本身完整、合乎语法、能单独使用的，具体例子如(140c)B。

(139) a. 张三想邀请小丽。
　　b. [$_{IP}$张三想邀请 e]的那个女孩（是小丽）
　　c. A：张三想邀请小丽吗？
　　　B：张三想邀请 e。可他不敢开口。

(140) a. 张三想读《红楼梦》。
　　b. [$_{IP}$张三想读 e]的那本小说（是《红楼梦》）
　　c. A：张三想读《红楼梦》吗？
　　　B：张三想读 e。可他买不到。

又以(141a)为例。其中含有一个必须带宾语的“强及物动词”,即坚定。(141b)中的关系结构张三的话坚定了的我的决心不合语法、不被接受,其中的谓词[$_{IP}$张三的话坚定 e 了]也因含有空缺而本身不完整、不合语法、不能单独使用,具体例子如(141c)B。同理,(142b)中的关系结构张三缓缓地走向的那个女子不合语法、不被接受,其中的谓词[$_{IP}$张三缓缓地走向 e]也因含有空缺而本身不完整、不合语法、不能单独使用,具体如(142c)B 所示。(143)同理。更多例子见本书上篇 4.4.3 节。

(141)a. 张三的话坚定了我的决心。

b. (这就是)*[$_{IP}$张三的话坚定 e 了]的我的决心

c. A:张三的话坚定了你的决心吗?

B:是的,*张三的话坚定了 e。

(142)a. 张三缓缓地走向那个女子。

b. (她就是)*[$_{IP}$张三缓缓地走向 e]的那个女子

c. A:张三缓缓地走向那个女子了?

B:是的,*他缓缓地走向 e 了。

(143)a. 这项计划不如那项计划。

b. (这就是)*[$_{IP}$这项计划不如 e]的那项计划

c. A:这项计划不如那项计划吗?

B:是的,*这项计划不如 e。

再看(144a)、(145a)和(146a)中的兼语结构(Xu 1985～6 将它们归入“控制(control)结构”)。汉语句法中,兼语结构中的兼语通常不能省略,因此($144b_1$)中的谓词[$_{IP}$张三老笑 e_i蠢]因含有空缺而本身不完整、不合语法、不能单独使用(具体例子如($144c_1$)B),与此相应,($144b_1$)中的整个关系结构张三老笑蠢的那个人(是李四)也就不合语法、不可接受了;而($144b_2$)中的谓词[$_{IP}$张三老笑他$_i$蠢]本身完整、合乎语法、能单独使用(具体例子如($144c_2$)B),与此相应,($144b_2$)中的整个关系结构张三老笑他蠢的那个人(是李四)也就合乎语法、能被接受了。同样,($145b_1$)中的谓词[$_{IP}$张三鼓励/劝 e_i打太极拳]因含有空缺而不合语法,不能单独使用(具体例子如($145c_1$)B),与此相应,($145b_1$)中的整个关系结构张三鼓励/劝打太极拳的那个人(就是李四)也就不合语法、不可接受了;而($145b_2$)中的谓词[$_{IP}$张三鼓励/劝他打太极拳]本身完整、合乎语法、能单独使用(具体例子如($145c_2$)B),与此相应，($145b_2$)中的整个关系结构张三鼓励/劝他打太极拳的那个人(就是李四)也就合乎语法、能被接受了。(值得注意的是，($145c_1$)B中的张三鼓励e打太极拳在其他用法中是合乎语法的，但其含义为“张三鼓励人们打太极拳”，也就是说，其中的空缺e只能是任意性解读(arbitrary reading)，不能特指上文提到的人。)(146)中的情况同(144)。

(144)a. 张三老笑李四蠢。

b_1. *[$_{IP}$张三老笑e_i蠢]的那个人$_i$(就是李四)

c_1. A：张三老笑李四$_i$蠢？

B：*张三老笑e_i蠢。

b_2. [$_{IP}$张三老笑他$_i$蠢]的那个人$_i$(就是李四)

c_2. A：张三老笑李四$_i$蠢？

B：张三老笑他$_i$蠢。

(145)a. 张三鼓励/劝李四打太极拳。

b_1. *[$_{IP}$张三鼓励/劝e_i打太极拳]的那个人$_i$(就是李四)

c_1. A：张三鼓励/劝李四$_i$打太极拳？

B：*张三鼓励/劝e_i打太极拳。

b_2. [$_{IP}$张三鼓励/劝他$_i$打太极拳]的那个人$_i$(就是李四)

c_2. A：张三鼓励/劝李四打太极拳？

B：张三鼓励/劝他打太极拳。

(146)a. 张三想请李四吃饭。

b_1. *[$_{IP}$张三想请e吃饭]的那个人(就是李四)

c_1. A：张三想请李四吃饭？

B：*张三想请e吃饭。

b_2. [$_{IP}$张三想请他$_i$打吃饭]的那个人$_i$(就是李四)

c_2. A：张三想请李四打吃饭？

B：张三想请他吃饭。

再看含有介词宾语的结构(147a)。($147b_1$)中的谓词[$_{IP}$张三昨晚想跟e跳舞]因介词宾语空缺而本身不完整、不合语法、不能单独使用(具体例子如($147c_1$))，与此相应，($147b_1$)中的整个关系结构(她就是)张三昨晚想跟跳舞的那个女孩也就不合语法、不可接受了；而($147b_2$)中的[$_{IP}$张三昨晚想跟她跳舞]本身完整、合乎语法、能单独使用(具体如($147c_2$)所示)，与此相应,($147b_2$)中的整个关系结构(小丽就是)张三昨晚想跟她跳舞的那个女孩也就合乎语法、能被接受了。

(147)a. 张三昨晚想跟那个女孩跳舞。

b_1.(她就是)*[$_{IP}$张三昨晚想跟 e 跳舞]的那个女孩

c_1. *张三昨晚想跟 e 跳舞。

b_2.(小丽就是)[$_{IP}$张三昨晚想跟她跳舞]的那个女孩

c_2. 张三昨晚想跟她跳舞。

与(141a)类似的例子还有(148a)。他们属于"形容词+宾语"结构(参张建理,徐银 2011),其中的形容词兼做"强及物动词"(详见本书上篇 4.4.节)。(148b)中的关系结构灵芝和美容白嫩了/健康了/清洁了 e 的我的肌肤不合语法、不被接受,其中的谓词[$_{IP}$灵芝和美容白嫩了/健康了/清洁了 e]也因含有空缺而本身不完整、不合语法、不能单独使用,具体例子如(148c)B。更多的这类形容词兼做及物动词的还有平缓、坚固、松懈、畅通、安全、合理、幸福、简便等。

(148)a. 灵芝和美容白嫩了/健康了/清洁了我的肌肤。

b.(这就是)*[$_{IP}$灵芝和美容白嫩了/健康了/清洁了 e]的我的肌肤

c. A:灵芝和美容白嫩了/健康了/清洁了你的肌肤?

B:是的,*灵芝和美容白嫩了/健康了/清洁了 e。

以上是汉语关系从句的谓词中含有空缺宾语的情况,再看含有空缺主语的情况。汉语关系从句的谓词含有空缺主语时本身合乎语法、能单独使用(因为汉语是一种允许主语脱落的语言),例如(149b)中的谓词[$_{IP}$e 想请张三在会上发言]虽含有空缺主语但本身还是完整、合乎语法、能够单独使用的(具体例子如(149c)B),与此相应,(149b)中的关系结构想请张三在会上发言的那个人也就合乎语法、能被接受了。

(149)a. 那个人想请张三在会上发言。

b.(他就是)[$_{IP}$e 想请张三在会上发言]的那个人

c. A:你想干什么?

B:想请张三在会上发言。

以上汉语事实(更多例子见本书上篇 6.1 节)表明,所有合格的汉语关系结构的谓词本身都完整、合乎语法、能单独使用。汉语关系结构合格的一个必要条件是关系从句的谓词本身完整、合乎语法、能单独使用。这说明了汉语关系结构的谓词不是句法开放性谓词,而是句法非开放性谓词。因此,汉语关系结构的非移位分析也就合理了。

4.4　是否允准“强及物动词”悬空

动词的及物性特征与关系结构的句法特征和句法分析密切相关。这一节将包括三部分。4.4.1 节构建了一个适合英语、汉语和其他语言的动词及物性新体系(主要内容见杨彩梅 2012)。这一动词及物性新体系的建立是 4.4 节的理论基础,与本章论证息息相关。4.4.2 节指出了以往研究在进行英、汉语关系结构移位分析时存在一个很大的问题,即忽略了英、汉语关系结构中动词及物性特征的明显不同,从而导致结论有所偏颇。4.4.3 节总结出英、汉语关系结构的一个重要的不同,即英语关系化允准“强及物动词”悬空,而汉语关系化不允准,这是本书支持英语关系化移位分析和汉语关系化非移位分析的第四条重要理由。

4.4.1　空宾语分布和动词及物性新体系

生成语法文献普遍认为空宾语(null object,缩写为 *NO*)的分布是个纯句法问题,对它采用纯句法分析,认为空宾语的分布受制于普遍语法体系下的某些规则和参数[①],这些规则和参数将所有语言划分成允准(allow/license)空宾语的语言(如汉语)和不允准空宾语的语言(如英语)两大类。但本书在 Chomsky(2004)的启示下,主张空宾语分布的纯词汇分析,认为空宾语的分布只是个语言个性(language-specific)和词汇个性(lexically idiosyncratic)问题,所以无法从普遍语法角度来解释和预测。简而言之,在讨论空宾语的分布时,我们不能说某种语言允准或不允准空宾语,只能说某一语言中的某一动词允准或不允准空宾语。接下来先介绍空宾语的定义、解

① 比如 Chomsky(1981)认为空宾语的分布和空主语的分布一样受制于“一致假设”(Agreement Hypothesis),“一致假设”将所有语言划分为允准空宾语的语言和不允准空宾语的语言两类。在此基础上,C-T. J. Huang(1984,1989)提出“广义控制规则”(General Control Rule)和“Infl 管辖参数”(Infl government parameter),将所有语言分成不允准空宾语的语言(如英语)和允准变量空宾语的语言(如汉语)。

读,以及生成语法文献和功能语法文献对空宾语分布的不同分析;然后提出本书对空宾语分布的纯词汇分析以及事实依据。与此相关,本书还认为任何语言中的动词都可能区分“强及物动词”、“弱及物动词”、“弱不及物动词”和“强不及物动词”四个次类。

首先来看看空宾语的定义与解读以及宾语、空宾语和“语义宾语”的联系与区别。

(150a)中的 V 是及物动词,它必须选择名词短语 NP,该名词短语既可以是非空语类(non-empty category),也可以是空语类;非空语类充当宾语,例如(151～152)中的及物动词 please 和 eat 分别带宾语 me 和 a book;空语类充当空宾语,空宾语是宾语的省略/脱落(drop)/隐形(phonetically null),例如(153～156)中的及物动词吃、喜欢、批评和责怪后分别省略了宾语书、小王/他、自己和自己/他,故都带空宾语。而(150b)中的 V 是不及物动词,不选择任何名词短语 NP,也就是说,它不带宾语或空宾语,例如(157～159)中的 sleep、eat 和 please 都是不及物动词。总之,及物动词必须带宾语或空宾语,空宾语是宾语的省略;不及物动词既不带宾语也不带空宾语(参 Huang 1984,1989,1991;Xu 1986;Cole 1987;Landa 1995;Huang 2000)(对比 Rizzi 1986;Cummins Roberge 2004,2005)。

(150)a.
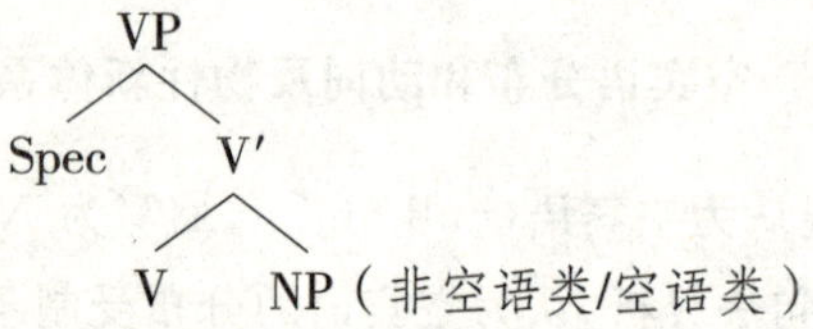

b.
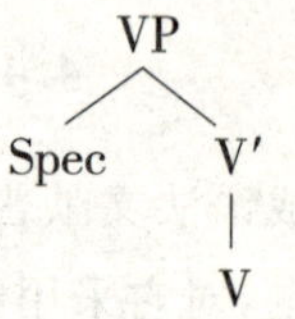

(151)She is always ready to please me.

(152)She ate a book yesterday.

(153)(你吃书$_i$吗?)我吃 NO_i。

(154)(你喜欢小王$_i$吗?)我喜欢 NO_i。

(155)(谁批评过自己?)约翰$_i$批评过 NO_i。 (Xu 1986:88)

(156)(老师喜欢责怪小明,今天)小明$_i$以为老师又要责怪 NO_i了。

(Xu 1986:78;Y. Huang 2000:86)

(157)John was sleeping.

(158)a. (What is John doing?)John is eating.

b. Human beings must eat.

(159)a. (John is always ready to please.)Now John is pleasing again.

b. John is always ready to please. (Rizzi 986:501)

不及物动词又分两种，一种如(158～159)中的 eat 和 please，eat 本身的词汇意义中含受事(Patient)，please 本身的词汇意义中含历事(Experiencer)，本书称它们为含“语义宾语”的不及物动词；另一种如(157)中的 sleep，不含“语义宾语”①。值得注意的是，既然“语义宾语”只是动词词汇意义的一部分，它就只能是一种默认值，例如(158)中 eat 的“语义宾语”默认为“food”，(159)中 please 的“语义宾语”默认为“people”(参 Rizzi 1986)。

(153～156)中的空宾语的解读与“语义宾语”的解读不同。(153)中的空宾语必须被解读为问句中的书，即空宾语必须与书同标(coindex)；(154)中的空宾语必须与问句中的小王同标；(155)中的空宾语必须与小句主语约翰同标，(156)中的空宾语必须与主句主语小明同标。这些空宾语的解读有一个共同点：空宾语必须与语境②中的某一具体名词短语同标③。本书将这类空宾语称为“语境空宾语”。

绝大部分文献(如 C-T. J. Huang 1984，1991；Cole 1987；Xu 1986)提到的空宾语都是“语境空宾语”，但也有少数文献提到，语境中不曾出现过的宾语也可省略，比如 Rizzi(1986)提到(160)中的空宾语是第一次出现的宾语“people”的省略，Chao(1992)提到(161)中的空宾语有歧义，既可以是语境中的“him”的省略，也可以是第一次出现的“people”的省略。由这些例子可知：第一次出现的宾语如果要省略的话，它一定是与“语义宾语”的默认值相类似的名词短语。本书将这种空宾语称为“默认空宾语”。显然，带“默认空宾语”的及物动词和含“语义宾语”的不及物动词之间会很难区分，例如 Rizzi(1986)就花了很多笔墨来分析为什么(159)中的英语动词 please 属于后者而(160)中相应的意大利语动词 accontentare 却属于前者。

(160)Gianni è sempre pronto ad accontentare *NO*. (意大利语)

(Rizzi 1986：501)

---

① 传统语法中的不及物动词包括 Perlmutter(1978)的非作格(unergatives)和非宾格动词(unaccusatives)。他对它们做了句法上的区别。本书也做了区别，但与他们的分析不同。

② “语境”包括言语和非言语语境(参 Cummins & Roberge 2004)。(153～156)中的空宾语都与言语语境中的名词同标，但空宾语也可与非言语语境中的名词同标，如(说话者手里端着茶$_i$，说)喝 NO$_i$吧，赵大爷！

③ 值得注意的是下面(i)中的情况。它可能会让人以为 chop 和 dice 的受事是语境中的 all the vegetables，做“语境解读”，但其实它们是不及物动词，其受事分别为(这些蔬菜中)“任何能被剁碎的东西”和“任何能被切成丁的东西”，做“默认解读”。

(i)(What happened to all the vagetables?) Well, Jacques has been chopping and dicing all afternoon.

(Cummins & Roberge 2004：125)

Gianni is always ready to please

'Gianni is always ready to please.'

(161) Esta decisão faz *NO* feliz.(巴西葡萄牙语)

(Chao 1992,转引自 Y. Huang 2000:84)

this decision makes happy

'This decision makes people/him happy.'

生成语法文献(如 Chomsky1981;C-T. J. Huang 1984,1989,1991;Cole 1987;Massam & Roberge 1989;Landa 1995)普遍认为空宾语的分布是纯句法问题,对它采用纯句法分析。他们认为,普遍语法体系下的某些规则和参数将所有语言一分为二,即允准空宾语的语言和不允准空宾语的语言。这等于是说,任何一种语言,其及物动词要么都能带空宾语,要么都不能,不会出现部分能而部分不能的情况。比如,他们将英语分析为一种不允准空宾语的语言,认为英语中所有及物动词都必须带宾语,只不过有的及物动词可兼做同音异义的不及物动词。例如及物动词 please 必须带宾语,不能带"语境空宾语"(如(162a)所示),也不能带"默认空宾"(如(162b)所示,参 Rizzi 1986);一旦其后无宾语,如(162c)所示,它就只能是含"语义宾语"的不及物动词,因此(162c)应被解读为"he was unwilling to please people(他不愿意讨好人)"。

(162) a. (Did Jim please her_i?) No. He was unwilling to please her_i/ *NO_i.

(参 Cummins & Roberge 2004:125)

b. (Did Jim please her_i?) No. *He was unwilling to please NO_{people}. (参 Rizzi 1986:509)

c. (Did Jim please her_i?) No. He was unwilling to please.

又如,Huang(1984,1989,1991)和 Cole(1987)将汉语分析为一种允准空宾语的语言,认为汉语中所有及物动词都既可带宾语也可带"语境空宾语"。他们对(163)中的空宾语做如下分析:(163)中的认识带空宾语,空宾语移往非论元位置成为空话题(zero topic,缩写为 *ZT*),空宾语通过空话题的桥梁作用与语境中的某一名词短语同标,故空宾语不能与子句主语李四同标，也不能与主句主语张三同标（对比 Xu 1986；Y. Huang 2000[①]）。

(163) ZT_{i} 张三$_{k}$说李四$_{j}$不认识 $NO_{i/*j/*k}$。

(C-T. J. Huang 1984：537)

在朱德熙（1982/1999）的启示下，胡裕树和范晓（1995：141～149）等指出汉语动词也分及物和不及物，但及物动词再分“粘宾动词”和“两用动词”。“粘宾动词”“在主事主语句[②]里必须带宾语”，且具备“三个特点：在句中必须和宾语连接在一起；宾语只能在动词后，不能提前；宾语不能省略或隐含”，如（164）中的动词。而“两用动词”“在主事主语句里作谓语时通常要带宾语，但在一定条件下后边可以不带宾语”，主要有以下四种条件：1）“宾语置于动词之前”，如（165），此时“有遍指的意味，同时宾语是被强调的”；2）“宾语在句中充当了其他成分”，如（166）；3）“宾语借助于语境而省略”，如（167）；4）“有的动词在句中……作主语或宾语”，如（168），此时“重在说明动作本身”，“后边不需要宾语”。不及物动词“在主事主语句里不能带宾语”，又分为无宾动词和准无宾动词，前者“不能带任何宾语”，如散步和睡觉，后者“在主事主语句中通常不带宾语，但当它出现在非主事主语句里时，后面可带主事宾语”，如（169）中的住和卧。

(164)这个队属于民安乡红旗农业社。/全国好比一个大家庭。

(165)我现在什么也不知道。/他的确谁也不认识。

(166)他把我的手推开。/（村长）对村里的情形不了解。

(167)（你替我找大夫？）嗯，我替你找[ ]。/您喝[ ]吧，老大爷！/（小二黑没有错，）当然不承认[ ]。

(168)你倒是敢想、敢说、敢干。/打是疼，骂是爱。

---

① Xu(1986)举出(i)来说明空宾语既能与子句主语同标，也能与主句主语同标。C.-T. J. Huang(1989)反驳说：(i)中例子不在一种语用中立（pragmatically neutral）的语境中使用，故不是反例；它们虽然语用上可接受，但语法上错误。而 Y. Huang(2000)反驳 C.-T. J. Huang 说：任何句子都不可能出现在语用中立的语境中，故所有 C.-T. J. Huang 的例子都不在语用中立的语境中使用；说这种句子语法上错误而语用上可接受，这与我们的语感相违背，无论在理论还是方法上都值得怀疑。

(i)小偷$_{i}$以为没有人看见 NO_{i}。/（张三批评过自己吗？）他$_{i}$批评过 NO_{i}了。/ ZT_{j}，小明$_{i}$以为老师$_{k}$又要责怪 $NO_{i/j/k}$了。

② 胡裕树、范晓(p140)指出，主事主语句即主事作主语的动词谓语句，如那个人站着，而门口站着一个人不是主事主语句。并认为要根据主事主语句来区分汉语及物和不及物动词。

(169)这个院子里住着两个人。/山坡上卧着些小村庄。

本书对胡裕树和范晓的以上分析做如下理解和简评：

1)虽然他们没有使用空宾语这一术语，但提到和研究了空宾语现象，条件 3 中的及物动词借助语境省略宾语，产生“语境空宾语”；条件 4 中的及物动词省略宾语，产生“默认空宾语”①(以往生成语法文献未提到这种汉语空宾语)②。“作主语或宾语”的及物动词也可带“语境空宾语”，如(170)，但胡裕树、范晓未提及这一点。

(170)a.(你敢吃鳄鱼肉$_i$吗？)我不敢吃 NO_i。

b.(她还爱他$_i$吗？)爱 NO_i 是不可能的，恨 NO_i 倒有可能。

2)他们认为“粘宾动词”不能省略宾语而“两用动词”能，即“粘宾动词”不能带空宾语而“两用动词”能带。也就是说，能否带空宾语是动词的词汇个性。这给了本书启示。③

3)他们的汉语不及物动词中没有含“语义宾语”的不及物动词，即没有与(158～159)中的英语不及物动词 eat 和 please 类似的汉语动词。而本书会指出汉语中有这种不及物动词。

本书不支持空宾语分布的纯句法分析以及这种分析下所得出的所有语言分为允准空宾语的语言和不允准空宾语的语言这种一分为二的结论。本书以为，空宾语的分布是一个连续体：所有语言构成一个有序集合{L_1,L_2,…,L_n}，L_1 中的及物动词都不能带空宾语，L_n 中的及物动词都能带空宾语，其他的语言都是一部分及物动词能带空宾语而另一部分不能，但比例不同，分布在连续体的不同区段，比方说，L_3 中 5%的及物动词能带空宾语，L_6 中 15%

① 条件 4 中的动词有两种可能，要么是含“语义宾语”的不及物动词，要么是带“默认空宾”的及物动词。胡裕树和范晓认为它们是及物动词，但没给理由。本书支持他们的观点，并在下文给出了理由。

② 条件 1 和 2 中的情况在生成语法文献中一般做移位处理：条件 1 中的句式属于胡建华等(2003)提到并做移位处理的次话题结构；条件 2 中的“把字句”在 Lin(2001)中做宾语移位处理。此外，涉及宾语移位的还有话题结构、“被”字句和关系结构等(参 Ning 1993；Aoun & Li 2003；石定栩、胡建华 2005；邓思颖 2008)。宾语虽然移位，但还是存在，不是省略。

③ 但胡、范的“粘宾动词”的宾语不能提前也不能省略而“两用动词”的宾语能提前也能省略的总结值得商榷，因为有的汉语动词宾语虽不能省略但能提前/移位，比如(ia)、(ib)的对比表明，动词充满的宾语不能省略却能提前。

(i)a.(那种孤零零、酸楚楚的感觉充满了她的心$_i$？)*那种孤零零、酸楚楚的感觉充满了 e_i。

b.她的心$_i$被那种孤零零、酸楚楚的感觉充满了 t_i。

的及物动词能带空宾语，……，$L_{n/2}$中 50％的及物动词能带空宾语，……，L_{n-3}中 90％的及物动词能带空宾语，等等。因此，就某一语言 L_x而言，是所有及物动词都能带空宾语，还是大部分及物动词能，还是一半及物动词能，还是少数及物动词能，还是所有及物动词都不能，这只是 L_x的个性；而就 L_x中的某一及物动词 Vt_x而言，它能否带空宾语，这只是 Vt_x的个性。既然能否带空宾语只是一种词汇个性，那么及物动词应再分为两类：不能带空宾语的及物动词和能带空宾语的及物动词。本书将前者称为“强及物动词”，后者称为“弱及物动词”①。因此，以上分析也可表述为：就某一语言 L_x而言，是所有及物动词都是“弱及物”，还是大部分及物动词是“弱及物”少部分是“强及物”，还是一半及物动词是“弱及物”另一半是“强及物”，还是少部分及物动词是“弱及物”大部分是“强及物”，还是所有及物动词都是“强及物”，这只是 L_x的个性；而就 L_x中的某一及物动词 Vt_x而言，它是“强及物”还是“弱及物”，这只是 Vt_x的个性。所以，语言之间空宾语分布的差异来源于词库之间的个性差异，语言内部空宾语分布的差异来源于词汇之间的个性差异。既然如此，我们就很难从普遍语法角度来解释和预测到底什么样的句法标准使得某种语言的某一动词能或不能带空宾语，空宾语分布也就不会受制于普遍语法体系下的任何规则或参数。以上内容就是本书所主张的空宾语分布的纯词汇分析。该分析支持 Chomsky(2004:4)最简方案中的“语言之间的差异被限制在词库里，所有语言的语言运算系统则完全一样”这一基本观点。正如徐烈炯(2008:106)所概括的，“最简方案把除了语法系统运算以外的信息都塞进了词库中，管约论时期用不同参数来处理语言与语言之间的不同现象，现在不提参数了，而把所有的不同几乎都看成是词项与词项之间的不同”。本书正是想把以往放在纯句法中讨论的空宾语分布问题归入词库中。

到此，本书将动词做如下分类：动词分及物和不及物，及物动词必须带宾语或空宾语，不及物动词既不带宾语也不带空宾语（见前文）；及物动词又分“强及物”和“弱及物”，“强及物动词”是指必须带宾语，不能带空宾语的动词，“弱及物动词”是指既能带宾语又能带空宾语的动词；不及物动词又分“弱不及物”和“强不及物”，含“语义宾语”的不及物动词为“弱不及物”，不含“语义宾语”的不及物动词则为“强不及物”。

本书认为任何语言中的动词都可区分为“强及物”、“弱及物”、“弱不及

---

① 这里的及物动词两分法与胡裕树、范晓的及物动词两分法有很大不同：1）他们的分类只针对汉语，而本书的分类针对所有语言；2）他们的“粘宾动词”和“两用动词”的分类涉及宾语能否前移和宾语能否省略两方面（这无法处理本书第 92 页上第 3 条脚注中的情况），而本书的“强及物”和“弱及物”的分类只涉及宾语能否省略。

物”和“强不及物”四次类。接下来的语料调查显示英、汉语中的动词正是如此。在对“英语国家语料库”和“金山词霸 2009 年牛津版”等语料库[①]中的语料进行调查后,本书发现英语中存在上文提到的四类动词,现给出相应的例子和分析:

其一,强及物动词

Outlive、interest 等动词是“强及物动词”,必须带宾语,不能带空宾语。例如(171a)中 outlive 必须带宾语 his wife 或 her,不能带空宾语来与语境中的 his wife 同标;一旦 outlive 后无宾语,表达就不合语法,如(171b)。同样,(172a)中 interest 必须带宾语 her,不能带“语境空宾语”;一旦其后无宾语,表达就不合语法,如(172b)。另外,前文提到的 please 也是“强及物动词”,不过与 outlive 和 interest 不同,它可兼作“弱不及物动词”,如(173a)所示,please 必须带宾语 her,不能带“语境空宾语”;一旦其后无宾语,它就是含“语义宾语”的不及物动词,故(173b)只能被解读为“He was unwilling to please people(他不愿意讨好人)”(参 Rizzi 1986)。eat 与 please 完全一样,它必须带宾语,不能带“语境空宾语”,如(174a);一旦其后无宾语,它就是含“语义宾语”的不及物动词,故(174b)只能被解读为“he was unwilling to eat food(他不愿意吃东西)”(参 Rizzi 1986)。值得注意的是,如(175~177)所示,很多“强及物动词”的宾语可前移,但宾语前移不是宾语省略,宾语仍然存在。

(171) a. (Did Jim outlive his wife$_i$?) No. He was unwilling to outlive his wife$_i$/her$_i$/ *NO_i.

b. (Did Jim outlive his wife$_i$?) No. *He was unwilling to outlive.

(172) a. (Did Jim interest her$_i$?) No. He was unwilling to interest her$_i$/ *NO_i.

b. (Did Jim interest her$_i$?) No. *He was unwilling to interest.

(173) a. (Did Jim please her$_i$?) No. He was unwilling to please her$_i$/ *NO_i. (=12a)

b. (Did Jim please her$_i$?) No. He was unwilling to please. (=12c)

---

① “英国国家语料库”(British National Corpus,BNC)是一个集有 100,106,008 个单词的大型现代英语语料库,共有 4,124 篇文章(90 %是书面语)。“这一语料库在很大程度上能代表现代英式英语的使用情况”,其网址为:http://info.ox.ac.uk/bnc/index.html(2013-8-23)。本书英语事实来源于 BNC 及牛津词典,从这样的语料库中提取的空宾语例句能排除是受到地区方言的影响。

(174) a. (Did Jim eat that $shoe_i$?) No. He was unwilling to eat it_i/ *NO_i.

b. (Did Jim eat that $shoe_i$?) No. He was unwilling to eat.

(175)… he_i would be outlived t_i by his widowed mother….

(BNC)

(176)… but[she] eventually returned to Inverness to keep house for her invalid $father_i$, $whom_i$ she outlived t_i by only two years.

(BNC)

(177) I'm a businessman, not a charity, and I_i'm not easy to please t_i.[①] (BNC)

更多"强及物动词"的例子见 Cole(1987)、Massam 和 Roberge(1989)、Landa(1995)以及 Cummins 和 Roberge(2004)等，英语"强及物动词"的普遍存在使得这些研究者认为英语是一种不允准空宾语的语言，即英语中的及物动词都必须带宾语。但本书找到了一些可带"语境空宾语"的英语及物动词(尽管这类动词可能不多)。请看下文。

其二，弱及物动词

与 outlive、interest、please 和 eat 完全不同，pass、fail、visit 和 telephone 等动词是"弱及物动词"，既能带宾语也能带"语境空宾语"。例如(178)中的 pass 既能带宾语 that exam/it，也能带与语境中的 that exam 同标的空宾语，故(178b)只会被解读成"He was unwilling to pass that exam"。同理，(179)中的 fail 既能带宾语 the test/it，也能带"语境空宾语"。更多例子见(180～184)，其中的 pass、fail、visit 和 telephone 都带了"语境空宾语"。

(178) a. (Did Jim pass that $exam_i$?) No. He was unwilling to pass that $exam_i$/it_i.

b. (Did Jim pass that $exam_i$?) No. He was unwilling to pass NO_i.

(179) (Did Jim fail/pass the test?) Yes. It is not surprising that he failed/passed the $test_i$/it_i/NO_i.

(180) a. The PMP $Exam_i$: How to Pass NO_i On Your First Try

(书名，作者 Andy Crowe)

① 值得注意的是，I am eager to please 和 I am easy to please 中的两个 please 不同，前一个是含"语义宾语"的不及物动词，后一个是"强及物动词"，宾语 I 前移了。

b. (That$_i$ is an acid test!) I can pass *NO*$_i$— you know I can. (BNC)

(181) This$_i$ is not an acid test, far less a self-evident one, but, as I have tried to show, contenders that profess to be are sure to fail *NO*$_i$. (BNC)

(182) They all had a wonderful time at Sergeant's garden party$_i$, and when it came time to leave they all promised to visit *NO*$_i$ again very, very soon. (BNC)

(183) Their$_i$ only child lived in a manor house in Wiltshire and rarely visited *NO*$_i$, although she telephoned *NO*$_i$ frequently, usually at inconvenient times. (BNC)

(184) …it was stubborn pride that was making her$_i$ stay waiting for Moira Russell to telephone *NO*$_i$ again. (BNC)

其三,弱不及物动词

很多"强及物动词"可兼作"弱不及物动词",例如上文提到的 please 和 eat。很多"弱及物动词"也可兼作"弱不及物动词",例如上文提到的 telephone 在(185)中为"弱不及物"。

(185) However, when he later became drowsy she telephoned for an ambulance to take him to hospital. (BNC)

其四,强不及物动词

sleep、jump、cry 和 stand 等都是"强不及物动词",不含"语义宾语"。

汉语中也存在上文提到的四类动词。现给出相应的例子和分析:

其一,强及物动词

视为、看作、比作、坚定、温暖、限于、属于、充满、填满、走向等动词是"强及物动词",它们总是带着宾语,既不能带"语境空宾语"(如(186～190)所示)也不能带"默认空宾语"。这些动词中有的动词的宾语可前移,但宾语前移不是宾语省略,宾语仍然存在,例如(187)和(189)都可通过宾语前移转换为"被"字句[①]:我的信念被她那番话坚定了;我的心被她那番话温暖了;她

① 有意思的是,(187)和(189)不能通过宾语移位转换成话题结构和关系结构:*我的信念,她的话坚定了;*她的话坚定了的那种信念;*她的心,那种孤零零、酸楚楚的感觉充满了;*那种孤零零、酸楚楚的感觉充满了的那颗心(见杨彩梅 2008:25)。

的心被那种孤零零的感觉充满/填满了(对比胡裕树、范晓 1995)。汉语中“强及物动词”很少。本书上篇 4.3.2 节中提到的白嫩、健康、清洁、平缓、坚固、松懈、畅通、安全、合理、幸福、简便等形容词也可兼作“强及物动词”。

(186)(他把你视为/看作/比作一朵鲜花$_i$?)*他把我视为/看作/比作 *NO*$_i$。

(187)a.(她那番话坚定了你的信念$_i$?)*她那番话坚定了 *NO*$_i$。

b.(她那番话温暖了你的心$_i$?)*她那番话温暖了 *NO*$_i$。

(188)(这项权利限于/属于那两个国家$_i$?)*这项权利限于/属于 *NO*$_i$。

(189)(那种孤零零的感觉充满/填满了她的心$_i$?)*那种孤零零的感觉充满/填满了 *NO*$_i$。

(190)(张三缓缓地走向那个女子$_i$?)*张三缓缓地走向了 *NO*$_i$。

其二,弱及物动词

吃、喜欢、批评、责怪、找、喝、承认、爱和恨等动词是“弱及物动词”,既能带宾语又能带“语境空宾语”,如(153~156)、(167)和(170)。

有的“弱及物动词”在某些特定句式中还有可能带“默认空宾语”。例如(191~193)中的想、说、干、打、骂、吃、拉、批评、挖苦和讽刺都出现在并列结构中,都带“默认空宾语”。为什么不说这些动词是“弱不及物动词”呢?本书发现,这些汉语动词与 eat、drink、read、write、speak、criticize 等英语“弱不及物动词”有一个很大的区别:在一般句式中,后者能单独作谓语,如(194~195);前者却不能,如(196~197)。说明这些汉语动词不是“弱不及物动词”。(196~197)和(191~192)之间的对比则说明:这些动词虽然一般情况下不能带“默认空宾语”,但在某些特定句式(如并列结构)中就能带。

(191)你倒是敢想、敢说、敢干。/打是疼,骂是爱。　　(=168)

(192)(我不要上厕所,你自己去吧。)走啦,一起去啦,你光吃不拉的啊?

(193)批评、自我批评是好的,但挖苦、讽刺是不好的。

(194)(What is she doing?)She is eating/drinking/reading/writing/speaking/criticizing.

(195)Human beings can eat/drink/read/write/speak/criticize.

(196) a.(她在干什么?)*她在想/说/干/打/骂/吃/拉/批评/挖苦/讽刺。

b.(她在干什么?)她在想问题/说话/干事/打人/骂人/吃东西/拉大便/批评人/挖苦人/讽刺人。

(197) a.(人有什么特点?)*人能想/说/干/打/骂/吃/拉/批评/挖苦/讽刺。

b.(人有什么特点?)人能想问题/说话/干事/打人/骂人/吃东西/拉大便/批评人/挖苦人/讽刺人。

其三,弱不及物动词

前文提到,胡裕树、范晓认为汉语中没有与英语不及物动词,如 eat 和 please 等类似的不及物动词,即汉语中没有“弱不及物动词”。但本书认为有。例如写作、引吭高歌、按摩这三个“弱及物动词”就可兼作“弱不及物动词”:从(198~200)可知,写作、引吭高歌、按摩为“弱及物动词”,既可带宾语也可带“语境空宾语”;但从(201~202)、(196~197)和(194~195)三者之间的对比可知,(201~202)中的写作、引吭高歌、按摩和(194~195)中的英语动词一样,是“弱不及物动词”。

(198)(你写作过诗歌史$_i$?)我写作过 NO_i。 (网上资料)

(199)(你引吭高歌过那首平安曲$_i$?)我引吭高歌过 NO_i。 (同上)

(200)(她按摩了你的肩膀$_i$?)她按摩了 NO_i。

(201)(你在干什么?)我在写作/按摩/引吭高歌。

(202)(人有什么特点?)人能写作/按摩/引吭高歌。

其四,强不及物动词

这类动词包括胡裕树、范晓提到的所有“无宾动词”以及“主事主语句”里的不及物动词,如散步、睡觉、住和卧等。而“非主事主语句”里带“主事宾语”的所谓不及物动词,例如(169)中的住和卧,在本书中被看成是“强及物动词”,因为其后的“主事宾语”不能省略,例如(那个院子里住着两个人$_i$吗?)*那个院子里住着 NO_i(对比杨彩梅 2012a)。不过它们可兼做不及物动词。

总之,纯句法分析认为普遍语法体系下的某些规则和参数使语言一分为二,即允准空宾语的语言(如汉语)和不允准空宾语的语言(如英语),也就是说,任何一种语言,其及物动词要么都能带空宾语,要么都不能,不会出现部分能而部分不能的情况。然而以上语料调查表明,英、汉语都是一部分及物动词能带空宾语而另一部分不能。虽然英语中大多数及物动词不能带空宾语，只有少数及物动词能带，但我们不能因此而忽略那些能带空宾语的及物动词而说"英语是一种不允准空宾语的语言"。同样，虽然汉语中大多数及物动词能带空宾语，只有少数及物动词不能带，但我们不能因此而忽略那些不能带空宾语的及物动词而说"汉语是一种允准空宾语的语言"。英语"强及物"与"弱及物"的比例肯定不同于汉语"强及物"与"弱及物"的比例①，这两种比例和其他语言的相应比例都分布在一个连续体的不同区段，因此，空宾语分布是个语言个性问题。而且，无论是英语、汉语还是其他语言，到底哪个及物动词能带宾语，哪个不能，这是个词汇个性问题。比如说，比作、限于、outlive 和 interest 等词的作为"强及物动词"的词汇个性决定了它们无论什么时候都一定要带宾语，而吃、喜欢、pass 和 fail 等词的作为"弱及物动词"的词汇个性决定了它们既可带宾语也可带空宾语。至于"弱及物动词"具体在什么时候带宾语或空宾语，这是个语用问题，例如首次提到的宾语通常不能省，而(178)中动词 pass 的宾语以及(153)中的动词吃的宾语因有上文的提示而可有可无(对比 Y. Huang 2000)。

因此本书以为，空宾语分布是个语言个性和词汇个性问题，不能从普遍语法角度来解释和预测什么类型的语言哪一个动词能或不能带空宾语，不能说某种语言允准或不允准空宾语，只能说某一语言中的某一动词允准或不允准空宾语。可见，在各种语言的词库中就有能带空宾语的及物动词(即"弱及物动词")和不能带空宾语的及物动词(即"强及物动词")的区分，也就是说，语言之间空宾语分布的差异存在于词库之中。因此，参与狭义句法运算的动词的个性在词库里就已经规定好了，即使有些动词兼有几种词类，但在进入具体句子时，动词的词类已经确定，只能有一种论元结构。例如(203)和(204)中的两个 please 分别属于"弱不及物"和"强及物"，这两个不同类型的词分别进行狭义句法运算，生成两种不同的论元结构。既然动词的个性在词库里就已经规定好了，它就不能再在狭义句法运算过程中进行讨论了。

(203)John is eager to please.

(204)John is easy to please.

---

① 英、汉语中常用及物动词中到底哪些是"强及物"，哪些是"弱及物"，比例是多少，还需继续调查。另外，本书只提供英、汉两种语言的证据，别的语言中的具体情况如何，需继续做跨语言调查。

4.4.2 以往分析存在的问题:动词及物性特征的忽略

(205a)的英语关系结构和(205b)的汉语关系结构表面上的对应让研究者(如 Huang 1982/1998;Chiu 1993;Wu 2000;Simpson 2001,2002;Aoun & Li 2003;熊仲儒 2005 等)认为汉语关系化和英语关系化一样是(关系代词或/和中心语)移位的产物。但本书认为,他们都忽略了英、汉语关系结构中的动词在及物性上所表现出来的重要区别。(205a)中的 take 和(205b)中的拿语义相当,但及物性特征完全不同:(205a)中的英语动词 take 是"强及物动词",在一般情况下(即不在关系结构、话题结构等结构中时),其后一定要有宾语,不能出现空宾语,如(206b)所示;而(205b)中的汉语动词拿是"弱及物动词",在一般情况下,其后可以出现空宾语,如(207b)所示(比较 Xu 2006、徐烈炯 2003:136～137 和徐烈炯 2005)。

(205)a. the $book_i$ which he took e_i

b. 他拿(走)e_i的那本$书_i$

(206)A:Did he take that book?

B:*Yes,he took e./Yes,he took it.

(207)A:他拿了那本书吗?

B:是的,他拿了 e。

为什么研究者在进行英、汉语关系结构比较时往往会拿含有英语"强及物动词"的关系结构与含有汉语"弱及物动词"的关系结构来比较?可能是因为英语中"强及物动词"多,而汉语中"强及物动词"少,由英语"强及物动词"直译过来的汉语动词常常是"弱及物动词",这就很容易导致研究者忽略英、汉动词及物性的差别,而将英语关系化的分析直接用到汉语关系化上。

如果拿含有英语"强及物动词"的关系结构(如(205a))与含有汉语"弱及物动词"的关系结构(如(205b))来比较,我们就有可能看不清英、汉语关系结构的区别,因为含"弱及物动词"的关系结构会有几种模棱两可的句法分析。以(208)中的汉语动词通过为例。通过是"弱及物动词",后面既可出现宾语那场考试,如(208a)、(208b)的前半句以及(208c)A 所示,也可出现空宾语,如(208b)的后半句以及(208c)B 所示。Huang(1984,1991)和 Cole(1987)认为,(208b)和(208c)B 中通过后的空宾语是空话题的语迹,被移往句首的空话题/空句法算子(empty topic/empty operator)所约束,如(209a)所示;但 Xu & Langendoen(1985)和 Huang(2000)认为,它只是空代词,如(209b)所示。这样一来,(210a)的狭义句法推导就有四种可能：它有可能是由所有学生都通过了那场考试经移位而成，如(210b)所示；它有可能是由[$_{CP}$Op$_i$[$_{IP}$所有学生都通过了 t_i]]与的合并之后再与那场考试合并而成，其中有句法算子的移位，但那场考试为基础生成，如(210c)所示；它还可能是由[$_{IP}$所有学生都通过了 pro_i] 与的合并之后再与那场考试合并而成，如(210d)所示；它还可能是由[$_{IP}$所有学生都通过了 e_{RPi}] 与的合并之后再与那场考试合并而成，如(210e)所示，其中的 e_{RPi}代表空接应代词。本书以为，后两种情况中都没有移位的参与。（注：McCloskey(2002:192)认为接应代词就是一般意义上的代词，两者没有句法区别；但他(2006:109；转引自 Asudeh 2007)又改变观点，认为接应代词不同于一般意义上的代词，而且不同语言中的接应代词的句法特征会有不同，详见本书上篇4.7节。）

(208)a. 所有学生都通过了那场考试。
　　b. 张三通过了那场考试，李四也通过 e 了。
　　c. A：所有学生都通过了那场考试吗？
　　　B：是的，所有学生都通过 e 了。

(209)a. [$_{CP}$Op$_i$[$_{IP}$所有学生都通过 t_i 了]]
　　b. [$_{IP}$所有学生都通过 pro 了]

(210)a. [$_{IP}$所有学生都通过了 e_i]的那场考试$_i$
　　b. [$_{IP}$所有学生都通过了 t_i]的那场考试$_i$
　　c. [$_{CP}$Op$_i$[$_{IP}$所有学生都通过了 t_i]]的那场考试
　　d. [$_{IP}$所有学生都通过了 pro_i]的那场考试$_i$
　　e. [$_{IP}$所有学生都通过了 e_{RPi}]的那场考试$_i$

因此，为了看到英、汉语关系化的句法真相，避免模棱两可的分析，我们应拿含“强及物动词”的英语关系化与含“强及物动词”的汉语关系化做比较，而不是拿含“强及物动词”的英语关系化与含“弱及物动词”的汉语关系化做比较，当然也不能拿含“强及物动词”的汉语关系化和含“弱及物动词”的英语关系化做比较（文献中没人这么做，可能是因为英语中“弱及物动词”很少，而汉语中“强及物动词”很少的缘故）。同样，我们也不能拿含“弱及物动词”的汉语关系化和含“弱及物动词”的英语关系化做比较（文献中也没人这么做，可能是因为虽然汉语中“弱及物动词”很多，但英语中“弱及物动词”很少的缘故）。

4.4.3　是否允准“强及物动词”悬空

如果我们拿都含“强及物动词”的英语关系化与汉语关系化做比较，就能发现英、汉语关系化之间的另一重要区别,即:尽管英、汉“强及物动词”在一般情况下都必须有显性宾语,都不能跟空宾语,但是英语关系化中的“强及物动词”可以没有宾语而汉语关系化中的“强及物动词”不可以没有宾语,也就是说,英语关系化中的“强及物动词”可以悬空而汉语关系化中的“强及物动词”不可以悬空。

具体事例对比如下:(211～216)中的 outlive、invite、strengthen、survive、belong to 和 walk towards 是英语“强及物动词”,它们在关系结构中都被悬空了,但(217～224)中的充满、注满、坚定、委屈、走向、限于都是汉语“强及物动词”(对比尹世超 1991 和胡裕树、范晓 1995 中的粘宾动词),它们在关系结构中都不可悬空。

(211)a. She outlived her husband.

b. the man she outlived e(is her husband)

(212)a. He invited Mary.

b. the girl whom he invited e(was Mary)

(213)a. John's words strengthened my determination.

b. my determination which John's words strengthened e

(214)a. He survived the accident.

b. the accident which he survived e

(215)a. It belongs to that man now.

b. the man it belongs to e now

(216)a. She walked towards her husband.

b. the man she walked towards e

(217)a. 孤零零的感觉充满了那颗心。

b. *(被)孤零零的感觉充满 e 的那颗心①

(218)a. 一种食物腐败的味道充满了那间屋子。

b. *(被)一种食物腐败的味道充满的那间屋子

(219)a. 温情充满样品房。

b. *(被)温情充满的样品房

(220)a. 河水注满了池塘。

b. *(被)河水注满的池塘

(221)a. 张三的话坚定了那个决心。

① (217)～(222)中的 b 表达,如果加上“被”字,就可以接受和合乎语法了。

b. *(被)张三的话坚定e的那个决心

(222)a. 你委屈了那个女孩(,她现在哭得很伤心)。

b. *(被)你委屈的那个女孩(现在哭得很伤心)

(223)a. 张三缓缓地走向那个女子。

b.(她就是)*张三缓缓地走向e的那个女子

(224)a. 这项计划限于那两个国家。

b.(这就是)*[这项计划限于e]的那两个国家

那么,为什么英语关系化中允许"强及物动词"的悬空,而汉语关系化不允许呢?这一区别在英语关系化的移位分析和汉语关系化的非移位分析的对比中可以得到很好的解释。与4.3节中的原理一致,英语关系结构的狭义句法推导采用了移位的句法操作手段,将"强及物动词"的宾语(中心语或关系代词或中心语与关系代词的组合体)移出,从而导致"强及物动词"的悬空;但是,汉语关系结构的推导只采用合并的句法操作手段,只有两个本来合乎语法的成分才能进行合并,因此"强及物动词"必须携其宾语一起形成合乎语法的动词短语VP才能继续与其他成分合并,否则推导进行到动词短语VP时就已崩溃,无法继续与其他成分合并形成关系结构,因此,非移位/合并操作不会产生"强及物动词"的悬空。

(225)和(226)中的英、汉对比也可以从动词的及物性特征和移位的关系入手来解释:英语动词eat既可以是"强及物动词",又可以是"弱不及物动词",而(225b)中的eat作"强及物动词"用,其后有移位语迹;汉语动词吃是"弱及物动词",(226b)中的空缺与移位无关,是空接应代词(又见本书4.7节中关于接应代词和空接应代词的讨论)。

(225)a. John wants to eat the apple.

b. the apple which[$_{IP}$ John wants to eat e]

c. A: Does John want to eat the apple?

B_1: *Yes, he wants to eat e.

B_2: Yes, he wants to eat it. /Yes, he does.

d. A: What does he want to do?

B: He wants to eat.

(226)a. 张三想吃那个苹果。

b. [$_{IP}$张三想吃e]的那个苹果

c. A:张三想吃那个苹果吗?

B:是的,张三想吃 e。

d. A:张三想干什么?

B_1:? 他想吃。

B_2:他想吃东西。

与"强及物动词"的悬空直接相关的是介词的悬空。英语关系结构允许介词悬空(参 Hornstein & Weinberg 1981;Haegeman & Guéron 1999),如(227)所示,甚至出现几个悬空的介词排在一起的情况,如(228)所示(注:(228)是一个男孩跟他的母亲讲的话,这句话的语境是,母亲刚从楼下拿上来一本书想读给男孩听,而男孩想听另一本书)。汉语关系结构不允许"介词悬空",如(229)所示。一些研究者(如刘丹青 2002)提到这一英、汉区别,但没有解释原因。其实,产生这种区别的根本原因还是在于英语关系化中有移位而汉语关系化中没有移位。移位操作导致介词悬空,非移位/合并操作不会产生介词悬空。

(227) a. This is the man_i who_i I danced with t_i last night.

b. This is the sort of nonsense $which_i$ I will not put up **with** t_i.

(出自 http://en.wikipedia.org/wiki/Preposition_stranding)

c. This is a glorious cause *which* I will fight for[ ]

(刘丹青 2002)

(228) $What_1$ did you bring that $book_2$ that I_3 didn't want to be read **to** t_3 **out of** t_2 up for t_1?

(出自 http://en.wikipedia.org/wiki/Preposition_stranding)

(2013-10-15 下载)

(229) a. 我昨晚跟*(他)跳舞的那个人

b. 这是一项我将为*(此)战斗的光荣事业　　(刘丹青 2002)

4.5　是否允准寄生空缺

一种结构的推导中是否存在句法算子移位的另一诊断性依据就是看这一结构是否允准寄生空缺(parasitic gap)(Chomsky 1977;Asudeh 2007)。本书认为,英语关系结构允准寄生空缺,而汉语关系结构不允准。这是本书支持英语关系化移位分析和汉语关系化非移位分析的第 5 条重要理由。

4.5.1　寄生空缺的三个最基本的句法特点

自从 Ross(1967)首次提到寄生空缺以来，很多人(如 Chomsky 1982，1986；Engdahl 1983，2001；Kayne 1983；Contreras 1984；Kiss 1985～6；Frampton 1990；Williams 1990；Xu 1990；Postal 1993，1994；Nissenbaum 2000；Culicover & Rostal 2001；Hornstein 2001；Munn 2001；戴曼纯、崔刚 2002；戴曼纯 2003a，b；Russell 2005 等)对英语和其他语言中的寄生空缺的句法性质、分布和允准条件进行了详细研究，争议颇多。

(230)是一个典型的寄生空缺结构，句中有两个空缺，一个是主句动词 file 的宾语，此为真空缺(true gap)，一个是附加从句中的动词 reading 的宾语，此为寄生空缺。寄生空缺的出现必须依赖真空缺的存在，这是因为主句中的真空缺可以单独存在，而从句中的寄生空缺不能单独存在，如(231)所示。可见，寄生空缺因真空缺的存在而存在(参 Engdahl 1983；Holmberg 1986)。

(230) Which $article_i$ did$[_{IP}$John file $e_i]$[without reading e_i]

(Engdahl 1983:5)

(231) a. $Which_i$ books did you throw t_i away before eating dinner?

b. *$What_i$ did you wash an apple before you ate e_i?

(Holmberg 1986)

人们对寄生空缺的句法性质很有争议。Chomsky(1982)、Frampton(1990)等认为，真空缺和寄生空缺都是句法变量，为处于非论元位置的先行词所约束。但 Munn(1992)指出，这种将寄生空缺处理成句法变量的分析会违反"附加语孤岛限制"以及"空语类原则"(Empty Category Principle)。因此 Cinque(1990)、Postal(1993)、Hornstein(1995)等认为，真空缺是句法变量，而寄生空缺是隐性代词/空代词。

对寄生空缺的分布和允准条件进行充分解释也一直令语言学家倍感头痛(参 Culicover 2001)。首先，寄生空缺和真空缺的先行词必须处于非论元位置，真空缺必须是句法变量。因此，英语中的寄生空缺总分布在关系结构、特殊疑问句、话题句以及"tough-结构"中的从句中，如(232)所示(Engdahl 1983；Chomsky 1982)。Engdahl(1983)、Kim & Lyle(1996)还强调说，寄生空缺只能在表层结构中被允准，例如在(233a)中，由于疑问词处于原位/论元位置，表层结构中没有真空缺，所以不能允准寄生空缺。但 Campos(1991)、Haverkort(1993)和 Neeleman(1994)等却从跨语言研究的角度发现寄生空缺的先行词可以处于原位/论元位置，例如西班牙语中的疑问词处于原位时就可以允准寄生空缺，如(233b)所示。其次，Postal(1994)指出，寄生空缺和真空缺的先行词只能是名词短语，不能是副词短语、介词短语等，如(234)所示。但 Engdahl(1983)、Tellier(1991)等从其他语言中找到了副词短语、介词短语做先行词的例子。

(232)a. He is a man$_i$ that everyone who gives presents to e$_i$ likes t$_i$.

(关系结构)

b. Which$_i$ man did the police warn t$_i$ that they would arrest e$_i$?

(特殊疑问句)

c. The book$_i$ is too interesting to put t$_i$ down without having finished e$_i$. (Tough-结构)

(Engdahl 1983:13)

(233)a. *John Filed which articles without reading e.

(Engdahl 1983:14)

b. Tú archivaste cuál artículo$_i$ sin leer pg$_i$?
you filed which article without to-read
'which article did you file without reading?'

(234) *[How sick] did John say he felt t before getting e?

(Postal 1994)

还有一条文献中最为普遍接受的限制是 Taraldsen(1981)、Chomsky(1982)、Engdahl(1983)等论述过的“反成分统制”(anti-c-command)限制，即寄生空缺与真空缺必须互不“成分统制”。例如(235a)中，附加语从句中的寄生空缺被位于主句主语位置的真空缺“成分统制”，所以不可接受，而在(235b)中，寄生空缺与真空缺互不“成分统制”，所以可以接受。但“反成分统制”限制却不能解释为什么(236a)和(236b)都不违反“反成分统制”限制，却表现出不同的可接受性(参 Kayne 1983)。

(235)a. *a man who$_i$[$_{IP}$ t$_i$[looks old][whenever I meet t$_i$]]

b. a man who$_i$[$_{IP}$[whenever I meet t$_i$][t$_i$ looks old]]

(236)a. ? The books which$_i$[$_{IP(1)}$ you should read t$_i$[before[$_{IP(2)}$ it becomes difficult to talk about t$_i$]]].

b. *The books which$_i$[$_{IP(1)}$ you should read t$_i$[before[$_{IP(3)}$

$[_{IP(2)}$ to talk about $t_i]$ becomes difficult]]].

Chomsky(1986)引入了空句法算子理论，即认为含有寄生空缺的从句中一定含有一个“非论元约束”寄生空缺的空句法算子 Op，如(237)所示。他还认为，寄生空缺的允准条件是寄生空缺遵守邻接原则，即：空句法算子与真空缺之间没有任何语阻(barrier)支配(dominate)空句法算子而不支配真空缺。邻接原则能解释(236a)和(236b)之间的对比，如(238a)和(238b)所示，(238a)中空句法算子与真空缺之间没有任何语阻支配空句法算子而不支配真空缺，而(238b)中空句法算子与真空缺之间有一个语阻(即 IP(3))支配空句法算子而不支配真空缺。但正如 Chomsky 自己所意识到的，邻近限制也不能解释所有的语言事实，例如在 He is a man that$[_{IP}[_{NP}$ everyone$[_{CP}$ $Op_i[_{CP}$ who$[_{IP}$ gives presents to $e_i]]]]][_{VP}$ likes $t_i]]$中，空句法算子 Op_i 与真空缺 t_i 之间有一个语阻(即 NP)支配空句法算子但不支配真空缺，违反了邻近原则，却是可以接受的。

(237) I wonder[which $article_i$ John filed t_i without$[Op_i$ reading $t_i]]$

(238) a. ? The books $which_i[_{IP(1)}$ you should read $t_i[$before $\mathbf{Op}_i$ $[_{IP(2)}$ it becomes difficult to talk about $t_i]]]$.

b. * The books $which_i[_{IP(1)}$ you should read $t_i[$before$[_{IP(3)}$ $\mathbf{Op}_i[_{IP(2)}$ to talk about $t_i]$ becomes difficult]]].

总之，关于寄生空缺的争议很多，很多争议至今没有结论。但本书从以上纷繁复杂的争议中发现以下三个基本句法特点应该是没有争议的：

其一，寄生空缺的存在一定要以真空缺的存在为前提，一定要“寄生”在真空缺上，不能单独存在(只不过在英语类语言中，真空缺必须在狭义句法层面出现，而在西班牙语类语言中真空缺可在 LF 层面中出现)。寄生空缺的这一句法特点是 Ross(1967)提出寄生空缺这一术语的基本出发点。如果一个空缺连这一最基本的句法特点都不具备的话，那么这个空缺就不应该叫“寄生”空缺了。

其二，如果一种语言是有寄生空缺的语言的话，那么在这种语言中，我们肯定可以看到具备以下特点的寄生空缺：寄生空缺只能与真空缺同指，进而指向与真空缺同指的句法成分，不具备他指性。这也是寄生空缺的基本特点。本书想要强调的是，尽管这一基本句法特点有时会隐匿在歧义结构(如果一空缺既可以指向真空缺又具有他指性，那么这一空缺可能是寄生空缺也可能不是，此为歧义结构)中，但是一定存在不具备他指性的情况。(详见下文英语中的寄生空缺例子。)

其三,如果一种语言是有寄生空缺的语言的话,那么在这种语言中我们肯定可以看到具备以下特点的寄生空缺:寄生空缺能让“强及物动词”和介词悬空。这也是寄生空缺的基本特点。尽管这一句法特点有时也隐匿在歧义结构(如果一空缺前是“弱及物动词”,那么这一空缺可能是寄生空缺也可能不是,此为歧义结构)中,但是一定存在能让“强及物动词”和介词悬空的寄生空缺。(详见下文英语中的寄生空缺例子。)

接下来,我们对比英语和汉语来看英、汉语中是否存在真正的寄生空缺,即同时具备以上三个基本特点的寄生空缺。

4.5.2 英语

(239～243)是文献中经常提到的英语寄生空缺结构。这些结构中都有两个空缺:主句中的真空缺和从句中的寄生空缺。

(239)a. the article$_i$ which John filed t_i without reading pg_i

b. (he is) the man$_i$ that everyone who gives presents to pg_i likes t_i

c. Which man$_i$ did the police warn t_i that they would arrest pg_i?

d. The book$_i$ is too interesting to put t_i down without having finished pg_i.

e. This is the kind of food$_i$ you must cook t_i before you eat pg_i. (Engdahl 1983:13)

(240)a. the book which I copied from without buying pg (Kiss 1985～6:62)

b. He is the person who they left before speaking to pg. (Kiss 1985～6:63)

(241)a. Which book about himself did John file before Mary read pg? (Frampton 1990:58)

b. Jack, who I heard about t before we hired pg,... (Frampton 1990:68)

(242)a. ? a person that they spoke to because they admired pg

b. ? the person that John described without examining any pictures of pg

c. ? the book you should read before it becomes difficult to talk about pg

d. ? the girl that we photographed before meeting the husband of the sister of pg

(Kayne 1983:223～224)

(243) Which book$_i$ did you read before t_i Fred reviewed pg$_i$/t_i?

(Hornstein 2001)

英语中存在同时具备以上三个基本句法特点的寄生空缺。

现以含寄生空缺的英语关系结构为例来进行说明：

1)在英语中，寄生空缺的存在以真空缺的存在为前提，一定要寄生在真空缺上，绝不能单独存在。Engdahl(1983)和 Holmberg(1986)等都提到，在英语中，主句中的真空缺是能独立存在的，如(244a)所示，而从句中的寄生空缺是不能单独存在的，如(244b)所示。

(244) a. the book$_i$ he throws t_i away before eating dinner

b. *the book$_i$ that he would always ask for his mother's agreement before he read pg$_i$

2)在英语中可以看到很多寄生空缺能让"强及物动词"和介词悬空。

在(239～243)中，寄生空缺前的动词的及物性类型在表 1 中被分成了三类。从表 1 来看，这些寄生空缺前的动词几乎全都是"强及物动词"，只有 eat 和 read 这两个动词是兼语类，它们既可做"强及物动词"，又可兼做"弱不及物动词"，还有一个动词 finish 是"弱及物动词"。

表 1　(239～243)中寄生空缺前的动词或介词的及物性类型

强及物动词	弱及物动词	弱不及物动词	强不及物动词
arrest、buy、hire、admire、eat、read、review、give... to、speak to、talk about、(any picture) of、(the husband of the sister) of	finish	eat、read	/

英语中的寄生空缺能让"强及物动词"和介词进行悬空这一特点可以让我们了解寄生空缺的性质，即寄生空缺应该是句法算子移位后留下的句法变量语迹，因为正如前文所强调过的，只有移位才能解释"强及物动词"和介词悬空这种语言现象。

就(239a)、(239e)、(241a)这些含有既能做“强及物动词”又能做“弱不及物动词”的兼语类动词的表达而言,会出现狭义句法结构和语义解读都不同的两种情况,以(245)为例来做具体说明。动词 eat 既能做“强及物动词”又能做“弱不及物动词”,因此(245a)既可以被理解成(246a),又可被理解成(246b)。但从语用上来说,(245a)更有可能被理解为(246b),因为一般情况下一个人不会吃书。同样,(245b)既可以被理解成(247a),又可被理解成(247b)。与(245)类似,(248)中的动词 read 既能做“强及物动词”又能做“弱不及物动词”,因此,(248a)既可以被理解成(249a),又可被理解成(249b)。但从语用上来说,(248a)更有可能被理解为(249b)。同样,(248b)既可以被理解成(250a),又可被理解成(250b)。但由于语用原因,(248b)更有可能被理解为(250a)。

(245) a. the book which I read before eating

b. the food which I cooked before eating

(246) a. the $book_i$ $which_i$ I read t_i before eating pg_i

b. the $book_i$ $which_i$ I read t_i before eating($something_j$)

(247) a. the $food_i$ $which_i$ I cooked t_i before eating pg_i

b. the $food_i$ $which_i$ I cooked t_i before eating($something_j$)

(248) a. the food which I cooked before reading

b. the article which I filed before reading

(249) a. the $food_i$ $which_i$ I cooked t_i before reading pg_i

b. the $food_i$ $which_i$ I cooked t_i before reading($something_j$)

(250) a. the $article_i$ $which_i$ I filed t_i before reading pg_i

b. the $article_i$ $which_i$ I filed t_i before reading($something_j$)

另一方面,就(239d)这种从句中的动词是“弱及物动词”的表达而言,也会出现狭义句法结构不同的两种情况:一种情况含寄生空缺;另一情况含空代词,空代词的解读有多样性,取决于语境。例如,(251)中的动词 pass 是“弱及物动词”,所以,(251)可以有(252)中的三种解读:其一,pass 后的宾语移走后留下变量语迹,此时 pass 后的变量语迹为寄生空缺,如(252a)所示;其二,pass 后的宾语为空代词,只要设想合适的语境,这一空代词就可以与该句中的 the person 同指,如(252b)所示;其三,pass 后的宾语为空代词,只要设想合适的语境,这一空代词就可以与上文提及过的其他人或物同指,例如,指向说者和听者都明白的具体一场考试,如(252c)所示。同样,

(253)中的动词 finish 是“弱及物动词”,所以(253)有(254)中的三种解读。

(251) the $person_i$ John asked t_i for help in order to pass e

(252) a. the $person_i$ he asked t_i for help in order to pass t_i(pg_i)

b. the $person_i$ he asked t_i for help in order to pass pro_i

c. the $person_i$ he asked t_i for help in order to pass pro_j(e. g., to pass the examination)

(253) The $book_i$ is too interesting to put t_i down without having finished e.

(254) a. The $book_i$ is too interesting to put t_i down without having finished t_i(pg_i).

b. The $book_i$ is too interesting to put t_i down without having finished pro_i

c. The $book_i$ is too interesting to put t_i down without having finished pro_j

就笔者所读到的关于寄生空缺的文献,没有人提到动词及物性与寄生空缺的关系。这可能是因为以往文献主要讨论的是英语中的寄生空缺,而英语中绝大部分有语义宾语的动词都是“强及物动词”,这使得研究者认为没有必要强调动词的及物性。但是对于其他呈现完全不同的动词及物性特征的语言(例如汉语)而言,识别寄生空缺的关键在于去考察该语言中的“强及物动词”后是否能有寄生空缺(关于汉语的讨论见下文)。

3)我们能很明显地看到很多英语寄生空缺只能与真空缺同指,进而指向与真空缺同指的其他句法成分,不具备他指性。例如(255～258)中的寄生空缺就只能与真空缺同指,不具备他指性,这些寄生空缺前的动词是“强及物动词”或介词。

(255) a. (he is) the man_i that everyone who_i gives presents to pg_i likes t_i

b. Which man_i did the police warn t_i that they would arrest pg_i?

(256) a. He is the person who they left before speaking to pg

b. Jack, who I heard about t before we hired pg, …

(257) a. ?a person that they spoke to because they admired pg

b. ? The person that John described without examining any pictures of pg

c. ? the book you should read before it becomes difficult to talk about pg

d. ? the girl that we photographed before meeting the husband of the sister of pg

(258) Which book$_i$ did you read t_i before Fred reviewed pg_i/t_i?

4.5.3 汉语

以下英、汉例子的表面对应让很多人(如杨彩梅等 2004)认为汉语关系结构中也允准寄生空缺。

(259) a. [[送 e_i礼物的人]都喜欢 e_i]的那个女孩$_i$

b. (he is) the man$_i$ that everyone who$_i$ gives presents to pg_i likes t_i (=239b)

(260) a. [[吃 e_i之前]你必须先煮熟 e_i]的那种东西$_i$

b. This is the kind of food$_i$ you must cook t_i before you eat pg_i. (=239e)

(261) a. [[小明去抓 e_i的时候], e_i已经机灵地钻进洞里去了]的那只老鼠$_i$

b. Bill is a man who$_i$ [[whenever I meet pg_i] [t_i looks old]] (Chomsky 1986；又见戴曼纯 2003a:220)

但本书认为，以上内嵌子句中的空缺都不是真正的寄生空缺，而只是空代词。汉语关系结构中不存在具备以上三个基本特点中任何一个特点的寄生空缺①：

1)在汉语关系结构中，内嵌子句内的空缺能够单独存在，不依赖任何真空缺的存在。比如在(262～265)中，[吃 e_i之前]、[只要他看 e_i]、[[e_i教过 e_j]的学生$_j$] 以及[[e_j愿意收养 e_i]的人$_j$]这些内嵌子句中的空缺的存在都无须依赖真空缺的存在，说明这些空缺只是空代词。更多类似例子见本书上篇 4.2 节中关于邻近原则的讨论。

(262) [[吃 e_i之前]你必须削皮儿]的那种水果$_i$

---

① 本书以为，汉语其他结构中，例如汉语话题结构中也没有寄生空缺，但这里我们只讨论汉语关系结构。

比较："the kind of fruit$_i$ which you should get rid of the husk before you eat it$_i$ / *e$_i$"

(263)[[只要他看 e$_i$]，他爸爸准生气]的那本书$_i$

比较："the book which, if he reads it$_i$ / *e$_i$, his father will surely be very angry"

(264)[[[e$_i$教过 e$_j$]的学生$_j$]都成功了的]那个老师$_i$

比较："the teacher such$_i$ that the students$_j$ whom$_j$ he$_i$ / *e$_i$ taught e$_j$ have all succeeded"

(265)我找不到[[e$_j$愿意收养 e$_i$]的人$_j$的]那个孩子$_i$

比较："the child whom$_i$ I can not find the person$_j$ who$_j$ e$_j$ would adopt him/ *e$_i$"

2)汉语关系结构中没有能让"强及物动词"或介词悬空的寄生空缺。例如在(266～270)中，强及物动词限于、委屈、充满、走向和属于后的空缺都不能寄生。而(259～261)中的动词送、吃和抓都不是"强及物动词"，而是"弱及物动词"。

(266)a. 否决权只限于那五个常任理事国的时候，他们拥有很大权力。

b. *[否决权只限于 e$_i$的时候 e$_i$拥有很大权力]的那五个常任理事国$_i$

(267)a. 张三委屈小丽之前，她还在快乐地唱着歌。

b. *[张三委屈 e$_i$之前 e$_i$还在快乐地唱着歌]的那个女孩$_i$

(268)a. 因为温情充满样品房，所以来看房的人都喜欢上了样品房。

b. *[因为温情充满 e$_i$，所以来看房的人都喜欢上了 e$_i$]的那套样品房$_i$

(269)a. 在张三走向那个女子之前，我已问候了她。

b. *[在张三走向 e$_i$之前，我已问候 e$_i$了]的那个女子$_i$

(270)a. 属于那个公司的人都喜欢那个公司。

b. *[属于 e$_i$的人都喜欢 e$_i$]的那个公司$_i$

3)汉语关系结构中找不到只能与真空缺和中心语同指的寄生空缺。

上文提到，英语关系结构中有很多寄生空缺只能与真空缺和中心语同指，不具备他指性，例如(255～258)中的寄生空缺就是如此。表面上，汉语关系结构也可以有两个空缺与中心语同指,如(259～261)所示。但在(259～261)中,内嵌子句内的空缺其实只是空代词,其意义具备他指性,可随语境变化指向不同的人或物。事实上,这些内嵌子句内的空缺既可以指向中心语也可以指向一定语境中的其他人/物,如(271～273)所示。(271)表明,动词送后的空缺既可以与中心语女孩同指,又很容易指向一定语境中的其他人,例如在(274a)的语境中,送礼物的人都喜欢的那个女孩会被理解成送我礼物的人都喜欢的那个女孩。同样,(272)表明,动词吃后的空缺既可以与中心语那种东西同指,又很容易指向一定语境中的其他东西,例如在(274b)的语境中,吃之前你必须先煮熟的那种东西会被理解成吃水果之前你必须先煮熟的那种东西。同样,(273)中的动词抓后的空缺很容易与中心语那只老鼠同指,但也可以指向一定语境中的其他东西,例如在(274c)的语境中,小明去抓的时候,已经机灵地钻进洞里去了的那只老鼠应被理解成小明去抓猫的时候已经机灵地钻进洞里去了的那只老鼠。这种解读的多样性不是寄生空缺的基本特点,而是空代词的基本特点。

(271)a. [送 pro_i 礼物的人都喜欢 e_i]的那个女孩$_i$

b. [送 pro_k 礼物的人都喜欢 e_i]的那个女孩$_i$

(272)a. [吃 pro_i 之前你必须先煮熟 e_i]的那种东西$_i$

b. [吃 pro_k 之前你必须先煮熟 e_i]的那种东西$_i$

(273)a. [小明去抓 pro_i 的时候,e_i 已经机灵地钻进洞里去了]的那只老鼠$_i$

b. [小明去抓 pro_j 的时候,e_i 已经机灵地钻进洞里去了]的那只老鼠$_i$

(274)a. 今天是我生日,很多人送了我礼物,可是[送礼物的人喜欢的那个女孩]是我姐姐,而不是我。

b. 每次吃水果之前,你都必须做一件事。今天吃水果之前,你必须先煮熟一些东西。[吃之前你必须先煮熟的那种东西]是鸡蛋。

c. 一看见老鼠,小明就去抓猫来咬它们。小明每次去抓猫的时候,有只白色的老鼠总能机灵地钻进洞里去。这回却不同,[小明去抓的时候,已经机灵地钻进洞里去了的那只老鼠]是只黑色的老鼠。

除了以上三个最基本的区别之外,英、汉之间还有其他区别。例如英语寄生空缺不能出现在内嵌子句的主语位置,如(275)所示;汉语中却能有空缺出现在内嵌子句的主语位置，如(276)所示。Xu(1990)提到更多类似的例子。

(275) a. *the man_i who[t_i filed the paper][before pg_i read it]?

b. *the man_i who[before pg_i read it][t_i filed the paper]?

(276) a. [e_i见到了小丽后，e_i再也不喜欢别的女孩]的那个$人_i$(是小王)

比较："*(Xiangwang is) the man who, after saw Xiaoli, did not like any other girl"

b. [e_i教过e_j的$学生_j$都喜欢t_i]的那位$老师_i$(是王老师)

比较："*(Mr. Wang is) the $teacher_i$ who_i every student pg_j has taught likes t_i"

总之，英语关系结构能允准寄生空缺，而汉语关系结构不能允准寄生空缺。因此，根据 Chomsky(1977)和 Asudeh(2007)，我们就可以诊断出英语关系结构的推导中有句法算子移位，而汉语关系结构的推导中没有句法算子移位。

Chomsky(1982)认为，寄生空缺结构中，真空缺和寄生空缺都是句法变量语迹，被同一个 *wh*-算子约束。后来，Chomsky(1986)、Nissenbaum(2000)等引入空句法算子来解释寄生空缺结构，即认为含有寄生空缺的子句中隐含一个"局部非论元约束"寄生空缺的空句法算子。本书支持 Chomsky(1982, 1986)、Nissenbaum(2000)等关于英语关系结构中的真空缺和寄生空缺均为句法变量移位语迹的观点，但认为，在汉语关系结构中，与英语关系结构中的真空缺相对应的汉语空缺是空接应代词(详见本书上篇 4.7 节)，而与英语关系结构中的寄生空缺相对应的汉语空缺只是空代词。这些空缺都与移位无关。

4.6 是否存在大量"典型汉语式关系结构"

除了以上理由以外，本书还认为，汉语中"典型汉语式关系结构"(即关系从句内没有句法空缺或接应代词与中心语同指的关系结构)的大量存在是汉语关系结构非移位分析的自然结果，只有在非移位分析下才能得到较好的解释。因此，"典型汉语式关系结构"的大量存在是本书支持汉语关系结构非移位分析的第 6 条理由。相反，英语关系从句的移位生成决定了英语中不可能存在"典型汉语式关系结构"。本书接下来主要通过与"典型汉语式话题结构"的比较来研究"典型汉语式关系结构"。首先罗列了与"典型汉语式话题结构"一一对应的"典型汉语式关系结构"。接着综述了以往文献对“典型汉语式话题结构”的三种主要看法:第一种承认“典型汉语式话题结构”的存在,认为汉语话题结构既包括英语式话题结构,又包括“典型汉语式话题结构”;第二种否认“典型汉语式话题结构”的存在,认为汉语中只有英语式话题结构;第三种承认“典型汉语式话题结构”存在,同时认为汉语中的所有话题结构都不同于英语式话题结构。最后综述了文献对“典型汉语式关系结构”的三种看法,这三种看法与以上对“典型汉语式话题结构”的三种看法完全对应。本书基本支持第三种看法。

4.6.1 “典型汉语式话题结构”和“典型汉语式关系结构”的对应

Li(2002)和 Aoun & Li(2003)借用 Ning(1993)的以下两条证据来证明汉语“附加语关系化”是零形式句法算子移位的结果:

其一,汉语中的“附加语关系化”只能与由“单个词构成的 *wh*-算子”移位而成的英语关系化相对应,例如(278)对应(277);不能与由“介词和 *wh*-算子”裹挟移位而成的英语关系化相对应,例如(279)不能对应(280)。这说明,汉语“附加语关系化”中有一个相当于英语 *wh*-算子的零形式算子。所以,汉语“附加语关系化”和部分英语关系化一样有(零形式)算子的移位;其二,从(281a)和(281b)之间以及(282a)和(282b)之间的对比可知,附加语为介词短语时,汉语话题化会前移整个介词短语,所以(281a)和(282a)如果没有介词就不可接受;而(281b)和(282b)中的“附加语关系化”是零形式算子移位的结果,零形式算子相当于整个介词短语,正如英语中的 why、how、where 可以代替整个介词短语,相当于 for which、by which、in which 等,所以(281b)和(282b)中的介词不在关系从句内出现。

(277) a. the reason why he came here
b. the place where he went
c. the time when he left
d. the way that/how he fixed the car
(Ning 1993:117,144;Li 2002:9～10)

(278) a. 他来这儿的原因
b. 他去的地方
c. 他离开的时间
d. 他修车的方法

(279) a. the girl with whom she danced
b. the dog behind which he walked (同上)

(280)a. *[他跳舞的]姑娘

b. *[他走的]狗 (同上)

(281)a. *(用)那个方法,他修好那部车。

b. 他修好那部车的(那个)方法

(Ning 1993:143;Aoun & Li 2003:173～174)

(282)a. *(因为)那个原因,他修车。 (同上)

b. 他修车的原因 (同上)

但是(283～285)表明他们对语言事实的概括并不全面:其一,虽然裹挟而成的(279)不能对应有(280),但裹挟而成的(283)却对应有(284);其二,(281a)和(281b)之间以及(282a)和(282b)之间的对比并不真正存在,因为(281a)中的那个方法,他修好那部车和(282a)中的那个原因,他修车等话题结构在一定的语境中是完全可以接受的,如(285)所示,相反,如果加上介词用或因为,倒无法体现出汉语话题结构的灵活性,也会显得别扭。其实,汉语中的话题结构与关系结构存在相似性与对应性,而不是对立性(更多例子见下文)。因此,基于以上对比得出的"附加语关系化"中存在零形式算子移位这一假设不成立。

(283)a. the pier with which I fixed the car(was missing)

b. the tone with which he spoke to me(was humiliating)

(284)a. 我修车的钳子(不见了)

b. 他和我说话的语调(很伤人)

(285)a. 那么个破方法,他竟然也修好了那部车!

b. 那么个破绽百出的理由,你竟然老老实实地给他免费修车了?

c. 这么简单的方法,她竟然能把那个歹徒给制服了。

(284)这样的关系结构被本书称为"典型汉语式关系结构",其中的关系从句就是 Aoun & Li(2003)所说的"所谓的无空缺关系从句"。本书发现,文献中讨论过的每一类"典型汉语式话题结构"(即述题中没有空缺与话题同指的话题结构,也叫悬垂话题结构)(Chao 1968;C-T. J. Huang 1982/1998;Xu & Langendoen 1985;Pan & Hu 2002/2008;Xu 2006;徐烈炯 2005 等)都对应一类"典型汉语式关系结构"(即关系从句内没有空缺与中心语同指的关系结构),详见下文。

第一类，“典型汉语式话题结构”和与之对应的“典型汉语式关系结构”

(286)a. 他们/那些人，[我看你你看我]。①

b. [我看你你看我]的那些人

(287)a. 他们/那些人，在竞争时专门大鱼吃小鱼。

b. [在竞争时专门大鱼吃小鱼]的那些人

(288)a. 那帮家伙，[你指责我不对，我抱怨你不好，你不服我，我也不服你]。

b. [你指责我不对，我抱怨你不好，你不服我，我也不服你]的那帮家伙

(289)a. 他们俩/那两个人，[专门小王来了，小李再来]。

b. [专门一个来了，另一个再来]的那两个人②

第二类，“典型汉语式话题结构”和与之对应的“典型汉语式关系结构”

(290)a. 他们/那些人，[谁都不来]。

b. [谁都不来]的那些人

(291)a. 他们/那些人，[谁来都可以]。

b. [谁来都可以]的那些人

第三类，“典型汉语式话题结构”和与之对应的“典型汉语式关系结构”

(292)a. 那场火，[(听说)消防队来得很及时]。

b. [消防队来得很及时]的那场火

(293)a. 那场火，[幸亏消防队来得很及时，不然我们就都死掉了]。

b. [幸亏消防队来得很及时，不然我们就都死掉了]的那场火

---

① “/”以后的那一个话题为本书所添加，以满足相应关系结构中中心语的语义和句法特点(详见杨彩梅 2009)。以(286)为例，和“我看你你看我的那些人”相比，“我看你你看我的他们”这种表达并不多见，且似乎只能被理解成非限制性关系从句(详见杨彩梅 2009 和本书上篇第 10 章)。这一添加并不改变话题结构的句法表达式。这样一来，关系结构和话题结构之间的句法比较就更清晰明了了。

② [专门小王来了，小李再来]的那两个人这样的关系结构，句法上应该没有问题，但与关系从句的功能相违背，故不能被接受。关系从句的功能主要是识别功能，既然已知小王和小李两个人，那么就无须再用关系从句来识别这两个人，所以不能接受。但是如果换成[专门一个来了，另一个再来]的那两个人就可接受了。

第四类,"典型汉语式话题结构"和与之对应的"典型汉语式关系结构"

(294)a. 这件事/那件事,[你不能光麻烦一个人]。

b. [你不能光麻烦一个人]的那件事

(295)a. 西红柿/那些西红柿,[我炒了鸡蛋]

b. [我炒了鸡蛋]的那些西红柿

第五类,"典型汉语式话题结构"和与之对应的"典型汉语式关系结构"

(296)a. 那种豆子,[一斤三十块钱]。

b. [一斤三十块钱]的那种豆子

第六类,"典型汉语式话题结构"和与之对应的"典型汉语式关系结构"

(297)a. 物价,纽约最贵/那一种水果,纽约最贵①。

b. ? [纽约最贵]的那种水果

第七类,"典型汉语式话题结构"和与之对应的"典型汉语式关系结构"

(298)a. 李太太/那位太太,[女儿漂亮]。

b. [女儿漂亮]的那位太太

(299)a. 那棵树,[叶子很大]。

b. [叶子很大]的那棵树

(300)a. 大象/那种大象,[鼻子长]。

b. [鼻子长]的那种大象

(301)a. 这人/那个人,[记性特别好]。

b. [记性特别好]的那个人

(302)a. 鱼,[鲜鱼最好吃]/那种鱼,[新鲜的最好吃]。/水果,苹果最好吃/那一堆水果,苹果最好吃。②

---

① Pan & Hu(2002)认为,在物价,纽约最贵这一话题句中,述语中的主语纽约是纽约的物价的省略,这样才与谓语最贵在语义上搭配。笔者支持这一分析。另外,[纽约最贵]的那种水果这一关系结构听起来不太顺耳,不容易被接受,但设想这样一种语境后就容易接受一些:在三种水果(即苹果,香蕉和梨)中,苹果纽约最贵,香蕉北京最贵,梨东京最贵;此时可以有以下对话产生:A:你们在讨论哪种水果? B:[纽约最贵]的那一种水果。

② 这一种话题结构中的话题和述语中的主语是整体与部分(whole-part)的关系,Shi(2000)提到,但没有做出具体分析,Pan & Hu(2002)对它做了语义上的分析。

b.[新鲜的最好吃]的那种鱼/[苹果最好吃]的那一堆水果①

(303)a.张家/那户人家,[我给了每个孩子一件玩具]。

b.[我给了每个孩子一件玩具]的那户人家

(304)a.这些水果/那些水果,[每一个都很新鲜]。

b.[每一个都很新鲜]的那些水果

(305)a.那堆梨,[一半烂掉了]。

b.[一半烂掉了]的那堆梨

(306)a.昨天/那一天,[他十二点钟睡觉]。

b.[他十二点钟睡觉]的那一天

(307)a.这所大学/那所大学,[学法律的学生不多]。

b.[学法律的学生不多]的那所大学

前六类是 Shi(2000)和 Pan & Hu(2002)中提到的六类话题结构;第七类是笔者从其他文献中摘抄在一起构成的,其内部结构不一致。从上面的例子可以看出,每一类"典型汉语式话题结构"都对应有一类"典型汉语式关系结构"。就结构而言,这种对应相当整齐,似乎没有例外。(个别与话题结构相对应的关系结构不容易接受在笔者看来不是句法因素导致的,而是语用因素导致的,详见下文讨论。)Xu & Langendoen(1985)用"典型汉语式话题结构"的存在来证明汉语话题结构的非移位说(对比 Shi 2000,比较 Pan & Hu 2002②)。与此类似,Fukui & Takano(2000)用"典型日语式关系结构"(他们将从句中没有空缺与中心语同指的日语关系结构称为"典型日语式关系结构")的存在来证明日语关系结构的非移位说。本书也认为"典型汉语式关系结构"的存在无法在汉语关系结构移动说的理论体系下得到合理解释,但能在汉语关系结构非移位说的理论体系下得到合理解释。

接下来我们先来看看文献是如何分析以上"典型汉语式话题结构"的,然后再看文献是如何分析相应"典型汉语式关系结构"的。

4.6.2 "典型汉语式话题结构"的句法

Chafe(1976)总结了两类话题结构,即英语式话题结构和"典型汉语式话题结构"。前者述语中有一个句法空缺或接应代词与话题同指;后者述语

① 这些表达只要给予一定的语境,都是可以接受的。

② Shi(2000)给出了一些证据否认"典型汉语式话题结构"的存在,但 Pan & Hu(2002)指出这些证据不可靠。本书支持后者。

中没有句法空缺或接应代词与话题同指。

绝大多数研究者(如 Huang 1982/1998、Pan & Hu 2002、潘海华、韩景泉 2005 等)认为,汉语中既有基础生成的“典型汉语式话题”/悬垂话题,也有移位生成的英语式话题,上面列出的七类话题就是“典型汉语式话题”/悬垂话题。(另有熊仲儒 2007 认为上面的话题有的是真的“典型汉语式话题”/悬垂话题,有的不是。下文另有提及。)

但 Shi(2000)否定“典型汉语式话题结构”的存在。他认为,所有语言都只存在英语式话题结构,因此,汉语同英语一样,述语中一定有一个句法空缺或接应代词与话题同指,所有话题结构都是移位生成。他讨论了上文中的前六类,认为这些所谓的“悬垂话题”实质上都不是话题,有的只是主语(例如他们,我看你你看我中的他们是主语,我看你你看我是以主谓结构充当的谓语),有的只是副词,例如那件事情,你不能光麻烦一个人中的那件事情是一个省略了介词用的介词短语,充当副词。Huang & Ting(2006)支持 Shi(2000)的观点。

但 Pan & Hu(2002[①])不赞成 Shi(2000)的观点,他们认为,以上七类话题结构都是“典型汉语式话题结构”/悬垂话题结构。他们还总结说,汉语的话题有英语式话题和“典型汉语式话题”/悬垂话题两种;前者在句法上被允准,一定与述语中的某个句法位置相关,依靠该位置上的句法空缺或接应代词来允准,因此述语是“句法开放性谓词”;后者在语义上被允准,与述语中的动词没有直接的语义选择关系,述语中也不存在任何与话题直接相关联的句法位置,故成为“悬垂”的话题,但述语在语义上并不自足,有一个语义空缺起着语义变量的作用,属于“语义开放性谓词”,话题正是因为语义变量的存在才得以允准。他们还认为,英语式话题是从述语(又称述题)中移出的,在述语中留下语迹,而“典型汉语式话题”是基础生成的。他们一一分析了前六类“典型汉语式话题”/悬垂话题是如何在语义上被“语义开放性谓词”允准的。例如,他们,我看你你看我中的述语部分我看你你看我的语义表达式为“λZ[你’∈Z& 我’∈Z & 看’(你’,我’)& 看’(我’,你’)][②]”,这一语义表达式是一个“语义开放性谓词”,含有语义变量 Z,因此它能允准话题

---

① 该论文为 2002 年会议论文,经过修改后发表在 2008 年的“*The Journal of Pragmatic*”上,题目更改为“A semantic-pragmatic interface account of(dangling) topics in Mandarin Chinese”。2008 文对 2002 文有较大修改。本书所引用的内容来源于 2002 年文。

② “λZ[你’∈Z & 我’∈Z & 看’(你’,我’)& 看’(我’,你’)]”中的“你’”表示“你”这一个词的语义,“我’”表示“我”这一个词的语义,同样,“看’”表示“看”这一个词的语义。在本书中表示为“λZ[[*你*]∈Z &[*我*]∈Z &[*看*]([*你*],[*我*])&[*看*]([*我*],[*你*])]。”

他们的加入,从而得到完整的话题句他们,我看你你看我。他们还总结认为,如果一种语言的话题结构采用语义允准方式,那么它一定也采用句法允准方式,例如汉语话题结构就是如此;但是如果一种语言的话题结构采用句法允准方式,那么它不一定采用语义允准方式,例如英语话题结构只采用句法允准方式。因此,不同语言会选择不同方式来允准话题结构,英语中,只有"句法开放性谓词"允准话题结构,而汉语中,"语义开放性谓词"和"句法开放性谓词"都能允准话题结构。与 Pan & Hu(2002)的观点基本相似,潘海华、韩景泉(2005)也认为,汉语中既有原位基础生成的"悬垂话题",也有成分移位生成的话题;移位生成的话题一定与述语部分中的某个结构位置相关,话题依靠该位置上的句法空缺或接应代词来允准;而有的语言只能靠成分移位生成话题结构,英语就是一个例子;在原位基础生成"典型汉语式话题结构"不会改变述语中的动词的论元结构;话题与述题之间靠语义联系,但其间的具体语义关系是什么必须视具体的结构而定,据观察,类似结构中通常都存在某种广义的领有隶属语义关系。

熊仲儒(2007)认为,在 Shi(2000)和 Pan & Hu(2002)提到的所有话题结构中,有的是悬垂话题结构,有的不是。他提出用关系化测试手段来检验:不能关系化的是悬垂话题结构,能够关系化的不是悬垂话题结构。例如,他认为(308～310)中的话题结构不能关系化,故为悬垂话题结构,而(311)中的话题结构能关系化,所以不是话题结构,只是双主语结构,他是主语,肚子饿是主谓结构充当的谓语。

(308)a. 书,我喜欢读《红楼梦》

b. *我喜欢读《红楼梦》的书 (熊仲儒 2007:205)

(309)a. 鱼,我喜欢吃鲜鱼

b. *我喜欢吃鲜鱼的鱼 (熊仲儒 2007:204)

(310)a. 那场火幸亏消防队来得早

b. [*幸亏消防队来得早的] 那场火 (同上)

(311)a. 他肚子饿

b. [肚子饿的]那个人 (同上)

与熊仲儒(2007)的观点不同,本书以为,以上七类话题结构都能关系化;个别例子中关系化的不易接受不是句法因素导致的,而是语用因素导致的,只要将它们做非结构上的修改,总能设想出一些语境来理解并接受它们。例如,(312～313)的句法结构与(308～309)的句法结构相同,但(312～

313))中的关系结构较容易接受,因为此时出现了这堆书和那堆书等对比语境,容易完成关系从句的识别所指/限制功能。因此,熊仲儒用关系化测试手段来检验真假悬垂话题并不可行。

(312)a. 这堆书,[我喜欢读《红楼梦》];(那堆书,[我喜欢读《魂断蓝桥》])。
b. [我喜欢读《红楼梦》]的那堆书

(313)a. 这种鱼,[我最喜欢吃腌制鱼];(那种鱼,[我最喜欢吃鲜鱼])。
b. [我最喜欢吃腌制鱼]的那种鱼

总结以上观点可以看出,绝大部分研究者赞成汉语中有两类话题结构:述语中含有句法空缺或接应代词的英语式话题结构,以及述语中不含句法空缺或接应代词(但含语义空缺)的"典型汉语式话题结构"。他们认为前面列出的七类话题结构都是"典型汉语式话题结构"。少数研究者否认"典型汉语式话题结构"的存在,认为前面列出的七类结构根本就不是话题结构。而 Xu & Langendoen(1985)却认为汉语中所有的话题结构都和英语中的话题结构在句法上完全不同。其基本观点为:1)汉语中的话题结构有两类,一是述语中含有空缺或接应代词与话题同指的话题结构,二是述语中不含空缺或接应代词与话题同指的"典型汉语式话题结构";2)英语中含有空缺的话题结构是移位生成的,空缺为变量语迹,而汉语中含有空缺的话题结构为基础生成,空缺为空代词。

4.6.3 "典型汉语式关系结构"的句法

对于那些与"典型汉语式话题结构"一一对应的"典型汉语式关系结构",研究者主要有以下几种分析:

1)Aoun & Li(2003:186~187)否认"典型汉语式关系结构"的存在,认为汉语中只有英语式关系结构,同英语一样,汉语关系从句中一定有空缺或接应代词与中心语同指,汉语关系结构是关系代词或中心语移位的结果。

他们认为,汉语中那些与(314)中的表达类似的"所谓的无空缺关系结构"其实不是关系结构,因为这些结构在英语中的对应表达不是"[中心语+关系从句]",而是"中心名词+介词+XP"(即"[NP[P XP]]"),例如,与(314a)相对应的英语表达是 the result of his exam-taking,与(314b)相对应的是 the sound of his singing,与(314c)相对应的是 the consequence of his evildoing,与(314d)相对应的是 the price for him to kill the boy。总之,他们认为(314)中的例子不是关系结构。

(314)a.(这就是)[[他考试]的结果]
b.(这就是)[[他唱歌的]声音]
c.(这就是)[[他作恶的]后果]
d.(这就是)[[他杀这个小孩的]价码]
(Aoun & Li,2003:186)

但本书认为 Aoun & Li 的以上看法存在以下问题:

首先,虽然(314)中的表达在英语中的对应表达可能更像"中心名词+介词+XP",但是前文提到的种种"典型汉语式关系结构"显然不可能翻译成英语中的"中心名词+介词+XP",他们只能意译成英语关系结构,如(315~321)所示。其次,从英、汉语关系从句的功能来说,我们没有理由说这些"典型汉语式关系结构"就不是真正的关系结构,因为它们和其他关系结构一样实现着关系从句的特征描写和识别所指功能。

(315)[我看你你看我]的那些人
'the people who look at each other'
[在竞争时专门大鱼吃小鱼]的那些人
'the people who act according to the rule of the jungle'
[你指责我不对,我抱怨你不好,你不服我,我也不服你]的那帮家伙
'the people who blame each other and make complaints about each other, and none of whom would obey the other'
[专门一个来了,另一个再来]的那两个人
'the two guys one of whom will come specially after the other comes'

(316)[谁都不来]的那些人
'the people none of whom is coming'
[谁来都可以]的那些人
'the people anyone of whom could come'

(317)[消防队来得很及时]的那场火
'the fire for which the fire brigade came in good time'
[幸亏消防队来得很及时,不然我们就都死掉了]的那场火
'the fire for which luckily the fire brigade came in good

time,otherwise we would have all been dead'

(318)[你不能光麻烦一个人]的那件事

'the matter with which you cannot just bother one person

[我炒了鸡蛋]的那些西红柿

'the tomatoes with which I scrambled the eggs'

(319)[一斤三十块钱]的那种豆子

'the kind of beans one catty of which costs thirty dollars'

(320)?[纽约最贵]的那一种水果

'the kind of fruit the price of which in New York is the highest

(321)[女儿漂亮]的那位太太

'the lady whose daughter is beautiful'

[叶子很大]的那棵树

'the tree whose leaves are very big'

[鼻子长]的那种大象

'the kind of elephants which have long noses'

[记性特别好]的那个人

'the man who has a very good memory'

[新鲜的最好吃]的那种鱼/[苹果最好吃]的那一堆水果

'the kind of fish among which the fresh part is most delicious/ the heap of fruits among which the apples are most delicious'

[我给了每个孩子一件玩具]的那户人家

'the family every child in which I gave a toy to'

[每一个都很新鲜]的那些水果

'the fruits everyone of which is very fresh'

[一半烂掉了]的那堆梨

'the pile of pears half of which have been rotten'

[他十二点钟睡觉]的那一天

'the day on which he didn't go to bed until 12 o'clock'

[学法律的学生不多]的那所大学

'the university where there are not many students majoring in law'

2)既然 Shi(2000)否定"典型汉语式话题结构"的存在,认为所有语言都只存在英语式话题结构,所有话题结构都是由基础句型结构经移位操作生成的,那么,根据他的思路,他有可能也否认"典型汉语式关系结构"的存在,认为所有语言都只存在英语式关系结构,所有关系结构都是由基础句型结构经移位操作生成的。例如,既然他认为那些人,我看你你看我中的那些人其实是主语,我看你你看我其实是主谓结构充当的谓语,那么,根据他的思路,关系结构我看你你看我的那些人就有可能被分析成由基础句型那些人,我看你你看我经过主语那些人移位而生成。

但是,上文提到,Pan & Hu(2002)认为 Shi(2000)对"典型汉语式话题结构"的处理不合适,他们和其他研究者(如 Chao 1968;Huang 1982/1998;Xu & Langendoen 1985;Xu 2006;徐烈炯 2005;潘海华、韩景泉 2005)都承认"典型汉语式话题结构"的存在。如果 Pan & Hu 和 Xu & Langendoen 等人的观点正确的话,那么"典型汉语式关系结构"也应该存在。本书接受 Pan & Hu(2002)等人的观点,认为以上七类话题结构是"典型汉语式话题结构",同时也认为存在与之对应的"典型汉语式关系结构"。

3)既然 Pan & Hu(2002)认为前六类话题结构属于"典型汉语式话题结构",那么,他们可能会认为相应的关系结构属于"典型汉语式关系结构"。按他们的思路,汉语关系结构也会有两类,即英语式关系结构和"典型汉语式关系结构"。前者在句法上被允准,中心语一定与关系从句内的某个句法位置相关,依靠该位置上的句法空缺或接应代词来允准,关系从句的谓词是"句法开放性谓词";后者在语义上被允准,中心语与关系从句内的动词没有直接的语义选择关系,关系从句中也不存在任何与中心语直接相关联的句法位置,但关系从句在语义上并不自足,属于"语义开放性谓词",有一个语义空缺起着语义变量的作用,关系从句正是因为语义变量的存在才得以允准。同时,英语式关系结构是移位的结果,留下语迹,而"典型汉语式关系结构"是基础生成。按他们的思路,他们可能也会认为,如果一种语言的关系结构采用语义允准方式,那么它一定也采用句法允准方式,例如汉语关系结构就是如此;但如果一种语言的关系结构采用句法允准方式,那么它不一定采用语义允准方式,例如英语关系结构只采用句法允准方式;与此相应,不同语言会选择不同方式来允准关系结构,在英语中,只有"句法开放性谓词"允准关系结构,而在汉语中,"语义开放性谓词"和"句法开放性谓词"都能允准关系结构。

4)Xu & Langendoen(1985)在分析汉语话题结构后顺便提到他们对汉语关系从句的看法,认为汉语关系结构有同汉语话题结构相对应的两类:一是关系从句中含有句法空缺或接应代词与中心语同指的关系结构;二是关系从句中不含句法空缺或接应代词与中心语同指的"典型汉语式关系结构"。而且 Xu & Langendoen(1985)认为,英语中含有句法空缺的关系结构是经移位生成的，留下句法变量语迹，而汉语中含有句法空缺的关系结构为基础生成，句法空缺是空代词而非句法变量语迹。本书受 Xu & Langendoen 的启示，也认为所有汉语关系结构的句法生成都与英语关系结构的句法生成完全不同。

本书承认“典型汉语式关系结构”的大量存在，而且认为“典型汉语式关系结构”的存在是非移位分析的自然结果，只有在非移位分析的体系下才能得到较好的解释。非移位分析使得汉语有可能将任何成分合并成“典型汉语式关系结构”，句法上只要求“典型汉语式关系结构”的谓词本身完整、合乎语法、能单独使用。但是，“典型汉语式关系结构”除了要满足这一句法条件以外，还要满足另一语义条件，即语义空缺/语义变量的存在。本书第 5 章将详细分析汉语关系结构（包括“典型汉语式关系结构”）中语义变量的存在，第 6 章将详细分析汉语关系结构（包括“典型汉语式关系结构”）的允准条件。

4.7　是否存在“汉语式接应代词”

文献一般将接应代词分为三类：移位生成的接应代词（代表性语言有 Gbadi 语和 Vata 语）、基础生成的接应代词（代表性语言有爱尔兰语和希伯来语）、“补救性代词”（代表性语言有英语）。汉语关系结构中也能出现接应代词。那么，汉语关系结构接应代词是属于这三类中的哪一类呢？本书接下来首先探讨了汉语关系结构接应代词的分布规律，并与英语关系结构接应代词的分布规律进行比较，以此证明汉语关系结构接应代词不是“补救性代词”；然后采用三个经典诊断性证据来证明汉语关系结构接应代词也不是移位生成的，而是基础生成的。本书将汉语关系结构中基础生成的接应代词称为“汉语式接应代词”。“汉语式接应代词”的存在是本书支持汉语关系结构非移位分析的第 7 条理由。

4.7.1　接应代词的类型

McCloskey（2002，2006）和 Asudeh（2004，2007）等总结了三类接应代词（比较 Sells 1984，Gu 2001 和顾钢 2006）：

第一类是移位生成的接应代词。代表性语言有 Gbadi 语和 Vata 语。例如，（322）中的 Vata 语接应代词 ò 就属于这一类。此类接应代词是这样形成的：*wh*-算子 Àló 移位后留下的句法变量语迹移交给语音系统后，在语音系统里被拼读成接应代词。所以，这类接应代词又被称为“在语音系统中被拼读出来的空缺”。这类接应代词的句法性质与句法变量语迹的句法性质完全相同,具有句法变量语迹所应具有的三个典型诊断性特征,即它受制于“岛屿限制”,能允准重构效应,能允准寄生空缺。

(322) Àló **ò** lē sàká lá (Vata 语)
who he eat rice *wh*
'Who is eating rice?' (Koopman 1982:128;Asudeh 2007)

第二类是基础生成的接应代词。代表性语言有爱尔兰语和希伯来语。(323)中的爱尔兰语接应代词 í 就属于这一类。此类接应代词与第一类接应代词完全不同,不具备句法变量语迹所应具备的三个典型诊断性特征,即它不受制于“岛屿限制”,不允准重构效应,也不允准寄生空缺。

(323) an ghirseach a-r ghoid na síogaí **í** (爱尔兰语)
the girl COMP-PAST① stole the fairies her
'the girl that the fairies stole away'
(McCloskey 2002:189)

第三类是 Sells(1984)所总结的“补救性代词”(intrusive pronouns)。代表性语言是英语。前面提到,英语关系结构有两种:一是关系从句中含句法空缺与中心语同指的关系结构,如 the $claim_i$ $which_i$ John made t_i;二是关系从句中含接应代词与中心语同指的关系结构,如(324)所示,其中的加粗单词都是接应代词。但 Chomsky(1981:4)和 Sells(1984:4)指出,只有前者是真正的英语关系结构,英语是一种没有接应代词的语言,虽然英语中有时也出现接应代词,但它不属于英语语法的范畴,而是一种边缘性现象或者说是一种加工假象,大部分英语母语者并不接受它。与前两类接应代词完全不同的是,它具有独特的分布规律,即只能出现在“岛屿”中:当句法算子移位因违反“岛屿限制”而不可为时,接应代词的使用便成为一种不得已的补救手段,故此类接应代词被称为“补救性代词”(Sells 1984:4)。例如(324)中的接应代词出现在内嵌的关系从句中,避免违反“复杂名词短语限制”(the Complex Noun Phrase Constraint);(325)中的接应代词出现在内嵌的 *wh*-疑问子句中,避免违反“*wh*-岛屿限制”;(326)中的接应代词出现在主语或宾语的子成分中,避免违反“左枝限制”(Left Branch Constraint);(327)

① COMP 为 complimentizer 的缩写,PAST 表示 past tense。

中的接应代词出现在状语从句中，避免违反“附加语岛屿限制”。“补救性代词”不是移位生成的，而是基础生成的(Chomsky 1981:173;Shlonsky 1992;Hornstein 2001;Aoun & Li 2003)。

(324) a. (the man) who(m)$_i$ I don't believe the claim that anyone saw **him**$_i$/ *t$_i$ (Chomsky 1981:173)

b. (the man) who$_i$ I don't believe the claim that **he**$_i$/ *t$_i$ saw anyone (同上)

c. the man such$_i$ that Mary reviewed the book which **he**$_i$/ *t$_i$ wrote (Heim & Kratzer 1998:115)

(325) (There are) guests who$_i$ I am curious about what **they**$_i$/ *t$_i$ are going to say. (McCloskey 2002)

(326) a. a man who$_i$ a friend of **his**$_i$ likes Bill and one of **his**$_i$/ *t$_i$ brothers hates Tom (Chomsky 1982:103)

b. the only one$_i$ we could see **her**$_i$/ *t$_i$ figure (was Number Two) (McCloskey 2002)

c. a man who$_i$ Bill hates one of **his**$_i$/ *t$_i$ brothers

(327) the man who$_i$ I feel angry when **he**$_i$/ *t$_i$ flatters me

很多汉语关系结构中都含有接应代词，例如王老师一直在劝他$_i$出国的那个男孩$_i$(是我哥哥)。那么汉语关系结构接应代词是属于以上三类中的哪一类？Ning(2008)认为，汉语关系结构接应代词是属于基础生成的接应代词，但她没给出充分而系统的证据。接下来本书首先总结了汉语关系结构接应代词的分布规律，然后用三个经典诊断性证据来系统证明汉语关系结构接应代词既不是“补救性代词”，也不是移位生成的接应代词，而是基础生成的接应代词。①

4.7.2　汉语关系结构接应代词的分布规律

前文提到，汉语关系结构有三类：一是关系从句中含句法空缺与中心语同指的关系结构，如[$_{IP}$我喜欢 e$_i$]的人$_i$；二是关系从句中含接应代词与中心语同指的关系结构，如[$_{IP}$我昨天跟他$_i$跳了三支舞]的那位先生$_i$；三是关系

① Gu(2001)和顾钢(2006)指出希伯来语为代表的语言中的接应代词和汉语中的接应代词还存在一些细微的不同，本书暂时不考虑。

从句中不含句法空缺或接应代词与中心语同指的关系结构(但 Shi 2000 认为其中也有空缺),如[$_{IP}$一斤三十块钱]的那种豆子/女儿漂亮的那位太太。本章主要比较第一类中的句法空缺和第二类中的接应代词的分布规律。本书发现,与英语关系结构接应代词完全不同,汉语关系结构接应代词的出现与“岛屿限制”没有任何关系,而是与关系从句的谓词本身是否合乎语法息息相关。[①] 详情如下:

1)如果句法空缺和接应代词都能使谓词本身完整、合乎语法、能单独使用,那么,空缺和接应代词可任选一个。但经济原则(或者 Ning 2008 等提到的大脑信息加工(processing)原理)会让我们倾向于选择更省力的句法空缺。例如(328a)和(329a)中的主语位置和(330a)、(331a)和(332a)中的宾语位置一般都更容易是句法空缺,但也可以是接应代词。此时,不管是句法空缺还是接应代词,谓词本身都完整、合乎语法、能单独使用,如(328~332)中的 b 表达所示。而在英语中,相应位置只能是句法空缺,不能是接应代词,如(333)所示。

(328)a. e_i/他$_i$能讲一口流利英语的那个男人$_i$

(Gu 2001;顾钢 2006)

b. A:他$_i$怎么样?

B:e_i/他$_i$能讲一口流利英语。

(329)a. e_i/他$_i$很会做家务的那个男人$_i$ (黎小荣 2008)

b. A:他$_i$怎么样?

B:e_i/他$_i$很会做家务。

(330)a. [我见过 e_i/他$_i$]的[那个男人]$_i$ (Gu 2001;顾钢 2006)

b. A:你见过那个男人$_i$吗?

B:我见过 e_i/他$_i$。

(331)a. [马丽在暗恋着 e_i/他$_i$]的[那个男人]$_i$ (同上)

b. A:马丽在暗恋着那个男人$_i$?

B:是的,她在暗恋着 e_i/他$_i$。

(332)a. 好多女孩都期待见到 e_i/他$_i$的那个明星$_i$ (黎小荣 2008)

b. A:好多女孩都期待见到那个明星$_i$?

---

① 前文中提到过,本书的谓词是指关系从句去除的后的剩余表达,例如[$_{IP}$我喜欢 e_i]的人$_i$中的关系从句我喜欢的去掉的后剩下的表达就是关系从句的谓词。本书将关系从句的谓词作为 IP 处理,虽有文献对话题结构(即 TopicP)能否出现在关系从句中有争议(杨彩梅 2007;Shyu 1995),但本书暂时忽略这一争议。

B:是的,好多女孩都期待见到 e_i/他$_i$。

(333) a. the man_i that t_i/ *he_i can speak English fluently

b. the man_i that I met t_i/ *him_i

2)如果只有接应代词才能使谓词本身完整、合乎语法、能单独使用,那么我们就必须选择接应代词而不能选择句法空缺。以下主要列出六种结构来详细说明这一结论:

a)派、让、鼓励等兼语结构动词的宾语只能是接应代词,不能是句法空缺,如(334a)、(335a)和(336a)所示。此时,如果关系从句的谓词中没有接应代词,那么谓词本身就不完整,不合语法,不能单独使用,如(334b)、(335b)和(336b)所示,而英语中相应位置只能出现句法空缺,如(337～338)所示。

(334) a. 我派他$_i$/ *e_i代表我们参加会议的那个人$_i$

(对比黎小荣 2008)

b. A:你派那个人$_i$干什么?

B:我派他$_i$/ *e_i代表我们参加会议。

(335) a. 我让他$_i$/ *e_i代表我们参加会议的那个人

b. A:你让那个人$_i$干什么?

B:我让他$_i$/ *e_i代表我们参加会议。

(336) a. 老师鼓励他$_i$/ *e_i出国的那个人

b. A:老师鼓励那个人$_i$干什么?

B:老师鼓励他$_i$/ *e_i出国。①

(337) the guy who_i the teacher encouraged t_i/ *him_i to go abroad

(338) the boy who_i I sent t_i/ *him_i to attend the meeting in behalf of us

b)让、被等表被动意义的动词后面只能是接应代词(对比黎小荣 2008),不能是句法空缺。此时,如果关系从句的谓词中没有接应代词,那么谓词本身就不完整、不合语法,如(339～340)所示。而相应的英语关系结构中只能出现句法空缺,如(341)。

① 老师鼓励 e 出国本身能单独使用,但不适合(336b)中的语境,因其表示老师鼓励(大家)出国的意思,其中的空宾语倾向于做任意性解读。如果要适合(336b)中的语境,代词不能省略,即老师鼓励他出国。

(339)a. 我让他$_i$/ *e_i骗了的那个人$_i$

b. A:你让他$_i$怎么啦?

B:我让他$_i$/ *e_i骗了。

(340)a. 张三被他$_i$/ *e_i打了的那个人$_i$

b. A:张三被那个人$_i$怎么啦?

B:张三被他$_i$/??e_i打了。①

(341) He was dedicated to his work and to his men, [by whom]$_i$ he was much respected t_i/ *him$_i$ for his design and organizing ability... .

(BNC)

c)在马庆株(1983)提到的14类汉语双宾结构②中,绝大多数双宾结构的间接宾语只能是接应代词,不能是句法空缺,此时,如果关系从句的谓词中没有接应代词,那么谓词本身就不完整、不合语法、不能单独使用,如(342～345)。英语中类似结构只能以与格(dative)结构出现,且与格结构中只能出现空缺,如(346～347)所示。

(342)a. 我泼了他$_i$/ *e_i一身水的那个人$_i$

b. A:你把他$_i$怎么啦?

B:我泼了他$_i$/ *e_i一身水。

(343)a. 我称他$_i$/ *e_i呆霸王的那个人$_i$

b. A:你称他$_i$什么?

B:我称他$_i$/ *e_i呆霸王。

(344)a. 我买了他$_i$/ *e_i一只鸡的那个人$_i$

b. A:你买了他$_i$什么?

B:我买了他$_i$/ *e_i一只鸡

(345)a. 我教他$_i$/ *e_i中文的那个学生$_i$

b. A:你教那个学生$_i$什么?

---

① 张三被e打了本身能单独使用,但不适合(340b)中的语境,因其表示张三被某人打了的意思,其中的空宾语倾向于做任意性解读。如果要适合(340b)中的语境,代词不能省略,即张三被他打了。

② 马庆株(1983)把双宾结构分成14类:1)给予类(送你一支笔);2)取得类(买小王一只鸡);3)准给予类(我问你一道题);4)表称类(人家称他呆霸王);5)结果类(开水烫了他好几个泡);6)原因类(喜欢那个人大眼睛);7)时机类(考你个没准备);8)交换类(换它两本书);9)使动类(急了我一身汗);10)处所类(挂墙上一幅画);11)度量类(他们抬了伤员好几里路);12)动量类(给他一巴掌);13)时量类(吃饭半天了);14)间接宾语为虚指宾语的(逛他两天北京城)。

B：我教他$_i$/*e_i中文。

(346)the man who I bought a cock for t_i/*him_i

(347)8.40：Arrived at school with Welfare Assistant to $whom_i$ I give lift each morning t_i. (BNC)

d)介词宾语只能是接应代词，不能是句法空缺，此时，如果关系从句的谓词没有接应代词，那么谓词本身就不合语法，如(348～350)所示。而英语中的类似结构中只能出现句法空缺，如(351)所示。

(348)a. 妹妹和她$_i$/*e_i打过球的那个女孩

b. A：妹妹和那个女孩$_i$打过球吗？

B：妹妹和她$_i$/*e_i那个女孩打过球。

(349)a. 我向他$_i$/*e_i要过地址的那个人$_i$

b. A：我向那个人要过地址？

B：我向他$_i$/*e_i要过地址

(350)a. (这是一项)我将为此$_i$/*e_i战斗的光荣事业 (刘丹青 2002)

b. A：你将为什么战斗？

B：我将为此$_i$/*e_i战斗。

(351)the $girl_i$ that he speak with e_i/*her_i.

e)前文提到，汉语关系结构不受“岛屿效应”/邻近原则的限制。有些汉语关系结构，如(352a)、(354a)、(356a)和(358a)表面上和相应的英语关系结构，如(353)、(355)、(357)和(359)一样受制于“岛屿限制”，岛屿中只能出现接应代词，不能出现句法空缺。例如(352a)中的句法空缺表面上违反了“复杂名词短语限制”，(354a)和(356a)中的句法空缺表面上违反了“附加语孤岛限制”，(358a)中的句法空缺表面上违反了“左枝限制”。但本书以为，与类似英语关系结构完全不一样，这些汉语关系结构的不可接受并不是由于违反了“岛屿限制”，而是由于如果关系从句的谓词中没有接应代词那么谓词本身就不完整、不合语法、不能单独使用，如(352b)、(354b)、(356b)和(358b)所示。

(352)a. 我评介过他$_i$/*e_i写的书的那个人$_i$

b. A：你认识那个人$_i$吗？

B：不认识，但我评介过他$_i$/*e_i写的书。

(353) the man $such_i$ that Mary reviewed the book which **he_i** wrote

(354) a. 我对他们$_i$/*e_i会说什么很好奇的那些人

b. A:你喜欢那些人$_i$吗?

B:不喜欢。但我对他们$_i$/*e_i会说什么很好奇

(355) (There are) guests who_i I am curious about what **$they_i$** are going to say.

(356) a. 当他$_i$/*e_i奉承我时我很生气的那个人

b. A:你不喜欢那个人$_i$吗?

B:是的,当他$_i$/*e_i奉承我时我很生气。①

(357) the man who_i I feel angry when **he_i** flatters me

(358) a. 张三恨她$_i$/*e_i的哥哥的那个女人

b. A:张三恨那个女人$_i$吗?

B:不恨,但他恨她$_i$/*e_i的哥哥。

(359) a man who_i Bill hates one of **his_i** brothers

f)重叠结构中只能出现接应代词,不能是句法空缺,此时,如果关系从句的谓词中没有接应代词,那么谓词本身就不完整、不合语法、不能单独使用,如(360～361)所示。

(360) a. (你想找一个)爱他$_i$/*e_i爱得深切的男人(是不容易的)

b. A:你爱那个男人$_i$吗?

B:是的,爱他$_i$/*e_i爱得深切。/是的,爱得深切。

(361) a. (他就是那个)我佩服他$_i$/*e_i佩服得五体投地的老师

b. A:你佩服那个老师$_i$吗?

B:是的,佩服他$_i$/*e_i佩服得五体投地。/是的,佩服得五体投地。

总之,在汉语关系结构中,接应代词和句法空缺的分布规律是:如果句法空缺和接应代词都能使谓词本身完整、合乎语法,那么句法空缺和接应代词都可出现;如果句法空缺不能使谓词本身完整、合乎语法,而接应代词能

---

① (356)对比下例:

(1) a. 他$_i$/e_i奉承我时我很生气的那个人

b. A:你不喜欢那个人$_i$吗?　　B:不喜欢,他$_i$/e_i奉承我时我很生气。

使谓词本身完整、合乎语法，那么就只能出现接应代词。可见，与英语关系结构接应代词的分布规律完全不同，汉语关系结构接应代词的出现与“岛屿限制”没有任何关系；而且和英语关系结构接应代词不同，汉语关系结构接应代词不是一种边缘性语言现象，而是一种很普遍的语言现象。因此，汉语关系结构接应代词不是“补救性代词”。本书以为，这一句法空缺和接应代词的分布规律也表明，汉语关系结构中与中心语同指的句法空缺其实就是接应代词的省略，即空接应代词。

4.7.3　汉语关系结构接应代词基础生成的三个经典诊断性证据

接下来本书利用三个经典诊断性证据来证明，汉语关系结构接应代词不是移位生成的，而是基础生成的。

1)汉语关系结构接应代词不受制于“岛屿限制”。

前文提到，某一句法成分是否移位到另一位置的一个有力证据就是看这一成分能否出现在岛屿中，也就是说，是否受制于“岛屿限制”。移位会受制于“岛屿限制”，而基础生成不会。

前文还提到，Gbadi 语和 Vata 语中的接应代词是在句法算了移位留下的句法变量语迹被移交给语音系统后才被拼读出来的，这样的接应代词(其实就是移位语迹)不能出现在岛屿中，否则就违反了“岛屿限制”。然而从(362)可知，与 Gbadi 语和 Vata 语中的接应代词完全不同，汉语关系结构接应代词完全能出现在岛屿中，(362a)中的“复杂名词短语岛屿”、(362b-c)中的“附加语岛屿”以及(362d)中的“左枝岛屿”中都出现了接应代词。可见，汉语关系结构接应代词不受制于“岛屿限制”，汉语关系结构接应代词既能出现在岛屿中，也能出现在其他地方。

(362)a. [我评介过[他$_i$写的书]]的那个人$_i$

b. [我对[他们$_i$会说什么]很好奇]的那些人

c. [[当他$_i$奉承我时]我很生气]的那个人

d. [张三恨[她$_i$的哥哥]]的那个女人

2)汉语关系结构接应代词不允准重构效应。

前文提到，某一句法成分是否移位到另一位置的另一条有力证据就是看这一成分是否能允准重构效应。目前文献中认可的能考察重构效应的两个相关语言现象就是英语反身代词和英语习语(idiom)。

前文提到，在(363)中，英语习语 make headway 的特殊用法表明，英语习语是真正能体现重构效应的习语。那么,汉语中存在与英语习语类似的、能真正体现重构效应的习语吗? Aoun & Li(2003)和 Li(2002)等人把吃醋看成此类习语,认为吃醋也能体现重构效应。按照他们的思路,(364a)中的句法空缺和(364b)中的接应代词它都允准了重构效应。然而比较(363)和(365),我们就能发现汉语习语和英语习语的明显不同,即英语习语必须满足整体生成条件,而汉语习语无须满足整体生成条件。其他汉语习语①如(临时)抱佛脚、吃闭门羹等的用法都与吃醋相同,如(366)所示。因此,本书以为,汉语中没有能体现重构效应的习语。这样一来,我们就无法找到汉语关系结构接应代词利用习语来允准重构效应的证据了。(类似证明详见本书上篇 4.1 节。)

(363) a. We made insufficient headway.

b. *The headway was insufficient.

c. The headway[that we made] was insufficient.

d. *We made the headway[that was insufficient].

(364) a. [她吃 e_i 的]醋 $_i$ 比别人多/比谁都大。

b. A:小丽以为她男朋友喜欢那个女孩。

B:哦,原来她在吃醋。

A:对,这就是[小丽吃它 $_i$ 吃得睡不着觉吃不进饭]的那种醋 $_i$。

(365) a. 他老婆又吃醋了。

b. 这种醋实在让她老公难受。

c. [她吃 e_i 的]醋 $_i$ 比别人多/比谁都大。

d. 她老是爱吃[e_i 让人受不了的]醋 $_i$。

(366) a. 平时不烧香,遇到麻烦临时抱佛脚,从古至今这种现象比比皆是。佛脚之所以成了一些人的“救命稻草”,关键时候赶紧跑到跟前求救,应该和佛脚的灵验有关。(网上资料)

b. 临时的佛脚与最后的放弃:在最后的几天里,彷佛有几个学生终于醒了,开始认真的学习,这个也就是所谓的临时抱佛脚了,这个佛脚能不能抱住还真是不可言说,说实话会很打击学生,不说吧,让有些此时刚醒来的人多多认真多读一点吧。(同上)

---

① 根据 *Wikipedia, the Free Encyclopedia*(http://en.wikipedia.org/wiki/Idiom),idiom(习语)的意义不能由字面意义(literal definition)来决定,而只能是一种比喻意义(figurative meaning)。因此,这个意义上的汉语习语并不一定是成语,例如,汉语成语“嫁祸于人”、“重操旧业”等就不是汉语习语。

c. 这种闭门羹我是不会吃的啦。闭门羹之所以令人讨厌，是因为……

前文提到，英语反身代词一定要遵守"约束原则 A"，即反身代词必须在其管辖域（governing category）内被约束，如（367）所示（详见 Chomsky 1981）。所以（368）中的中心语 the picture of himself 必须是从 painted 的宾语位置移出的，这样才能使反身代词 himself 在移出前已被关系从句内的主语 John 约束，从而满足了"约束原则 A"。也就是说，我们一看到（368）就必须将中心语 the picture of himself 重构回关系从句内 painted 的宾语位置以满足"约束原则 A"。那么，汉语中存在与英语反身代词类似的、真正能体现重构效应的反身代词吗？Aoun & Li（2003）和 Li（2002）等人把自己看成类似反身代词，认为自己也能体现重构效应。按照他们的思路，虽然在表层结构上（369）中的每个自己都分别不在每个人、每个男孩子、张三和小丽的约束范围内，却能与它们同指，这表明在狭义句法推导过程中中心语自己的车子、自己的女朋友、自己的男人等都是从关系从句内移出的，因此（369a）中的空缺和（369b-d）中的接应代词都允准了重构效应以满足"约束原则 A"。但前文提到，自己这个词实质上具有代词性，能单独使用，不必满足"约束原则 A"，如（370）所示。因此，用（369）这样的例子来证明汉语关系结构中的句法空缺和接应代词都能允准重构效应的做法不可靠。本书前文还提到，从方法上来说，"证明其有"比"证明其无"要难得多，"证明其有"必须给出"有"的证据，"证明其无"则只要说明"有"的所有证据都站不住脚。既然汉语关系结构接应代词能允准重构效应的所有证据都站不住脚，我们就可以说，汉语关系结构接应代词不允准重构效应。

（367）a. $John_j$ said that $Jack_i$ likes $himself_{i/*j}$.

b. $John_i$ drew a picture of $himself_i$. *The picture of himself is attractive.

（368）the picture of $himself_j$ that $John_j$ painted

（369）a. ［我叫张三劝每个人$_i$开 e_j 来的］［自己$_i$的车子］$_j$

（Aoun & Li 2003:132）

b. ［每个男孩$_i$都送了她$_j$一个漂亮手提包的］［自己$_i$的女朋友］$_j$

c. ［张三$_i$跟她$_j$跳了很久的舞的］［自己$_i$的女朋友］$_j$

d. ［小丽$_i$爱他$_j$爱得深切的］［自己$_i$的男人］$_j$

(370)a.(每个人$_i$都开车来了吗?)是的,而且每一辆都是自己$_i$的车。

b. 成败由自己决定,而不是由别人决定。

c. 自己的事情自己做。

3)汉语关系结构接应代词不允准寄生空缺。

前文提到,某一句法成分是否移位到另一位置的另一条有力证据就是看这一成分是否能允准寄生空缺。

前文还提到,如果一种语言的关系结构中有寄生空缺的话,那么我们肯定可以看到具备以下两个基本特点的寄生空缺:其一,寄生空缺和真空缺/接应代词都必须与中心语同指,寄生空缺不具备他指性,例如在英语例子(371a)中,接应代词只能与真空缺和 which man 同指,不能他指,(371b)同理;其二,"强及物动词"和介词后能出现寄生空缺,例如在英语例子(371)中,寄生空缺分别出现在"强及物动词"outlive 和介词 to 后。(注:前面提过"强及物动词"是指必须带宾语、不能带空宾语的及物动词,例如英语动词 outlive、interest 等是"强及物动词",必须带宾语,不能带空宾语,如(372)所示;汉语动词委屈、充满和走向是"强及物动词",必须带宾语,不能带空宾语,如(373)所示。)然而,汉语关系结构接应代词不能允准具备以上两个基本特点的寄生空缺。其一,汉语关系结构接应代词不能允准能让"强及物动词"或介词悬空的寄生空缺,例如(374)中的"强及物动词"委屈、充满、走向后都不能出现寄生空缺;其二,在汉语关系结构中,其他与接应代词同指的空缺只是空代词,不是寄生空缺,因为空代词具有他指性,可随语境变化指向不同的人或物,例如在(375a)中,从句动词送后的空缺既可以与中心语那个女孩同指,又能很容易地指向一定语境中的其他人,比如在(376a)的语境中,送礼物的人都跟她跳了舞的那个女孩会被理解成送我礼物的人都跟她跳了舞的那个女孩。同样,(375b)中的动词抓后的空缺很容易与中心语那只老鼠同指,但也可以指向一定语境中的其他东西,比如在(376b)的语境中,小明去抓的时候,它已经机灵地钻进洞里去了的那只老鼠应被理解成小明去抓猫的时候,它已经机灵地钻进洞里去了的那只老鼠(对比杨彩梅 2008)。总之,汉语关系结构接应代词不允准寄生空缺。

(371)a. Which man$_i$ did the police warn t_i that they would outlive pg$_i$? (Engdahl 1983:13)

b. (he is) the man$_i$ that everyone$_j$ who$_j$ gives presents to pg$_i$ likes t_i (同上)

(372) a. (Did Jim outlive his $wife_i$?) No. He was unwilling to outlive his $wife_i$/her_i/ *NO_i.

b. (Did Jim interest her_i?) No. He was unwilling to interest her_i/ *NO_i.

(373) a. (她那番话委屈你$_i$?) *她那番话委屈了 NO_i。

b. (那种孤零零的感觉充满了她的心$_i$?) *那种孤零零的感觉充满了 NO_i。

c. (张三缓缓地走向那个女子$_i$?) *张三缓缓地走向了 NO_i。

(374) a. *[张三委屈 e_i 之前她$_i$还在快乐地唱着歌]的那个女孩$_i$

b. *[因为温情充满 e_i,所以来看房的人都喜欢上了它$_i$]的那套样品房$_i$

c. *[在张三走向 e_i 之前,我已问候她$_i$了]的那个女子$_i$

(375) a. [送 $pro_{k/i}$ 礼物的人都跟她$_i$跳了舞]的那个女孩$_i$

b. [小明去抓 $pro_{k/i}$ 的时候,它$_i$已经机灵地钻进洞里去了]的那只老鼠$_i$

(376) a. 今天是我生日,很多人送了我礼物,可是[送礼物的人都跟她跳了舞的那个女孩]是我姐姐。

b. 一看见老鼠,小明就去抓猫来咬它们。小明每次去抓猫的时候,有一只白色的老鼠总能机灵地钻进洞里去。这回却不同,[小明去抓的时候,它已经机灵地钻进洞里去了的那只老鼠]是只黑色的老鼠。

4.7.4 小结

文献将接应代词分为三类:移位生成的接应代词、基础生成的接应代词和"补救性代词"。汉语关系结构中也允准接应代词。本书认为,与英语关系结构接应代词完全不同,汉语关系结构接应代词的使用很普遍,与"岛屿限制"没有任何关系,只要关系从句的谓词本身不合语法就必须出现接应代词。这一分布规律表明,汉语关系结构接应代词不是"补救性代词"。同时,本书用了三个经典的诊断性证据来证明汉语关系结构接应代词也不是移位生成的接应代词,而是基础生成的接应代词。本书以为,在汉语关系结构中,句法空缺和接应代词的分布规律也能表明汉语关系结构中的句法空缺其实就是接应代词的省略形式。这从另一方面证明汉语关系化的非移位分析。总之,本书以为,在汉语关系结构中,与中心语同指的句法空缺是空接应代词,而汉语中的(空)接应代词和(空)代词一样都是基础生成的。本书还以为,汉语中的(空)接应代词和(空)代词是具有相同句法性质即代词性的句法概念,只不过他们的分布环境不同,前者只分布在关系结构、话题结构等特定结构中,后者的出现则没有结构的限制;前者的特殊语境决定了它只能与中心语同指,不具备他指性,语音上只能轻读,而后者则可以具备他指性,语音上可以轻读也可以重读。

4.7.5 一个有趣的实验

笔者做了一个诱导产出汉语关系结构接应代词的实验,来调查成人接应代词的使用情况。实验对象是18个来自中国北方不同地区的19～24岁天津师范大学学生,其中8个女生,10个男生。表1是测试项和方法,包括4个题。表2是诱导产出结果。笔者发现,该实验结果与上文中的理论分析吻合。前两道题与上节中的第一种情况(即:如果句法空缺和接应代词都能使谓词本身完整、合乎语法,则空缺和接应代词中可任选一个,但经济原则会让我们倾向于选择空缺)相对应,所以受试产出的关系从句中都没有使用接应代词。后两道题与第二种情况(即:如果只有接应代词才能使谓词本身完整、合乎语法,则必须选择接应代词)相对应,因此受试产出的36个答案中有18个(50%)答案含有接应代词(详见表2中加粗的表达)或接应名词(详见表2中以斜体形式出现的表达),前者如*妈妈劝他吃苹果的那个弟弟*,后者如*爸爸劝弟弟吃苹果的那个弟弟*;在其他的答案中,有的变成第一种情况,如*跟爸爸打球的那个姐姐*、*妈妈劝的(那个姐姐)*和*和爸爸打球的那个*;有的变成"典型汉语式关系结构",如*爸爸打球的那个姐姐*;有的变成简单的名词短语,如*爸爸那个*、*妈妈那个*。另外,有3个答案是*妈妈劝吃苹果的那个弟弟*,其中的兼语动词的宾语出现了句法空缺,这可能是因为*妈妈劝吃苹果*在有些方言区本身完整、合乎语法、可以单独使用,即,在这些方言区我们可以说(*妈妈劝你做什么?*)*妈妈劝吃苹果*。毕竟,不是所有兼语动词的宾语都只能是接应代词,不能是句法空缺的。有的兼语动词的宾语不容易出现句法空缺,如(334)中的*派*的宾语不容易出现句法空缺,有的兼语动词的宾语较容易出现句法空缺,如(335)中兼语动词*让*的宾语在某些方言中可以出现句法空缺,如(*妈妈让你做什么?*)*妈妈让吃苹果*。

总之,实验结果表明,汉语关系结构接应代词的使用较为普遍,与"岛屿限制"没有关系;如果关系从句的谓词中即使不出现接应代词,其本身也是完整、合乎语法、能单独使用的,那么谓词中就倾向于不出现接应代词;否则,就必须出现接应代词。实验结果中接应名词的较多使用略显意外,但这看来也是勉强可以接受的，此时的接应名词不是一般意义上的要满足“约束原则 C”(Binding Principle C)的指称性名词短语(referential NP；Chomsky 1981)，而是与接应代词同等性质的词。

表 1　(汉语关系结构接应代词诱导产出实验)测试项和方法

诱导产出(先讲述图片内容，接着拿走图片，让受试回答问题)	
使用说明：1)测试人准备好与每道题对应的图片(此处为缩小版)，接着读出“诱导性问题”栏中的前半部分表达，然后拿走图画，接着提出问题，等待受试回答。2)“诱导性”问题中都有两处“这”，测试人在说每一处“这”时一定要同时用手指指着相应的图片部位。	
题号	诱导性问题
1	图中有两只狗。这只狗(测试人手指第一张图中的狗)在追猫，这只狗(测试人手指第二张图中的狗)在追兔子。(*拿走图后*)现在请你告诉我，刚刚那两只狗，你喜欢哪只？ 
2	图中有两只狗。猫在追这只狗(测试人手指第一张图中的狗)。兔子在追这只狗(测试人手指第二张图中的狗)。(*拿走图后*)现在请你告诉我，刚刚那两只狗，你喜欢哪只？ 
3	图中有两个弟弟。妈妈劝这个弟弟(测试人手指第一张图中的弟弟)吃苹果，爸爸劝这个弟弟(测试人手指第二张图中的弟弟)吃苹果。(*拿走图后*)现在请你告诉我，刚刚那两个弟弟，你喜欢哪个？ 

（续表）

4	这里有两个妹妹。妈妈在跟这个妹妹(测试人手指第一张图中的妹妹)打球，爸爸在跟这个妹妹(测试人手指第二张图中的妹妹)打球。(*拿走图后*)现在请你告诉我,刚刚那两个妹妹,你喜欢哪个? 

表 2　(汉语关系结构接应代词诱导产出实验)结果

性别	年龄	题 1	题 2	题 3	题 4
男	19	追兔子的狗	被猫追的狗	妈妈劝他吃苹果的那个弟弟	跟爸爸打球的那个妹妹
女	19	追兔子的那只狗	兔子追的那只	妈妈劝吃苹果的那个弟弟	爸爸跟着一起打球的那个妹妹
男	20	追兔子的那只狗	兔子追的那只	*爸爸劝弟弟吃苹果的那个弟弟*	*爸爸在跟那个妹妹打球的那个妹妹*
男	21	追兔子的那只狗	兔子追的那只	妈妈劝他吃苹果的那个弟弟	爸爸跟她打球的那个妹妹
男	24	追兔子的那只狗	兔子追的那只狗	妈妈劝他吃苹果的那个弟弟	爸爸和她打球的那个妹妹
男	23	追兔子的狗	猫追狗的这只狗	*妈妈劝那个弟弟吃苹果的那个弟弟*	*爸爸在跟这个妹妹打球的这个妹妹*
男	22	追兔子的那只狗	兔子追的那只狗	妈妈劝的那个	爸爸打球的那个
男	22	追猫的那只	猫追的那只	向妈妈要苹果的那个	跟爸爸的那个
男	21	追兔子的那只	兔子追的那只	*妈妈劝弟弟吃苹果的那个弟弟*	和爸爸打球的那个
女	21	追兔子的狗	猫追的狗	妈妈劝吃苹果的那个弟弟	爸爸打球的那个妹妹
女	22	追兔子的	兔子追的那只狗	爸爸劝他吃苹果的那个	妈妈在跟她打球的那个
女	22	追兔子的狗	兔子追的狗	妈妈劝吃苹果的那个	爸爸在跟打球的那个
男	21	追猫的狗	被猫追的那只狗	*爸爸劝弟弟吃苹果的那个弟弟*	爸爸跟她打球的妹妹
女	20	追兔子的那只	兔子追的那只	妈妈劝的那个	爸爸那个
女	24	追兔子的	兔子追的那只狗	爸爸那个	爸爸那个
女	23	在追兔子的那个狗	兔子追的那个狗	妈妈在劝他吃苹果的那个弟弟	妈妈在跟她打球的那个妹妹
男	20	追兔子的那个狗	兔子追的那只	妈妈劝他吃苹果的那个弟弟	跟爸爸一起打球的那个妹妹
女	19	追兔子的	兔子追的	妈妈劝的	妈妈在跟她打球的那个妹妹

4.8　其他理由

4.8.1 来自了的有趣证据

(377)a. 张三昨天买了书。

b. 张三昨天买 e 了。

(378)a. ?? 张三昨天买了 e_i 的书$_i$(不见了)

b. 张三昨天买 e_i 的书$_i$(不见了)

了有两种用法：了$_1$表示动作已发生的体态意义，了$_2$是句末语气词(参 Chao 1968:798；吕叔湘 1981:314～321)。(377a)中位于句中的了一定是了$_1$，表示动作已发生的体态意义，而(377b)中的了可能是“了$_1$＋了$_2$”也可能只是了$_2$(参 Chao 1968:798；吕叔湘 1981:314～321)。

如果按移位分析的思路来将(377a)关系化，即将名词短语书从[张三昨天买了$_1$书]中移出成为中心语，那么我们就应该能得到一个可以接受的、有了$_1$的关系结构张三昨天买了$_1$ e_i 的书$_i$，即(378a)，而不应该得到一个没有了$_1$的关系结构张三昨天买 e_i 的书$_i$，即(378b)。也就是说，了$_1$在移位推导中是不应该丢失的。但事实上，没有了的(378b)比有了的(378a)的可接受性要强得多。为什么会这样呢？

汉语关系化非移位分析可以给我们一个较为合理的解释。按汉语关系化非移位分析的思路，(378a)中的张三昨天买了的书是这样生成的：张三昨天买了与的合并生成张三昨天买了的，然后张三昨天买了的再和书合并生成张三昨天买了的书，整个推导过程中没有任何算子移位或中心词移位。这样一来，张三昨天买了在与的合并前，处于句末位置的了可能是“了$_1$＋了$_2$”也可能只是了$_2$，而汉语中任何句末语气词如吧、吗都不能出现在关系从句中(杨彩梅 2007，又见本书上篇第7章)，因此，张三昨天买了与的合并时会因句末语气词了$_2$的存在而崩溃，导致推导无法进行下去，或者导致不合语法、不可接受的结构的产生，所以(378a)中的张三昨天买了的书由于有句末语气词了$_2$的存在而变得不能被接受，读起来不顺口。因此，张三昨天买了中的句末语气词了必须先脱掉然后才能与的合并从而生成可接受的张三昨天买的，张三昨天买的再与书合并从而推导出可接受的(378b)。

4.8.2 中心语能否重构回关系从句内

(379)a. (she is)the woman whom I loved the hard way
b.(她就是)我爱得很辛苦的那个女人

(379a)和(379b)中的两个关系结构表面上基本对应,但其实它们之间有一个重要的区别:(379a)中的中心语可以重构回关系从句内,重构后的 I love the woman the hard way 完全合乎语法;而(379b)中的中心语不可以重构回关系从句内,重构后的我爱那个女人得很辛苦不合语法。事实上,汉语中与(379b)类似的结构还有很多,例如在(380)中,关系结构中的中心语也都不可以重构回关系从句内。

(380)a. 妈妈整理得整整齐齐的那间房子
b. 爸爸抬得闪了腰的那些东西
c. 爷爷讲得小孙子害怕起来了的那些鬼故事
d. 宝玉下赢了贾政的那盘棋
e. 我淋感冒了的那场雨
f. 我买贵了的那件衣服
g. 我等到花儿都谢了的那个人
h. 我看了一整天的那本书

英、汉语关系结构的这一区别可以概括为:英语关系结构的中心语都能重构回关系从句内;而汉语关系结构的中心语有的能重构回关系结构内,有的不能。不能的除了以上例子外,更有本书上篇 4.6 节中提到的种种“典型汉语式关系结构”,例如大鱼吃小鱼的那些人和消防队来得及时的那场大火,其中的中心语那些人和那场大火都无法重构回关系从句内,因为此时的关系从句本身的论元结构在狭义句法上已经很完整。这一区别在英语关系结构移位分析和汉语关系结构非移位分析的思路下能得到很自然的解释:既然是移出来的,当然有位置给你移回去;既然不是移位而是合并而成的,当然有可能没有位置给你“移回去”。

4.9 结论

上文详细对比了英、汉语关系结构的两组聚集出现的句法特点,以此来证明英语关系化是移位的结果而汉语关系化不是。所有非边缘性的英语关系结构中都必定存在一个句法空缺与中心语同指，但只有一部分汉语关系结构中存在一个句法空缺与中心语同指。那么，英语关系结构中的句法空缺和汉语关系结构中的句法空缺有什么区别？这一问题可通过本书所主张的英语关系化移位分析和汉语关系化非移位分析，并结合 Chomsky(1981, 1982)的空语类理论来做出回答。Chomsky 指出句法空缺/空语类分为两大类：一类是移位留下的语迹（语迹又可分为 NP-语迹和 *wh*-语迹），另一类是基础生成的空代词（空代词又可分为“PRO”和“pro”，后被 Huang 1989 合并为“Pro”）。既然英语关系化是移位的结果，那么英语关系结构中一定存在移位语迹。但是，汉语关系化中没有移位，所以汉语关系结构中不存在语迹，与英语关系结构中的语迹表面对应的句法空缺就是空代词。我们知道，代词具有他指性，例如*张三很爱他的妈妈*中的*他*可以指*张三*，也可以指其他的人，可以轻读，也可以重读，具有明显的歧义解读。但在一定的语境中，比如在（*谁爱李四的妈妈？*）*张三很爱他的妈妈*这一语境中，*他*只能与*李*四同指，不具备他指性，此时*他*也不能重读。又比如在（*你喜欢小丽吗？*）*是的，我喜欢她*这一语境中，*她*也只能与*小丽*同指，不具备他指性，此时*她*也不能重读，而在（*你喜欢小丽吗？*）*不，我喜欢她*这一语境中，*她*就不能与*小丽*同指，而要指向其他的人，此时的*她*要重读。可见，语境（包括句法、词义、语义和语用环境）对代词意义的解歧作用很大。或者说，不同解读的代词分布在不同的语境中。空代词虽然就是代词的省略/脱落(drop)/隐形(phonetically null)，是不发音的代词，但还是与代词有不同之处的，空代词是不可能重读的，因此不具备他指性，例如在（*你喜欢小王吗？*）*我很喜欢 pro* 中，空代词只能与语境中的*小王*同指，不具备他指性。在汉语关系结构这一特定语境中，与中心语同指的句法空缺其实就是空代词，不过其语境决定了它不具备他指性，只能与中心语同指，或者说，空接应代词是只能出现在关系结构等特定语境中的空代词。在汉语关系结构中，基础生成的接应代词其实也是句法上相当于空代词或者说空接应代词的东西，它只能轻读，不具备他指性。总之，本书以为，在汉语关系结构中，（空）接应代词是和（空）代词具有相同句法性质的句法成分，只不过它们分布在不同的语境中。最后，本书将英语关系化和汉语关系化的区别分别用(381)和(382)来加以简单总结。其中，(381)中的 x 代表中心语，(382)中分别是 x 和 z 代表中心语。(382)中的（空）接应代词和（空）代词一样是基础生成的。

(381)

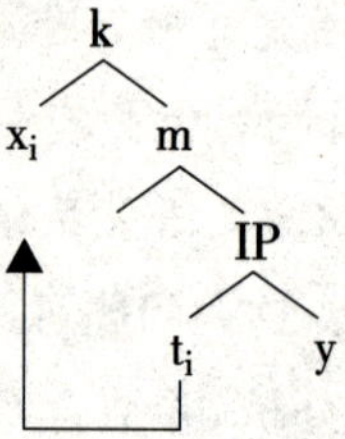

(382)a.

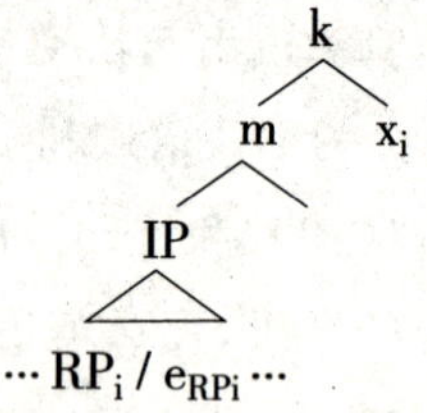

b.

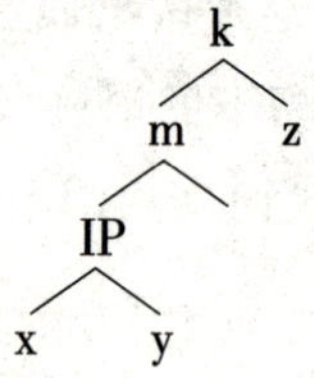

第 5 章　汉语关系从句的语义表达式

这一章主要研究汉语关系从句语义表达式中的算子—变量关系的特点。主要包括以下观点：1）和英语一样，汉语中所有关系从句的语义表达式也是一元函数“$\lambda_x \in D_e . \varphi(x)$”，其中含有一个被 λ-算子约束的语义变量 x，因此汉语关系从句的谓词也是一种语义开放性谓词；2）同英语关系从句一样，所有汉语关系从句（包括“典型汉语式关系从句”）的语义表达式都必须遵守“语义双射原则”，即语义表达式中只能含有唯一一个语义变量来被唯一一个 λ-算子所约束。

5.1　汉语关系从句的语义算子和语义变量：语义开放性谓词

本书上篇 2.2 节提到，Lyons（1977：761）指出，“（限制性）关系从句通过特征描写来使听话人识别整个复杂名词短语的所指。例如 the man who broke the bank at Monte Carlo（is a mathematician）这一复杂名词短语能通过关系从句 who broke the bank at Monte Carlo 这一特征描写来使听话人识别到底是哪个人被认为是数学家”。Chao（1968：286）称这种识别功能为“限制性”功能，陆丙甫（2003：14）称之为“区别性”功能，屈承熹（2005）称之为“确定所指”功能，意思都大同小异。Quine（1960：110～111）指出，“关系从句的性质同形容词，处于定语的位置，关系从句和形容词都是通称项，例如在 the car which I bought from you 中的 which I bought from you 是通称项，用来修饰和限制以普通名词形式出现的通称项 car，得到另一通称项 car which I bought from you，然后限定词 the 并入，从而产生单称项 the car which I bought from you。”与此类似，Chao（1968）、Aoun & Li（2003）等也认为，汉语形容词和关系从句在传统上都被称为修饰语。所以汉语关系从句也是通称项，例如小张喜欢的人中的小张喜欢的是通称项，修饰以普通名词形式出现的通称项人，得到另一通称项小张喜欢的人。但与英语不同,在汉语中,小张喜欢的人也可有单称项的意义,例如我就是小张喜欢的人中的小张喜欢的人表示单称项意义,此时,小张喜欢的人相当于英语短语 the person who Zhang likes。根据 Heim & Kratzer(1998)的"交集性修饰语"原则,汉语关系结构小张喜欢的人的语义可进行如下分析:图 1 中,圆 A 和圆 B 分别代表集合 A 和集合 B,集合 A 表示人的语义,即"[人]:={x:x 是人}",集合 B 表示关系从句小张喜欢的的语义,即"[*小张喜欢的*]:={y:小张喜欢 y}";A⋂B 则表示小张喜欢的人的语义,即"[*小张喜欢的人*]:={x:x 是人}⋂{y:小张喜欢 y}={x:x 是人 & 小张喜欢 x}"。另外,A 与 B 的这种交集关系表明了"A-(A⋂B)"的存在,"A-(A⋂B)"是小张不喜欢的人的语义,因此,那间屋子里有三个小张喜欢的人可以有"那间屋子里除了有三个小张喜欢的人之外还有一些小张不喜欢的人"这一种隐含意,故可扩展成那间屋子里有三个小张喜欢的人,其他的都是我喜欢的这种更详细的表达。

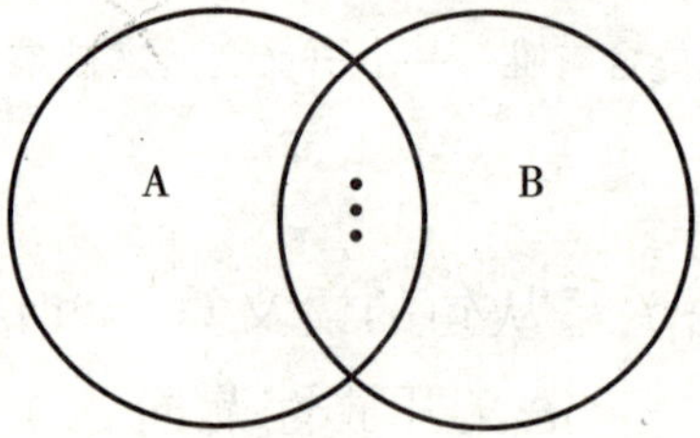

图 1　小张喜欢的人的语义图示

基于以上分析,我们可以看出,英语关系从句和汉语关系从句的语义相同,关系从句的集合意义是一种普遍语法。因此,Heim & Kratzer(1998)的针对英语关系从句提出的"谓词提取规则"(见本书上篇 2.1.1 节)在略作如下参数化后便能适合汉语关系从句的语义分析了:

(383)谓词提取规则:

如果 α 节点下有 β_i 和γ两个子成分,其中 β_i 为"的",且 i ∈|N,那么对于任何变量赋值 a 来说,$[\alpha]^a = \lambda_x \in D_e . [\gamma]^{a^{x/i}}$。

根据此规则及其他相关规则,汉语关系从句小张喜欢 e 的的语义演算如下:

(384)[*小张喜欢* e_i*的*]:

=[*小张喜欢* e_i*的*]$^{\emptyset}$

$=\lambda_x \in D_e.$ [小张喜欢 e_i]$^{\varnothing x/i}$

$=\lambda_x \in D_e.$ [小张喜欢 e_i]$^{i\mapsto x}$

$=\lambda_x \in D_e.$ [[喜欢]$^{i\mapsto x}$([e_i]$^{i\mapsto x}$)([小张]$^{i\mapsto x}$)]

$=\lambda_x \in D_e.$ [[喜欢]([x])([小张])]

$=\lambda_x \in D_e.$ [[$\lambda_y \in D_e. \lambda_z \in D_e.$ z 喜欢 y](x)(小张)]

$=\lambda_x \in D_e.$ 小张喜欢 x(证完)

因此，Heim & Kratzer(1998)中的英语关系从句的语义表达式同样适合于汉语关系从句的语义表达式。汉语关系从句的语义表示法也为一元函数"$\lambda_x \in D_e. \varphi(x)$"，其中，x 为变量，被 λ-算子约束，函数的语义类型为 $D_{\langle e,t\rangle}$。根据 Heim & Kratzer(1998:65)的"谓词修饰原则"可推导出复杂名词短语小张喜欢的人的语义为"$\lambda_x \in D_e.$ x 是人 & 小张喜欢 x"。

同英语完全一样，汉语关系从句的语义表达式"$\lambda_x \in D_e. \varphi(x)$"中的特征描写式"φ(x)"所使用的元语言的复杂程度也会有大有小。较简单的比如"[*e 打鼾的(人)*]:$=\lambda_x \in D_e.$ x 打鼾"和"[*我喜欢的(人)*]:$=\lambda_x \in D_e.$ 我喜欢 x"，其中，变量 x 只在一处出现。比较复杂的特征描写式φ(x)中则可在多处出现变量 x。例如在(385b)中，语义表达式中的变量 x 出现在两处地方。在(386b)中，语义表达式中的变量 x 出现在三处地方。在(387b)中，语义表达式中的变量 x 出现在两处地方，同时表达式中除了有变量 x 被 λ-算子约束外，另有变量 y 被ι-算子约束。更多例子见(388～390)这些含假寄生空缺①的关系从句的语义表达式。这些例子中的变量 x 都出现在不同位置。

(385)a. e_i 常吹嘘 e_i 的(那个人)

b. [*e_i常吹嘘e_i的*]:$=\lambda_x \in D_e.$ x 常吹嘘 x

(386)a. e_i说他$_i$恨自己$_i$的(那个人)/e_i说 e_i 恨 e_i 的(那个人)

b. [*e_i说他$_i$恨自己$_i$的*]/[*e_i说 e_i恨 e_i的*]:$=\lambda_x \in D_e.$ x 说 x 恨 x

(387)a. e_i 吻了 e_i 苦恋了十年的女人的(那个人)

b. [*e_i吻了e_i苦恋了十年的女人的*]:$=\lambda_x \in D_e. \iota_y \in D_e.$ x 吻了 y & y 是女人 & x 苦恋了y 十年②

(388)a. 警察警告 e_i 说他们会逮捕 e_i 的(那个人)

---

① 关于汉语中寄生空缺的有关问题详见本书上篇 4.5 节。

② e_i苦恋了十年的女人这一关系结构在这里的语境中应作单称项解读，相当于英语ι-算子 the 的存在，可译为：the woman who he had loved for ten years。

b. [*警察警告 e_i说他们会逮捕 e_i的*]: $=\lambda_x \in D_e$. 警察警告 x 说他们会逮捕 x

(389) a. 小明去抓 e_i的时候,e_i已经机灵地钻进洞里去了的(那只老鼠)

b. [*小明去抓 e_i的时候,e_i已经机灵地钻进洞里去了的*]:
$=\lambda_x \in D_e$. 小明去抓 x 的时候,x 已经机灵地钻进洞里去了

(390) a. 送 e_i礼物的人都喜欢 e_i的(那个女孩)

b. [*送 e_i礼物的人都喜欢 e_i的*]: $=\lambda_x \in D_e$. $\forall_y \in D_e$. y 是人 & y 送 x 礼物 & y 喜欢 x

另外,根据 Heim & Kratzer(1998:65)的"谓词修饰原则",双重/叠加关系从句的语义表达式为"$\lambda_x \in D_e$. $\varphi(x)$ & $\sigma(x)$",如(391b)所示。含并列子句的关系从句的语义表达式为"$\lambda_x \in D_e$. $\varphi(x)$ & $\sigma(x)$",如(392b)所示。

(391) a. 张三喜欢 e_i的,李四写 e_i的(那本书)

b. [*张三喜欢 e_i的,李四写 e_i的*]:
$=\lambda_x \in D_e$. [[*张三喜欢 e*](x)] = [[*李四写 e*](x)] $=1=\lambda_x \in D_e$. 张三喜欢 x & 李四写了 x

(392) a. e_i喜欢张三但不喜欢李四的(那个人)

b. [*e_i喜欢张三但不喜欢李四的*]: $=\lambda_x \in D_e$. x 喜欢张三 & x 不喜欢李四

总之,同英语关系从句一样,汉语关系从句的语义表达式也是一元函数"$\lambda_x \in D_e$. $\varphi(x)$"。其中,x 可出现在特征描写式的某一处位置,也可出现在多处不同位置。"$\lambda_x \in D_e$. $\varphi(x)$"还可以扩展为"$\lambda_x \in D_e$. $\varphi(x)$ & $\sigma(x)$"。但无论是哪种情况,汉语关系从句的语义表达式都有唯一一个变量 x,被唯一一个 λ-算子约束,是一元函数,函数类型为 $D_{\langle e,t\rangle}$。可见,汉语关系从句也遵循"语义双射原则"。本书认为,"语义双射原则"应该是所有语言中的关系从句都必须遵守的一条具有普遍语法意义的原则。以下三种语义表达式因违反"语义双射原则"而不合语法:

a)语义表达式中出现自由变量

同英语关系从句一样,汉语关系从句的语义表达中也不能出现自由变量。比如关系从句的语义表达式不能是"$\lambda_x \in D_e$. $\varphi(x,y)$",其中,y 为自由变量,没有被算子 λ_y约束,违反了"语义双射原则"。如果出现其他变量,为

了避免“语义双射原则”的违反，这些变量必须被∃-存在算子、∀-全称算子或ι-有定算子约束。

b)语义表达式中只有算子而没有变量

同英语一样，汉语关系从句的语义表达式也不能只有算子而没有变量。例如语义表达式(393b)和(395b)中都只有算子 λ_x，没有变量 x，违反了“语义双射原则”，因而不合语法。而(394b)和(396b)没有违反“语义双射原则”，因而合乎语法(本书上篇6.2节还会继续深化这一问题)。

(393)a. *张三喜欢踢球的(那位作家)

b. *[*张三喜欢踢球的*]:= $\lambda_x \in D_e$. 张三喜欢踢球

(394)a. 张三喜欢和他踢球的(那位作家)

b. [*张三喜欢和他踢球的*]:= $\lambda_x \in D_e$. 张三喜欢和 x 踢球

(395)a. *张三跳了舞的(那位姑娘)

b. *[*张三跳了舞的*]:= $\lambda_x \in D_e$. 张三跳了舞

(396)a. 张三和她跳了舞的(那位姑娘)

b. [*张三和她跳了舞的*]:= $\lambda_x \in D_e$. 张三和 x 跳了舞

c)语义表达式为二元函数

二元函数“$\lambda_x \in D_e. \lambda_y \in D_e. \varphi(x,y)$”这一语义表达式中出现两个变量 x 和 y，分别被两个算子 λ_x 和 λ_y 约束，违反了关系从句的“语义双射原则”。关系结构的语义表达式不能是二元函数。例如(397b)中的语义表达式就不合语法。

(397)a. *e_i 写 e_j 的(那位姑娘$_i$)(那篇文章$_j$)

b. *[e_i*写*e_j*的*]:= $\lambda_x \in D_e. \lambda_y \in D_e.$ x 写 y

由上文可知，和英语关系从句一样，汉语关系从句的语义表达式也是一元函数，表达式中有且只有一个被λ-算子约束的语义变量，在语义上不自足，所以汉语关系从句的谓词也是语义开放性(一元)谓词。和英语关系从句一样，汉语关系从句也需要被饱和(saturated)后才能出现在句子中。因此，和英语关系从句类似，汉语关系从句和中心语之前一般也会有那(个/些)、这(个/些)、每一个、所有、任何等“一类限定词”和一些、少数、很多、许多、(绝)大多数、几个、两个、三个等“二类限定词”。这些限定词的功能就是使语义开放性谓词得到饱和，从而使得整个复杂名词短语/关系结构不再受

到 λ-算子的约束,而是受到ι-算子、∀-算子或∃-算子的约束。不过,与英语不同,汉语中的单个名词本身既可以有没有被饱和的通称项意义,也可以有被饱和了的非通称项意义。因此,汉语关系从句的中心语前虽然没有限定词,但整个复杂名词短语还是可以表示被饱和了的非通称项意义,如(398~400)所示。

(398)a. [e_i能抓住那个强盗的人$_i$](都会得到一份礼物。)

b. [*e_i能抓住那个强盗的人*]:$=\forall_x \in D_e$. x 是人 & x 能抓住那个强盗

(399)a. [e_i读过那本书的学生$_i$](不多。)

b. [*e_i读过那本书的学生$_i$*]:$=\exists_x \in D_e$. x 是学生 & x 读过那本书

(400)a. (我就是)[小张喜欢 e_i的(那个)人$_i$]

b. [*小张喜欢 e_i的(那个)人$_i$*]:$=\iota_x \in D_e$. x 是人 & 小张喜欢 x

5.2 "典型汉语式关系结构"的语义表达式

上文总结出,在英、汉语中,含句法空缺或接应代词与中心语同指的关系从句的语义表达式都只能是一元函数"$\lambda_x \in D_e. \varphi(x)$",遵循"语义双射原则"。本书以为,"典型汉语式话题结构"的语义表达式也是"$\lambda_x \in D_e. \varphi(x)$",或者是"$\lambda_x \in D_e. \varphi(x)$"的一种复杂变体,也遵循"语义双射原则"。

根据语义内涵,本书上篇 4.6 节中提到的七类"典型汉语式关系结构"可重新分为以下两大类:

第一大类:关系结构的语义表达式"$\lambda_x \in D_e. \varphi(x)$"以(401~406)中的变体形式出现(比较 Pan & Hu 2002),具体例子如(407~423)。这些变体全都表明一种语义内涵,即中心语与关系从句内的一个或几个句法成分在语义上是集合—元素的关系,体现在(401~406)中的 $x \in Z$ 或 $x \in Z$ & $y \in Z$ 等关系上,其中,Z 是中心语的语义,x 和 y 是关系从句内相应句法成分的语义。由(401~406)和(407~423)可知,这些关系从句的谓词在语义上都不自足,含有语义变量,因此都是语义开放性谓词。第一大类包括本书上篇 4.6 节中提到的第一、二、五、六类"典型汉语式关系结构"以及第七类中的一部分。这一大类又可分成以下两小类:第一小类的语义表达式(即(401~403)中的语义表达式)中含有被全称量词约束的小变量,具体例子如(407~413)所示,其中的语义表达式都含有一个大变量 Z,为 λ-算子所约束,还有一个小变量 x 或两个小变量 x 和 y，都被∀-全称算子约束，大变量 Z 是一个集合，小变量 x 和 y 是集合中的元素，小变量 x 和 y 随着大变量 Z 的变化而变化。因此，这些语义表达式归根到底只有一个变量 Z，被唯一一个 λ-算子所约束，遵循了关系从句的"语义双射原则"。第二小类的语义表达式（即（404～406）中的语义表达式）中含有被存在量词约束的小变量，具体例子如（414～423）所示，其中的语义表达式都含有一个大变量 Z，为 λ-算子所约束，还有一个小变量 x 或两个小变量 x 和 y，被∃-存在算子约束，大变量 Z 是一个集合，小变量 x 和 y 是集合中的元素，x 和 y 随着 Z 的变化而变化。因此，这些语义表达式归根到底上只有一个真正的变量 Z，被唯一一个 λ-算子所约束，遵循了"语义双射原则"。前文提到，有些"典型汉语式关系结构"，比如（422～423），乍看之下好像不太容易被接受，但其实只要你能设想出一种语境来把中心语和关系从句内的一个句法成分理解成集合—元素关系，就容易理解和可以接受了。

(401) $\lambda_Z \forall_x .\ x \in Z\ \&\ \varphi(x) \cdots$ （φ是一元谓词）

(402) $\lambda_Z \forall_x \forall_y .\ x \in Z\ \&\ y \in Z\ \&\ \varphi(x, y) \cdots$ （φ是二元谓词）

(403) $\lambda_Z \forall x_1 \cdots \forall x_n .\ x_1 \in Z \cdots \&\ x_n \in Z\ \&\ \varphi(x_1, \cdots x_n) \cdots$

（φ是 n 元谓词）

(404) $\lambda_Z \exists_x .\ x \in Z\ \&\ \varphi(x) \cdots$ （φ是一元谓词）

(405) $\lambda_Z \exists_x \exists_y .\ x \in Z\ \&\ y \in Z\ \&\ \varphi(x, y) \cdots$ （φ是二元谓词）

(406) $\lambda_Z \exists x_1 \cdots \exists x_n .\ x_1 \in Z \cdots \&\ x_n \in Z\ \&\ \varphi(x_1, \cdots x_n) \cdots$

（φ是 n 元谓词）

(407) a. 我看你你看我的（那些人）

b. [*我看你你看我的*]：$= \lambda_Z \forall_x \forall_y .\ x \in Z\ \&\ y \in Z\ \&$ x 看 y & y 看 x

(408) a. 你指责我不对，我抱怨你不好，你不服我，我也不服你的（那帮家伙）

b. [*你指责我不对，我抱怨你不好，你不服我，我也不服你的*]：$= \lambda_Z \forall_x \forall_y .\ x \in Z\ \&\ y \in Z\ \&$ x 指责 y 不对 & y 抱怨 x 不好 & x 不服 y & y 不服 x

(409) a. 在竞争时专门大鱼吃小鱼的（那些人）

b. [*在竞争时专门大鱼吃小鱼的*]：$= \lambda_Z \forall_x \forall_y .\ x \in Z\ \&\ y \in Z$ & x 是"大鱼"& y 是"小鱼"& x 吃 y

(410) a. 谁/每一个都不来的（那些人）

b. [*谁/每一个都不来的*]:$=\lambda_Z \forall_x. x \in Z$ & x 不来

(411) a. 每一个都很新鲜的(那些水果)

b. [*每一个都很新鲜的*]:$=\lambda_Z \forall_x. x \in Z$ & x 很新鲜

(412) a. (每)一斤三十块钱的(那种豆子)

b. [*(每)一斤三十块钱的*]:$=\lambda_Z \forall x. x \in z$ & x=一斤 Z & x 值三十块钱

(413) a. 我给了每个孩子一件玩具的(那户人家)

b. [*我给了每个孩子一件玩具的*]:$=\lambda_Z \forall_x. x \in Z$ & x 是孩子 & 我给了 x 一件玩具

(414) a. 专门一个来了,另一个再来的(那两个人)

b. [*专门一个来了,另一个再来的*]:$=\lambda_Z \exists_x \exists_y. y \in Z$ & $x \in Z$ & $x+y=Z$ & 专门 x 来了 y 才来

(415) a. 一半烂掉了的(那堆梨)

b. [*一半烂掉了的*]:$=\lambda_Z \exists_x. x \in Z$ & x=Z 的一半 & x 烂掉了

(416) a. 叶子很大的(那棵树)

b. [*叶子很大的*]:$=\lambda_Z \exists_x. x \in Z$ & x 是叶子 & x 很大

(417) a. 鼻子长的(那种大象)

b. [*鼻子长的*]:$=\lambda_Z \exists_x. x \in Z$ & x 是鼻子 & x 长

(418) a. 记性特别好的(那个人)

b. [*记性特别好*]:$=\lambda_Z \exists_x. x \in Z$ & x 是记性 & x 特别好

(419) a. (学法律的)学生不多的(那所大学)

b. [*(学法律的)学生不多的*]:$=\lambda_Z \exists_x. x \in Z$ & x 是(学法律的)学生 & x 不多

(420) a. 女儿漂亮的(那位太太)

b. [*女儿漂亮的*]:$=\lambda_Z \exists_x. x \in Z$ & x 是女儿 & x 漂亮

(421) a. 书包很贵的(那个学生)

b. [*书包很贵的*]:$=\lambda_Z \exists_x. x \in Z$ & x 是书包 & x 很贵

(422) a. ? 新鲜的最好吃的(那种鱼)

b. [*新鲜的最好吃的*]:$=\lambda_Z \exists_x. x \in Z$ & x 是新鲜的 & x 最好吃

(423) a. ? 苹果最好吃的(那堆水果)

b. [*苹果最好吃的*]:$=\lambda_Z \exists_x. x \in Z$ & x 是苹果 & x 最好吃

第二大类:如(424~428)所示,中心语所表达的语义是关系从句内谓语动词的一个论元,表示工具、时间、地点、材料、目的或原因等,属于关系从句内谓

语动词的语义次范畴，可以没有相对应的句法位置(参 Pan & Hu 2002；对比 Shi 2000 和 Huang & Ting 2006)。(424)中的中心语可以理解成动词的工具格，(425)中的中心语可以理解成动词的材料格，(426)中的中心语可以理解成动词的时间格，而(427～428)中的中心语可以理解成动词的目的格(比较 Pan & Hu 2002)。这一大类包括本书上篇 4.6 节中的第三类、第四类"典型汉语式关系结构"以及第七类中的一部分。这一大类关系从句的语义表达式也遵循关系从句的"语义双射原则"，也都是语义开放性(一元)谓词。

(424)a. 他老麻烦我的(那件事)

b. [*他老麻烦我的*]：$=\lambda_x \in D_e$. 他老用 x 来麻烦我

(425)a. 我炒了鸡蛋的(那些西红柿)

b. [*我炒了鸡蛋的*]：$=\lambda x \in D_e$. 我用 x 炒了鸡蛋

(426)a. 他十二点钟睡觉的(那天)

b. [*他十二点钟睡觉的*]：$=\lambda x \in D_e$. 在 x 那天他十二点钟睡觉

(427)a. 消防队来得快/及时/太晚的(那场火)

b. [*消防队来得快//及时/太晚的*]：$=\lambda x \in D_e$. 消防队为 x 来得快/及时/太晚

(428)a. 幸亏消防队来得快，不然我们就都死掉了的(那场火)

b. [*幸亏消防队来得快，不然我们就都死掉了的*]：

$=\lambda x \in D_e$. 幸亏消防队为 x 来得快，不然我们就都死掉了

总之，所有"典型汉语式关系结构"都有一个共性：关系从句内虽然不存在任何与中心语直接相关联的狭义句法位置，但语义上却不自足，关系从句内的谓词是语义开放性(一元)谓词，所包含的语义空缺起着语义变量的作用。而且，虽然"典型汉语式关系结构"品种繁多，但只表现为两大类语义内涵，其一，中心语与关系从句内的一个或几个句法成分在语义上是集合—元素关系；其二，中心语是关系从句内动词论元结构中的语义次论元，这一论元在句法表达式上没有相应的句法位置。

5.3　句法表达式和语义表达式之间的不平凡映射

既然汉语关系从句中没有句法算子和句法变量，那么它就不会受到"句法双射原则"的限制。而且，从句法表达式到语义表达式之间的映射是不平

凡的/非直接的,因为句法表达式中没有句法变量和句法算子来分别与语义表达式中的语义变量和语义算子匹配。下面分两种情况来说明句法表达式和语义表达式的匹配情况的多样性和复杂性。

第一种情况:句法表达式中只有一个(空)接应代词来与语义表达式的语义变量匹配。

例如,句法表达式(429)中的空接应代词 e_{RPi} 或接应代词他$_i$与语义表达式(430)中的语义变量 x 匹配,但句法表达式中没有任何成分能与语义表达式中的 λ-算子匹配。句法表达式(431)中的接应代词他们$_i$与语义表达式(432)中的语义变量 x 匹配,但句法表达式中没有任何成分能与 λ-算子对应。由于汉语中空代词 pro(包括作主语的空代词和作宾语的空代词)的普遍使用,汉语中常出现(433)这样有歧义的关系结构,要么把宾语看成空接应代词,主语看成空代词 pro,即(434a_1),要么把主语看成空接应代词,宾语看成空代词 pro,即(434a_2)。

(429)[$_{CP}$[$_{TP}$小丽亲吻了 e_{RPi}/他$_i$]的](那个人$_i$)

(430)[*小丽亲吻了 e/他的*]:$=\lambda_x \in D_e$. 小丽亲吻了 x

(431)[$_{CP}$[$_{TP}$老师鼓励他们$_i$好好学习]的](那些孩子$_i$)

(432)[*老师鼓励他们好好学习的*]:$=\lambda_x \in D_e$. 老师鼓励 x 好好学习

(433)e 恨 e 的(人有很多,e 爱 e 的人只有一个)

(434)a_1. [$_{CP}$[$_{TP}$pro$_j$ 恨 e_{RPi}]的](人$_i$有很多,爱的人只有一个)

b_1. [*e* 恨 *e* 的]:$=\lambda_x \in D_e$. pro$_j$ 恨 x

a_2. [$_{CP}$[$_{TP}$$e_{RPi}$ 恨 pro$_j$]的](人$_i$有很多,爱的人只有一个)

b_2. [*e 恨 e 的*]:$=\lambda_x \in D_e$. x 恨 pro$_j$

第二种情况:句法表达式中有(空)接应代词和(空)代词和/或(空)"反身代词"①来与语义表达式中的语义变量匹配。

例如,就(435a)而言,其语义表达式(436)中的同一个语义变量 x 在其句法表达式(435b)中实现为空接应代词和(空)"反身代词"。汉语中可以出现空"反身代词",这种空"反身代词"常出现在一些特殊的动词后,或者出现在明显的上下语境中。比如,吹嘘这一特殊动词就常常接空"反身代词"。在以下语境中,我们也很容易使用空"反身代词":你们当中有的人恨自己,

① 前文提到,不同于英语中的反身代词,汉语中的所谓的反身代词自己具有代词性,因此这里的"反身代词"加上了引号。

有的人不恨自己，恨的(人)站左边，不恨的(人)站右边。在这种特殊语境中，(433)中的"e 恨 e 的"还可以有"e_i恨 e_i的"这一解读，其中的第 2 个 e_i为空"反身代词"。本书前文指出过：在汉语中，(空)接应代词、(空)代词和(空)"反身代词"都是基础生成的、同一句法性质(即代词性)的东西，其分布存在互补性，受语境的影响而有不同的解读。

(435)a. 常吹嘘的(那个人)/常吹嘘自己的(那个人)

b. [$_{CP}$[$_{TP}$ e_{RPi}常吹嘘 e_i/自己$_i$]的](那个人)(第一个 e 为空接应代词，第二个 e 为空"反身代词")

(436)[*e 常吹嘘 e/自己的*]：$=\lambda_x \in D_e$. x 常吹嘘 x

含主从复合结构的(437)更是有多种解读。(438～439)是它们的多种句法表达式和相应的语义表达式，可见，语义表达式中的语义变量 x 在句法表达式中可实现为(空)接应代词和(空)代词。(空)接应代词只能与中心语同指；而空代词既能与中心语同指，如($438a_1$)和($439a_1$)中的 pro_i所示，又能与上文中提到的其他的人同指，如($438a_2$)和($439a_2$)中的 pro_j所示；而代词既能与中心语同指，如($438a_1$)和($439a_1$)中的他$_i$所示，又能与上文中提到的其他的人同指，如($438a_2$)和($439a_2$)中的他$_j$，还能与上文中没有提到的其他的人同指，如($438a_2$)和($439a_2$)中的他$_k$，此时的代词他$_k$重读，而且要伴随有一定的手势或眼神来指向一个上文中没有提到的其他的人。从这个错综复杂的例子中我们可以看出，(空)接应代词和(空)代词其实可以看成同一句法性质的东西，即都是(空)代词。

(437)说恨我的(那个人)/说他恨我的(那个人)/他说恨我的(那个人)/他说他恨我的那个人

(438)a_1. [$_{CP}$[$_{TP}$ 他$_{RPi}$/e_{RPi}说他$_i$/pro_i恨我]的](那个人$_i$)

b_1. [*他/e 说他/e 恨我的*]：$=\lambda_x \in D_e$. x 说 x 恨我

a_2. [$_{CP}$[$_{TP}$ 他$_{RPi}$/ e_{RPi}说他$_{j/k}$/pro_j恨我]的](那个人$_i$)(其中的他$_k$重读)

b_2. [*他/e 说他/e 恨我的*]：$=\lambda_x \in D_e$. x 说他$_{j/k}$/pro_j恨我

(439)a_1. [$_{CP}$[$_{TP}$ 他$_i$/pro_i说他$_{RPi}$/e_{RPi}恨我]的](那个人$_i$)

b_1. [*他/e 说他/e 恨我的*]：$=\lambda_x \in D_e$. x 说 x 恨我

a_2. [$_{CP}$[$_{TP}$ 他$_{j/k}$/pro_j说他$_{RPi}$/ e_{RPi}恨我]的](那个人$_i$)

(其中的他$_k$重读)

b_2. [*他/e 说他/e 恨我的*]：$=\lambda_x \in D_e$. 他$_{j/k}$/pro_j说 x 恨我

含控制结构的(440)与含主从复合结构的(437)的情况基本一致。

(440)a. 他/e成天吵着要妈妈抱他/e的(那个孩子)

b_1. $[_{CP}[_{TP}$ 他$_{RPi}$/e_{RPi}成天吵着要妈妈抱他$_i$/pro_i]的](那个孩子$_i$)

c_1. [*他/e成天吵着要妈妈抱他/e的*]:$=\lambda_x \in D_e$. x成天吵着要妈妈抱x

b_2. $[_{CP}[_{TP}$ 他$_{RPi}$/e_{RPi}成天吵着要妈妈抱他$_{j/k}$/pro_j]的](那个孩子$_i$)(其中的他$_k$重读)

c_2. [*他/e成天吵着要妈妈抱他/e的*]:$=\lambda_x \in D_e$. x成天吵着要妈妈抱他$_{j/k}$/pro_j

b_3. $[_{CP}[_{TP}$ 他$_i$/pro_i成天吵着要妈妈抱他$_{RPi}$/e_{RPi}]的](那个孩子$_i$)

c_3. [*他/e成天吵着要妈妈抱他/e的*]:$=\lambda_x \in D_e$. x成天吵着要妈妈抱x

b_4. $[_{CP}[_{TP}$ 他$_{j/k}$/pro_j成天吵着要妈妈抱他$_{RPi}$/e_{RPi}]的](那个孩子$_i$)(其中的他$_k$重读)

c_4. [*他/e成天吵着要妈妈抱他/e的*]:$=\lambda_x \in D_e$. 他$_{j/k}$/pro_j成天吵着要妈妈抱x

同样,在其他结构(441~443)中,语义表达式中的同一个变量x在句法表达式中也都可实现为(空)接应代词和(空)代词。其中的(空)代词和(空)接应代词可以互换,同时,(空)代词的特点是会有多种歧义解读,这里就不一一列举了,情况与(437)和(440)类似。

(441)a. 他/e吻了他/e苦恋了十年的女人的(那个男人)

b. $[_{CP}[_{TP}$ 他$_{RPi}$/e_{RPi}吻了他$_i$/pro_i苦恋了十年的女人]的](那个男人)

c. [*他/e吻了他/e苦恋了十年的女人的*]:

$=\lambda_x \in D_e$. x吻了[$\iota_y \in D_e$. y是女人 & x苦恋y]

(442)a. 警察威胁他/e说他们会逮捕他/e的(那个人)

b. $[_{CP}[_{TP}$ 警察威胁他$_{RPi}$/e_{RPi}说他们会逮捕他$_i$/pro_i]的](那个人)

c. [*警察威胁他/e说他们会逮捕他/e的*]:$=\lambda_x \in D_e$. 警察警告x说他们会逮捕x

(443)a. [送她/e礼物的人都喜欢她/e的](那个女孩)

b. [$_{CP}$[$_{TP}$[$_{CP}$[$_{TP}$ e_{RPj} 送她$_i$/pro$_i$ 礼物]的]人$_j$ 都喜欢她$_{RPi}$/e_{RPi}]的](那个女孩)

c. [*送她/e 礼物的人都喜欢她/e 的*]:$=\lambda_x \in D_e.\ \forall_y \in D_e.$ y 是人 & y 送 x 礼物 & y 喜欢 x

此外,根据 Heim & Kratzer(1998:65)的"谓词修饰原则",在双重关系从句结构中,两套句法表达式可解读成一套语义表达式,如(444)所示。另外,汉语关系从句中的并列结构在句法上可分析成并列短语,如(445)所示。

(444)a. 张三写 e 的,李四一点也不喜欢 e 的(那本书)

b. [$_{CP}$[$_{TP}$张三写 e_{RPi}]的],[$_{CP}$[$_{TP}$李四一点也不喜欢 e_{RPi}]的](那本书$_i$)

c. [*张三写 e 的,李四一点也不喜欢 e 的*]:

$=\lambda_x \in D_e.$ [*张三写*](x)=[*李四一点也不喜欢*](x)=1

$=\lambda_x \in D_e.$ 张三写 x & 李四一点也不喜欢 x

(445)a. 张三喜欢但李四不喜欢 e 的(那个人)

b. [$_{CP}$[$_{TP}$[张三喜欢但李四不喜欢]e_{RPi}]的](那本书)

c. [*张三喜欢但李四不喜欢 e 的*]:$=\lambda_x \in D_e.$ 张三喜欢 x & 李四不喜欢 x

以上语言事实表明,和英语关系从句一样,汉语关系从句的语义表达式中的同一个语义变量 x 可以出现在语义表达式中的不同位置,被同一个 λ-算子约束,但汉语关系从句(不包括"典型汉语式关系结构")的句法表达式中只能出现唯一一个位于论元位置的(空)接应代词来与语义变量匹配,其他与(空)接应代词同指的成分实现为(空)代词或(空)"反身代词"。前面多次提到,在汉语中,(空)接应代词、(空)代词和(空)"反身代词"其实都是基础生成的、同一句法性质(即代词性)的东西,只不过其分布存在一定的互补性,受语境的影响而有不同的解读。总之,与英语关系结构完全不同,汉语关系结构的狭义句法推导中不存在移位,也就没有句法算子—句法变量关系的存在,也就不存在"句法双射原则"。但汉语式关系结构一定存在语义算子—语义变量关系,故一定要受到"语义双射原则"的制约。因此,在汉语关系结构中,从句法表达式到语义表达式的映射是不平凡的,因为句法表达式和语义表达式区别很大,没有移位产生的句法算子—句法变量关系来和语义算子—语义变量关系相匹配。

第6章 英语、汉语关系结构的允准条件和“可追踪性原则”

6.1 英语、汉语关系结构的允准条件

三十年来，人们对汉语话题结构的合格条件（也称允准条件）或者说所要受到的限制做了不少深入细致的研究。例如，Huang（1982）首先指出汉语话题和英语话题一样要遵循“区域性（locality）限制”，即同英语话题一样，汉语话题也不能从述题中的“岛屿”中移出。徐烈炯（2003）在 Xu & Langendoen（1985）的基础上提出了“［汉语］话题结构中的述题本身必须合乎语法”的狭义句法条件以及“话题要么定指或类指，要么表示对比、强调”的语义条件。Huang（1992）提出“语法功能限制”来解释汉语话题所要受到的限制。袁毓林（1996）则提出词汇限制，认为，在汉语中，只有允许宾语悬空的动词的宾语才能前移而成为话题。Pan & Hu（2002）也提出一条狭义句法允准条件和一条语义允准条件，认为：1）汉语话题分“英语式话题”（如那个人，我喜欢）和“悬垂话题”（如那些人，我看你你看我）；“英语式话题”必须与述语中的某个句法空缺或接应代词同指，因此述语必须是“句法开放性谓词”，此为“话题的句法允准条件”；而“悬垂话题”与述语中的任何句法位置都不相关，但述语必须在语义上不自足，有语义空缺起着语义变量的作用，属于“语义开放性谓词”，此为“话题的语义允准条件”；2）不同语言会采用不同的话题允准条件——汉语中的“英语式话题”采用“句法允准条件”，而“悬垂话题”采用“语义允准条件”，换句话说，在汉语中，“句法开放性谓词”和“语义开放性谓词”都能允准话题，分别产生“英语式话题”和“悬垂话题”；但在英语中，所有话题都是“英语式话题”，只采用“句法允准条件”，即只有“句法开放性谓词”能允准话题；3）“英语式话题”是移位生成，而“悬垂话题”是基础生成。潘海华、韩景泉（2005）支持 Pan & Hu（2002）的分析。（本书也采用句法

开放性谓词和语义开放性谓词的术语，但句法开放性谓词的界定和 Pan & Hu(2002)有所区别，详见下文。）

也有人对汉语关系结构的合格条件或者说所要受到的限制进行了研究。例如前文提到，Huang(1982)、Ning(1993)和 Aoun & Li(2003)等提到了关系结构的“区域性限制”，认为，同英语关系结构一样，汉语关系结构中的句法算子（中心语或零形式 *wh*-算子）也不能从“岛屿”中移出。此外，Aoun & Li(2003)谈到了重构效应，认为，同英语关系结构一样，部分汉语关系结构的中心语也必须遵循重构效应。

受他们的启示，本章尝试探讨英、汉语关系结构的合格/允准条件，但与他们的分析有较大不同。在前文讨论的基础上，本章进一步明确关系结构的句法开放性谓词、句法非开放性谓词和语义开放性谓词等概念的定义，并分析它们之间的相互关系，最后总结英、汉语关系结构的不同合格条件/允准条件。

6.1.1　句法开放性谓词和句法非开放性谓词

6.1.1.1　英语关系结构的移位分析和句法开放性谓词

前文指出，文献普遍认为英语关系结构的狭义句法推导中有移位的存在，并详细综述了三种移位分析，现简述如下：

1) *wh*-算子移位分析：如(446)中的箭头所示，英语关系从句的 *wh*-算子或零形式 *wh*-算子从关系从句内前移到[Spec CP]位置。具体例子如(447a-b)所示：(447a)中的 *wh*-算子 which 和(447b)中的零形式 *wh*-算子从动词 made 的宾语位置移到[Spec CP]位置，关系从句的中心语 claim 是基础生成。

(446)
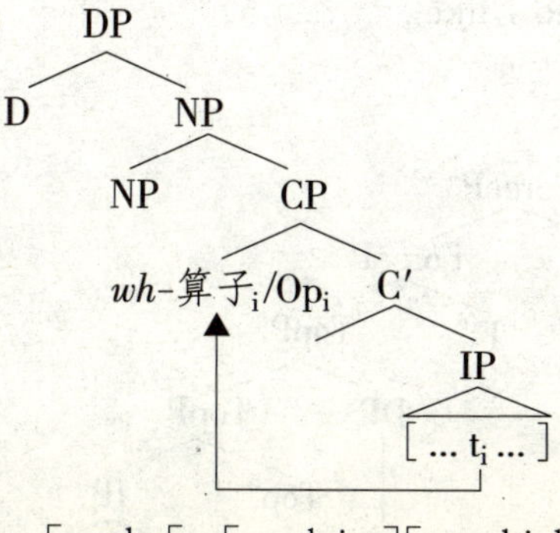

(447) a. [$_{DP}$ the[$_{NP}$[$_{NP}$ claim][$_{CP}$ which$_i$ John made t_i]]]

b. [$_{DP}$ the[$_{NP}$[$_{NP}$ claim][$_{CP}$ Op$_i$ (that)John made t_i]]]

2)中心语移位分析:如(448)中的箭头所示,关系从句的中心语从关系从句内前移到[Spec CP]位置。具体例子如(449～550)所示:(449)中的中心语 claim 从 made 的宾语位置移到[Spec CP]位置;(450)中的 claim which 从 made 的宾语位置移到[Spec CP]位置。

(448)
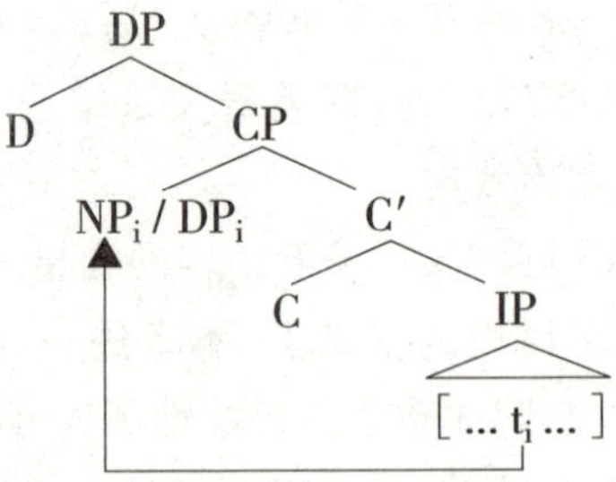

(449)[$_{DP}$ the[$_{CP}$[$_{NP}$ claim]$_i$ that John made t_i]] (Kayne 1994:94)

(450)[$_{DP}$ the[$_{CP}$[$_{DP}$ claim which]$_i$ C^0 John made t_i]] (同上)

3)折中分析。该分析认为,以上两种移位都存在,但分布不同:其一,含有关系代词(如 who、which)的英语关系从句以及虽不含关系代词但中心语的限定词为 some、two 等“二类限定词”的关系从句是 *wh*-算子移至[Spec TopP]位置的结果,如(451b)所示;其二,不含关系代词且中心语的限定词为 the、every、my 等“一类限定词”的关系从句是中心语移位的结果,比如在(452b)中,带空限定词的中心语[$_{DP}$ ∅boy]途经[Spec TopP]后移到[Spec ForceP]位置。

(451)a. the boy who I like

b.
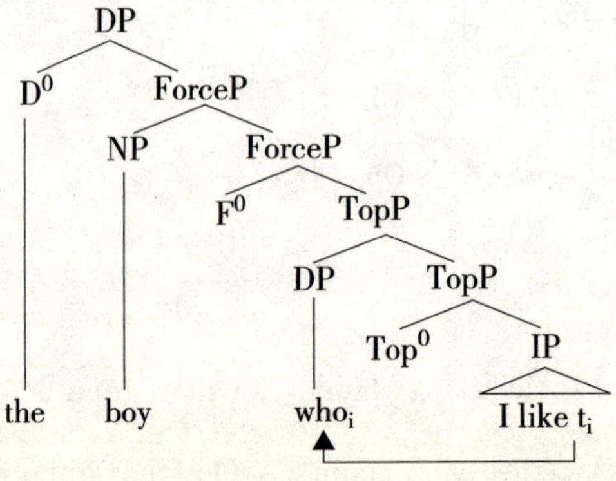

(Aoun & Li 2003:122)

(452)a. the boy that I like

b. (同上)

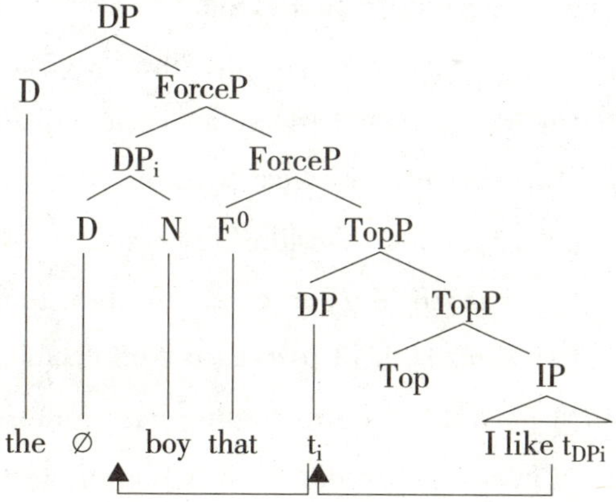

以上文献虽有这样那样的争议，但基本出发点都相同，即都认为英语关系结构的狭义句法推导中有移位的存在。

本书以为，移位的必然结果是关系从句的谓词变成句法开放性谓词。句法开放性谓词的基本特征是：关系从句谓词内的某一成分被移走后留下语迹，故谓词本身在狭义句法上是开放的，不完整的，不合语法的，或者说是不能单独使用的。因此，如果英语关系从句的狭义句法推导中真的存在移位的话，那么，我们应该能在很多情况下很明显地看到关系从句的谓词因有成分被移走而本身不完整、不合语法了，或者说本身不能单独使用了。反过来，只要我们能看到本身不完整、不合语法的，或者说本身不能单独使用的谓词，我们就能认定移位的存在和移位分析的合理。总而言之，在关系结构中，句法开放性谓词的存在和移位操作的存在互为充分必要条件。

事实上，在英语关系从句中，本身不完整/不合语法/不能单独使用的谓词比比皆是。以及物动词结构(453)为例：(453b)中关系从句的谓词 John's words strengthened e 本身不完整、不合语法，或者说不能单独使用(如(453c)所示)。又如(454～455)中的控制结构：(454b)中关系从句的谓词 she let e die like flowers in the fall 本身不完整、不合语法，或者说不能单独使用(如(454c)所示)；(455)同理。再如(456)中的介词结构：(456b)中关系从句的谓词 John wanted to dance with e last night 本身不完整、不合语法，或者说不能单独使用(如(456c)所示)。因此，虽然本书不能确定英语关系从句的狭义句法推导中移动的成分到底是 *wh*-算子还是中心语，但相信一定有移位的存在。

(453)a. John's words strengthened my determination.

b. my determination which[John's words strengthened e]

c. Mary's words strengthened my determination; *John's words strengthened e, too.

(454) a. She let her sweet love die like flowers in the fall.

b. the sweet love that [she let e die like flowers in the fall]

c. (Did she let her sweet love die like flowers in the fall?) Yes, *she let e die like flowers in the fall.

(455) a. I persuaded Mary into coming here tomorrow.

b. the woman who [I persuaded e into coming here tomorrow]

c. *I persuaded e into coming here tomorrow.

(456) a. John wanted to dance with the girl last night.

b. the girl whom [John wanted to dance with e last night]

c. *John wanted to dance with e last night.

值得注意的是,有些关系结构如 the $book_i$ he ate e_i yesterday 中的谓词 he ate e_i yesterday 容易让人误解为是 he ate yesterday 而认为它本身很完整、合乎语法,能单独使用。但其实不然。eat 既能做"强及物动词"也能做"弱不及物动词"。只有含"弱不及物动词"的 he ate yesterday 才本身完整,合乎语法,能单独使用,而 the $book_i$ he ate e_i yesterday 中的 ate 是"强及物动词",其中的谓词 he ate e_i yesterday 本身不完整,不合语法,不能单独使用,例如,我们不能说(Did he eat that $apple_i$ yesterday?) Yes, he ate e_i yesterday,而应该说(Did he eat that $apple_i$ yesterday?) Yes, he ate it_i yesterday(又见杨彩梅 2012a 和本书上篇 4.4.1 节)。同样道理,在状语关系结构,如 the $time_i$ when he arrived e_i 中的谓词容易让人误解为是 he arrived 而认为它本身很完整,合乎语法,能单独使用。但其实不然,例如,我们不能说"(Did he arrive before 6 $o'clock_i$?) Yes, he arrived e_i",而应该说"(Did he arrive before 6 $o'clock_i$?) Yes, he arrived before that $time_i$"。

6.1.1.2 汉语关系结构的句法非开放性谓词和非移位分析

前文提到,文献将以上三种英语关系结构的移位分析用到汉语关系结构的句法分析上,认为汉语关系结构的狭义句法推导也离不开移位:

1)(零形式)*wh*-算子移位分析认为,我买的书的狭义句法推导如(457)所示,零形式算子从关系从句内动词买的宾语位置移到[Spec CP]位置。

(457) a. 我买的书

b.

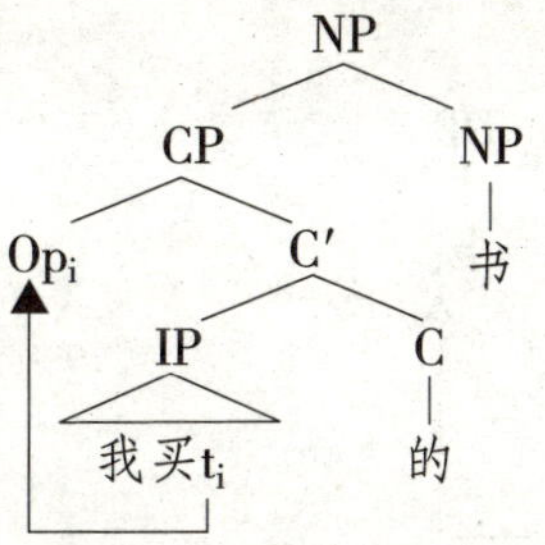

2)中心语移位分析认为，如(458b)所示，[我昨天买书的]最先位于C^0的补足语位置，等到其中的书$_j$移至[Spec CP]位置后，[我昨天买 t_j 的]再整体移至[Spec DP]位置，从而得到我昨天买的书这一语序。

(458)a. 我昨天买的书

b.

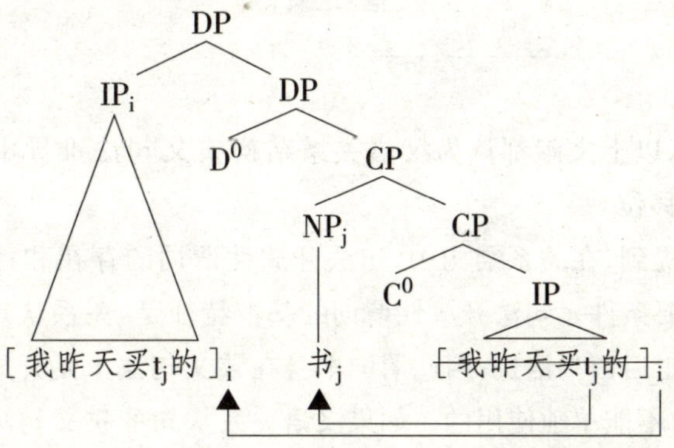

(Del Gobbo 2003:14)

3)折中分析认为，汉语关系结构的狭义句法推导中有两类移位，"名词短语关系化"有中心语移位，如(459)和具体例子(461)所示，而"附加语关系化"有零形式算子移位，如(460)和具体例子(462)所示。

(459)名词短语关系化(NP-relativization)：

$[[_{CP}[_{IP}\cdots[_{NP}t_i]\cdots]][_{Head}\ NP]_i]$　　(Aoun & Li 2003:179)

(460)附加语关系化(adjunct relativization)：

$[[_{CP}\ Op_i[_{IP}\cdots[_{PP}\ t_i]\ \cdots]][_{Head}\ NP]]$　　(同上)

(461)a. 我买的书

b.

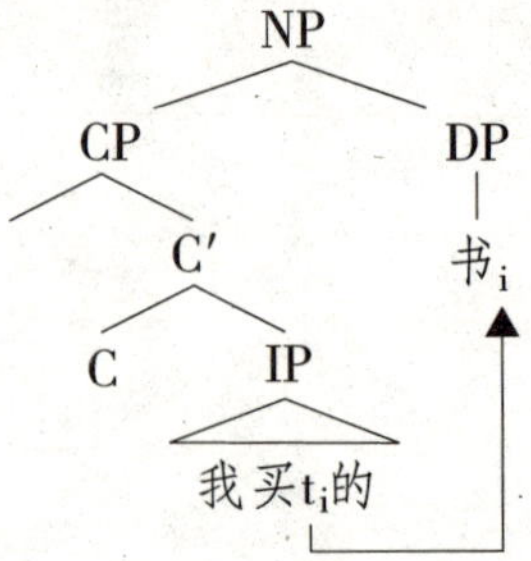

(462)a. 他迟到的原因

b.

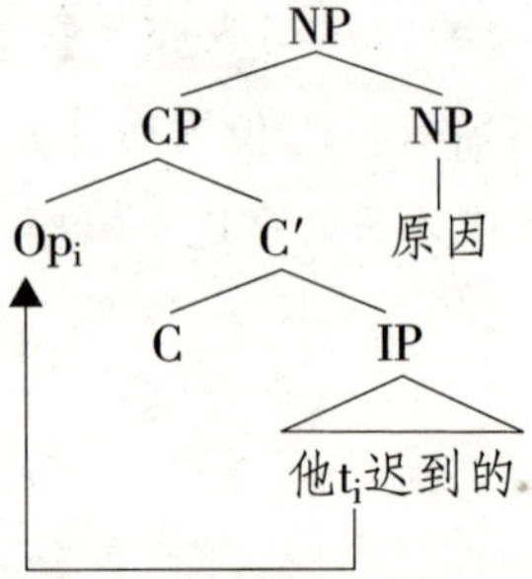

总之,以上文献都认为汉语关系结构狭义句法推导中也有 *wh*-算子或中心语的移位。

前文提到,在关系结构中,句法开放性谓词的存在和移位操作的存在互为充分必要条件。句法开放性谓词的基本特征是,关系从句的谓词内的某一成分被移走后留下语迹,因此谓词本身在狭义句法上是开放的/不完整的/不合语法的/不能单独使用的。如果汉语关系从句的狭义句法推导中真的存在与英语关系从句类似的移位,那么我们也应该能在很多情况下很明显地看到谓词因有成分被移走而本身不完整了,不合语法了,或者说不能单独使用了。反过来,只要我们能看到本身不完整、不合语法或者说不能单独使用的谓词,我们就能认定移位的存在和移位分析的合理性。

然而事实上,在汉语关系从句中,我们始终看不到本身不完整、不合语法或者说本身不能单独使用的谓词。本书语料调查表明,汉语关系从句的谓词本身完整、合乎语法或者说本身能单独使用恰恰是汉语关系结构合格的必要条件——如果汉语关系结构合格,那么其谓词本身就完整/合乎语法/能单独使用;如果关系从句的谓词本身不完整/不合语法/不能单独使用,那么整个关系结构就不合格(比较 Xu 2006)。详情如下:

1)如果汉语关系结构合格,那么其谓词本身就完整/合乎语法/能单独使用。

例如(463a)、(464a)和(465a)等含句法空缺或接应代词的关系结构都合格，结果，其谓词他$_i$/e$_i$能讲一口流利英语、我见过e$_i$/他$_i$和好多女孩都期待见到e$_i$/他$_i$本身都完整/合乎语法/能单独使用（如(463b)、(464b)和(465b)所示）。至于前面提到的七类“典型汉语式关系结构”，例如(462～472)，很显然，这些关系结构合格，其谓词本身也都完整/合乎语法/能单独使用。

(463)a.[e$_i$/他$_i$能讲一口流利英语]的那个男人$_i$（比较Gu 2001、黎小荣2008和Ning 2008）

b.（小王$_i$怎么样?）e$_i$/他$_i$能讲一口流利英语。

(464)a.[我见过e$_i$/他$_i$]的那个男人$_i$ （同上）

b.（你见过那个男人$_i$吗?）我见过e$_i$/他$_i$。

(465)a.[好多女孩都期待见到e$_i$/他$_i$]的那个明星$_i$ （同上）

b.（那个明星$_i$怎么样?）好多女孩都期待见到e$_i$/他$_i$。

(466)[我看你你看我]的那些人

(467)[谁都不来]的那些人

(468)[消防队来得很及时]的那场火

(469)a.[你不能光麻烦一个人]的那件事

b.[我炒了鸡蛋]的那些西红柿

(470)[一斤三十块钱]的那种豆子

(471)?[纽约最贵]的那种水果

(472)a.[女儿漂亮]的那位太太

b.[我给了每个孩子一件玩具]的那户人家

c.[每一个都很新鲜]的那些水果

d.[他十二点钟睡觉]的那一天

e.[学法律的学生不多]的那所大学

2)如果关系从句的谓词本身不完整/不合语法/不能单独使用，那么整个关系结构就不合格。

先看(473～474)中兼语结构的关系化：对比(473b)和(473c)，谓词张三老笑e蠢本身不完整/不合语法/不能单独使用，结果导致关系结构不合格了，一旦加上接应代词他，关系结构和谓词本身就都合乎语法了；(474)同理。再看(475～479)中“强及物动词”宾语和介词宾语的关系化。同样的结论是，如果谓词本身不完整/不合语法/不能单独使用，那么关系结构就不合格。一些双宾结构（详见马庆株1983）间接宾语的关系化也是如此，如(480～

482)所示。值得注意的还有,(483～485)中的汉语关系结构表面上受制于“岛屿限制”,“岛屿”中只能出现接应代词,不能出现句法空缺,然而本书以为,这些含句法空缺的汉语关系结构不合格的真正原因是谓词本身不完整/不合语法/不能单独使用(又见杨彩梅 2012b),与“岛屿限制”无关。

(473)a. 张三老笑李四蠢。

b. *[张三老笑 e_i蠢]的那个人$_i$/[张三老笑他$_i$蠢]的那个人$_i$(是李四)

c. (张三老笑李四$_i$蠢?) *张三老笑 e_i蠢。/张三老笑他$_i$蠢。

(474)a. 我派李四代表我们参加会议。

b. [$_{IP}$我派他$_i$/*e_i代表我们参加会议]的那个人$_i$(是李四)

c. (你派李四$_i$干什么?)我派他$_i$/*e_i代表我们参加会议。

(475)a. 张三的话坚定了我的决心。

b. (这就是)*[张三的话坚定 e 了]的决心

c. (张三的话坚定了你的决心吗?) *张三的话坚定了 e。

(476)a. 灵芝和美容白嫩了/健康了/清洁了我的肌肤。

(比较张建理和徐银(2011:11～13))

b. (这就是)*[灵芝和美容白嫩了/健康了 e]的我的肌肤

c. (灵芝和美容白嫩了/健康了你的肌肤?) *灵芝和美容白嫩了/健康了 e。

(477)a. 这项计划不如那项计划。

b. (这就是)*[这项计划不如 e]的那项计划

c. (这项计划不如那项计划吗?) *这项计划不如 e。

(478)a. [妹妹和她$_i$/*e_i打过球]的那个女孩

b. (妹妹和那个女孩$_i$打过球吗?)妹妹和她$_i$/*e_i打过球。

(479)a. (这是一项)[我将为此$_i$/*e_i战斗]的光荣事业

b. (你将为什么而战斗?)我将为此$_i$/*e_i战斗。

(480)a. [$_{IP}$我泼了他$_i$/*e_i一身水]的那个人$_i$

b. (你把他$_i$怎么啦?)我泼了他$_i$/*e_i一身水。

(481)a. [$_{IP}$我称他$_i$/*e_i呆霸王]的那个人$_i$

b. (你称他$_i$什么?)我称他$_i$/*e_i呆霸王。

(482)a. [$_{IP}$我教他$_i$/*e_i中文]的那个学生$_i$

b. (你教那个学生$_i$什么?)我教他$_i$/*e_i中文。

(483)a. [$_{IP}$我评介过[他$_i$/*e_i写的书]]的那个人$_i$

b.(你认识那个人$_i$吗?)不认识,但我评介过他$_i$/*e_i写的书。

(484)a. [$_{IP}$[当他$_i$/*e_i奉承我时]我很生气]的那个人$_i$

b.(你不喜欢那个人$_i$吗?)是的,当他$_i$/*e_i奉承我时我很生气。

(485)a. [$_{IP}$张三恨[她$_i$/*e_i哥哥]]的那个女人

b.(张三恨那个女人$_i$吗?)不恨,但他恨她$_i$/*e_i哥哥。

以上事实表明,汉语关系结构合格的必要条件是谓词本身必须完整/合乎语法/能单独使用。这说明,与英语关系从句完全不同,汉语关系从句的谓词不是句法开放性谓词,而是句法非开放性谓词(即本身完整/合乎语法/能单独使用的谓词)(比较 Pan & Hu 2002)。值得注意的是,谓词本身完整/合乎语法/能单独使用是汉语关系结构合格的必要条件这一观点主要强调的是谓词的完整性,即能不能含有空缺的问题。在个别情况下,关系从句的谓词不大能单独使用,例如我昨天买下的书(不见了)中的谓词我昨天买下就不大能单独使用,但是略加修改变成我昨天已买下或我昨天买下啦等表达后就明显流畅些了。这是由其他原因造成的,不属于本书讨论的范围。还有,在个别特殊情况下,比如在关系从句带有所的情况下,关系从句的谓词不能独立使用,原因在于所这一古汉语单词的词汇个性,本书也暂且不讨论。

既然在汉语关系从句中,所有关系从句的谓词本身都必须完整/合乎语法/能单独使用,那么我们就可以断定移位的不存在,以上种种关于汉语关系结构的移位分析也就不可靠了。

而且,本书上篇 3.2.2 节提到,只有两个本身合乎语法的、各自结构完整的句法成分才能进行合并。这是狭义句法推导得以进行下去的必要条件,也是 Chomsky 生成句法学中一条最基本的原理。例如,The book belongs to him 不能说成 The book belongs to,这是因为,“强及物动词”belong to 如果不带宾语就不是合乎英语语法的最大投射,它也就不能与 the book 合并成 the book belongs to。汉语中的情况也是如此。例如,张三走向她不能说成张三走向,这是因为,“强及物动词”走向如果不带宾语就不是合乎汉语语法的最大投射,它也就不能与张三合并成张三走向。

因此,本书认为,在关系结构中,句法开放性谓词的不存在(或者说句法非开放性谓词的存在)和非移位/合并操作的存在互为充分必要条件。如果关系结构的狭义句法推导中只有合并,那么所有关系从句的谓词本身都必须完整/合乎语法/能单独使用,不存在本身不完整/不合语法/不能单独使用的谓词。反过来,如果所有关系从句的谓词都是本身完整/合乎语法/能单独使用的谓词,不存在本身不完整/不合语法/不能单独使用的谓词,那么关系结构的狭义句法推导中就只有合并。

以上(463~485)中的汉语事实表明,所有汉语关系从句的谓词本身都必须完整/合乎语法/能单独使用。因此,本书主张汉语关系结构的非移位分析:虽然表面上汉语关系结构分三种,即关系从句内含有与中心语同指的句法空缺的关系结构,关系从句内含有与中心语同指的接应代词的关系结构,关系从句内不含与中心语同指的句法空缺或接应代词的关系结构,但这三种关系结构的狭义句法推导都与(*wh*-算子或/和中心语)移位无关,都采用合并的句法操作,前两种的狭义句法推导如(486)所示,其中的句法空缺、接应代词及中心语都是基础生成,后一种的句法推导如(487)所示。

(486)a. 他$_i$/e_i很会做家务的那个男人$_i$

b.

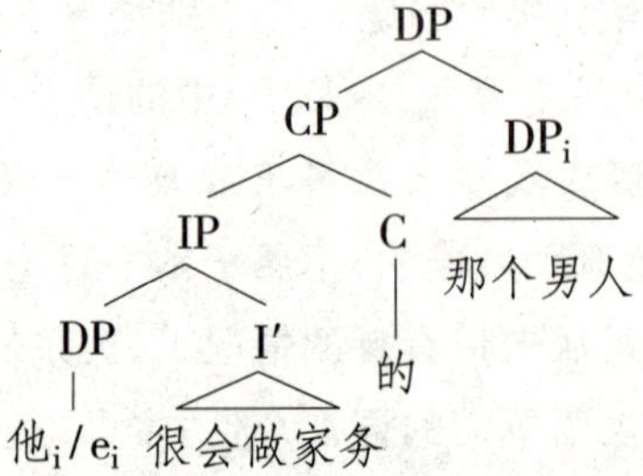

(487)a. 女儿很漂亮的那个人

b.

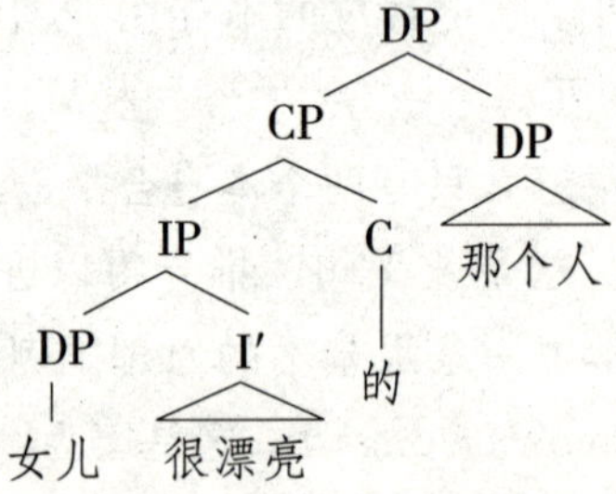

既然汉语关系结构的狭义句法推导中只有合并没有移位,那么(486b)和(487b)中的IP(即关系从句的谓词)就必须本身完整、合乎语法。只有它们本身完整和合乎语法了,才会进一步和其他成分合并从而生成合格的关系结构。

本书认为,只有汉语关系结构的非移位分析才能很好地解释为什么汉语关系从句的谓词是本身完整、合乎语法、能单独使用的谓词,而且,汉语关系结构非移位分析的好处在于它能用一种句法推导来解释所有汉语关系结构(不管其中有没有句法空缺或接应代词来与中心语同指)的生成。以往研究者(如 Ning 1993;Del Gobbo 2003;Simpson 2002;Aoun & Li 2003)把(486)中的句法空缺 e 看成是与英语关系结构 the man who e likes me 中的句法空缺 e 性质相同的成分(即都是移位语迹),但其实它是基础生成的,和汉语关系从句中的接应代词性质相同。

6.1.2　语义开放性谓词

前文提到,Heim & Kratzer(1998)将英语关系从句的语义表达式用“λ 提取”表示法表达为“$\lambda_x \in D_e.\ \varphi(x)$”,其中,$\varphi(x)$为特征描写式,该表达式含有唯一一个被 λ-算子约束的语义变量 x,函数的语义类型为 $D_{\langle e,t\rangle}$。例如,“[(*the man*) *who sleeps*]:= $\lambda_x \in D_e$. x sleeps”,“[(*the man*) *who loves Mary*]:= $\lambda_x \in D_e$. x loves Mary”。我们说关系从句的谓词是语义开放性一元谓词,就是指关系从句的语义表达式中含有唯一一个被 λ_x-算子约束的语义变量/语义空缺 x。同样,汉语关系从句的语义表达式也是一元函数“$\lambda_x \in D_e.\ \varphi(x)$”,例如,关系从句“[*小张喜欢的*]:= $\lambda_x \in D_e$. 小张喜欢 x”。至于上文提到的七类“典型汉语式关系从句”,本书将它们分成两大类:第一大类包括(488~492),中心语与关系从句内的一个或几个句法成分在语义上是集合—元素的关系;第二大类包括(493)~(494),语义表达式中的语义变量属于动词的语义次范畴,没有相应的狭义句法位置(详见前文)。总之,所有“典型汉语式关系从句”内虽然不存在与中心语直接相关联的狭义句法位置,但语义上不自足,谓词都是语义开放性谓词。

(488)[*我看你你看我的(那些人)*]:= $\lambda_Z \forall_x \forall_y$. x ∈Z & y ∈Z & y 看 x & x 看 y

(489)[*谁都不来的(那些人)*]:= $\lambda_Z \forall_x$. x ∈Z & x 不来

(490)[*一斤三十块钱的(那种豆子)*]:= $\lambda_Z \forall$x. x ∈z & x= 一斤 Z & x 值三十块钱

(491) a. [*女儿漂亮的(那位太太)*]:= $\lambda_Z \exists_x$. x ∈Z & x 是女儿 & x 漂亮

b. [*我给了每个孩子一件玩具的(那户人家)*]:= $\lambda_Z \forall_x$. x ∈Z & x 是孩子 & 我给了 x 一件玩具

c. [*每一个都很新鲜的(那些水果)*]:= $\lambda_Z \forall_x$. x ∈Z & x 很新鲜

d. [*学法律的学生不多的(那所大学)*]:= $\lambda_Z \exists_x$. x ∈Z & x 是学法律的学生 & x 不多

(492)[*纽约最贵的(那种水果)*]:$=\lambda_Z\exists_x.\ x\in Z$ & x 最贵

(493)a.[*消防队来得很及时的(那场火)*]:$=\lambda x\in D_e$. 消防队为 x 来得快/及时/晚

b.[*你不能光麻烦一个人的(那件事)*]:$=\lambda_x\in D_e$. 你不能 x 光麻烦一个人

c.[*我炒了鸡蛋的(那些西红柿)*]:$=\lambda x\in D_e$. 我用 x 炒了鸡蛋

(494)[*他十二点钟睡觉的(那一天)*]:$=\lambda x\in D_e$. 在 x 那天他十二点钟睡觉

因此,语义开放性谓词的存在是所有英、汉语关系结构合格的必要条件。任何合格的关系从句的语义表达式都应有唯一一个语义变量 x,被唯一一个 λ_x-算子约束,函数类型为 $D_{\langle e,t\rangle}$。如果某一关系从句的语义表达式中没有语义变量,也就是说,关系从句的谓词是语义非开放性谓词,那么该关系结构就不能进行合理的语义解读,该关系结构也就不合格,例如(495)中的张三打了李四就是语义非开放性谓词。在(495)中,在没有语境支持的情况下,我们是根本无法追踪出关系从句的语义变量的(详见下文)。

(495)*[*张三打了李四的(那个人)*]:$=\lambda_x\in D_e$. 张三打了李四

6.1.3 英语、汉语关系结构的合格条件

关系从句句法表达式中的句法开放性谓词、句法非开放性谓词和语义表达式中的语义开放性谓词、语义非开放性谓词的匹配关系可分为以下几种情况:

1)在句法表达式中,谓词是句法开放性谓词;在语义表达式中,谓词是语义开放性谓词。事实上,句法开放性谓词的存在蕴涵(entail)了语义开放性谓词的存在:如果一个关系从句的谓词是句法开放性谓词,含有移位生成的句法空缺,那么该句法空缺一定对应有一个语义空缺/语义变量,因此该谓词一定是语义开放性谓词。这样的语义变量是"可直接追踪的语义变量"(详见下节内容)。所有合格的英语关系从句都属于此种情况,关系从句的谓词既是句法开放性谓词也是语义开放性谓词。

2)在句法表达式中,谓词是句法非开放性谓词;在语义表达式中,谓词是语义开放性谓词。由上文的讨论可知,所有合格的汉语关系从句(包括

“典型汉语式关系从句”)都属于此情况：当句法非开放性谓词内含有句法空缺或接应代词与中心语同指时，句法空缺或接应代词的存在可让我们直接追踪出语义变量的存在，如(496)所示。其中的语义变量也属于“可直接追踪的语义变量”。当句法非开放性谓词内不含句法空缺或接应代词与中心语同指时，中心语与关系从句内的一个或几个句法成分在语义上的集合—元素关系或者中心语与动词的内在语义关系可让我们追踪出关系从句中的语义变量，如(488～494)所示，其中的语义变量是“可间接追踪的语义变量”。

(496) a. [*我喜欢 e 的(人)*]：$=\lambda_x \in D_e$. 我喜欢 x

b. [*张三读过所有他$_i$写的书的(那个人)*]：$=\lambda_x \in D_e$. 张三读过所有 x 写的书

c. [*我看见他$_i$打球的(那个人)*]：$=\lambda_x \in D_e$. 我看见 x 打球

3)在句法表达式中，谓词是句法非开放性谓词；在语义表达式中，谓词是语义非开放性谓词。此时的关系结构不合格。(495)就属于此种情况。前文提到，语义开放性谓词的存在是所有关系结构合格的必要条件。在(495)中，由于我们追踪不到语义变量，因此不能满足关系从句合格的必要条件。正如 Chomsky(1995：153)所指出的，与典型的形式系统(如数理逻辑、计算机编程技术等)不同，自然语言所必须遵循的充分解读原则决定了这种情况是不可能被任何一种自然语言所允准的。

4)语义开放性谓词找不到能与之匹配的句法开放性谓词或句法非开放性谓词。例如“$\lambda_Z \forall_x. x \notin Z \,\&\, \varphi(x)$”这一语义表达式就不可能找到任何关系从句的句法表达式来与之匹配。很多典型形式系统中的表达式是无法用自然语言中的句法表达式来表达的(Chomsky 1995)。

因此，理论上，合格关系从句的谓词只有两种：其一，谓词是句法开放性谓词；其二，关系从句的谓词是句法非开放性谓词，同时是语义开放性谓词。合格的英语关系从句的谓词属于第一种，也就是说，英语关系结构的合格条件是：关系从句的谓词必须是句法开放性谓词。合格的汉语关系从句的谓词属于第二种，也就是说，汉语关系结构的合格条件由两部分构成：语义上，谓词必须是语义开放性谓词；句法上，谓词必须是句法非开放性谓词(即谓词本身必须完整/合乎语法/能单独使用)。因此，汉语中的关系结构既可以含有句法空缺或接应代词与中心语同指，又可以不含句法空缺或接应代词与中心语同指。但由于合并操作的生成能力很强，会生成一些没有满足语义开放性谓词条件的不合格关系结构，比如 **张三跳舞的那个姑娘*和 **张三*

打了李四的那个人,因此“语义开放性谓词条件”不可缺少。同时也需要“句法非开放性谓词条件”来限制一些满足了“语义开放性谓词条件”但仍然不合格的关系结构,比如*张三不如 e 的那个男人和*妹妹和 e 打过球的那个女孩。

6.1.4 结论

以往文献对英、汉语关系结构的狭义句法推导大多采取移位分析,认为关系从句内有 *wh*-算子或中心语的前移。

本书认为,在关系结构中,句法开放性谓词的存在和移位操作的存在互为充分必要条件。在英语关系结构中,我们确实看到了许多本身不合语法的谓词。因此,英语关系结构的狭义句法推导中一定存在移位的操作,以往研究对英语关系结构的移位分析也就合理。

本书还认为,在关系结构中,句法开放性谓词的不存在和非移位(即合并)操作的存在互为充分必要条件。在汉语关系结构中,我们看到的谓词全部都是本身完整/合乎语法/能单独使用的谓词,看不到本身不完整/不合语法/不能单独使用的谓词。事实上,汉语关系从句谓词本身的合乎语法是汉语关系结构合格的必要条件。因此,汉语关系结构的狭义句法推导中只存在合并,不存在移位,以往研究对汉语关系结构的移位分析也就不合理,本书所主张的汉语关系结构非移位分析也就合理。

本书的汉语关系结构非移位分析认为,尽管汉语关系结构中存在空缺与中心语同指,但是这一空缺不是移位语迹,而只是空代词。这一空代词必须与中心语同指。这一同指情况与(你喜欢小丽吗?)我喜欢 e 中的空缺一定要与语境中的小丽同指的情况出于同样的道理。

在此基础上,本书总结了英、汉语关系结构的合格条件。尽管英、汉语关系结构的合格条件不同,但是每一种语言的语法在其自身体系都是一种完美(Chomsky 2004,2007)与和谐。

6.2 语义变量的“可追踪性原则”

6.2.1 语义变量的句法追踪手段

上节提到,英语关系结构选择了句法允准条件,关系从句的谓词必须是句法开放性谓词，而句法开放性谓词的存在蕴含着语义开放性谓词的存在。因此，我们能很容易将英语关系从句解读成一元函数“$\lambda_x \in D_e . \varphi(x)$”，其中，句法变量直接解读为语义变量。本书将其中的语义变量称为“可直接追踪的语义变量”。

就汉语关系从句来说，当关系从句中有接应代词或空接应代词时，这一接应代词或空接应代词也可以让我们“直接追踪到”语义变量的存在，从而成功解读关系从句的语义。例如在(497)中，空接应代词的存在可让我们轻而易举地追踪到语义变量的存在。有意思的是(498)和(500)中的情况，这些表达有一个共同的问题，即如果没有接应代词，那么我们就不容易追踪到语义变量的存在，就无法解读出关系从句的函数意义，因而整个关系从句也就不合语法，而如果有接应代词，我们就很容易追踪到语义变量的存在，因而整个关系从句就合乎语法。为什么会这样呢？具体说来，在(498a)中，张三读过所有写的书其实就等于张三读过所有书的意思，因此，我们无法追踪出语义变量的存在，无法形成语义函数，故(498a)不合语法；但如果放上接应代词，如(498b)所示，那么我们就容易追踪出语义变量的存在，从而形成(499)中的合理函数，因此(498b)就合乎语法了。与此类似，在(500a)中，张三读过所有摸过的书其实等于张三$_i$读过所有 pro$_i$摸过的书的意思，因此，我们也就无法追踪出语义变量的存在，故(500a)不合语法，但如果放上接应代词，如(500b)所示，我们就容易追踪出语义变量的存在，形成(501)中的函数，因此(500b)就合乎语法了。这也说明了，虽然接应代词和空接应代词是句法性质完全相同的东西，但它们并不一定可以互相取代，正如代词和空代词也不一定可以互相取代一样。

(497) a. 我喜欢 e_{RP} 的人

b. [*我喜欢 e_{RP}的人*]：$= \lambda_x \in D_e$. 我喜欢 x

(498) a. *[张三读过所有 e_i写的书的]那个人$_i$

b. [张三读过所有他$_i$写的书的]那个人$_i$

(499) [*张三读过所有他$_i$写的书的*]：$= \lambda_x \in D_e$. 张三读过所有 x 写的书

(500) a. *[张三读过所有 e_i摸过的书的]那个人$_i$

b. [张三读过所有他$_i$摸过的书的]那个人$_i$

(501) [*张三读过所有他$_i$摸过的书的*]：$= \lambda_x \in D_e$. 张三读过所有 x 摸过的书

另一方面，工具格、时间格、地点格、目的格、方式格等语义格是动词的语义次范畴,它们既能以附加语的形式出现在句法表达式中,但也可省略不说。这样一来,在(502)中的他写信的这样的关系从句中,以上语义格全是潜在语义变量,而关系从句的函数类型⟨e,t⟩决定了该函数只能有一个变量。因此,他写信的这一表达因无法确定语义变量而使得函数不成立。同样,(503～505)中的关系从句也无法构成函数。但只要这些表达后出现中心语,中心语与动词的内在语义关系就可让我们"间接追踪"出关系从句中的语义变量,从而形成一个合理的函数,进而形成正确的关系从句,并产生正确的解读。例如在(506a)中,杂志的出现可让我们推断出我发表文章的中的语义表达式中有一个表示地点的语义变量。由此可见,在汉语关系结构中,间接追踪语义变量的手段之一就是中心语的提示。本书将其中的语义变量称为"可间接追踪的语义变量"。

(502) *[他写信的]

(503) *[我工作的]

(504) *[我发表文章的]

(505) *[李四结婚的]

(506) a. [*我发表文章的杂志*]:=$\lambda x \in D_e$. x是杂志 & 我在x上发表文章

b. [*李四结婚的那天*]:=$\lambda_x \in D_e$. x是那天 & 李四在x时结婚

c. [*他用笔写信的地方*]:=$\lambda_x \in D_e$. x是地点 & 他在x处用笔写信

d. [*他在屋里写信的笔*]:=$\lambda_x \in D_e$. x是笔 & 他在屋里用x写信

除了可以通过中心语来"间接追踪"语义变量这一句法追踪手段外,还有另一种有趣的"间接追踪"语义变量的句法追踪手段,请看下文。

朱德熙(1961)指出北京话里读"de"的"虚字"有时相当于书面语中的得,如看de清楚、说de大家都笑了;有时是名词性语法单位的后附成分,短语功能与名词基本相同,如白de(东西)、懂de(人);这两个"de"的"界线非常清楚"。但李立成(1997)认为"de(得)"与"de(的)"的界线并不清楚,如写de很好中的"de"是得还是的就很难定性。Chao(1968)、吕叔湘(1984)指出"de(得)"前后成分的关系应是主谓关系,看de、写de等是名词性结构做主语。但朱德熙(1961)认为这种说法很难区分(507)中两组对立的句子。他认为,如果把A和B两组"de"字短语都看成名词性结构，就无法解释这两组意义之间的对立了；也就是说，这里的"de"应属于两个不同语素。

(507) A　　　　　　　　　　B
好 de 多，坏 de 少。　　　这本比那本好 de 多。
煮 de 烂，蒸 de 不烂。　　(这种肉，)煮 de 烂，才好吃。

本书则以为，这两组句子的语义的确有些不同，但其中的"de"还是属于同一语素，A 与 B 的意义区别可用本书的"间接追踪"得到解释。先看下面的例句：

(508) a. 他跑 de 快。　　　→[他跑 de](速度)快。
b. 他跳 de 高。　　　→[他跳 de](高度)高。
c. 他唱 de 就像云雀一样好听。　　→[他唱 de](声音)就像云雀一样好听。
d. 他哭 de 眼睛都肿了。　　→[他哭 de](结果)(是)眼睛都肿了。

在(508)中，"de"后的形容词或其他谓词性短语的出现让我们能很容易推导出这些谓词性短语暗含的主语，如"速度""高度""声音""结果"等。这样我们就可以"间接追踪"出关系从句的语义变量，以构成合理的函数，即，

(509) a. [*他跑 de(速度)*]：$=\lambda x \in D_e$. 他以 x 速度跑
b. [*他跳 de(高度)*]：$=\lambda x \in D_e$. 他跳到 x 高度
c. [*他唱 de(声音)*]：$=\lambda x \in D_e$. 他用 x 声音唱
d. [*他哭 de(结果)*]：$=\lambda x \in D_e$. 他以 x 结果哭

按这一思路，(507) A 组中关系从句的语义变量是可"直接追踪"的，其语义解读为(510)；而 B 组中关系从句的语义变量是可"间接追踪"的，其语义解读为(511)。

(510) a. [好 de]：$=\lambda x \in De$. x 好
b. [*坏 de* $_i$]：$=\lambda x \in D_e$. x 坏
c. [*煮 de*]：$=\lambda x \in D_e$. pro 煮 x

d. [*蒸 de*]: $=\lambda x\in D_e$. pro 蒸 x

(511)a. [*这本比那本好 de*]=[*这本比那本好 de(方面)*]: $=\lambda x\in D_e$. 这本比那本在 x 方面好

b. [*煮 de*]=[*煮 de(程度)*]: $=\lambda_x\in D_e$. pro 煮 pro 到 x 程度

因此,本书从一种新的角度来将“de(的)”和“de(得)”合成了一个语素“de”。同时,本书认为,“间接追踪”语义变量的句法追踪手段有两种:“de”后的名词性中心语和谓词性成分。

总之,合格的汉语关系从句一定要遵循语义变量的“可追踪性原则”,否则无法形成正确的语义算子—语义变量关系。

6.2.2 语义变量的语境追踪手段:一个有趣的实验

前文提到,汉语中所有关系从句的谓词都必须既是句法非开放性谓词(即谓词本身必须完整/合乎语法),又是语义开放性谓词。如果某一关系从句的谓词是语义非开放性谓词,那么该关系结构就不能进行合理的语义解读,该关系结构也就不合格。例如在(512a)中,张三打了李四是语义非开放性谓词,因此我们无法追踪出关系从句的语义变量。同理,在(512b-c)这样的自由关系从句中,工具格、时间格、地点格、目的格、方式格等都可以是潜在的语义变量,而关系从句的函数类型〈e,t〉决定了该函数只能有一个变量,因此这些关系从句的语义变量都无法确定。(513)中的表达与(512)中的表达非常相似,一般情况下它们是无法表达括弧中的意思的。然而,笔者通过以下实验发现,只要有足够的语境提示,这些表达是可以用来表达括弧中的意思的,也就是说,只要有足够的语境提示,这些表达是能说的和能被理解的。因此,除了前节中提到“间接追踪”语义变量的几种句法追踪手段外,还有一种“间接追踪”语义变量的语境追踪手段。

(512)a. *张三打了李四的那个人

b. *我发表文章的

c. *李四结婚的

(513)a. (喜欢)哥哥摘的　　(表达(喜欢)哥哥摘桃的那棵树)

b. (喜欢)闭着的　　(表达(喜欢)眼睛闭着的那只兔子/闭着眼睛的那只兔子)

c. (喜欢)眼睛睁开着的　　(表达(喜欢)眼睛睁开着的那只兔子/睁开着眼睛的那只兔子)

d.(喜欢)桌上有苹果的　(表达(喜欢)它的桌上有个苹果的那只猫)

e.(喜欢)桌上有个梨的那只猫　(表达(喜欢)它的桌上有个梨的那只猫)

f.(喜欢)爸爸打球的那个姐姐　(表达(喜欢)爸爸和她打球的那个姐姐)

g.(喜欢)爸爸穿衣服的那个姐姐　(表达(喜欢)爸爸给她穿衣服的那个姐姐)

h.(喜欢)消防员站在梯子上的　(表达(喜欢)消防员站在梯子上浇水的那场火)

i.(喜欢)站在地上的那场(火)　(表达(喜欢)消防员站在地上浇水的那场火)

请看以下实验及其结果分析：

实验对象是18个来自北方不同地区的19～24岁天津师范大学学生，其中8个女生，10个男生。表1是实验的测试项和测试方法(测试方法是诱导产出法)。实验目的是调查汉语成年人在语境的提示下能产出怎样的“典型汉语式关系结构”，看看除了语义变量的句法追踪手段外，是否还有语境追踪手段。

表1　测试项和测试方法

<table>
<tr><td colspan="2">诱导产出法(先讲述图片内容，接着拿走图片，让受试回忆图片内容并回答问题)</td></tr>
<tr><td colspan="2">测试说明：1)测试人准备好与每道题一一对应的图片，然后读出“诱导性问题”中的表达和问题，之后拿走图画，等待受试回答。2)“诱导性问题”中都有两处“这”，测试人在说每一处“这”时要同时用手指指着相应的图片部位。</td></tr>
<tr><td>题号</td><td>诱导性问题</td></tr>
<tr><td>1</td><td>诱导性问题：这里有两棵树。猴姐姐在这棵树上摘桃，猴哥哥在这棵树上摘桃。(拿走图)现在请你告诉我，刚刚那两棵树，你喜欢哪棵？
</td></tr>
</table>

(续表)

2	诱导性问题:这里燃起了两场火。这场火,消防员站在梯子上浇水;这场火,消防员站在地上浇水。(*拿走图*)现在请你告诉我,刚刚那两场火,你更讨厌哪场? 
3	诱导性问题:这里有两只兔子。这只兔子眼睛闭着,这只兔子眼睛睁开。(*拿走图*)现在请你告诉我,刚刚那两只兔子,你喜欢哪只? 
4	诱导性问题:这里有两个姐姐。妈妈在给这个姐姐穿衣服,爸爸在给这个姐姐穿衣服。(*拿走图*)现在请你告诉我,刚刚那两个姐姐,你喜欢哪个姐姐? 
5	诱导性问题:这里有两个姐姐。妈妈在跟这个姐姐打球,爸爸在跟这个姐姐打球。(*拿走图*)现在请你告诉我,刚刚那两个姐姐,你喜欢哪个? 

（续表）

<table>
<tr><td>6</td><td>诱导性问题：这里有两只猫，这只猫的桌上有个苹果，这只猫的桌上有个梨。（拿走图）现在请你告诉我，刚刚那两只猫，你喜欢哪一只？
</td></tr>
</table>

表2是产出的原始结果。笔者发现，绝大多数受试产出了“典型汉语式关系结构”（即表中的粗体字表达），而且很多受试产出了(513)中的表达，用来表达括弧中的意思。这表明，在很强的语境提示下，(513)中的语言表达是可以用来表达括弧中的意思的。这是因为，由于语境的提示，语义变量的“可追踪性原则”能得到满足。总之，只要关系从句的谓词是句法非开放性谓词，同时只要句法或语境的提示能让我们追踪出关系从句的语义变量，我们就能得到可以接受和合乎语法的汉语关系结构（包括中心语省略的自由关系结构）。(513)中的表达都能让我们在语境的提示下追踪出关系从句中的变量，形成一个合理的函数，进而形成正确的关系从句，如(514～522)所示。由此可见，就汉语关系从句而言，句法表达式和语义表达式之间的不平凡匹配相当明显。这和英语关系从句中句法表达式和语义表达式之间的匹配情况显著不同。总之，汉语关系结构和英语关系结构有显著的句法区别。实在不适合把英语关系结构的句法分析套用到汉语关系结构的句法分析上。

(514)[*哥哥摘的*]：$=\lambda x\in D_e$. 哥哥在 x 上摘（桃）

(515)[*闭着的*]：$=\lambda x\in D_e$. x 的眼睛闭着

(516)[眼睛*睁开着的*]：$=\lambda x\in D_e$. x 的眼睛睁开着

(517)[*桌上有苹果的*]：$=\lambda x\in D_e$. x 的桌上有苹果

(518)[*爸爸打球的那个姐姐*]：$=\lambda x\in D_e$. x 是姐姐 & 爸爸和 x 打球

(519)[*桌上有个梨的那只猫*]：$=\lambda x\in D_e$. x 是猫 & x 的桌上有个梨

(520)[*爸爸穿衣服的那个姐姐*]：$=\lambda x\in D_e$. x 是姐姐 & 爸爸给 x 穿衣服

(521)[*猴哥哥摘的那棵（树）*]：$=\lambda x\in D_e$. x 是树 & 猴哥哥在 x 上摘（桃）

(522)[*站在地上的那场（火）*]：$=\lambda x\in D_e$. x 是火 &（消防员）为 x 站在地上（浇水）

表 2 “典型汉语式关系结构”诱导产出实验结果

性别	年龄	题 1	题 2	题 3	题 6
男	19	猴姐姐摘桃的那棵树	站在地上浇水的那场火	眼睛睁开的	桌上有梨的小猫
女	19	猴姐姐摘桃的那棵树	消防员站在地上浇水的那场火	眼睛睁开的那只兔子	它的面前有个梨的那只小猫
男	20	猴姐姐摘桃的那棵树	消防员站在地上浇水的那场火	眼睛睁开的那只兔子	桌上有个梨的小猫
男	21	猴姐姐摘桃的那棵树	消防员站在地上浇水的那场火	眼睛睁开的那只兔子	桌上有个梨的那只猫
男	24	猴姐姐摘桃的那棵树	消防员站在地上浇水的那场火	眼睛睁开的那只兔子	桌上有个梨的那只猫
男	23	猴姐姐摘桃的那棵树	消防员站在梯子上浇火这场	眼睛闭着的兔子	桌上有苹果的那只猫
男	22	哥哥摘的那棵	站在梯子上浇水	眼睛闭着的那只	桌上有个梨的那只
男	22	猴哥哥摘的那棵	站在地上的那场	睁着眼的兔子	桌上有苹果的
男	21	猴姐姐的那棵	站在地上浇火的那场火	闭着的	桌上有苹果的那个
女	21	猴姐姐的树	站在梯子上的那场火	睁着眼睛的兔子	桌有个梨的那只猫
女	22	猴哥哥摘的那棵树	站在梯子上浇火的那个	睁着眼的	桌上有苹果的那只
女	22	猴哥哥摘桃的树	站在梯子上浇水的那场火	眼睛睁开的	苹果那个
男	21	猴哥哥摘桃的那棵	消防员站在梯子上浇水的那场火	眼睛睁开的兔子	桌子上有个梨的猫
女	20	猴姐姐那棵	在地上的那个	那个睁开着的	苹果的那个
女	24	猴姐姐的	*地上那场*	眼睛睁开的	苹果的
女	23	猴姐姐摘桃的那棵	消防员站在梯子上浇火的那场	眼睛睁开的那只	桌子上有个梨的猫
男	20	猴姐姐摘桃的那棵	消防员站在地上浇水的那场火	眼睛睁开的那只	桌子上有个梨的猫
女	19	猴姐姐摘的	消防员站在梯子上的	眼睛闭着的	桌子上有个梨的猫

题 4	题 5
爸爸给她穿衣服的那个姐姐	跟爸爸打球的那个姐姐
爸爸给穿衣服的那个姐姐	爸爸跟着一起打球的那个姐姐
爸爸在给姐姐穿衣服的那个姐姐	爸爸在跟那个姐姐打球的那个姐姐
爸爸给穿衣服的那个姐姐	爸爸跟她打球的那个姐姐
爸爸给她穿衣服的那个姐姐	爸爸和她打球的那个姐姐
爸爸给这个姐姐穿衣服的那个姐姐	爸爸在跟这个姐姐打球的这个姐姐
爸爸穿衣服的那个	爸爸打球的那个
爸爸给她穿衣服的	跟爸爸的那个
妈妈给她穿衣服的那个	和爸爸打球的那个
爸爸给那个姐姐穿衣服的那个姐姐	爸爸打球的那个姐姐
爸爸给她穿衣服的那个	妈妈在跟她打球的那个
妈妈给穿衣服的那个姐姐	爸爸在跟打球的那个
妈妈给她穿衣服的姐姐	爸爸跟她打球的姐姐
妈妈那个	*爸爸那个*
爸爸那个	*爸爸那个*
爸爸在给她穿衣服的姐姐	妈妈在跟她打球的那个姐姐
爸爸给她穿衣服的那个姐姐	跟爸爸一起打球的那个姐姐
妈妈穿的	妈妈在跟她打球的那个姐姐

6.3　关系结构的数理逻辑

世界是具有一定属性的实体的集合。实体自身的特点以及实体之间的关系都可通过实体的属性得以体现。实体集合中的任何一个元素都具有一定属性，没有无属性的实体，也没有不归附于实体的属性。比如，$人_1$之所以区分于$人_2$正是为他们不同的属性昨天在屋里用笔写信的和被我打了的所区分。$人_1$可以是某一个人，也可以指具有昨天在屋里用笔写信的这一属性的一些人，这一些人又有其他属性作为互相区别的特征。所以，属性集合和实体集合的"关系"不是一一映射。实体集合中的某一元素可能和属性集合中的多个元素对应，比如人可和聪明的、眼睛大的、躺着看书的等形成一对多的对应关系；同样，实体集合上的多个元素可能和属性集合中的某一元素对应，形成多对一的对应关系，比如姑娘、男孩等都可和眼睛大的这一属性对应。假设宇宙是由 n 个实体构成的集合 A，另有 m 个属性或谓词性成分（谓词性成分是属性的根本要素）构成集合 B，那么属性集合 B 和实体集合 A 之间的卡式集 B×A 所形成的关系结构序偶就有 m×n 对。集合 A 中的任何一个元素都可能跟集合 B 中的一个或多个元素对应，反之亦然。这时就会涉及集合的子集。实体集合 A 的子集有 2^n 个，属性集合 B 的子集有 2^m 个，那么，子集的卡氏积为 $2^n \times 2^m = 2^{n+m}$ 个。这便导致了关系结构的复杂多样。我们既可以说我钟爱的、美丽的、心地善良的姑娘，我们也可以说我喜欢的葡萄、橘子、香蕉。简而言之，假设整个宇宙是一个含有 3 个实体元素 a、b、c 的集合 A，其子集是 2^3 个，即{Ø}，{a}，{b}，{c}，{a,b}，{a,c}，{b,c}，{a,b,c}。又假设集合 B 有 3 个属性元素 α、β、γ，其子集是 2^3 个，即{Ø}，{α}，{β}，{γ}，{α,β}，{α,γ}，{β,γ}，{α,β,γ}。那么，整个宇宙属性和实体之间的可能搭配就有 $2^3 \times 2^3 = 64$ 种。没有无属性的实体，也没有不归附于实体的属性，所以其中有 $2^3 + 2^3$ 对序偶不能够成关系从句。它们是〈Ø，Ø〉，〈Ø,a〉，〈Ø,b〉，〈Ø,{c}〉，〈Ø,{a,b}〉，〈Ø,{a,c}〉，〈Ø,{b,c}〉，〈Ø,{a,b,c}〉，以及〈Ø,Ø〉，〈α,Ø〉，〈β,Ø〉，〈γ,Ø〉，〈{α,β},Ø〉，〈{α,γ},Ø〉，〈{β,γ},Ø〉，〈{α,β,γ},Ø〉这 16 对序偶。这样，还剩 48 种理论上可行的关系从句。当然，其中有些序偶搭配从语用上来说根本不存在，如看书的花。

第7章　关系化:识别句子主观性语言实现的形式手段

(523)中有句末语气词"嘛/呀",(524)中有情态副词"居然/大概",(525)中有情态副词"可/才",它们都不能出现在关系从句中。

(523)a.张三喜欢小丽嘛/呀。

b.(小丽就是)[张三喜欢(*嘛/呀)]的姑娘

(524)a.居然/大概张三喜欢小丽。

b.(小丽就是)[(*居然/大概)张三喜欢]的姑娘

(525)a.张三可/才不喜欢小丽。

b.(小丽就是)[张三(*可/才)不喜欢]的姑娘

为了系统解释以上语言现象,本书对比了句子的主观性和关系从句的客观性这两个概念—意旨系统内的不同语用/功能特征,并在生成语法理论框架下探讨了主观性的语言实现以及关系从句和句子的句法区别。句子主观性的语言实现不能出现在关系从句中,例如(523)中的句末语气词和(524~525)中的情态副词都不能出现在关系从句中。这是一种普遍语法。关系化这一形式手段可用来识别句子主观性的语言实现。

7.1　关系从句与句子的区别

7.1.1　关系从句的客观性

前文提到,Jackendoff(1972:61)指出,"关系从句是一种能让语言成功描写简单词项无法描写的复杂属性的句法手段"。Lyons(1977:761)指出,"限制性关系从句通过属性描写使听话人识别该表达的所指。例如,the man who broke the bank at Monte Carlo(is a mathematician)就能使听话人识别到底是哪个人被认为是数学家”。根据 Heim & Kratzer(1998)的 λ 提取规则，关系从句的语义表达式为“$\lambda x \in D_e. \cdots x \cdots$”，其中“$\cdots x \cdots$”是属性描写。例如，李平喜欢的的语义表达式为“$\lambda x \in D_e$. 李平喜欢 x”，其中“李平喜欢 x”是对实体集合中所有元素的属性描写(详见上文)。因此，关系从句的功能[①]就是“属性描写功能”，包括两个子功能，即纯描写功能和识别功能，分别与两个子类关系从句，即非限制性关系从句和限制性关系从句进行接口，例如，天天有说有笑、从不知道什么是忧愁的(李家三公子)这一非限制性关系从句旨在描写听者和说者都清楚其所指的李家三公子的属性，而读过《红楼梦》的学生$_1$(走进了一号教室)，读过《三国演义》的学生$_2$(走进了二号教室)这两个限制性关系从句旨在通过两个关系从句所描写的不同属性来识别学生$_1$和学生$_2$(详见本书上篇第 9 章和第 10 章)。与关系从句的“属性描写功能”对应的是关系从句的描写性或客观性这一语用/功能特征，与说话者的意见、意旨或态度没有联系，是一种客观描述。

7.1.2　句子的主观性

与关系从句完全不同，句子的功能/语用在于“说话者”借之以表达自己的意见、意旨、态度或言语行为。例如，疑问句用以询问问题，祈使句用以发出命令或请求，它们都包含一种非描述性/行为性/主观性信息，即“说话者指向”的意见、态度或行为，统称为施为语势，与此对应的是句子的非描述性/行为性/主观性(参考 Austin 1962；Lyons 1977 等)的功能/语用特征。文献中与句子主观性相关的研究主要集中在“情态”或“语气”上(如 Halliday 1970；Lyons 1977；Wymann 1996；Palmer 1986，2001；Cinque 1999，2004)。一般说来，“情态”是个功能/语用概念，属于概念—意识系统，“语气”是与之接口的句法范畴(参 Lyons 1977：725)。Lyons(1977)、Wymann(1996)还指出，自然语言中情态的种类似乎没有上限和下限，虽然研究者尝试将它们缩减成几种最基本和最普遍的情态，但是最后到底能缩减成哪些类，语言学界没有统一的答案。研究者(如 Halliday 1970；Palmer 1986，2001 等)通常会以是否“说话者指向”为标准来将情态分成知识类(epistemic)和义务类(deontic)，各自又划分很多小类。而 Lyons(1977)则以是否“说话者指向”为标准将情态分成主观类(包括主观知识类和主观义务类)和客观类(包括客观知识类和客观义务类)，(526)是他的例子。但其实(526b)和

① 本书以为，Chomsky 的概念—意旨系统中包括了传统文献中经常提及的语用/功能系统。

(526d)还是隐含另一种“说话者指向”的言语行为,即“I(the speaker)assert that...”这一言语行为(参 Austin 1962;Palmer 1986,2001 等)。总之,所有句子都表达说话者的某一主观情态。

(526) Alfred may be unmarried.

a. 'I(uncertainly)infer that Alfred is unmarried.' (主观知识)

b. 'In the light of what is known,it is possible the case that Alfred is unmarried.' (客观知识)

c. 'I(hereby)permit Alfred to be unmarried.' (主观义务)

d. 'Alfred is permitted to be unmarried.' (客观义务)

7.2 关系化:识别句子主观性语言实现的形式手段

类型学研究表明,不同语言中句子主观性的实现手段不同。很多语言除了有语音调节以外还用词汇或句法移位来系统区别各种情态或语气(参 Palmer 1986,2001)。任何句子主观性的语言实现都不能出现在关系从句中,这是由关系从句的客观性和句子的主观性决定的。反过来说,关系化可以识别出句子主观性的语言实现。以英、汉语为例。

英语中句子主观性的实现手段之一是语音调节,如(527a)。关系从句中不能出现表达句子主观性的语音调节,但仅从字面上来说,(527a)能够关系化成(527b)①。

(527) a. He likes that ↗ book? (疑问语气)

b. the man who likes that(*↗)book

实现手段之二是句法移位。关系从句中不能出现这样的语法手段,如(528~529)所示。

(528) a. Who_i will you catch t_i in one week? (疑问语气)

b. *the criminal whom who_i will you catch t_i in one week

(529) a. [How beautiful]$_i$ the flower is t_i! (感叹语气)

① 表达说话者的主观情态的语音调节系统相当精致而微妙。英、汉语都如此。这里只简单提及。

b. *the flower which[how beautiful]$_i$ is t_i

实现手段之三是部分情态副词。Cinque(1999)研究了情态副词的分类及线性/层级顺序。它们依次是:表说话者言语行为语气的言语行为副词,如 frankly、honestly;表说话者评估语气的评估副词,如 luckily、oddly;表说话者证据语气的证据副词,如 apparently、reportedly;表说话者知识情态的知识副词,如 probably、supposedly;表非现实语气的副词,如 perhaps;表真势情态的副词,如 necessarily、possibly;主语指向的根情态副词,如 intentionally。其中言语行为副词表示说话者的言语行为语气,只具有主观性,不能出现在关系从句中,如(530～531)所示①。

(530)a. *Frankly*, the girl hates John.

b. (she is) the girl who(**frankly*) hates John

(531)a. *Honestly*, the girl can do it.

b. (she is) the girl who(**honestly*) can do it

但评估副词、证据副词和知识副词有歧义,既可指向说话者,具有主观性;也可以与说话者无关,具有客观性。例如,*Luckily* Alfred passed the exam 既可有"I(the speaker) think it lucky that Alfred passed the exam"的主观性解读,也可以有"Alfred was lucky to have passed the exam"的客观性解读(类似于 Lyons 对(526a)、(526b)的区别)。这些副词表客观性时能出现在关系从句中,如(532～534)。

(532) the man who *oddly* never made another Bond movie

(摘自 BNC)

(533) a woman in her forties who *apparently* leads a fairy-tale existence (同上)

(534) a somewhat intense woman who *probably* rather enjoyed such gatherings (同上)

---

① 这类副词作其他类副词时能用在关系从句中,如下例中 honestly 表方式而不表言语行为。

(1) a. She doesn't honestly expect this.

b. (she is) the girl who doesn't honestly expect this

表非现实语气的副词、表真势情态的副词以及主语指向的根情态副词一般只表客观性,能出现在关系从句中,如(535～537)。

(535)a gentle character who *perhaps* would have been happier as the abbot of a Buddhist monastery (同上)

(536)someone who *possibly* doesn't like Brian Harley (同上)

(537)the girl who Joe *intentionally* has seduced (同上)

现在来看汉语。汉语中句子主观性的实现手段之一也是语音调节。关系从句中不能有句子主观性的语音实现,但仅从字面上来说,表达能关系化,如(538)。

(538)a. 他抓住了那个罪犯↗?(疑问语气)

b. [抓住了那个罪犯(*↗)]的人

实现手段之二是句末语气词(参 Chao 1968;吕叔湘 1981;胡明扬 1981 等)。关系从句中不能出现句末语气词,如(539～541):

(539)a. 你在一个星期内抓住那个罪犯吧。

b. *[你在一个星期内抓住吧]的那个罪犯

(540)a. 这朵花真美呀!

b. *[真美呀]的那朵花

(541)a. 他还会做诗呢。

b. *[还会做诗呢]的那个人

实现手段之三是部分情态副词。关于汉语情态副词的分类和数量很不统一(参王力 1943/1982;Chao 1968;张谊生 2000;史金生 2003 等)。其中,Chao(1968)提到三类副词与情态有关:一是评估副词,他列出了可、却、倒、偏、就、也、都、居然等 21 个;二是可能性副词,他列出了真、准、必定、实在、也许等 17 个;三是疑问副词,如哪、谁、怎(么)等少数几个。而史金生(2003)列出了 179 个情态副词,并仿效 Palmer(1986)将它们分成知识类和义务类,再细分成 9 小类。产生数量分歧的主要原因是很多情态副词有主观性和客观性的歧义解读。关系化可以识别出没有歧义的主观性情态副词。例如,Chao 的疑问副词表说话者的疑问语气,不能出现在关系从句中,如(542);Chao 的评估副词也大多只具主观性,不能出现在关系从句中,如(543);而Chao的可能性副词有些既可表主观性而不能出现在关系从句中,如(544),也可表客观性而能出现在关系从句中,如(545),与副词的位置有一定关系。

(542)a. 张三怎会喜欢小丽?

b. [张三(*怎)会喜欢]的那个女孩

(543)a. 我*可/倒/竟然/居然*不喜欢张三。

b. [我(**可/倒/竟然/居然*)不喜欢]的那个人

(544)a. *的确/也许*,张三很喜欢小丽。

b. [(**的确/也许*)张三很喜欢]的那个女孩

(545)a. 他将来*也许/的确/一定/可能*会成功。

b. [将来*也许/的确/一定/可能*会成功]的那个人

7.3 主观性相关内容的句法分析:前人的研究

前面提到,文献对主观性相关内容的研究主要集中在情态和语气上。近年来,在生成语法理论框架下,很多研究者(如Wymann 1996;Rizzi 1997,2002;Cinque 1999,2004;Chomsky 1998,2004等)把情态和语气分析成具有普遍语法意义的句法范畴。以下通过关系化来评介其中三例研究。

Cinque的研究:Cinque(1999,2004)把情态和语气分为几小类(前面已介绍),并通过"精细结构图示法"把它们一一投射成庞大I(nflection)系统内的功能词(functional words),即(546)。他认为(546)具有普遍语法意义,其中副词位于各功能词的指示语位置,屈折词缀、小品词等位于功能词的中心语位置。

(546) [*frankly* $\text{Mood}_{\text{speech act}}$ [*Surprisingly* $\text{Mood}_{\text{evaluative}}$ [*apparently* $\text{Mood}_{\text{evidential}}$ [*probably* $\text{Modality}_{\text{epistemic}}$ [*once* Tense... [*perhaps* $\text{Mood}_{\text{irrealis}}$ [*possibly* $\text{Mod}_{\text{alethic}}$ [*usually* Aspect... [*intentionally* $\text{Modality}_{\text{volitional}}$...

本书认为Cinque(1999)把(546)中的功能词及其相应副词全都置于I系统中不太合适:在他的分析中,言语行为副词、评估副词和证据副词等都反映说话者的主观情态,这样,在其理论框架下就无法解释这些副词(特别明显的是(530~531)中的言语行为副词)不能出现在关系从句中这一语言事实,因为如果表主观情态的$\text{Mood}_{\text{speech act}}$等是I系统中的功能词,那么为什么处于相应指示语位置的 frankly 和 honestly 等情态副词不能出现在关系从句内的 I 系统中呢？可见，Cinque 的 I 系统内的功能词投射并不同质：有的表达说话者的主观情态，不能出现在关系从句中；有的与说话者的主观情态无关，能出现在关系从句中。

Rizzi 的研究：Cinque(1999)接受 Rizzi(1997)的分析，认为(546)所示 I 系统上还有一个具有普遍语法意义的由多个功能词构成的 C(omplimentizer)系统，即(547)：

(547)Force Top* Foc Top* Fin IP①

后来，Rizzi(2002)将(547)修改成(548)。其中主要的修改是左置副词的处理：开始他(1997)把左置副词(如(549)中的频率副词 frequently)放到 Top 的指示语位置，后来他(2002:19)认为 Cinque(1999)中所有处于功能词指示语位置的副词，即(546)中的所有副词都可左移到(548)中 Mod 的指示语位置来突显。

(548)Force Top* Int Top* Focus Mod* Top* Fin IP

(549)This is the man who I think that, frequently, t takes his holidays abroad(Rizzi 2002:17)

本书认为 Rizzi(2002)关于左置副词的一元化 Mod 分析在其理论框架下无法解释为什么有的左置副词能出现在关系从句中，如(549)中的频率副词 frequently，而有的却不能，如(550)中的言语行为副词 frankly。也就是说，Rizzi 的 Mod 有时表达说话者的主观情态，不能出现在关系从句中，而有时与说话者的主观情态无关，能出现在关系从句中，其性质并不稳定。

(550) *This is the man who, frankly, t hates Mary

除了 Mod 外，Rizzi(2002)的 C 系统内还有 Force、Int、Top 和 Foc，②其中表达施为语势的 Force、表达疑问语气的 Int 与句子主观性明显相关，不能出

---

① 和 Cinque(1999)一样，Rizzi(1997，2002)也采用"精细结构图示法"，也认为副词处于相应功能词的指示语位置。另外，(547)中的"Top"代表"topic"，"Foc"代表"focus"，"Fin"代表"finiteness"，"*"表示递归(recursion)；(548)中的"Int"代表"interrogatory"，"Mod"代表"modifier"。

② Rizzi(2002)的 C 系统还包括功能词 Fin，但汉语中有没有 Fin 很有争议(参 Xu 1985～6；Pan & Hu 2002)，故这里不讨论。

现在关系从句中。例如 *the flower$_i$ which how beautiful t$_i$ is 中的感叹语势和 *the man$_i$ who t$_i$ likes whom$^{[+Q]}$ 中的疑问语气都不能出现在关系从句中。但话题和焦点能否出现在关系从句中很有争议(见 Baltin 1982;Rochemont 1989;Culicover 1991;Shyu 1995 等)。本书认为真正的焦点也表达说话者的一种主观情态,不能出现在关系从句中。Lambrecht(1994)认为焦点是"语用结构化命题的一个语义成分,它区别断言和预设"(p. 213),焦点"使表达[即预设]成为断言"(p. 207),而断言"用来吸引听话者对陈述内容的注意,表达说话者'I assert that...'的主观行为"(Palmer 2001:68)。可见,焦点实质上是一种主观情态。本书支持这一观点。事实上,那些以句法手段实现的焦点(即 Rochemont(1986)的结构焦点和分裂焦点)结构都不能出现在关系从句中,如(551~553)。

(551)a. Into the forest ran Robin Hood.

b. *the man who into the forest ran

(552)a. There walked into the room a tall man

b. *the man who there walked into the room

(553)a. It was John that hid the matches.

b. *the matches that it is John that hid

此外,研究者提到的许多焦点敏感算子其实都与说话者的主观情态相关,不能出现在关系从句中。例如,Dretske(1972)认为表达说话者态度的动词(如 it's odd that...)是焦点敏感算子,如(554);徐烈炯(2002)指出汉语中的"是"是焦点敏感算子,如(555)。徐烈炯(2005:25)认为"表示说话者看法、态度的'很奇怪'、'真的'、'居然'、'竟然'等等"是焦点敏感算子,如(556);胡建华、潘海华等(2003)认为"可"和"都"是焦点敏感算子,如(557)。它们都不能出现在关系从句中。有趣的是,这些汉语焦点敏感算子在 Chao (1968)和吕叔湘(1981)中都被列为(主观)情态副词。①

---

① 英、汉语中另一些含焦点敏感算子的结构能出现在关系从句中,如下面(1)中的量化副词、(2)中的频度副词。这说明这些算子只是焦点"敏感",并不强制焦点存在,也就不是真正意义上的焦点敏感算子。它们能出现在关系从句中,如(1b)和(2b)。

(1)a. Officers always escorted ballerinas.

b. the Ballerinas who officers always escorted

(2)a. 老张星期天通常打扫房间。

b.(老张就是)星期天通常打扫房间的那个人

另外,有些关系从句,如(张三是)小李喜欢的人(不是别人喜欢的人)中的小李重读,是焦点。表面上,以语音手段实现的焦点出现在关系从句中,但其实,它是整个主句的焦点。

(554)a. It's odd that Clyde married Bertha.

b. *the girl who it's odd that Clyde married

(555)a. 是张三喜欢小丽。

b.(小丽是)*是张三喜欢的那个女孩

(556)a. 张三竟然/居然出卖了朋友。

b.(他就是)*张三竟然/居然出卖了的那个人

(557)a. 张三可/都不喜欢小丽。

b.(小丽是)*张三可/都不喜欢的那个女孩

本书还认为英语中的话题、汉语中的部分话题也表达说话者的一种主观情态,不能出现在关系从句中。Haegeman(2006:170)认为"英语话题化(如 This book,I don't like)是一种言语行为"。本书支持这一观点。汉语话题结构比英语复杂,有时与英语相同,有时不同(参 Xu & Langendoen,1985)。与英语相同的话题化也是一种言语行为。另外,有些汉语话题结构带有充当话题标志的句中语气词时,表达说话者的主观情态,不能出现在关系从句中。Shyu(1995)认为所有汉语话题结构都不能出现在关系从句中。但本书以为像(558～559)这样的话题结构可出现在关系从句中,而话题结构一旦带上含有充当话题标志的句中语气词就不能出现在关系从句中,如(560～561)。总之,汉语中有的话题结构表达说话者主观情态,不能出现在关系从句中。而能出现在关系从句中的话题结构不表达说话者主观情态。这些事实说明了 Rizzi 的 C 系统中的几个 Top(如(548)所示)有的能出现在关系从句中,有的则不能,它们并不同质,并不是 Rizzi 所说的递归。

(558)a. 那棵树花少叶子多

b.(不要在)那棵树花少叶子多的时候(去给它施肥)

(559)a. 那件事他还没做完

b.(不要在)那件事他还没做完的时候(去打扰他)

(560)a. 那棵树啊,花少叶子多

b.(不要在)*那棵树啊,花少叶子多的时候(去给它施肥)

(561)a. 那件事吧,他还没完成

b.(不要在)*那件事吧,他还没做完的时候(去打扰他)

总之,关系化可检验出 Rizzi 的 C 系统内的功能词分类略显混乱,无法解释以下现象：其中的Force、Int、Focus、部分Mod和部分Top表达说话者主观情态，不能出现在关系从句；而部分Mod和部分Top不表达说话者主观情态，能出现在关系从句中。

Chomsky的研究：Chomsky(1998,2004)在他的最简方案框架下也反复提到语势/语气(force/mood)，有意思的是，他用"/"连接force和mood这两个词，表示同义，既包含了Rizzi的C系统中的force，也包含了Cinque的I系统中的mood。他(1998:102)认为"核心功能类型包括表达语势/语气的C，表示时态/事件结构的T，以及轻动词v"。可见，Chomsky用一个笼统的C来表达语势/语气，用一个笼统的I/T来表达时态/事件结构。虽然Chomsky的I/T和C内部没有Rizzi、Cinque的C系统和I系统那样细致的功能词再分类，但C与I/T之间的界分非常明确，C表达语势/语气，而I/T不表达，而不像Rizzi的C系统和Cinque的I系统那样，既有与主观性有关的功能词，也有与主观性无关的功能词。本书认同Chomsky关于C和I/T明确区分的分析，认为，Cinque的I系统中那些与说话者主观情态有关、不能出现在关系从句中的功能词(如$\text{Mood}_{\text{speech act}}$)应处于表达语势/语气的C系统内，而Rizzi的C系统中那些与说话者主观情态无关、能出现在关系从句的功能词(如部分Mod和部分Top)应处于不表语势/语气的I系统中。

Chomsky(1998:102)还总结了C和I/T之间的选择关系："C可以不被选择，v和T必须被选择。C必须被实词选择，v只能被功能词选择。T被C或V选择……。C选择T；T和v选择动词成分。"也就是说，表达语势/语气的C不能选择另一个含有语势/语气的CP，只能选择一个不含语势/语气的IP/TP。在Chomsky看来，句子CP的C表语势/语气，选择不含语势/语气的TP，关系从句CP的C也表语势/语气，选择不含语势/语气的TP，关系从句的C不能选择另一个含有语势/语气的CP。因此，这种C和T之间的选择关系在一定程度上能解释关系从句中不能出现表达说话者主观情态的语势/语气成分这一语言事实。例如关系从句C不能选择表疑问语气的CP(如*the man$[_{CP}$whom$_i$ $C^0[_{CP}$who$^{[+Q]}$ killed t$_i]]$)。

但Chomsky对C表达语势/语气的分析略显模糊：他把关系从句和主句都分析成CP，那么关系从句C表示的语势/语气和主句C表达的语势/语气又有何区别？这一模糊性导致他(2004:25)自己说出"在语义(SEM)上，vP和CP是命题构建：vP是完整的论元结构，CP是包括时态、事件结构和(至少在主句中存在的)语势的最小构建"这样有些矛盾的话——既然C表示语势/语气，那么关系从句中的C也表示语势/语气，为什么要加上"至少在主句中存在的"这样的说明？这一模糊性是由于他有时把语势/语气看成是一个表分句类型的抽象概念,而有时却把语势/语气看成一个表说话者的主观言语行为的具体概念,没有把主句中语势/语气的主观性和关系从句中语势/语气的客观性区别开来。此外,与 Rizzi 和 Cinque 不同,Chomsky 通常把副词分析为 IP 上的嫁接成分,这种分析无法解释有些表说话者主观情态的副词不能出现在关系从句的 IP 中这一语言事实。

7.4 一种新分析

本书认同 Chomsky 关于 C 和 I/T 的明确区分,也支持 Chomsky 的选择关系。但为了突出句子 C 和关系从句 C 表达的语势/语气的区别,表明关系从句的客观性和句子的主观性这两个不同语用/功能特征,并解释关系从句中不能出现主观情态语言实现的各种语言事实,本书在 Chomsky 的特征核查理论框架下引入[+/-subjectivity]特征并提出以下假设:

句子表达说话者的主观情态,具有[+subjectivity]特征(以下缩写成[+subj]),借助一定的语法手段实现(如语音调节、词汇使用或狭义句法移位),句子的句法推导中有[+subj]特征的并入,投射为 $C^{[+subj]}$,$C^{[+subj]}$ 选择表时态/事件结构的 TP。关系从句不表达说话者的主观情态,具有[-subjectivity]特征(以下缩写成[-subj]),借助一定的语法手段实现(如英语中的关系代词和汉语中的关系从句标记"的"),关系从句的句法推导中有[-subj]特征的并入,投射为 $C^{[-subj]}$,$C^{[-subj]}$ 选择 TP。C 表达的是一种抽象的语势/语气概念,携带不同特征:句子 C 携带[+subj]特征,关系从句 C 携带[-subj]特征。TP 的句法推导中既没有[+subj]特征也没有[-subj]特征的并入。任何句法推导中都不能有[+subj]特征和[-subj]特征的冲突,否则推导崩溃。也就是说,$C^{[+subj]}$ 不能选择 $C^{[-subj]}$,$C^{[-subj]}$ 也不能选择 $C^{[+subj]}$。①

有了以上假设,我们就能较好地解释以上句子主观性的语言实现不能出现在关系从句中的原因了。举以下几个例子说明。就英语而言,(562)中的主观情态副词 frankly 携带[+subj]特征,推导中有 $C^{[+subj]}$ 的投射,

① 由于本书主要目的不是分析主观情态的可能类别以及这些类别之间的句法关系,而是解释主观情态与关系化的关系,因此效仿 Chomsky 用一个笼统的 C 来表达语势/语气、用一个笼统的 T 来表达时态/事件结构的分析方法。但句子 C 和关系从句 C 携带不同特征。虽然如此,本书并不拒绝 $C^{[+subj]}$ 和 I/T 分裂的存在。主句的 $C^{[+subj]}$ 系统内可能分裂有 $Int^{[+subj]}$、$Foc^{[+subj]}$、$Top^{[+subj]}$ 等,但必须都具有[+subj]这一共同特征,本书将这些具有共同特征的成分绑定为一个笼统的 $C^{[+subj]}$。与 $C^{[+subj]}$ 不同,$C^{[-subj]}$ 不分裂,能出现在关系从句中的成分都处于 I 系统内,如部分不表主观情态的 Mod 和 Top。

frankly 处于 C 的指示语位置。[①] (563)[②]中的关系代词 that 携带[-subj]特征，推导中有 $C^{[-subj]}$的投射。而(564)中既有 frankly 携带[+subj]特征，又有 that 携带[-subj]特征，故推导崩溃。

(562) a. Frankly, I dislike him.

b. $[_{CP}$ frankly$^{[+subj]}$ C^0 $[_{TP}$ I dislike him]]

(563) a. (the) man that I dislike

b. $[_{CP}$ man$_i$ that$^{[-subj]}$ $[_{TP}$ I dislike t_i]]

(564) a. (the) *man that frankly I dislike

b. *$[_{CP}$ man$_i$ that$^{[-subj]}$ $[_{CP}$ frankly$^{[+subj]}$ I dislike t_i]]

(565)中的疑问代词 who 携带[+subj]特征，推导中有 $C^{[+subj]}$ 的投射。而(566)中既有疑问代词 who 携带[+subj]特征，又有关系代词 who 携带[-subj]特征，故推导崩溃。

(565) a. Who will catch the criminal?

b. $[_{CP}$ who$_i^{[+subj]}$ will$_j$ $[_{TP}$ t_i t_j catch the criminal]]

(566) a. (the) *criminal who who willcatch

b. *$[_{CP}$ $[_{DP}$ criminal who$^{[-subj]}$]$_i$ C^0 $[_{CP}$ who$^{[+subj]}$ will catch t_i]]

(567)中的话题 this book 携带[+subj]特征，推导中有 $C^{[+subj]}$ 的投射。而(568)中既有话题 this book 携带[+subj]特征，又有关系代词 who 携带[-subj]特征，故推导崩溃。

(567) a. This book, I like.

b. $[_{CP}$ this book$_i^{[+subj]}$ $[_{TP}$ I like t_i]]

(568) a. (the) *man who this book, like

b. *$[_{CP}$ $[_{DP}$ man who$^{[-subj]}$]$_i$ C^0 $[_{CP}$ this book$_j^{[+subj]}$, t_i like t_j]]

就汉语而言，(569)中的情态副词*居然*携带[+subj]特征，推导中有

① 本书接受 Rizzi 和 Cinque 的副词位于功能词指示语位置，屈折词缀、小品词等位于功能词中心语位置这一具体处理方法。

② 这里暂时采用 Kayne(1994)的方法来分析所有英语关系从句的句法表达式。

$C^{[+subj]}$的投射。而(570)中既有副词居然携带[+subj]特征,又有关系从句标记的携带[-subj]特征,故推导崩溃。

(569)a. 居然他不喜欢我。

b. [$_{CP}$居然$^{[+subj]}$ C^0[$_{TP}$他不喜欢我]]

(570)a. *居然他不喜欢的(那个人)

b. *[$_{CP}$[$_{CP}$居然$^{[+subj]}$他不喜欢]的$^{[-subj]}$]

(571)中的句末语气词吧携带[+subj]特征,推导中有$C^{[+subj]}$的投射。而(572)中既有语气词吧携带[+subj]特征,又有关系从句标记的携带[-subj]特征,推导崩溃。

(571)a. 他不喜欢我吧。

b. [$_{CP}$[$_{TP}$他不喜欢我]吧$^{[+subj]}$]

(572)a. *他不喜欢吧的(那个人)

b. *[$_{CP}$[$_{CP}$他不喜欢吧$^{[+subj]}$]的$^{[-subj]}$]

总之,本章对比了句子的主观性和关系从句的客观性这两个不同语用/功能特征,总结了英、汉语中句子主观性的语言实现不能出现在关系从句中的事实,并基于这些语言事实评述了Cinque、Rizzi及Chomsky等对主观性相关内容的句法研究。本章认为Rizzi和Cinque对I系统和C系统的区别有些模糊,其内部功能词的分类和位置略显混乱。本章接受Chomsky对C和I的明确界分,并认为能出现在关系从句中的语言实现应处于I系统中,而不能出现在关系从句中的语言实现应处于C系统中。为了表明关系从句和句子的语用/功能区别,解释关系从句中不能出现句子主观性语言实现的事实,突出句子和关系从句在句法上的同与异,本章认为,句子的句法推导中有[+subj]特征的并入,投射为$C^{[+subj]}$,关系从句的句法推导中有[-subj]特征的并入,投射是$C^{[-subj]}$,它们均选择既没有[+subj]特征也没有[-subj]特征的TP/IP。C表达一种抽象的语势/语气概念,能携带不同特征,也就是,句子C携带[+subj]特征,关系从句C携带[-subj]特征。任何句法推导都不能允许[+subj]特征和[-subj]特征的同时存在。

第8章 关系化:识别主从、并列句法区别的形式手段

有文献主张在句法系统内从形态句法(morphosyntactic)的角度来界定主从(subordination)和并列(coordination)这两种基本分句连接类型,也有文献在概念—意旨系统内从功能/语用的角度来界定它们,并提出了各自的判断或检验标准。与此相应,前者一般认为主从和并列是两种不同的句法结构——主从结构中,从句附加在主句上,主句的句法位置高于从句,而并列结构中,两个分句的句法位置同样高;后者一般认为主从和并列是两种不同的功能/语用关系,与句法无关。另一方面,有文献赞同主从、并列二分法,有文献则赞同主从、并列和并从三分法,甚至多分法。本书认为:1)主从和并列确实是两种不同句法结构;2)"关系化检验"是一种稳定可靠、适用于所有语言的识别/界定主从和并列结构的形式手段。具体说来,非"全域"成分能关系化的表达是主从结构,否则是并列结构。因此,本书赞成复句的主从、并列二分法(相关讨论详见杨彩梅 2012c)。

8.1 文献综述

8.1.1 主从、并列结构的形态句法界定

采用二分法的研究者(如 Lyons 1968)认为,分句的连接类型只有并列和主从两种,产生并列和主从两种句法结构,可用倚靠(dependency)和嵌入(embedding)等形态句法标准来界定或识别它们。但这两种基于印欧语系的形态句法标准不可能适用于所有语言。即使对印欧语本身,其适用性也有限,例如倚靠标准不能区分(573a)和(573b)中斜体部分分句类型的不同,因为它们都不能独立使用,都需要倚靠"别人"而存在(Haiman & Thompson 1985);而嵌入标准无法避免"连续问题",即分句类型在形态句法上的不一致或不连续,也无法避免"错配问题",即分句类型在功能/语用上的不

一致或错配(Cristofaro 2003),例如(573c)中的非嵌入分句 for it's raining 是一个独立的主句,但它在功能/语用上却等于(573b)中的属于嵌入成分的原因状语从句 because it's raining。

(573)a. *It's raining and* I am not going out.

b. I am not going out *because it's raining*.

c. I am not going out, for it's raining.

采用"连续体方法"的人认为,分句的连接类型不只是并列和主从两种,而是一个连续体,主从和并列位于连续体的两极,中间还存在其他类型。例如 Foley & Van Valin(1984)和 Van Valin & Lapolla(1997)主张并列、主从、并从三分,以[+/-倚靠]和[+/-嵌入]为参数特征,并列关系选择[-倚靠]和[-嵌入],主从关系选择[+倚靠]和[+嵌入],并从关系选择[+倚靠]和[-嵌入],并从关系位于连续体的中间位置;Haiman & Thompson(1984)的"连续体分析"甚至指出有 7 个参数(包括时态或语态的一致、分句的简化、分句的嵌入等)决定分句连接类型更像主从或更像并列。这些"连续体方法"能解决"连续问题",但还是不能解决"错配问题"(Cristofaro 2003)。

8.1.2 主从、并列关系的功能/语用界定和"断言检验"

功能派往往借用前景与背景(Reinhart 1984)、突显—场所(figure-ground)与复合突显(complex figure)(Talmy 2000)等语用/功能概念来定义主从和并列。Cristofaro(2003:25)认为,功能方法的好处在于从具有普遍意义的功能/语用方面而不从不具普遍意义的形态句法方面去定义主从和并列,但以往功能方法所借用的前景、背景、突显、场所等概念本身既没有客观的定义,也没有"稳定可靠、适用于所有语言的界定标准"。因此,她提出了"非对称假设":1)主从是指分句之间在功能/语用上的非对称关系,其中主句所表达的事件状态的轮廓凸显于从句;2)"断言检验"是一种稳定可靠、适用于所有语言的主从、并列关系的界定标准。她提出了两类"断言检验",一类是通过"句子否定"去检验,也就是说,将整个句子否定后,应只有主句被否定,从句不被否定,例如在(574)中,将整个句子否定后,只有 the burglar fled 被否定,alarms ringing 不被否定,故 the burglar fled 是主句,alarms ringing 是从句;另一类是通过"句子疑问"或"附加问句"去检验,也就是说,将整个句子变成疑问句或附加问句后,应只有主句能改变语势(force),从句不受影响,例如在(575)中,变成疑问语势的只能是主句 the burglar fled,而不能是从句 alarms ringing,从(575b)中可更清楚地看出这一点。

(574) It is not the case that, alarms ringing, the burglar fled.
(Cristofaro 2003:32)

(575) a. Is it the case that, alarms ringing, the burglar fled?
b. Alarms ringing, the burglar fled, didn't he? /* didn't they? (同上)

但本书以为 Cristofaro 的"断言检验"也有问题：

其一，第一类检验并不可靠，(576～577)中的情况表明，在英、汉语中的一些表达中，主、从句都有可能被否定。

(576) It is not the case that he used her computer because she was not there.
(=He didn't use the computer, although she was not there. / Although she was there, he used her computer. /...)
(对比 Cristofaro 2003:38)

(577) 张三因为爱她所以娶了她不是真的。
(=张三没有娶她，虽然他爱她。/张三根本不爱她，虽然他娶了她。/…)

其二，第二类检验对英语的适用性有限，例如它无法区分(578a)和(578b)的不同；对汉语就更不起作用，例如(579b)和(580b)表明句子疑问和附加问句都无法区分(579a)和(580a)的不同。

(578) a. Max loved Mary and hated Lisa, didn't he?
b. Max went to the store to buy some beer, didn't he?

(579) a. 他睡觉的时候总讲梦话。
b. 难道他睡觉的时候总讲梦话吗？/他睡觉的时候总讲梦话，对吗？

(580) a. 张三既喜欢小丽又喜欢小华。
b. 难道张三既喜欢小丽又喜欢小华吗？/张三既喜欢小丽又喜欢小华，对吗？

其三，Cristofaro(2003:38)用第一类检验诊断出(581a)是并列，但是(581b)中的两种附加问句都可接受(参 Johannessen 1998)，第一类检验与第二类检验结果矛盾。

(581)a. She is not here and so he can use her computer. (Cristofaro 2003:38)

b. She is not here and so he can use her computer, is she? / can't he?

其四,Cristofaro 反复强调"断言检验"不依靠任何语言的任何具体形态句法特征因而适用于所有语言,但实质上它最终总会落到具体语言的具体形态句法特征上,例如(578b)中的附加问句涉及"didn't he"与前面主句动词的性、数、格、时态等的句法一致问题。既然与具体语言的具体句法形态相关,而不同语言的句子否定、句子疑问和附加问句的句法形态及其语义解读相当复杂,那么"断言检验"就不可能适用于所有语言。

8.1.3 主从、并列关系的功能/语用界定和"并列关系限制"

Ross(1967)首次提出的、Grosu(1973)和 Williams(1978)等反复引用的"并列结构限制"(Coordinate Structure Constraint)包括如下内容:由 and 等连词连接的并列结构内的"全域"(across-the-board)成分能关系化,例如(582)中的"全域"成分 the dignitaries 能够关系化;但非"全域"成分不能关系化,例如(583)中的非"全域"成分 the dignitaries 和 the castle 都不能关系化。①

(582) a. Sandy photographed the dignitaries and Chris visited them.

b. the dignitaries that[Sandy photographed _ and Chris visited _] (Ross 1967)

(583)a. Sandy photographed the castle and Chris visited the dignitaries.

b. *the dignitaries who[sandy photographed the castle and Chris visited _]

c. *the castle which[Sandy photographed _ and Chris visited the dignitaries] (同上)

① "全域"成分关系化是指两并列分句内的同指成分同时关系化,例如(582);非"全域"成分关系化是指一个分句内的成分关系化,例如(583)。

但 Kehler(1995,1996)和 Johannessen(1998)举出了“并列结构限制”的很多反例:当 and 表达“and nonetheless/still”的转折关系时,非“全域”成分能关系化,如(584)所示;当 and 表达“and therefore/as a result”的因果关系时,非“全域”成分能关系化,如(585)所示;当 and 表达“and then”的时间连续关系时,非“全域”成分能关系化,如(586～587)所示。Kehler(1995,1996)将分句连接关系分为三大类:类同关系要求各分句内的实体及其属性具有共同性或对比性,包括平行、对比、举例、概括和细节说明这五个子类的关系;因果关系要求各分句命题之间有一种由因及果的关系,包括结果、释因、转折和让步这四个子类的关系;连续关系即叙述关系,表达两个或多个事件之间的连贯顺序或状态改变。他总结认为,由 and 等连词连接的复杂结构也可分为类同关系、因果关系和连续关系三大类,类同关系中的非“全域”成分不能关系化,因果关系和连续关系中的非“全域”成分能关系化。因此,Kehler(1995,1996)得出结论说,自然语言语法中没有句法上的“并列结构限制”,只有功能/语用上的“并列关系限制”,即“类同关系限制”;并列关系与 and 等连词连接的所谓“并列结构”没有必然的对应关系,而是与各分句内实体及其属性的功能/语用的类同或对称有关;反过来,关系化可区分传统语法中的所谓“并列结构”中的并列和假并列关系,即非“全域”成分不能关系化的是并列关系,非“全域”成分能关系化的是假并列关系。

(584) the wine he drank_ and still stayed sober (Kehler 1996)

(585) That's the stuff that the guys in the Caucasus drink _ and live to be a hundred. (同上)

(586) Here is the whisky which I went to the store and bought. (Johannessen 1998:217)

(587) das Gepäck, dass er fallen liess und rannte zum Hinterausgang (德语)

the baggage that he down let and run to. the rear. exit

'the baggage which he let fall and ran to the rear exit'

(比较 Johannessen 1998:218)①

① De Vries(2002)认为表因果或转折关系时只有第一个分句中的非“全域”成分能关系化,但 Kehler(1996)和 Johannessen(1998)认为最后分句中的非“全域”成分也能关系化;Lakoff(1986)认为叙述关系中只能是最后分句内的非“全域”成分能关系化,但 Johannessen 认为第一个分句中的非“全域”成分也能关系化。本书在此不做选择和讨论,因为本书关注的是是否有非“全域”成分的关系化,不在乎是哪一个分句的成分能关系化。

在 Cristofaro(2003)所总结的主句—状语从句、主句—关系从句、主句—主语/宾语从句三组传统语法意义上的主从关系中,非"全域"①成分的关系化更明显。以 because、although、if 等连词连接的表因果关系(即 Kehler 的广义因果关系)的主句—状语从句关系和以 before、after、when 等连词连接的表时间连续关系的主句—状语从句关系都很容易有非"全域"成分的关系化,如(588~589)所示。主句—主语/宾语从句和主句—关系从句关系也极容易有非"全域"成分的关系化,如(590~591)所示(参 Ross 1967;Chomsky 1986)。

(588) a. I decided to buy it because it has such a big memory.

b. the man who[_decided to buy it because it has such a big memory]

(589) a. Harry entered the back room before he devoured the food in thirty seconds.

b. the room which[Harry entered _ before he devoured the food in thirty seconds]

(590) a. John said that Mike loved me.

b. the man who said that Mike loved me

(591) a. The woman was killed by the man who had a big dog.

b. the woman who was killed by the man who had a big dog

总之,与 Cristofaro(2003)的看法一样,Kehler(1995,1996)认为,并列、主从关系不是一种句法关系,而是一种语用/功能关系,或者说概念—意旨关系,因此 Ross 的"并列结构限制"应改成"并列关系限制"。他还认为,并列关系中的非"全域"成分不能关系化,而主从(包括假并列和传统语法中的主从关系②)关系中的非"全域"成分能关系化;反过来,关系化可以区分并列

---

① "全域"这一术语是 Ross(1967)、Williams(1978)等针对由 and 等连接的并列结构提出的。而寄生语缺(parasitic gap)是 Ross(1967)、Chomsky(1986)等针对主从结构提出的。但本书把两个分句(不管是并列复句中的两个分句还是主从复句中的两个分句)中的同指成分的同时关系化统称为"全域"成分的关系化。

② 关于假并列关系和传统主从关系之间的联系与区别分析如下:假并列关系就是主从关系;英语主从关系由于邻近原则的作用只有主句中的"全域"成分才能关系化,但假并列关系在有些情况下似乎任一分句内的非"全域"成分都能关系化,这说明,假并列关系在有些情况下任一分句都可能充当主句或从句,所以,英语中的假并列关系有时似乎是一种双向主从关系;但汉语不受邻近原则的限制,不管是假并列还是传统主从关系,非"全域"成分能关系化的分句可能是主句,也可能是从句,"关系化检验"能区分主从的存在,但不太容易区分哪一个分句是主句,这要靠其他方法识别,本书不再深入讨论。

和主从关系：非“全域”成分不能关系化的为并列关系；非“全域”成分能关系化的为主从关系。

8.2 本书新观点：关系化是一种识别主从、并列句法区别的形式手段

本书承认 Kehler(1995,1996)等研究中的语言事实，但与 Kehler(1995,1996)的思考方向不同。本书支持 Ross(1967)、Grosu(1973)和 Williams(1978)等主张的“并列结构限制”。本书认为，“并列结构限制”是一种句法限制。它所强调的是，并列结构内的非“全域”成分不能关系化，否则就不是并列结构而是主从结构。既然当 and 表达“and nonetheless/still”、“and therefore/as a result”和“and then”等意义时，非“全域”成分能关系化，如(584～587)所示，那么此时的 and 连接的就不应该是并列结构，而应该是主从结构。因此，与传统语法观点不同，and 并不一定是“并列连词”，它也可以是“从属连词”。总之，本书认为，如果两个分句中的某一个非“全域”成分能关系化，分句之间就是主从结构，否则就是并列结构，也就是说，关系化是识别主从结构和并列结构的形式手段。因此，本书认为，1)主从和并列是两种不同的句法结构——主从结构中，从句附加在主句上，主句的句法位置高于从句，而并列结构中，两个分句的句法位置同样高；2)“关系化检验”是一种稳定可靠、适用于所有语言的界定主从、并列结构的形式手段，即非“全域”成分能关系化的是主从结构，否则是并列结构；3)因此，本书赞成句法结构的主从、并列二分法，反对多分法。本书还认为，与并列、主从的句法结构进行接口的分别是并列、主从的语用/功能关系；句法系统(即狭义句法系统+语义系统)内存在 Ross(1967)、Grosu(1973)和 Williams(1978)等的“并列结构限制”，而概念—意旨系统内存在 Kehler(1995,1996)等的“并列关系限制”；“并列结构限制”与“并列关系限制”进行接口。

8.3 “关系化检验”与汉语中的主从、并列结构

既然“关系化检验”是一种稳定可靠、适用于所有自然语言的识别主从、并列结构的形式手段。本书接下来现用它来界定汉语中的主从复句和并列复句，并检验一些文献对汉语复句分类的合理性。本书的检验表明邢福义

(2001)等对汉语复句的分类不完全合理,其中有些类别的内部并不同质。

邢福义指出复句有并列、因果和转折三大类别,并以此为基点,建构了汉语的复句三分系统,每一大类下又分几小类,对应一定的标志。但本书的"关系化检验"表明,他的并列类和转折类复句①内部并不同质。

他描写了四种并列类复句:并列句、连贯句、递进句和选择句。他列出的并列句标志有"既……又/也……"、"又……又……"、"(一)边……(一)边……"、"一面……一面……"等。前两个标志表明分句内实体及其属性的共性,非"全域"成分不能关系化,例如(592)。但后两个标志在很多情况下表示伴随状态,非"全域"成分能关系化,例如(593~594)。可见,他的"并列句"内部不同质,有的确实是并列结构,有的则是假并列/主从结构。

(592)a. 整个上午,张三又是责骂妻子,又是教训儿子。

b. *[整个上午,张三又是责骂妻子,又是教训_]的那个孩子

c. *[整个上午,张三又是责骂_又是教训儿子]的那个妇女

(593)a. 姑娘们(一)边走(一)边看表演。

b. [姑娘们(一)边走(一)边看_]的那些表演

(594)a. 小丽一面说一面织着毛衣。

b. [小丽一面说一面织着_]的那件毛衣

他列出的连贯句标志有"(先)……接着/然后……"和"(刚/从/这么/只要)一……就……"两类。前者"表示动作的先后连贯"关系(第218页),非"全域"成分能关系化,例如(595)。后者"有时表示单纯的连贯关系,有时在表示先后连贯的同时还反映出条件、因果关系,……但都显示'行为紧接'这一基本语义关系"(第266页),非"全域"成分能关系化,例如(596~597)。可见,他的连贯句是主从结构而非并列结构。

(595)a. 小李(先)亲了一下我,然后才拿走那款宝石。

b. [小李(先)亲了一下我,然后才拿走_]的那款宝石

(596)a. 小李一低头,就瞧见了那个姑娘。

b. [小李一低头,就瞧见了_] 的那个姑娘

(597)a. (刚/从)一见面,小李就喜欢上了这个叔叔。

b. [(刚/从)一见面,小李就喜欢上了_]的那个人

---

① 这一小节中的例子大部分是从邢福义(2001)中直接引用或经过非本质改动而来。

他列出的递进句标志有“不但/不只……(而且/还/连……也)……”、“尚且/都/连—也……何况/更不必说……”等,选择句标志有“(或者)……或者……”、“不是……就是……”等。其中的非“全域”成分不能关系化,例如(598~599)。可见,递进句和选择句内的分句构成一种并列结构。

(598)a. 约翰不但能听懂中国话,而且能写不少中国字。

b. *[约翰不但能听懂中国话,而且能写_]的那些中国字

(599)a. 他现在或者在操场上打篮球,或者在家里写那篇作文。

b. *[他现在或者在操场上打篮球,或者在家里写_]的那篇作文

总之,他的“并列类复句”内部并不同质,有的是并列,有的是主从。

他勾描了三种转折类复句:转折句、让步句和假转句。转折句的主要标志有“P但是/然而/可是Q”等,可分两种情况:一种隐含因果关系,P是原因,¬Q是结果(Q为¬Q的反面),非“全域”成分能关系化,例如(600);另一种隐含对比关系,P、Q内的实体及其属性呈对比状态,非“全域”成分不能关系化,例如(601)。可见,他的转折句内部并不同质,有的是主从结构,有的则是并列结构。

(600)a. 他喝了很多酒,但仍算出了那道难题。

b. [他喝了很多酒,但仍算出了_]的那道难题

(601)a. 张三喜欢这本书,但李四喜欢那本书。

b. *[张三喜欢这本书,但李四喜欢_]的那本书

他列出“虽然/尽管P,但是Q”、“即使P,也Q”等作为让步句标志,并认为P、Q处于因果逆转的关系。这类复句中的非“全域”成分能关系化,例如(602)。可见,他的让步句是主从结构。

(602)a. 尽管张三认真复习了功课,但是他还是没有通过考试。

b. [尽管张三认真复习了功课,但是他还是没有通过_]的那场考试

他列出“P,否则/不然Q”等作为假转句典型标志,又分为两子类复句:一类是“因为/由于P,否则Q”等标志的复句,非“全域”成分能关系化,例如

(603);另一类是"可惜/还是P(呀/吧),否则Q"等标志的复句,非"全域"成分不能关系化,例如(604)。可见,他的假转句内部也不同质。

(603)a. 因为张三生病了,否则他一定会去看那场电影。

b. [因为张三生病了,否则他一定会去看_]的那场电影

(604)a. 你还是认真工作(吧),否则你会对不起小李。

b. *[你还是认真工作(吧),否则你会对不起_]的那个人

总之,邢氏的转折类复句内部并不同质,有的是主从结构,有的是并列结构。

邢氏勾描了五种因果类复句:因果句、条件句、目的句、假设句和推断句,分别有典型标志"因为……所以……""只要……就……""……以便……""如果……就……"和"既然……就……"。其中的非"全域"成分能关系化,如(605~609)。可见,他的因果类复句都是主从结构。

(605)a. 因为病人不肯动手术,所以医生不得不采用那种保守疗法。

b. [因为病人不肯动手术,所以医生不得不采用_]的那种保守疗法

(606)a. 你只要认真学习就能通过那场考试。

b. [你只要认真学习就能通过_]的那场考试

(607)a. 他决定认真学习,以便能通过那场考试。

b. [他决定认真学习,以便能通过_]的那场考试

(608)a. 如果小李肯帮忙,张三就能通过那场考试。

b. [如果小李肯帮忙,张三就能通过_]的那场考试

(609)a. 既然病人不肯动手术,医生就只好采用那种保守疗法。

b. [既然病人不肯动手术,医生就只好采用_]的那种保守疗法

综上所述,邢氏将汉语复句分成三大类,但从"关系化检验"的结果来看,其中的并列类和转折类内部并不同质,非"全域"成分不能关系化的,是并列结构,而非"全域"成分能关系化的,是主从结构。丁声树等(2004)认为,汉语复句有并列和主从两类,其中并列复句下有联合、递进、连贯、选择和对比等几种类型,主从复句下有转折、假设、条件、因果和目的等几种类型。本书认可丁声树等(2004)的二分法,但本书的二分法以"关系化检验"为基础,因而与他们的二分法也不相同。

除了以上所讨论的主句—状语从句关系以外，还有主句—关系从句和主句—主语/宾语从句关系，类似 Chao(1968)的包孕句(pregnant sentences)关系。它们都属于主从结构，其中的非"全域"成分能关系化，例如：

(610)a. [他说那些事]不合适　　b. [[他说_]不合适]的那些事

(611)a. [老人坐那种摩托车]太危险　　b. [[老人坐_]太危险]的那种摩托车

(612)a. 他提议[我们都去吃那种饺子]　　b. [他提议[我们都去吃_]]的那种饺子

(613)a. 我觉得[你说那些事不合适]　　b. [我觉得[[你说_]不合适]]的那些事

(614)a. [[读过那本书]的人]不多　　b. [[[读过_]的人]不多]的那本书

(615)a. [[教过那个学生]的老师]都出国了　　b. [[[教过_]的老师]都出国了]的那个学生

(616)a. [[那个老师教过]的学生]都成功了　　b. [[[教过_] 的学生]都成功了]的那个老师

总之，以往关于并列和主从的定义和界定标准都有一定的局限性。本章支持主从结构、并列结构的两分法，但在"并列结构限制"的理论框架下提出了具有普遍意义的"关系化检验"用以界定主从结构和并列结构。在英语中，由于邻近原则的限制，主句的非"全域"成分能关系化，从句的非"全域"成分不能关系化，故"关系化检验"除能区分主从结构的存在外，还能区分哪一分句是主句，哪一分句是从句；但汉语不受邻近原则的限制，主句和从句的非"全域"成分都能关系化，因此，"关系化检验"能区分主从结构的存在，但无法区分哪一分句是主句，只能靠其他方法识别，这里不再深入讨论。另外，本章用"关系化检验"测试出邢福义(2001)等对汉语复句的分类还有值得商榷之处。

第9章 关系从句的限制性—非限制性句法区别*

文献普遍认为英语关系从句在概念—意旨系统内区分为限制性和非限制性关系从句，而在(显性和/或隐性)句法上也区分为限制性关系从句和非限制性关系从句。① 然而，文献对于汉语关系从句是否存在限制性—非限制性区别很有争议：有人认为在概念—意旨和句法系统内都有此区别；有人认为在概念—意旨系统内有此区别而在句法系统内没有；少数人则认为在概念—意旨和句法系统内都没有此区别，因为无论在功能/语用上还是在句法上，汉语中都只有限制性关系从句，没有非限制性关系从句。这些研究对限制性和非限制性关系从句的判断大多凭主观感觉，缺乏形式手段的支持。本章则提出："NP/DP/VP-省略"(NP/DP/VP-ellipsis)这种形式手段可以证明，英、汉语关系从句都在句法上有限制性—非限制性区别来与功能/语用上的该区别进行接口。

本章接下来分三部分讨论：第一部分是文献综述；第二部分阐述了用"NP/DP/VP-省略"来界定英、汉语中限制性—非限制性句法区别的理论依据及其具体内容；第三部分是结语，并指明了后续研究的内容。

---

* 本章的主要内容来自杨彩梅(2008)。本章中提到的"句法"包括"显性句法"和"隐性句法"。"显性句法"等于本书上篇1.2节中提到的狭义句法系统，狭义句法推导的终点是句法表达式；"隐性句法"等于本书上篇1.2节中提到的语义系统或LF层面，语义推导的终点是语义表达式或者说LF-表达式。而本章中的"语用/功能"属于本书上篇1.2节中提到的概念—意图系统，属于语法系统之外的"外部系统"。另外，本书除了上篇第9、10章中区分了限制性、非限制性关系从句外，其他章节中的关系从句都是指限制性关系从句。

① NRC又被称为同位语(appositive)关系从句(De Vries 2006)或描写性(descriptive)关系从句(Chao 1968；Hashimoto 1971)。

9.1 文献综述

9.1.1 英语中的限制性—非限制性区别

文献都认为,英语关系从句在书写和语音上存在限制性—非限制性区别,例如(618)中的非限制性关系从句与先行语之间有逗号和逗号调,而(617)中的限制性关系从句与先行语之间没有;在功能/语用上也有限制性—非限制性区别,例如(617)中的限制性关系从句对 pets 发挥区别①功能,因而(617)表达"Kim 有三只由邻居照看的宠物,还有一些不由邻居照看的宠物"的意义/概念,可扩充为(619),而(618)中的非限制性关系从句对 three pets 发挥注释②功能,因而(618)表达"Kim 一共只有三只宠物,(碰巧)它们都由邻居照看"的意义/概念,不可扩充为(620)(参 Lyons 1977; Arnold 2004; De Vries 2006)。

(617) Kim has three pets which a neighbor looks after. (RRC)

(618) Kim has three pets, which a neighbor looks after. (NRC)

(619) Kim has three pets which a neighbor looks after. The others fend for themselves. (Arnold 2004:1)

(620) Kim has three pets, which a neighbor looks after. * The others fend for themselves. (同上)

文献普遍③认为英语关系从句在句法上也相应地存在限制性—非限制性区别。句法分显性句法和隐性句法。词项首先进入显性句法,进行合并和移位等一系列显性的推导,终点被称为句法表达式,也被称为拼读点(spell-out);过了拼读点,句法单位再进入隐性句法,进行移位和合并等一系列隐性的推导,终点被称为语义表达式或者说 LF-表达式(参 Huang 1982/1998; Grümpel 2002:2;徐烈炯 2009:345)。基于句法的这两种区别,

---

① 限制性关系从句提供描写性信息以使听话人"识别"(identify)整个复杂名词短语的所指(Lyons 1977:761)。Chao(1968:286)称之为"限制性"功能;陆丙甫(2003:14)称之为"区别性"功能;屈承熹(2005)称之为"确定所指"功能。

② 非限制性关系从句提供的描写性信息对先行语的所指只起"注释"(specify)作用(De Vries 2006:1)。Chao(1968:286)和 Hashimoto(1971)称之为"描写性"功能。

③ 只有 Smith(1964)等极少数早期研究者认为,虽然语用/功能上或概念—意旨系统内有限制性—非限制性区别,但句法上没有该区别。绝大多数都认为语用/功能上的限制性—非限制性区别对应句法上的限制性—非限制性区别。

本书将文献归纳成两类:第一类认为显性句法,即本书的狭义句法中就有限制性—非限制性区别,隐性句法中继续保持此区别,第二类则认为在显性句法中无此区别,但在隐性句法即本书的语义系统中有。具体如下。

第一类文献(包括 Jackendoff 1977、Perzanowski 1980、McCawley 1982、Stuurman 1983、De Vries 2006 和 Citko 2008 等)认为,在显性句法里,限制性关系从句处在限定词(Determiner,简为 D)的辖域①内,而非限制性关系从句不在限定词的辖域内,也就是说,非限制性关系从句的句法位置高于限制性关系从句。先看他们对限制性关系从句的具体分析:以(621a)为例,Jackendoff、Perzanowski、McCawley 和 Stuurman 认为其树形图是($621b_1$),限制性关系从句为先行语 man 的附加语(adjunct);De Vries 则认为其树形图是($621b_2$),限制性关系从句是限定词 the 的补足语(complement)。这两种分析的共同点是,限制性关系从句位于限定词的辖域内。故本书将这两种分析统称为限制性关系从句之"D 辖域内分析"。对于非限制性关系从句,他们都认为它不在限定词的辖域内,但对它的具体位置有争议,主要有以下三种观点:其一,McCawley 和 Stuurman 认为非限制性关系从句是与主句并列的另一主句,如(622~623)所示,其中(623)中有移位,Stuurman 认为移动的是主句谓语 fainted,即($623b_1$),这一移位只改变语序而不改变层级结构,故得到有交叉线存在的树形图($623c_1$),而 McCawley 认为移动的是非限制性关系从句,非限制性关系从句通过"插句摆置"(parenthetical placement)这一句法手段移入主句中,即($623b_2$),"插句摆置"也只改变语序而不改变层级结构,故得到有交叉线存在的树形图($623c_2$)——本书将 McCawley 和 Stuurman 的分析统称为非限制性关系从句之"主句假说";其二,Jackendoff、Perzanowski 和 Citko 认为,如($624b_1$)所示,非限制性关系从句是 the man 这一 DP 短语的附加语——本书将这一分析称为非限制性关系从句之"DP-附加语假说";其三,De Vries 认为,如($624b_2$)所示,非限制性关系从句是"半自由(semi-free)关系从句"(也就是说,非限制性关系从句是由限制性关系从句和 D_2 合并而成的 D_2P,不过 D_2 只能是代词,且这一代词通常省略),是 D_1P 的同位语,与 D_1P 处于并列关系——本书将这一分析称为非限制性关系从句之"DP-同位语假说"。

(621)a. the man who was drunk

① 本书"辖域"(scope)的定义同 Huang(1982/1998:46):当且仅当 B"成分统制"A 时,A 处于 B 的辖域内。"成分统制"(c-command)的定义是:当且仅当 α 和 β 互不支配(dominate)且支配 α 的第一个分叉节点(the first branching node)也支配 β 时,α"成分统制"β。

b_1.

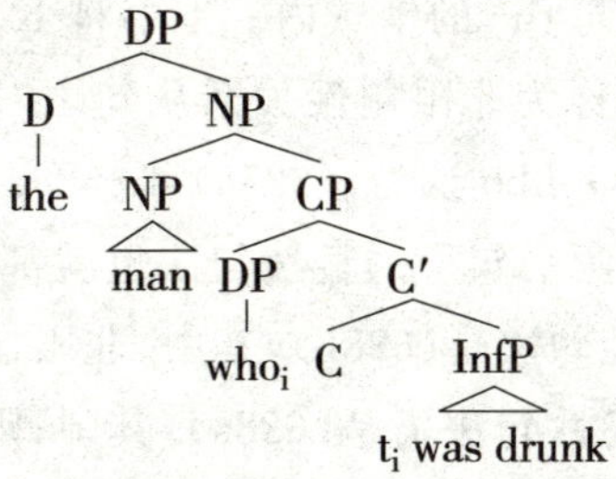

b_2.

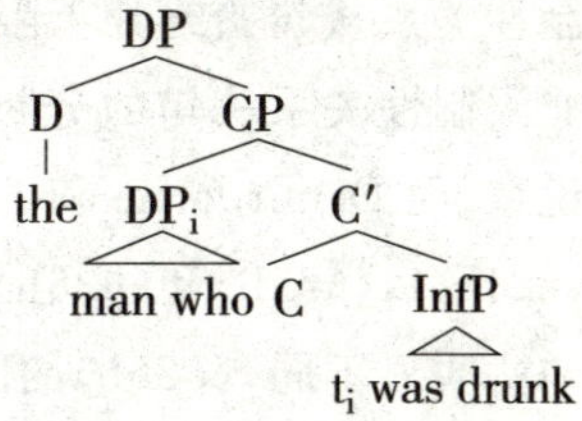

(622) a. Nobody supported the man, who was drunk.

b. [$_{CoP}$[$_{CP}$ Nobody supported the man] &:[$_{CP}$ who was drunk]]

(CoP 即 coordination phrase)

(623) a. The man, who was drunk, fainted.

b_1. [$_{CoP}$[$_{CP}$ the man fainted] &:[$_{CP}$ who was drunk]]→[$_{CoP}$ [$_{CP}$ the man t_i] &:[$_{CP}$ who was drunk]] fainted$_i$

b_2. [$_{CoP}$[$_{CP}$ the man fainted] &:[$_{CP}$ who was drunk]] →[$_{CoP}$ [$_{CP}$ the man[$_{CP}$ who was drunk]$_i$ fainted] &:t_i]

c_1.

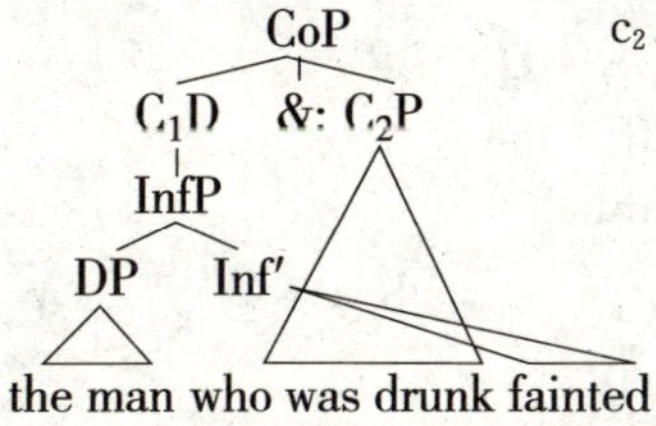

c_2.

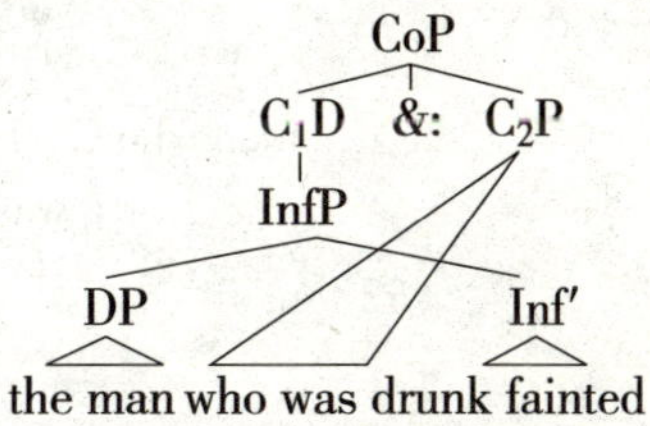

(624) a. the man, who was drunk

b_1.

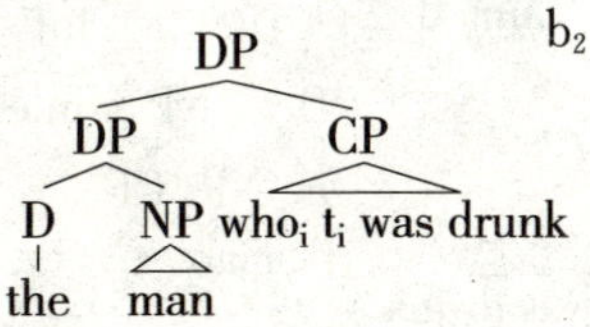

b_2.

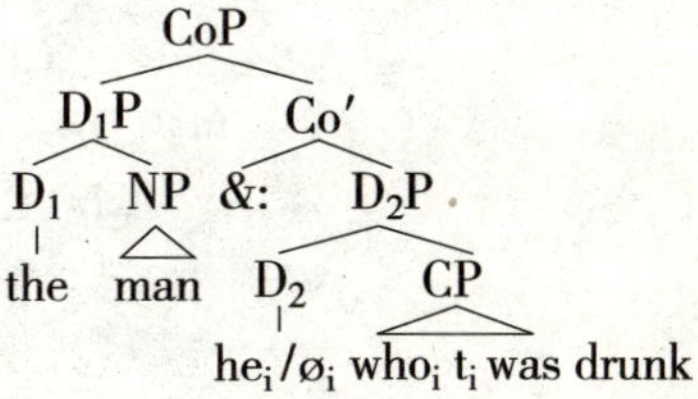

第二类文献(包括 Kayne 1994、Bianchi 1999、Demirdache 1991 和 Del Gobbo 2003 等)认为,显性句法中没有限制性—非限制性区别,所有关系从句都处于限定词的辖域内;但隐性句法中有限制性—非限制性区别,限制性关系从句处在限定词的辖域内,而非限制性关系从句不在限定词的辖域内。具体内容如下。

Kayne 和 Bianchi 认为,(625a)和(626a)的显性句法都是($621b_2$),但它们的隐性句法明显不同,(626a)的隐性句法是(627),其中,非限制性关系从句(连同先行语)移至[Spec-DP]位置,而(625a)的隐性句法仍是($621b_2$),限制性关系从句始终处于限定词 the 的辖域内。本书将 Kayne 和 Bianchi 对非限制性关系从句的分析简称为非限制性关系从句之“隐性[Spec-DP]假说”。而 Demirdache 和 Del Gobbo 认为,(625a)和(626a)的显性句法都是($621b_1$),(625b)和(626b)这两个句子的显性句法也就都是(628a),但隐性句法明显不同,(626b)的隐性句法是(628b),其中,非限制性关系从句上升成为另一主句,而(625b)的隐性句法仍是(628a),其中,限制性关系从句始终处于限定词 the 的辖域内。本书将 Demirdache 和 Del Gobbo 对非限制性关系从句的分析称为非限制性关系从句之“隐性主句假说”。

(625)a. the man who was drunk

b. The man who was drunk fainted.

(626)a. the man, who was drunk

b. The man, who was drunk, fainted.

(627)

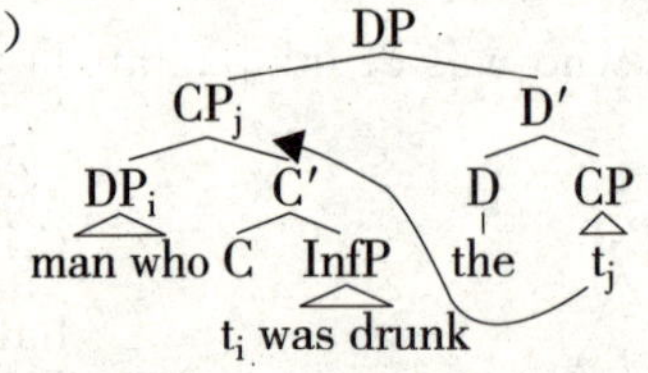

(628)a.

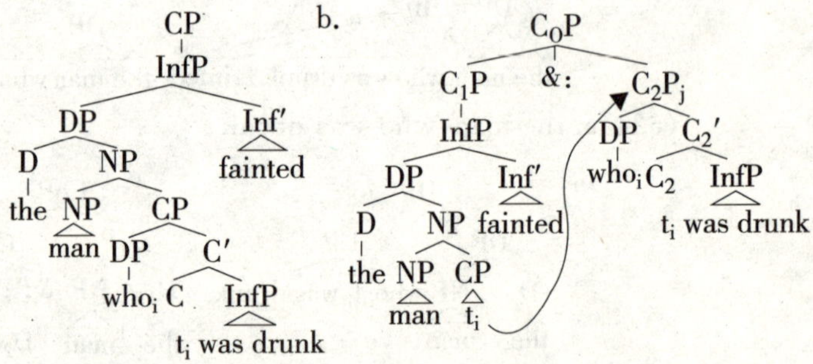

以上两类文献的限制性—非限制性句法区别分析可用表 1 来总结。

表 1　英语关系从句限制性—非限制性句法区别分析

文献	关系从句	显性句法	隐性句法
第一类	限制性关系从句	D 辖域内	
	非限制性关系从句	另一主句 DP 的附加语 DP 的同位语	
第二类	限制性关系从句	D 辖域内	D 辖域内
	非限制性关系从句		另一主句 [Spec-DP]

9.1.2　关于汉语中是否存在限制性—非限制性区别的争议

汉语关系从句与中心语之间既无书写上的逗号区别，也无语音上的“逗号调”区别。① 那么汉语关系从句有没有限制性—非限制性区别？以往文献可归纳为以下三种观点：

观点一：汉语在句法和概念—意旨（包括功能/语用）上都有限制性—非限制性区别，句法区别表现为指示词与关系从句的（显性的）语序区别。比如，Chao（1968：286～287）认为，限制性关系从句先于指示词，指示词先于非限制性关系从句，例如（629）中的戴眼镜儿的是非限制性关系从句，发挥注释功能，使得（629）表达“我喜欢那位先生，（碰巧）他戴着眼镜”的概念/意义，而（630）中的戴眼镜儿的是限制性关系从句，发挥区别功能，使得（630）表达“我喜欢那位戴眼镜的先生，不喜欢那位/那些不戴眼镜的先生/人”的概念/意义。② Hashimoto（1971）、Huang（1982/1998）、吕叔湘（1985）和陆丙甫（2003）都支持这一分析。其中 Huang（1982：42～48）进一步解释说，如（631～632）所示，在句法上，限制性关系从句、非限制性关系从句和数量词短语 QP③ 都是中心语 N 的附加语，非限制性关系从句处于数量词短语那/这本的辖域内，故由指示词那/这来决定整个复杂名词短语的所指；而数量词短语处在限制性关系从句的辖域内，故由限制性关系从句决定整个复杂名词短语的所指（（631～632）中的 S 是 sentence 的缩写）。

(629) 我喜欢那位戴眼镜儿的先生。（“戴眼镜儿的”是非限制性关系从句）　(Chao 1968：286)

(630) 我喜欢戴眼镜儿的那位先生。（“戴眼镜儿的”是限制性关系从句）　（同上）

---

①　汤廷池（1979）认为，汉语中的非限制性关系从句可以位于中心语之后，有逗号；但也可位于中心语之前，无逗号，如（i-iii）所示。曹逢甫（2005：331）认为，（i-ii）中的表达通常只能在翻译作品或风格西化的作品中找到，或者在追述的情况下才使用。本书研究的对象是关系从句位于中心语之前的关系结构。

i. 那一个人，留胡子的，是我外公。

ii. 这一本字典，我昨天在台北买的，非常实用。

iii. 具有五千年悠久历史的中国……

②　Chao 还指出，如果关系从句带有对比重音（contrastive stress），那么即使指示词先于关系从句，关系从句也应是 RRC，例如那位'戴眼镜儿的先生中重读的戴眼镜儿的就是 RRC。对比陈宗利、温宾利（2004）。

③　数量词短语（quantifier phrase，简称 QP）通常由指示词—数量词—量词构成（Huang 1982/1998：55～56），例如这—三—本。

(631)a. 那/这本我昨天买的书 (非限制性关系从句)

b.

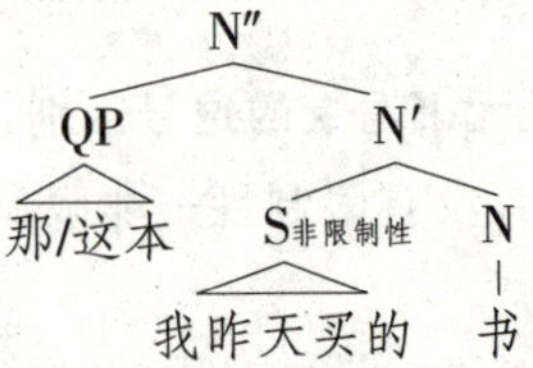

(632)a. 我昨天买的那/这本书 (限制性关系从句)

b.

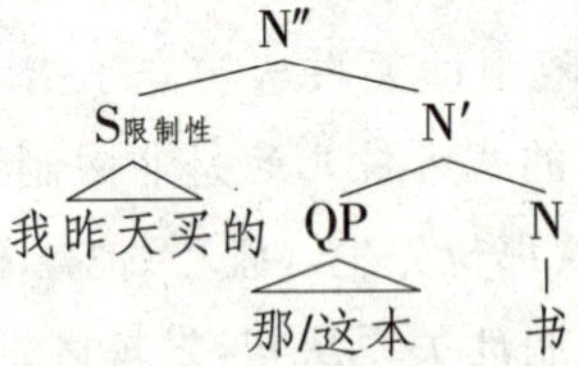

观点二:汉语在概念—意旨上有限制性—非限制性区别,但在(显性和隐性)句法上无此区别,而且,指示词与关系从句的语序区别和限制性—非限制性区别无关。例如,屈承熹(2005)认为功能/语用上的限制性—非限制性区别是因为这或那的不同功能所致,与关系从句本身的(显性和隐性)句法无关;那既可表示有定,又可作指示词(类似于重读的 that),当那作指示词时,关系从句就表达非限制性关系从句的概念—意旨,行使纯描写/注释的功能,当那表示有定时,关系从句就表达限制性关系从句的概念—意旨,行使识别所指的功能;这只能作指示词,故关系从句只能表达非限制性关系从句的概念—意旨,行使纯描写的功能。文旭、刘润清(2006)认为功能/语用上的限制性—非限制性区别取决于说话人在心理上赋予关系从句什么样的功能,如果一个关系从句具有附带说明的功能,那它就表达非限制性关系从句的概念—意旨,行使注释功能,否则就表达限制性关系从句的概念—意旨,行使识别所指功能。唐正大(2007)认为指示词和关系从句的(显性)语序与功能/语用上的限制性—非限制性区别无关,而与关系化对象有关,在书面语中,若关系化对象是主语,则指示词通常先于关系从句(例如那个喜欢我的人),若关系化对象是宾语,则关系从句通常先于指示词(例如我喜欢的那个人),而在口语中,关系从句通常总是先于指示词。陈宗利、温宾利(2004)认为功能/语用上的限制性—非限制性区别不是取决于关系从句与指示词的语序这一(显性)句法因素,而是取决于对比重音这一音系因素,带对比重音的关系从句表达限制性关系从句的概念—意旨,行使识别所指功能,否则表达非限制性关系从句的概念—意旨,行使注释功能。

观点三:汉语无论在概念—意旨上还是在(显性和隐性)句法上都没有

RRC-NRC区别，因为汉语中只有限制性关系从句，没有非限制性关系从句。例如，Del Gobbo(2003，2010)认为所有汉语关系从句无论在功能/语用上还是在(显性和隐性)句法上都是限制性关系从句，且所有汉语关系从句都和英语限制性关系从句一样，在显性句法和隐性句法中始终是中心语的附加语。又如，De Vries(2006)认为，非限制性关系从句是中心语的同位语，它只能位于中心语之后，而汉语关系从句位于中心语之前，所以都不是非限制性关系从句。

此外，还有一些文献效仿英语限制性关系从句的两种(显性)句法分析(即621b_1和621b_2)，将汉语关系从句分析为中心语的附加语(Ning 1993；Aoun & Li 2003)或限定词的补足语(Simpson 2002；熊仲儒 2005；刘礼进 2010)，但都没提到限制性关系从句和非限制性关系从句的(显性或隐性)句法区别。

值得注意的是，以上关于汉语关系从句限制性和非限制性区别的研究中提到的"句法"概念没有像以上关于英语关系从句限制性和非限制性区别的研究中提到的"句法"概念那样较明确地区分了"显性句法"和"隐性句法"。故本书根据自己的理解在句法前面的括弧里加上了"显性"和/或"隐性"的注释。

9.2 界定限制性—非限制性句法区别的形式手段："NP/DP/VP-省略"

9.2.1 理论依据

先看语言事实：(633)中，B_1可有B_2和B_6中的省略形式，却不能有$B_{3\text{-}5}$和B_7中的省略形式。(634a)和(634b)分别是B_2和B_6的树形图。从树形图可以更清楚地看到合法省略所具备的句法特点：如(634a)中的虚线圈所示，如果屈折功能词Inf下的will省略，那么其辖域内的所有句法单位(包括V下的visit和D_1P下的Rose)也要跟着一起省略；同样，如(634b)中的虚线圈所示，如果V下的visit省略，那么其辖域内的所有句法单位(包括D_1P下的Rose)也要跟着一起省略。不可以出现的情况有：1)只有Inf下的will省略而VP下的visit Rose不省略，即(633)B_3；2)只有Inf下的will和V下的visit省略而D_1P下的Rose不省略，即(633)B_4；3)只有Inf下的will和D_1P下的Rose省略而V下的visit不省略，即(633)B_5；4)只有V下的visit省略而D_1P下的Rose不省略，即(633)B_7。

(633) A. Jack will visit Rose.

B_1. I will visit Rose, too.

B_2. I ~~*will visit Rose*~~, too.

B_3. *I ~~*will*~~ visit Rose, too.

B_4. *I ~~*will visit*~~ Rose, too.

B_5. *I ~~*will*~~ visit ~~*Rose*~~, too.

B_6. I will ~~*visit Rose*~~, too.

B_7. *I will ~~*visit*~~ Rose, too.

(634) a. (I ~~*will visit Rose*~~ (, too.))　b. (I will ~~*visit Rose*~~ (, too.))

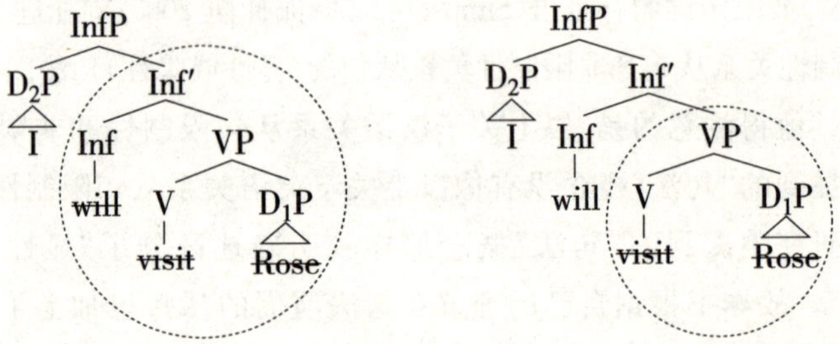

根据以上事实及以往文献(如 McCawley 1982;Xu 2003;Arnold 2004;De Vries 2006)关于省略的讨论,本书归纳出(635)中的原则。所有省略都须遵守这一原则,否则不合语法。

(635)省略原则:树形图(i)中,在 α 不省略的情况下,如果 β 省略,那么 β 辖域内的所有句法单位也要跟着一起省略,也就是说,α 辖域内的所有句法单位(即虚线圈内的所有句法单位)要同时省略,不可以出现只有 β 省略而 β 辖域内的某个/些句法单位不省略的情况。

(i)

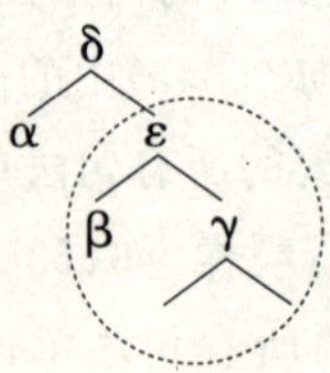

以上"省略原则"可衍生出以下"辖域判断原则":

(636)辖域判断原则:有 A、B、C 三个句法单位。在 A 不省略的情况下:如果 B 和 C 能一起省略,那么可断定 B 和 C 都处于 A 的辖域内;

如果B能省略但C不能和B一起省略,那么可断定B在A的辖域内而C不在A的辖域内。

以(633)B_2和B_6中的事实来说明"辖域判断原则":就I will visit Rose(,too)而言,在I不省略的情况下,will和visit Rose可以一起省略,因此可以断定,will和visit Rose都处于I的辖域内;同理,在will不省略的情况下,visit和Rose可以一起省略,因此可以断定,visit和Rose都处于will的辖域内。

9.2.2 界定英语中限制性—非限制性句法区别的形式手段:"NP/VP-省略"

先对比(637)和(639)的"NP-省略"[①]:(637)B中,数量词two后省略的名词短语是violins which were manufactured in Cremona,包括了限制性关系从句,因而(637)不可扩充为(638);而(639)中,two后省略的名词短语只能是violins,非限制性关系从句不能和violins一起省略,因而(639)可以扩充为(640)(参De Vries 2006)。根据(636)中的"辖域判断原则"可得出:如(641a)所示[②],限制性关系从句处在限定词的辖域内,而如(641b)所示,非限制性关系从句不在限定词的辖域内。进一步对比(642)和(644)中的"VP-省略":(642)中,助动词did后省略的动词短语是buy two books that were recommended by the teacher,包括了限制性关系从句,因而(642)不可扩充为(643);而(644)中,did后省略的动词短语只能是buy two books,非限制性关系从句不能和buy two books一起省略,因而(644)可以扩充为(645)(参McCawley 1982;Arnold 2004)。根据"辖域判断原则"可进一步得出:如(646)所示,非限制性关系从句也不在屈折功能词Inf的辖域内。因此,"DP-省略"和"VP-省略"两者结合起来可证明:限制性关系从句处在限定词的辖域内,而非限制性关系从句不在屈折功能词的辖域内。

(637) A:John has two violins which are manufactured in Cremona.

B:I have **two e**, too.

≠I also have two *violins*.

---

① 本书上篇第4章中说过,文献对(637)中的violins that are manufactured in Cremona的句法性质有争议,有人认为是NP,有人认为是CP,本书暂称其为NP,因此其省略也就是"NP-省略"。(639)中violins的省略是"NP-省略",这没有争议。

② 本书接下来的树形图中常采用α、β、γ等符号,这是因为这些节点的性质在文献中有争议,而这些争议与本书主题无关。

=I also have two *violins that were manufactured in Cremona*.

(638) A: John has two violins which are manufactured in Cremona.

B: I has **two e**, too, *and they are made in China.

(639) A: John has two violins, which are manufactured in Cremona.

B: I have **two e**, too.

=I also have two *violins*.

≠I also have two *violins, which were manufactured in Cremona*.

(640) A: John has two violins, which are manufactured in Cremona.

B: I has **two e**, too, and they are made in China.

(641) a. b.

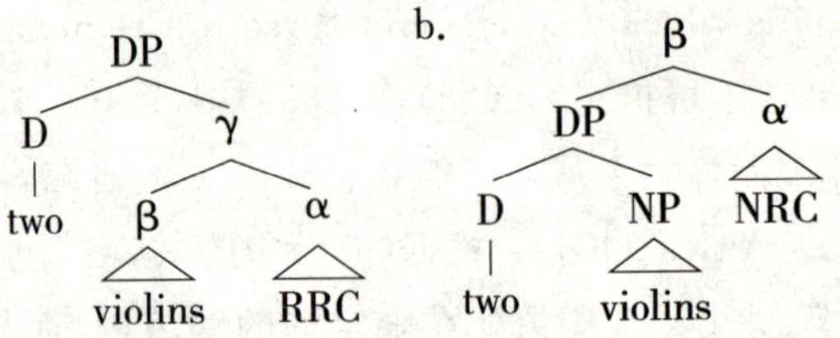

(注:上图中的 RRC 是 restrictive relative clause,即限制性关系从句的简称,NRC 是 non-restrictive relative clause,即非限制性关系从句的简称。)

(642) A: John bought two books which were recommended by the teacher.

B: So **did** Mary

≠Mary also *bought two books*.

=Mary also *bought two books that were recommended by the teacher*.

(643) A: John bought two books which were recommended by the teacher.

B: So **did** Mary, * and they were recommended by her classmate.

(644) A: John bought two books, which were recommended by the teacher.

B: So **did** Mary.

=Mary also *bought two books*.

≠Mary also *bought two books that were recommended by the teacher*.

(645) A：John bought two books, which were recommended by the teacher.

B：So **did** Mary, and they were recommended by her classmate.

(646)

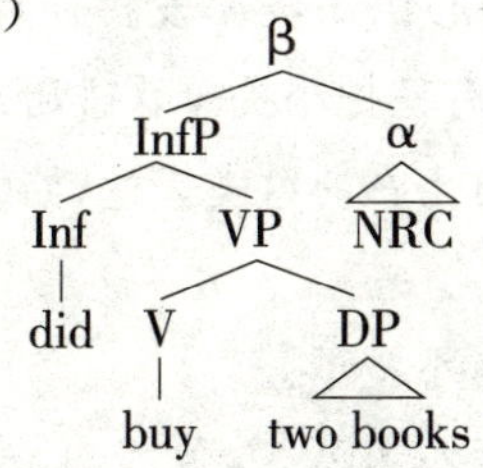

（注：NRC是非限制性关系从句的简称。）

以上事实和分析证实了本章9.1节中的限制性关系从句之"D辖域内分析"，证伪了非限制性关系从句之"DP-附加语假说"、"DP-同位语假说"和"隐性[Spec-DP]假说"（因为在这三个假说中，非限制性关系从句在显性和隐性句法中都是DP的成分，处在屈折功能词的辖域内，这与以上事实和分析相悖），但与非限制性关系从句的"主句假说"和"隐性主句假说"没有冲突（因为在这两种假说中，非限制性关系从句至少在隐性句法中是与主句并列的另一主句，也就不在主句的屈折功能词的辖域内，这与以上事实和分析没有冲突）。而在非限制性关系从句的"主句假说"和"隐性主句假说"两者中，本书暂时支持后者，因为后者中的将非限制性关系从句的显性句法和隐性句法区分开来的思路能避免树形图中出现交叉线，这一思路也因此成为近年来解决线性顺序与层级顺序不对应问题的较好办法。总之，"NP/VP-省略"可以证明，如表2所示，英语关系从句（至少）在（隐性）句法上有限制性—非限制性区别来与语用/功能、书写和语音上的限制性—非限制性区别进行接口。

表2　英语关系从句限制性—非限制性句法区别分析

	关系从句	显性句法	隐性句法
第二类	限制性关系从句	D辖域内	D辖域内
	非限制性关系从句		另一主句

9.2.3　界定汉语中限制性—非限制性句法区别的形式手段："DP/VP-省略"

先看汉语关系从句在概念—意旨上的限制性—非限制性区别。与Del Gobbo和De Vries等人的看法不同，本书认为，(647)中的关系从句意大利生产的可以有限制性和非限制性两种歧义解读，不同语境选择不同解读：在

(648)的对比语境中,意大利生产的必须作限制性解读,它对中心语小提琴发挥区别功能,张三有三把意大利生产的小提琴表达“张三有三把意大利生产的小提琴,还有一些其他国家生产的小提琴/其他的都不是意大利生产的”之意,因此可加上其他的都是法国生产的这一补充说明;而在(649)的语境中,意大利生产的只能作非限制性解读,它对中心语小提琴发挥注释功能,张三有三把意大利生产的小提琴表达“张三一共有三把小提琴,(碰巧)都是意大利生产的”之意,此时不能再加上其他的是法国生产的这类表达,如(650)所示。

(647)张三有三把意大利生产的小提琴。

(648)张三有三把意大利生产的小提琴,其他的都是法国生产的。

(649)张三有三把意大利生产的小提琴,我也有三把中国生产的小提琴,我们班每个学生都有三把小提琴。

(650) *张三有三把意大利生产的小提琴,其他的是法国生产的,我也有三把中国生产的小提琴,我们班每个学生都有三把小提琴。

接下来本书用“DP/VP-省略”这种形式手段来证明,限制性和非限制性两种不同概念—意旨分别对应两种不同的句法。先看“DP-省略”,即 Xu (2003)的空宾语现象(对比 Huang 1991)。(651)中,动词买了后省略的宾语既可以是十把意大利生产的小提琴,也可以只是十把小提琴,取决于所处的语境:在(652)中省略的是前者,而在(653)中省略的是后者。根据“辖域判断原则”可得出:(652)中的关系从句处在动词的辖域内,而(653)中的关系从句不在动词的辖域内。与此相应,(652)中的关系从句在概念—意旨上是限制性关系从句,对中心语发挥区别功能,(652)解读为(654);而(653)中的关系从句在概念—意旨上是非限制性关系从句,对中心语发挥注释功能,(653)解读为(655)。再看(656)中的“VP-省略”(参 Xu 2003;对比 Huang 1991)。(656)中,功能词是后省略的 VP 既可以是买了十把意大利生产的小提琴,也可以只是买了十把小提琴,取决于语境:在(657)中省略的是前者,而在(658)中省略的是后者。根据“辖域判断原则”进一步得出:(657)中的关系从句处在功能词的辖域内,但(658)中关系从句不在功能词的辖域内。与此相应,(657)中的关系从句在概念—意旨上是限制性关系从句,(657)解读为(654),而(658)中的关系从句在概念—意旨上是非限制性关系从句,(658)解读为(655)。“DP-省略”和“VP-省略”两者结合起来可证明,汉语关系从句有句法上的限制性—非限制性区别来与概念—意旨上的该区别进行接口,限制性关系从句处于动词的辖域内,而非限制性关系从句不在功能词的辖域内。

(651)A：张三竟然买了十把意大利生产的小提琴。

B：我也买了**e**。

＝我也买了*十把意大利生产的小提琴*。

＝我也买了*十把小提琴*。①

(652)A：张三竟然买了十把意大利生产的小提琴。

B：我也买了**e**，因为意大利生产的小提琴最好。

(653)A：张三竟然买了十把意大利生产的小提琴。

B：我也买了**e**，因为我也有十个学生要用小提琴，不过我买的是法国生产的，法国生产的最好。

(654)A：张三竟然买了十把意大利生产的小提琴（而不是其他国家生产的小提琴）。

B：我也买了十把意大利生产的小提琴（而不是其他国家生产的小提琴），因为意大利生产的小提琴最好。

(655)A：张三竟然买了十把小提琴，（碰巧）都是意大利生产的。

B：我也买了十把小提琴，因为我也有十个学生要用小提琴，不过我买的是法国生产的，法国生产的最好。

(656)A：张三竟然买了十把意大利生产的小提琴。

B：我也是**e**。

＝我也是*买了十把意大利生产的小提琴*。

＝我也是*买了十把小提琴*。

(657)A：张三竟然买了十把意大利生产的小提琴。

B：我也是**e**，因为意大利生产的小提琴最好。

(658)A：张三竟然买了十把意大利生产的小提琴。

B：我也是**e**，因为我也有十个学生要用小提琴，不过我买的是法国生产的，法国生产的最好。

以上事实和分析同样证实了本章前言中的限制性关系从句之“D辖域内分析”，证伪了非限制性关系从句之“DP-附加语假说”、“DP-同位语假说”和“隐性[Spec-DP]假说”，但与非限制性关系从句的“主句假说”和“隐性主句假说”没有冲突。而和前小节一样，在非限制性关系从句的“主句假说”和

① 这里的“我也买了e”还可以解读为“我也买了小提琴”。

"隐性主句假说"两者中,本书暂时选择后者。因此,本书按照本章文献综述中第二类文献的思路(即将非限制性关系从句的显性句法和隐形句法区分开来)来对汉语中限制性—非限制性句法区别做如下分析:在显性句法中,所有汉语关系从句都处在动词的辖域内,如(659a)所示,[①]也就是说,显性句法中无限制性—非限制性区别;但在隐性句法中一定有限制性—非限制性区别,如(659b)所示,非限制性关系从句移至功能词 Inf 的辖域外,而限制性关系从句的隐性句法无此移位,仍处于动词 V 的辖域内。

(659)

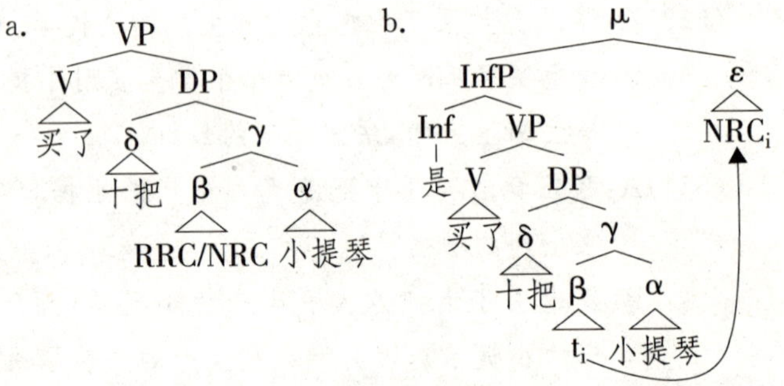

(上图中的 RRC 是 restrictive relative clause,即限制性关系从句的简称,NRC 是 non-restrictive relative clause,即非限制性关系从句的简称。)

总之,"NP/VP-省略"可以证明,汉语关系从句(至少)有(隐性)句法上的限制性—非限制性区别来与概念—意旨上的限制性—非限制性区别进行接口。

9.3 小结

本书以为,"NP/DP/VP-省略"可以证明,英、汉语中的关系从句(至少)在(隐性)句法上都有限制性—非限制性区别来与概念—意旨上的该区别进行接口。另外,本章文献综述中提到,有人认为汉语中限制性—非限制性区别与关系从句和指示词的语序直接相关,也有人认为无关。本书支持后者,因为由"DP-省略"可知,不管关系从句和指示词的语序如何,关系从句都有限制性关系从句和非限制性关系从句两种句法,对应两种解读,由语境做出

① (659)中"买了"的"了"一般被分析为体态(aspect)功能词。这与本书主题关系不大,故不讨论,暂时放在动词后。

选择。①

需要进一步讨论的问题主要有：1）本书证明了英语和汉语中的非限制性关系从句都不在屈折功能词Inf的辖域内。那么非限制性关系从句到底处于哪个句法位置？本书支持"隐性主句假说"，但未给出详细的理由；2）本书证明了英语限制性关系从句处在限定词的辖域内，但限定词的概念未做细化，如果细化，限制性关系从句的具体位置有待进一步确定；3）本书证明了汉语限制性关系从句处在动词的辖域内，但限制性关系从句的具体位置有待进一步确定，这涉及汉语中数量词和指示词位置的灵活性，例如写标语的那三个老头、那三个写标语的老头和那写标语的三个老头等等。

① 比较下面（1－3）和（4－6）中的"DP-省略"可知，不管关系从句和指示词的语序如何，关系从句都有RRC和NRC两种句法，对应两种解读，由语境做出选择。

（1）A：张三想买那把意大利生产的小提琴。
　B：我也想买**e**。
　　＝我也想买*那把意大利生产的小提琴*。
　　＝我也想买*那把小提琴*。
（2）a. A：张三想买那把意大利生产的小提琴。
　　B：我也想买**e**，因为意大利生产的小提琴最好。
（3）a. A：张三想买那把意大利生产的小提琴。
　　B：我也想买**e**，不过我告诉你它其实是法国生产的。
（4）A：张三想买意大利生产的那把小提琴。
　B：我也想买**e**。
　　＝我也想买*意大利生产的那把小提琴*。
　　＝我想买*那把小提琴*。
（5）a. A：张三想买意大利生产的那把小提琴。
　　B：我也想买**e**，因为意大利生产的小提琴最好。
（6）a. A：张三想买意大利生产的那把小提琴。
　　B：我也想买**e**，不过我告诉你它其实是法国生产的。

第10章 限制性—非限制性关系从句的语境解歧和复杂名词短语的可接受性

前一章证明了，关系从句虽然在狭义句法/显性句法中可能不存在限制性—非限制性区别，但在语义系统/LF系统/隐性句法内一定存在限制性—非限制性区别。这一区别与概念—意旨上的限制性—非限制性区别进行接口。就汉语而言，由于没有书写和语音的区别，任何一个关系从句都既可能是限制性关系从句，也可能是非限制性关系从句。那么，我们怎样才能判断出一个具体的汉语关系从句到底是限制性的还是非限制性的？这是本章尝试回答的第一个问题。与此直接相关，在汉语中，有些含有内嵌关系从句的复杂名词短语表面上句法结构相似，但可接受性明显不同，这让很多研究者困惑，而本章尝试通过内嵌关系从句的限制性和非限制性对比来解释复杂名词短语的可接受性和不可接受性对比。

下面两组含有内嵌关系从句的复杂名词短语的句法结构表面上相同，但可接受性明显不同：

(660)a. [e_j教过e_i的学生$_i$全都考上了大学]的那位老师$_j$

b. *[e_j教过e_i的小王同学$_i$走了进来]的那位老师$_j$

(661)a. [e_j读过e_i的人$_j$不多]的那本书$_i$

b. *[e_j读过e_i的人$_j$走了进来]的那本书$_i$

Xu & Langendoen(1985)、徐烈炯(2003)、Huang(1992)等提到过类似现象，不过他们分析的是主题句，如(662)所示：

(662)a. 这本书$_i$读过e_i的人不多。

b. *这本书$_i$ e_j读过e_i的人$_j$来了。(Xu & Langendoen 1985：14－15；徐烈炯 2003：142)

句法上的邻近原则(subjacency)无法解释(662a)和(662b)的可接受性

对比。Xu & Langendoen(1985)和徐烈炯(2003)把这一对比归因于复杂名词短语读过的人的特指性(specific)和非特指性(non-specific)两种概念—意旨对比:在(622a)中,读过的人表非特指义,而在(622b)中,读过的人表特指义。(660～661)中 a 和 b 之间的可接受性对比也可按此思路去寻求解释。但本书认为,产生这些对比的更实质、更深层的原因在于内嵌关系从句的限制性和非限制性对比,而这一限制性和非限制性对比取决于内嵌关系从句中心语的"可缩小性"和"不可缩小性"对比,而这一"可缩小性"和"不可缩小性"对比又是由内嵌关系从句的中心语所处的语境所决定的。本书称之为"限制性、非限制性关系从句的语境解歧"。

10.1　限制性关系从句的语义开放性谓词和非限制性关系从句的"孤儿身份"

本书上篇第 2、5 章讲到,不管是在英语、汉语还是其他语言中,限制性关系从句的语义表达式都是"$\lambda_x \in D_e.\ \varphi(x)$"。任何合格的关系从句的语义表达式都有唯一一个语义变量 x,被唯一一个 λ_x-算子约束,函数的语义类型为 $D_{\langle e,t\rangle}$。语义开放性谓词的存在是所有英、汉语关系结构合格的必要条件。如果某一关系从句的语义表达式中没有语义变量,也就是说,关系从句的谓词是语义非开放性谓词,那么该关系结构就不合语法,例如(663)中的张三打了李四就是语义非开放性谓词,因为此时我们不容易追踪出关系从句的语义变量,该关系结构张三打了李四的那个人也就不合语法。

(663) *[*张三打了李四的(那个人)*]:$= \lambda_x \in D_e.$ 张三打了李四

本书上篇第 9 章还提到,"NP/DP/VP-省略"可以证明,在英语关系从句中,限制性关系从句的句法位置较低,处于限定词 D 的辖域内,而非限制性关系从句的位置较高,起码不在主句的屈折功能词的辖域内;同理,在汉语关系从句中,限制性关系从句处在主句动词 V 的辖域内,而非限制性关系从句起码处在主句的屈折功能词的辖域外。而在以往,Ross(1967)、Sells(1985a,b)、McCawley(1982)、Stuurman(1983)、Demirdache(1991)和 Del Gobbo(2003)等诸多研究者也都认为:非限制性关系从句是另一个主句,或者说是一种"孤儿身份"(orphanage)。例如在(664a)中,who caught the terrible robber last year 是主句 that brave man came in 之外的另一个主句,它与主句 That brave man came in 没有任何句法上的联系,也就是说,that brave man came in 是一个句法“家庭”,而 who caught the terrible robber last year 是另一个句法“家庭”,或者说是主句“家庭”之外的一个“孤儿”。根据他们的观点,含有非限制性关系从句的(664a)实质上等于(665a),非限制性关系从句相当于一个位于括弧中的补充说明成分,都只是一个“家庭”之外的“孤儿”而已。因此,在(664a)中,“孤儿”成分中的子成分 the terrible robber 被关系化后得出的整个复杂名词短语(665b)不可接受,其道理跟(665a)中的 the terrible robber 不能被关系化成(665b)一样——(664b)和(665b)都没有满足关系从句的谓词必须是语义开放性谓词这一关系结构合格的必要条件,如(664c)和(665c)所示。

(664) a. That brave man, who caught the terrible robber last year, came in.

b. *the terrible robber[whom that brave man, who caught t/him last year, came in]

c. *[*whom that brave man, who caught t/him last year, came in*]: $=\lambda x \in D_e$. that brave man, who caught x last year, came in

(665) a. That brave man(he caught the terrible robber last year) came in.

b. *the terrible robber[who that brave man(he caught t/him last year)came in]

c. *[*who that brave man(he caught t/him last year)came in*]: $=$ $\lambda x \in D_e$. that brave man(he caught x last year)came in

而文献(见本书上篇第 9 章)普遍认为,限制性关系从句是中心语不可缺少的成分,属于中心语所在家庭中的一个不可缺少的子成分,是“女儿”,最多也就是个“孙女”,但肯定不是“孤女”。例如,(666a)中的关系从句 who can catch that terrible robber 是 any man 所在家庭的一个子成分。因此,从句内的短语 the terrible robber 关系化后得出的复杂名词短语(666b)可以接受,满足了关系从句的谓词必须是语义开放性谓词这一关系结构合格的必要条件,如(666c)所示。

(666) a. Any man who can catch that terrible robber must be a hero.

b. the terrible $robber_i$ [whom any man who can catch him_i must be a hero]

c. [*whom any man who can catch him_i must be a hero*]:=
$\lambda x \in D_e$. any man who can catch x must be a hero

总之,非限制性关系从句内的名词短语无法关系化得到可接受的复杂名词短语,而限制性关系从句中的名词短语却可以,其原因归结于能否满足关系从句的谓词必须是语义开放性谓词这一关系结构合格的必要条件。

10.2 英语、汉语关系从句限制性和非限制性的语境解歧

10.2.1 英语关系从句限制性和非限制性的语境解歧

Lin(2003:1)总结说,“人们普遍认为英语限制性关系从句在语音、书写、语义[此处的语义相当于本书的概念—意旨]和句法上都与非限制性关系从句不同”。Lyons(1977:760)也提到,“在英语书面语中,非限制性关系从句与中心语要用逗号分开;在口语中,非限制性关系从句至少有可能通过节奏和语调区分出来”。但本书认为,产生这些表面区别的根本的、内在的原因还是在于限制性关系从句的中心语所指实体集合可以且必须用关系从句所描写的属性来缩小,而非限制性关系从句的中心语所指实体集合(可以是单元素集合)无需且不能被关系从句所描写的属性缩小。本书把前者称为中心语的“可缩小性(reducibility)”,后者称为中心语的“不可缩小性”。而更重要的是,中心语的“可缩小性”或“不可缩小性”是由中心语所处的语境所决定的。例如:

(667)[John *(,)who had read the book]*(,)came in.

(668)Any man(*,)who can catch that terrible robber(*,)will get a gift.

(669)All men(*,)who have read the book(*,)will be praised.

(670)(The Bible says that all men are created by God.)All men *(,)who are created by God*(,)must eat.

(671)[The men(*,)who had read the book](*,)came in,but[the men(*,)who had not read the book](*,)didn't come in.

(672)[The man(,) who had read the red book](,) entered my office.

(667)中的中心语 John 表示特指,具有“不可缩小性”,关系从句不能对其所指实体集合(此时为单元素集合)进行缩小,所以关系从句只具备描写功能,是非限制性的。(668)中的中心语 any man 在 any man will get a gift 这样的语境中可以且必须用关系从句来缩小其所指实体集合(因为不可能世界上任何人都将获得礼物),因此 any man 后的关系从句应是限制性的。(669)中的中心语 all men 在 all men will be praised 这样的语境下可以且必须要用关系从句来缩小其所指实体集合(因为不可能世界上所有人都将得到表扬),因此 all men 后的关系从句应是限制性的。但语境改变后的(670)则不同:(670)中的中心语 all men 在 all men must eat 这样的语境中无需且不能用关系从句来缩小其所指实体集合(因为是人都得吃东西),因此在(670)的语境中关系从句应是非限制性的。(671)中的对比语境更有代表性:由于存在对比关系,两个 the men 必须具有“可缩小性”,分别被两个关系从句缩小成两小类进行对比,因此关系从句只能是限制性的。(672)自身的语境暗示没有(667~671)那么明显。这时,我们需要借助更宽语境来推导中心语的“(不)可缩小性”。(672)在以下不同语境中会有不同解读:(673)的语境是非对比语境,说话者只是在陈述以前碰到的那个人的动作,中心语 the man 具备“不可缩小性”,所以关系从句是非限制性的;而(674)的语境是对比语境,the man 一定要具备“可缩小性”,所以关系从句是限制性的。

(673)(I met a man_i yesterday. He_i had read the red book.) The man_i, who had read the red book, entered my office.

(674) The man who had read the red book entered my office; (the man who had read the blue book entered her office.)

一般说来,(672)可能更容易出现在(673)的非对比语境而不容易出现在(674)的对比语境,这是因为,对比语境标记性要强一些(more marked)——(674)的对比语境要求事件发生时有两本书和多个人的存在,而且不同的人读的书不同,所进入的办公室也不同,关系比较复杂,所以标记性要强,这样的语境不容易出现。另外,对比(675a)和(675b)可知,时态也有可能会影响中心语的“(不)可缩小性”:(675a)中的非过去时语境使中心语 the man 倾向于具备“可缩小性”，故(675a)常可解读为 any man who has read the book will get a prize；而(675b)中的过去时语境使 the man 倾向于具备“不可缩小性”(只在标记性强的对比语境中具备“可缩小性”)，故(675b)不可解读为 *any man who had read the book came in。

(675) a. The man who has read the book will get a prize.
(=Any man who has read the book will get a prize.)
b. The man, who had read the book, came in.

现将(667～672)中的关系从句内的某一个名词短语关系化，得到(676－681)。(667)和(670)不能分别变成(676)和(679)，而(668)、(669)和(671)能分别变成(677)、(678)和(680)。如果(672)中的关系从句作限制性理解，即在(674)中的对比语境下理解，变成(681a)后可接受，如果作非限制性理解，即在(673)中的非对比语境下理解，变成(681b)后不可接受。[(676－681)的(不)可接受性判断得到英国兰开斯特大学的 Mark Sebba 教授的认可。]

(676) *the book [which John, *who had read (it)*, came in]
(677) the terrible robber [who any man *who can catch him* will be given a gift]
(678) the book [which all men *who have read it* will be praised]
(679) *God, [who all men, *who are created by (him)*, must eat]
(680) the book [which the men *who had read it* came in but the men *who had not read it* didn't come in]
(681) a. the book [which the man *who had read it* came into my office (instead of her office)]
b. *the book [which the man, *who had read (it)*, came into my office]

因此，我们得出结论，类似(676－681)这样含有内层关系从句的英语复杂名词短语遵循(682)中所示规律：

(682)复杂名词短语的可接受性/不可接受性 ←语义开放性谓词条件的满足/未满足 ← 内层关系从句的“家庭成员身份”/“孤儿身份”←内层关系从句的限制性/非限制性 ←内层关系从句中心语的“可缩

小性”/“不可缩小性”← 内层关系从句中心语所处的语境 (其中“←”表示“取决于”)

10.2.2 汉语关系从句限制性和非限制性的界定

第9章提到,文献对汉语中是否存在关系从句的限制性和非限制性区别以及如何界定它们等问题存在很大争议。例如,Chao(1968)、Hashimoto(1971)、Huang(1982)、吕叔湘(1985)、Li(1998)、陆丙甫(2003)等认为,汉语关系从句的限制性或非限制性由关系从句与指示词的线性顺序来决定——如果关系从句后接指示词,那么关系从句是限制性的,如(683b)所示;如果指示词后接关系从句,那么关系从句是非限制性的,如(683a)所示。

(683)a. 那个[戴眼镜的]男孩

b. [戴眼镜的]那个男孩

而唐正大(2007)认为“指示词与关系从句的语序在本质上和限制性、非限制性并无强制性的相关关系”。本书赞同唐正大这一观点,但他没有详细分析到底由什么决定汉语关系从句的限制性或非限制性。Lin(2003:1)认为,“所有和指示词一起构成的关系从句都是限制性的。汉语没有非限制性关系从句的看法有些极端,当关系从句的先行词是专有名词时,只要关系从句描写的是一个永久或稳定的属性,关系从句就可以是非限制性的。”本书基本赞成 Lin 的后一句,但不赞成他的前一句。

本书认为,汉语关系从句有限制性和非限制性区别,与指示词一同出现的汉语关系从句也有此区别,而且,同英语一样,汉语关系从句的限制性、非限制性也取决于中心语的“可缩小性”和“不可缩小性”,而后者也是由中心语所处的语境决定。例如:

(684)[e_i读过那本书的张三$_i$]走了进来。

(685)[e_i能抓住那个强盗的人$_i$]都会得到一份礼物。

(686)[e_i读过那本书的人$_i$]都会得到表扬。

(687)(圣经说人都是由上帝创造的。)[上帝创造e_i的人$_i$]都得吃东西。

(688)[e_i读过那本书的人$_i$]不多。

(689)[e_i读过那本书的那些人$_i$]走了进来,但[e_j没读过那本书的那些人$_j$]没有走进来。

(690)那个[e_i读过《红楼梦》的人$_i$]走进了我的办公室。

(684)中的中心语张三一般表特指，具有“不可缩小性”，所以关系从句只具备描写功能，是非限制性的。(685)中的中心语人在人都将得到一份礼物这样的语境下可以且必须用关系从句来缩小其所指实体集合(因为不可能每个人都将得到一份礼物)，关系从句是限制性的。同样，(686)中的中心语人在人都会得到表扬这样的语境下可以且必须用关系从句来缩小其所指实体集合，所以关系从句是限制性的。但语境改变后的(687)不同于(686)，(687)中的中心语人在人都得吃东西这样的语境下无需且不能用关系从句来缩小其所指实体集合，因此关系从句是非限制性的。(688)中的中心语人在人不多这样的语境中可以且必须用关系从句来缩小实体集合，所以关系从句是限制性的。(689)中的对比语境更有代表性：两个那些人由于存在对比关系必须具有“可缩小性”，分别由两个关系从句来缩小所指实体集合变成两小类进行对比，因此关系从句只能是限制性的。(690)自身的语境提示没有(684～689)那样明显，需要借助更大语境来推导中心语的“(不)可缩小性”。(690)在以下两种语境中有不同解读：在(691)的非对比语境中，中心语人具备“不可缩小性”，因此关系从句是非限制性的；而在(692)的对比语境中，中心语人一定要具备“可缩小性”，因此关系从句是限制性的。

(691)(昨天我遇见一个人$_i$，他$_i$读过《红楼梦》。)那个读过《红楼梦》的人$_i$走进了我的办公室。

(692)那个 e_i读过《红楼梦》的人$_i$走进了我的办公室，(而那个 e_j读过《三国演义》的人$_j$走进了她的办公室。)

同(672－674)的道理一样，(690)更容易在(691)的非对比语境中理解，不容易在(692)的对比语境中理解；另外，对比(693)中的 a 和 b 可知，同(675)一样，时态也会影响中心语的“(不)可缩小性”：(693a)中的非过去时语境使那些人更倾向于具备“可缩小性”，(693a)常可解读为“任何读过那本书的人都会得奖”；而(693b)中的过去时语境使那些人倾向于具备“不可缩小性”(只在标记性强的对比语境中具备“可缩小性”)，(693b)不可解读为任何读过那本书的人走了进来。

(693)a. 读过那本书的那些人一定会得奖。(＝任何读过那本书的人都会得奖)

b. 读过那本书的那些人走了进来

现将(684-690)中关系从句内的名词短语关系化得到(694-700)。(684)和(687)不能分别变成(694)和(697),而(685)、(686)、(688)和(689)可分别变成(695)、(696)、(698)和(699)。如果(690)中的关系从句作限制性理解,即在(692)中的对比语境下理解,则变成(700a)后可接受;如果作非限制性理解,即在(691)中的非对比语境下理解,变成(700b)后不可接受。

(694)*[e_j读过e_i的张三$_j$走了进来]的那本书$_i$

(695)[e_j能抓住e_i的人$_j$都会得到一份礼物]的那个强盗$_i$

(696)[e_j读过e_i的人$_j$都会得到表扬]的那本书$_i$

(697)*[所有e_j创造e_i的人$_j$都得吃东西]的上帝$_i$

(698)[e_j读过e_i的人$_j$不多]的那本书$_i$

(699)[e_j读过e_i的那个人$_j$走了进来,但e_k没读过e_i的那个人$_k$没走进来]的那本书$_i$

(700)a.[那个e_j读过e_i的人$_j$走进了我的办公室(而不是她的办公室)]的那本书$_i$

b.*[那个e_j读过e_i的人$_j$走进了我的办公室]的那本书$_i$

因此,本书认为,同英语完全一样,类似(694-700)这样含有内层关系从句的汉语复杂名词短语也一定要遵循(682)中所示规律。

10.3 小结

本章(660~661)中的a和b表面上句法结构相似,但可接受性不同,现在可以给出较好解释了。(660a)中学生全都考上了大学这一语境要求学生具有"可缩小性",内层关系从句教过的应是限制性的,因此,外层关系从句教过的学生全都考上了大学的因能满足语义非开放性谓词条件而可接受。(660b)则不同:内层关系从句教过的的中心语小王同学具有"不可缩小性",内层关系从句教过的是非限制性的,它是游离于主句小王同学走了进来之外的"孤儿",因此外层关系从句小王同学走了进来的因未满足语义非开放性谓词条件而使得(660b)不可接受。在(661a)中,主句人不多这一语境要求中心语人具有"可缩小性",内层关系从句读过的是限制性的,因此(661a)因满足了语义非开放性谓词条件而可接受。而(661b)中的过去时语境使中心语人倾向于具有"不可缩小性",内层关系从句读过的倾向于是非限制性的，因此(661b)因未满足语义非开放性谓词条件而不可接受。但如果(661b)放到类似读过那本书的人走了进来，而读过这本书的人没走进来的对比语境背景中去理解，(661b)的可接受性明显加强，但这种对比语境因标记性强而不易被选择，所以我们对(661b)这样的表达的第一感觉就是不可接受了。

本章前面还提到 Xu & Langendoen、Huang 等用特指性和非特指性区别来解释相关语言事实，但非特指性并不一定总与"可缩小性"相对应，例如，从(687)和(697)可以看出，尽管其中的中心语人表类别意义或者说非特指性意义，但具有"不可缩小性"，因而(697)不可接受。而特指性也并不一定总与"不可缩小性"相对应，例如，从(692)和(700a)可以看出，尽管其中的中心语人表特指意义，但具有"可缩小性"，因而(700a)可接受。

上文中提到，Chao(1968)等认为，汉语关系从句的限制性或非限制性是通过关系从句与指示词的线性顺序来决定的。关系化可以证明这种"线性顺序假设"不正确。例如：

(701) a. [e_j能读懂那本书的那些人$_j$]一定是天才

b. [[[e_j能读懂 e_i的]那些人$_j$]一定是天才]的那本书$_i$

(702) a. [那些[e_j能读懂那本书的]人$_j$]一定是天才

b. [[那些[e_j能读懂 e_i的]人$_j$]一定是天才]的那本书$_i$

根据 Chao 等的"线性顺序假设"，(701a)中的关系从句能读懂那本书的那些人是限制性的，而(702a)中的关系从句那些能读懂那本书的人是非限制性的。但是(701a)和(702a)中关系从句内的名词短语那本书都能关系化得出可接受的(701b)和(702b)。所以，(701a)和(702a)中的关系从句应都是限制性的。

下篇：关系结构的一语习得研究

第1章 英语、法语等语言中的关系结构的习得：两种截然相反的理论

近40年来研究者纷纷对英语、法语、意大利语等语言中的中心语前置关系从句①的习得进行调查研究。从儿童关系从句的产出和/或理解情况调查入手，研究者纷纷对关系从句的习得时间和顺序提出了不同看法，并提出不同假说来解释。研究者之间最重要的争议是儿童习得关系从句的时间，并呈现出两种截然相反的假说，即"儿童关系结构非移位说"和"儿童关系结构移位说"。

1.1 Labelle(1996)的"儿童关系结构非移位说"

1.1.1 "儿童关系结构非移位说"的证据和内容

Bouvier & Platone(1976)(转引自 Labelle 1996)、Hudelot(1980)(转引自 Labelle 1996)、Labelle(1990,1996)和 Goodluck & Stojanovic(1996)等研究者发现，法语、英语、意大利语和 Serbo-Croatian 语等语言中的 3～6 岁儿童产出的关系从句和成年人产出的关系从句有巨大的不同。因此，他们认为，儿童习得关系从句晚，要到 6 岁(甚至更大)以后才能真正习得关系从句。为了解释这一现象，他们主张"儿童关系结构非移位说"。其中，Labelle(1990,1996)通过诱导(性)产出(elicited production)实验，让 100 多位 3～6 岁法语儿童产出了 1348 个关系从句。这些关系从句可分以下三类：

1)49% 的关系从句中含有一个接应代词或接应名词，这些关系从句主要包括间接宾语关系从句(即中心语与关系从句谓词内的间接宾语同指的关系从句)、介词宾语关系从句(即中心语与关系从句内的介词宾语同指的

① 本书下篇所涉及的关系从句只是限制性关系从句。

关系从句)、所有格关系从句(即中心语与关系从句内的所有格同指的关系从句)。值得注意的是,这些关系从句在成人标准语法中不合语法。如(1~3)所示。

(1) *Celle-là que le papa **lui** montre un dessin (5;00)
that one that the father **to-her** is showing a drawing
'the one to whom the father is showing a drawing'

(2) *Sur la ballei qu' i(l) lance **la ballei** (5;01)
on the ball that he is throwing **the ball**
'on the ball that he is throwing'

(3) *Cellei que la maman a(=elle) rêve à **une maisoni** (3;11)
the one that the mother she is dreaming of a house
'the one (= the house) that the mother is dreaming of a house'
(picture: the mother is dreaming of a house—not sleeping in a house)

2)48%的关系从句中含空缺,包括直接宾语关系从句(即中心语与关系从句谓词内的直接宾语同指的关系从句)和主语关系从句(即中心语与关系从句谓词内的主语同指的关系从句)。如(4)所示。这样的关系从句在成人法语标准用法中合乎语法。

(4) C'est la balle qu' i(l) dessine _. (3;06)
it's the ball that he is drawing _
'It's the ball that he is drawing _.'

3)3%的关系从句中没有空缺或接应代词或接应名词来与中心语同指(类似于"典型汉语式关系结构";参本书上篇 4.6 节)。这样的关系从句在成人法语标准用法中也不合语法。如(5~11)所示。

(5) *Le petit garçon qu' il a un chapeau. (G 3;00)(M 4;09)
the little boy that he has a hat
'*the little boy that he (child points to the dog) has a hat.'

'the little boy whose dog has a hat'

(6) *Un truc qu' on fait les jardins. (J. Pieree P. ,6;00)
a thing that one makes gardens
'something that is used for gardening'

(7) *Sur la boîte que la poupée i dit coucou. (G 4;07)
on the box that the doll he says 'hi'
'on the box where the doll says 'hi''

(8) *Sur celle qu' i y a une madame. (A 5;02)
on the one that there is a madam
'on the one where there is a lady'

(9) *Une voiture qu' on pédale. (Guy M.,6;00)
a car that one pedals

(10) *La maison que la maman dorté (N 4;07)(LE 3;08)
the house that the mother is sleeping
(picture: the mother is dreaming of a house—not sleeping in a house)

(11) Un poste qu' on fait comme ça. (Guy P.,6;00)
A radio that one does like that
(注意：此时 that(即 ça)不与 radio(即 poste)同指)

Labelle 指出这 1348 个关系从句总的说来有以下特点：

1)3～6 岁儿童产出的关系从句有的和成年人产出的关系从句相同，有的不同。

2)尽管儿童年龄跨度相当大(即 3～6 岁)，但关系从句在类型上没有区别，都包括以上三类关系从句。

3)在成人法语关系从句的语法(Labelle 认为成人法语关系从句的语法和成人英语关系从句的语法相同，都是移位的结果；关于英语关系从句的语法详见本书上篇)中，关系从句的句首一般会有关系代词，而且，关系代词是介词宾语时，关系代词一定要出现，且存在“介词＋关系代词”的裹挟形式(pied-piping)；然而，3～6 岁儿童产出的关系从句的句首没有关系代词，更没有“介词＋关系代词”的裹挟形式。Labelle(1996)还发现，虽然表面上被调查的 3～6 岁法语儿童一共产出了 17 个关系从句句首有 *wh*-成分的关系结构，比如(12～17)，但是很明显，它们的使用完全和成人语法中的使用不同——因为这些关系从句句首的 *wh*-成分 où 或 quand 与先行词不是同指关系。因此,Labelle 指出,这些 *wh*-成分其实根本就不是成人语法中的关系代词。

(12)[La petite fille$_i$][où$_k$ le garçon lui$_i$ dit bonjour t$_k$]
(J 5;07)

the little girl where the boy to her is saying hi

'the little girl where the boy is saying 'hi' to her'

(13)La voiture$_i$ [où$_k$ l'gendarme l$_i$' arrête t$_k$](5;00)

the car where the policeman it arrest

'the car that the policeman stops'

(14)Sur la balle où que le petit garçon i lance la balle.
(4;10)

on the ball where that the little boy he throws the ball

'on the ball where the bittle boy throws the ball.'

(15)[Celle-là$_i$][quand$_k$ la fille lui$_i$ fait un sourire t$_k$]
(JF 5;00)

that one when the girl to her is making a smile

'the one where the girl is smiling to her'

(16)Sur la maison où la mère rêve (5;07)

'on the house where the mother is dreaming.'

(picture: the mother is dreaming of a house—not sleeping in a house)

(17)Sur la petite fille où la madame montre le dessin
(5;07)

'on the little girl where the woman shows the drawing'

4)在 3~6 岁儿童产出的关系从句中,空缺与中心语同标时,空缺一般是主语和直接宾语,不能是介词宾语、间接宾语、所有格等成分。

5)在 3~6 岁儿童产出的关系从句中,接应代词和接应名词频繁使用,出现在直接宾语、间接宾语、介词宾语、所有格等位置。这类接应代词在成人法语中不存在。

6)虽然在 3~6 岁儿童产出的关系从句中,大部分含有空缺或接应名/代词来与中心语同指,但是也有一部分不含空缺或接应名/代词与中心语同指。(也就是说,有一部分法语儿童产出了"典型汉语式关系结构"。)而这类关系结构在成人法语语法中不存在。Labelle(1996)认为，这类结构有些像成人英语(18～20)中的、具有“边缘性”的 *such that*-关系从句。

(18) It was one of those situations such that I was forced to just slink out of the door when no one was looking and pretend the whole thing had been a nightmare.

(19) The old crone had a manner such that even the children who saw her pass in the street would shudder and turn away.

(20) The number system such that 2 and 3 make 5 therein

与产出相应，在关系从句的理解表演(acting-out task)实验中，很多研究者(如 Sheldon 1974；Tavakolian 1981；Roth 1984；Adams 1990；de Villiers et al. 1994；Berman 1997；Håkansson & Hansson 2000；de Villiers，Tager Flusberg，Hakuta & Cohen 1979；Arnon 2005；Arosio et al. 2005；Friedmann & Novogrodsky 2004 等)发现，儿童要到 6 岁(甚至更大)才能超出猜测水平(chance level)。可见，儿童在 6 岁(甚至更大)之前不能理解成年人的(由 *wh*-算子移位推导出来)的关系从句。①

为了解释以上事实，Labelle(1996)提出了“儿童关系结构非移位说”。内容如下：

1)关系从句的形成涉及两个不可分割的过程：一是“谓词形成”，即将关系从句变成“语义谓词”，这要求关系从句的句首嫁接一个“谓词算子”；二是“同指关系的形成”，即“语义谓词”与中心语要形成同指关系。“同指关系的形成”只能发生在 LF 层面。而“谓词形成”可以在任何层面进行，既可以在狭义句法层面进行，也可以在 LF 层面进行，还可以在 LF′层面进行②。

2)成人法语关系从句的“谓词形成”在狭义句法层面进行，而且“谓词形成”的手段是前往[Spec CP]位置的 *wh*-移位。然而，和法语成人不同，法语儿童采取以下三种策略来生成三类不同的关系从句：

a)空缺策略

在(21)这样的关系结构中，“空缺策略是在[狭义]句法层面进行‘谓词形成’的结果”。在此策略中，法语儿童采用一种“最简单和最原始”的关系

① 例如 Roth(1984)报道说 3～5 岁儿童在理解成人的(wh-算子移位推导出来)的关系从句时有很大困难；Håkansson & Hansson(2000)报道说 3;01～3;07 瑞典语儿童不能理解成年人的(wh-算子移位推导出来)的关系从句。

② Labelle 中的“谓词”与本书上篇中的“谓词”意义不同。

从句形成方法,如(21)所示,“关系从句的句首生成一个被解读为 λ_x-算子的空提取算子(null abstraction operator)。”“这一空提取算子使得整个关系从句被解读为中心语的一个属性。”“在通常情况下,[即在(21)这样的关系从句中,]关系从句句首的[空提取]算子约束关系从句中的[以空缺形式出现的]变量。”“整个关系从句与先行词的同指关系使得谓词这一属性作用到先行词身上,从而使得[以空缺形式出现的]变量被解读为中心语。”因此,(21)被解读为(22)。“在说明关系从句被解读成中心语的谓词,且关系从句内存在一个语义变量(空缺或接应代词)时,关系结构非移位说不需要假定有空 *wh*-算子的移位”。而“[在(23)这样的关系结构中,]关系从句中的空缺处于间接(oblique)格,此时,介词在可恢复性条件下进行了脱落。”“不管是移位说还是非移位说,这一[脱落]假设都是必要的”(Labelle 1996:67~70)。总之,“空缺策略是在[狭义]句法层面进行‘谓词形成’的结果[如(21)和(23)所示]”。此时,由于在狭义句法中运用了“谓词形成”规则,所以“算子约束句法变量”,“空缺充当‘句法变量’时,具有语迹的性质,但是这一具有语迹性质的空缺却不是移位的结果,而是基础生成的,被一个基础生成的空算子约束。”(Labelle 1996:67~70。)

(21) la balle qu' i (l) dessine _ . (MJ 3;06)

Ø“谓词形成”Ø (在狭义句法层面)

→la balle[Op_x[qu' i (l) dessine x]]

Ø“同指关系”Ø (在 LF 层面)

→la $balle_i$[Op_x[qu' i(l) dessine x]]$_i$ = la $balle_i$[λ_x[qu' i(l) dessine x]]$_i$

‘the ball that he is drawing’ (Labelle 1996:68)

(22) λ_x[ball′(x) & he-draws′(x)] (同上)

(23) La boîte que l'auto rentre _ (MJ3;06)

Ø“谓词形成”Ø (在狭义句法层面)

→La boîte[Op_x[que l'auto rentre x]]

Ø“同指关系”Ø (在 LF 层面)

→la boîte$_i$[Op_x[que l'auto rentre x]]$_i$ = la boîte$_i$[λ_x[que l'auto rentre x]]$_i$

the box that the car is entering

(注意:法语中的 rentre 是类似 come 的不及物动词。)

‘The box in which the car is entering’ (同上)

b)接应代词策略

在(24)这样的关系结构中，“接应代词策略是在 LF 层面进行‘谓词形成’的结果。……接应代词的出现使得关系从句的句首在［狭义］句法层面不能出现算子，因为法语中接应代词不能充当句法变量，……此时，‘谓词形成’规则只能在 LF 层面（即在拼读之后）运用，接应代词充当语义变量。”“和成人英语、法语关系从句接应代词的使用原理一样，在法语儿童关系从句接应代词的使用中，LF 层面进行‘谓词形成’，只有在 LF 层面，关系从句的句首才存在一个提取算子，接应代词被解读成一个合适的关系化位置，接应代词充当语义变量。”此时情况下，“同指关系的形成”紧跟“谓词形成”发生在 LF 层面或 LF′层面。（Labelle 1996：67～70。）

(24) *Celle-là que le papa **lui** montre un dessin
Ø“谓词形成”Ø　（在 LF 层面）
→Celle-là［Op_x［que le papa x　montre un dessin］］
Ø“同指关系”Ø　（在 LF′层面）
→Celle-là$_i$［Op_x［que　le　papa　x　montre　un
that one　that　the father　**to-her**　is showing　a
dessin］］$_i$
drawing

c)第三种策略

在(5～17)这样的关系结构中，“谓词形成”发生在 LF 之后的 LF′层面（LF′层面含有语用解读），在此层面，一个具有副词功能的变量被“谓词算子”约束，如(25a)所示，这一副词变量含有“with respect to(关于)”的意思，因此(25a)被解读为(25b)。

(25) a. *La maison que la maman dorté　(N 4;07)
Ø“谓词形成”Ø　（在 LF′层面）
→La maisoni　［λ_x［que　la　maman　dort x］］$_i$
the house　that the mother　is sleeping
(picture: the mother is dreaming of a house—not sleeping in a house)
b. λ(x)maison’(x)&［la-maman-dort-wrt(x)］（其中的 wrt 是 with respect to 的缩写。）

1.1.2 “儿童关系结构非移位说”(Labelle 1996)所存在的问题

由上文可知,Labelle 认为:虽然在成人句法中,英语、法语关系结构的狭义句法推导中存在 *wh*-算子移位,但是,与成人不同,6 岁(甚至更大)之前的法语儿童是用非移位的方法生成关系从句的,因此儿童关系从句的推导中既没有(空)*wh*-算子移位,也没有中心语移位;法语儿童产出的关系从句有三种,其一是含有空缺与中心语同指的关系从句,其二是含有接应代词或接应名词与中心语同指的关系从句;其三是不含空缺或接应代/名词与中心语同标的关系从句;在第一种关系从句中,狭义句法层面有“空算子”和“句法变量”,“空算子”和“句法变量”都是基础生成,“句法变量”虽然不是移位语迹,但具有语迹性质;在第二种关系从句中,狭义句法层面没有“算子”和“句法变量”,但 LF 层面有“算子”和“语义变量”;在第三种关系从句中,狭义句法层面没有“算子”和“句法变量”,但在 LF′层面有“算子”和“语义变量”。总之,Labelle 认为,儿童产出的关系从句的句法不同于成年人产出的关系从句的句法,即使有时儿童确实在 3 岁(甚至 2 岁)时就能产出和成人产出的关系从句一样的关系从句(详见 Crain,McKee & Emiliani 1990;de Villiers,de Villiers & Hoban 1994;Berman 1997;Varlokosta & Armon-Lotem 1998 等),那也只是一种表面上的相同,实质推导过程则完全不同,儿童产出的关系从句都是非移位生成,而成人产出的关系从句都是移位生成;和产出相对应,6 岁以前的儿童也不能理解成年人产出的、由移位推导出来的关系从句。

本书认为 Labelle 的分析存在下列问题:

其一,虽然她反复提到了“谓词算子”“(空)提取算子”“(空)算子”“变量”“句法变量”“语义变量”等术语,但她对这些术语的使用与 Chomsky(1981,1982,1995,2004 等)有很大的不同,且缺乏明确的界定,导致其理论体系出现问题。Chomsky(1981,1982,1995,2004 等)生成句法体系中谈到的“(空)算子”“变量”以及“算子—变量关系”是“前往 COMP 的移位”这一显性句法操作的产物(详见本书上篇第 2 章)。这种界定下的“(空)算子”和“变量”概念才能让我们很好地区分狭义句法层面上的“(空)算子”和“变量”和语义层面上的“算子”和“变量”这两组概念,才能让我们理解这两组概念之间的匹配规律,它们在 Chomsky 的整个空语类理论体系下也才有存在的价值。Labelle 只简单地规定,在儿童产出的含空缺的关系从句中,狭义句法层面上有“(空提取)算子”和“变量”,且“(空提取)算子”和“变量”都是基础生成。本书以为,如果不是 Chomsky 所界定的、狭义句法层面上的、由移位产生的(空)算子和变量概念,倒不如干脆认为在狭义句法层面没有空算子和变量的存在，只有在语义层面才有语义算子和语义变量的存在或解读。Labelle 认为，法语儿童产出的关系从句的空缺和接应代词一样都是非移位生成，可她却只认为空缺在狭义句法层面是"变量"，而且具有移位语迹的性质，而接应代词在狭义句法层面不是"变量"。这缺乏说服力（参本书上篇关于接应代词的讨论）。而且一个"基础生成的变量"怎么可能会"具有移位语迹的性质"？按照 Chomsky(1981)的空语类理论体系，关系从句中的空缺既然不是移位的结果，那就不是 Chomsky(1981，1982，2004 等)所界定的句法变量，而是空代词性质的东西。可见，Labelle 的分析存在很大的问题，缺乏理论内部的系统性。

其二，Labelle 的分析无法解释为什么儿童产出的关系结构中有的含有接应代词，有的不含接应代词，有什么规律，为什么出现这样的规律等诸多问题。

其三，Labelle 认为，儿童关系从句接应代词的使用和成人英语、法语关系从句接应代词的使用原理一样。本书以为，这一观点也很是值得商榷。从本书上篇 4.7 节中对接应代词分布情况的分析和 Labelle 的语料中儿童关系从句接应代词的使用情况可知，儿童关系从句接应代词的分布明显不同于成人英语、法语关系从句接应代词的分布，两种接应代词不可能是同一性质的东西。

其四，Labelle 对空缺和接应代词做了不同处理：前者是"变量"，"具有变量的性质"，被"空算子"约束，但"空算子"和"变量"都是基础生成；而后者也是基础生成，却不是"变量"，也没有"空算子"。这种规定性的做法也不可取。

本书支持 Labelle 等人提出的"儿童关系结构非移位说"的总思路，即认为儿童是用非移位的方法生成关系从句的，儿童关系从句的推导中没有 *wh*-算子移位或中心语移位。但本书的"儿童关系结构非移位分析"和 Labelle 的"儿童关系结构非移位说"有很大区别，详见本书下篇第三章。

1.2　"儿童关系结构移位说"

1.2.1　"儿童关系结构移位说"的证据和内容

很多研究者通过产出调查（如 Diessel & Tomasello 2000 的自发性产出和 Crain，McKee & Emiliani 1990、Diessel & Tomasello 2005、Guasti & Cardinaletti 2003 和 McKee，McDaniel & Snedeker 1998 的诱导性产出）发现，关系从句的产出相当早，儿童在 3 岁时就能产出关系从句。Crain，McKee & Emiliani(1990)和 Diessel & Tomasello(2000)甚至发现 2 岁儿童就

能自发产出关系从句。Tyack & Gottsleben(1986)也发现儿童首次产出主语关系从句和宾语关系从句的平均年龄为 3 岁。① 与产出相对应,很多研究(Goodluck & Tavakolian 1982;Hamburger & Crain 1982;Corrêa 1995;Adani 2011)指出儿童对关系从句的理解也相当早。Adani(2011)指出,那些关于儿童关系从句理解迟缓结论的研究(如 Arnon 2005;Arosio et al. 2005;Friedmann & Novogrodsky 2004)存在方法上的缺陷。她认为至少有三个层面能解释儿童的理解错误,分别是语法能力(competence)、语言处理(processing)和语用因素,因此在得出儿童的错误理解属于语法能力欠缺这一结论之前首先必须控制和排除语言处理和语用的影响。Hamburger & Crain(1982)的实验表明,当语用影响得到控制时,4 岁的美国儿童在关系从句的理解上就已经超出了猜测水平;Adani(2011)通过图片选择方法也发现,3 岁的儿童就已经能非常准确地(at ceiling performance)理解主语关系从句了,4 岁的意大利儿童也已能像成年人一样准确理解宾语关系从句了(其中 3 岁儿童对宾语关系从句的理解就已超出猜测水平)(对比 Arnon 2005;Arosio et al. 2005;Friedmann & Novogrodsky 2004 等)。

基于儿童在较早年龄就能产出和理解关系从句的发现,Guasti & Shlonsky(1995)和 Varlokosta & Armon-Lotem(1998)等对 Labelle(1990,1996)等所主张的"儿童关系结构非移位说"提出了质疑。他们认为,为了和成年人的句法吻合,儿童必须放弃先前的非移位推导而发展成一种 *wh*-移位推导,违反了他们所支持的"连续性假说"(Continuity)(即成年人的核心句法和儿童的核心句法必须吻合的假说),从而出现了"不连续问题"。他们进而在成人英语、法语关系从句的中心语移位分析(详见本书上篇)理论框架下提出,3 岁左右的法语儿童产出的关系从句和法语成年人产出的关系从句一样都是中心语移位推导出来的,也就是说,儿童关系从句的核心句法和成年人关系从句的核心句法吻合,都是中心语移位的结果;而 6 岁之前的

① 这些实验中儿童产出的关系从句有一个共同点,即都没有关系代词,例如在 Belletti & Contemori(2010)的偏爱产出(preference production)实验中,有 10 个诱导出主语关系从句的测试,例如测试者说:"There are two children. One child eats chocolate, the other child eats ice cream. Which child would you rather be? Start with 'I would rather be the child... '",预期回答为:"(Vorrei essere il bambino) che mangia la cioccolata/il gelato '(I would rather be) the child that eats chocolate/ice cream'",另有 10 个诱导性产出宾语关系从句的测试,例如测试者说:"There are two children. The doctor examines one child, the nurse examines the other child. Which child would you rather be? Start with 'I would rather be the child... '",预期回答是:"(Vorrei essere il bambino) che il dottore/l'infermiera visita '(I would rather be) the child that the doctor/nurse examines'"。

法语儿童产出的关系从句之所以在一定程度上不同于法语成年人的关系从句，只是因为他们还没有习得关系代词这一具体词汇类型，属于词汇学习(learning)问题。他们认为，以上分析能解释为什么法语儿童产出的关系从句会偏离成年人的关系从句(例如能解释为什么法语儿童产出的关系从句中没有关系代词，更没有“介词＋关系代词”的裹挟现象)，但又不抵触普遍语法，还能解释主语关系从句的习得先于宾语关系从句的习得这一现象(详见下文)。至于接应代词或接应名词的频繁(49%)出现，他们解释为拼读出来的空缺。另一种与 Guasti & Shlonsky(1995)和 Varlokosta & Armon-Lotem(1998)的“儿童关系结构移位说”大同小异的解释是 Law(1992)的解释。他认为，法语儿童产出的关系从句是“空 *wh*-算子”移位的结果，而接应代词或名词的出现也是拼读出来的空缺。Adani(2011)也支持儿童早期语法和成人语法相同的“连续性分析”，即“儿童关系结构移位说”。具体说来，他认为，儿童一开始就有和成年人一样的关系从句移位操作，因此儿童早期在理解宾语关系从句(而不是主语关系从句)上所表现出来的困难能用移位中的“干扰效应”(intervention)(Grillo 2009，Garraffa & Grillo 2008；Friedmann，Belletti & Rizzi 2009)来解释，而且成人也有同样的“干扰效应”问题，因此成人也同样会避免宾语关系从句，代之以“被动宾语关系从句”(详见下文)。总之，“儿童关系结构移位说”认为，成人关系从句和儿童关系从句都是移位的结果，只不过儿童还没有习得关系代词这一具体词汇类型，所以会和成人有一些差异。

Pérez-Leroux(1995)则采用以下分析来解释儿童接应代词的广泛使用：语言有两类，一类是英语类语言，其中的接应代词只出现在“岛屿”中或其他不可及的位置上，另一类是西班牙语类语言，其中的接应代词与空缺可自由替换；这两类语言的不同在于参数“[±变量]”的设定——第一类语言中的接应代词的参数值为“＋”(也就是说，在此类语言中，关系从句的生成是句法算子移位的结果，接应代词是移位语迹的拼读)，第二类语言中的接应代词的参数值为“－”(也就是说，在此类语言中，关系从句的生成不是移位的结果，接应代词或空缺是基础生成的、具有代词性的成分)；既然儿童早期还没有设定参数(unspecified)，那么他们就会更自由地使用接应代词，因此不管是哪类语言，儿童早期都会使用接应代词。她测试了 11 位 3;05～5;05(读作“3 岁 5 个月到 5 岁 5 个月”)英语儿童和 26 位 3;05～6;08 西班牙语儿童在主语关系从句、直接宾语关系从句、介词宾语关系从句、方位格关系从句和所有格关系从句等方面的习得情况，在和 Labelle 中的法语儿童进行对比后，他发现三群孩子之间没有显著区别，支持了其假说。

1.2.2 "儿童关系结构移位说"的主要证据:主宾不对称现象

研究者对各种语言中不同类型关系从句的习得顺序进行了深入的调查与分析,其中基本一致的发现是,在英语类语言中,主语关系从句和宾语关系从句的习得(包括理解和产出)顺序存在明显差异,主语关系从句的习得明显早于宾语关系从句的习得(Sheldon 1974;Adams 1990;Bar-Shalom, Crain & Shankweiler 1993;McDaniel,McKee & Bernstein 1998;McKee & McDaniel 2001;De Vincenzi 1991;Labelle 1996;Adani 2008,2011;Friedmann,Belletti & Rizzi 2009;Belletti & Contemori 2010;Belletti 2010;Costa,Lobo & Silva 2011;Traxler,Morris,Seely 2002,Warren & Gibson 2005)。例如,Sheldon(1974)发现,5;00~5;05 儿童只理解主语关系从句,不理解宾语关系从句,前者正确率达 76%而后者正确率只有 21%;而小于5 岁的儿童两类关系从句都不能理解。Adams(1990)发现 7 个 4;06~5;08受试儿童中有 5 个只能理解主语关系从句,不能理解宾语关系从句,另两个两类关系从句都不能理解。Contemori & Garraffa(2010)发现只有 50%(等于猜测的比率)的 3~5 岁儿童能理解宾语关系从句,但有 79%的 3 岁儿童能理解主语关系从句。McDaniel,McKee & Bernstein(1998)和 Berman(1997)也认为,主语关系从句的产出要明显早于宾语关系从句的产出。Belletti & Contemori(2010)的产出实验中也发现,70%以上的 3~4 岁儿童能产出主语关系从句,但只有不到 50%的 6 岁儿童能产出宾语关系从句。Friedmann,Belletti,Rizzi(2009)、Belletti & Rizzi(2010)、Belletti(2009)和 Belletti & Contemori(2010)中也提到,5、6 岁以前的儿童不能理解和产出宾语关系从句,而 3 岁左右儿童能理解和产出主语关系从句,在 4 岁时可达89%。Adani(2011)发现主语关系从句的理解正确率大于宾语关系从句的理解正确率(成人也如此)。Adani(2011)同时发现,4 岁意大利儿童才能像成年人一样理解宾语关系从句,而 3 岁儿童就能准确理解主语关系从句(他还认为,儿童理解关系从句时间比文献中提到的时间要早很多)。与以上主宾不对称现象直接相关的是,研究者(Belletti 2009,2010;Utzeri 2007;Belletti & Contemori 2010)还发现,在诱导性产出中,从 5 岁左右(此时儿童基本习得被动结构)开始,儿童便有一种强烈的趋势,避免宾语关系从句的产出,代之以"被动宾语关系从句"(Passive Object Relatives;Labelle 1996),比如儿童避免(26a)的产出,代之以"被动宾语关系从句"(26b);而且,这种替代随着年龄的增长而增多,最终和成年人一样达到 90%以上的替代(Belletti 2010)。Belletti & Contemori(2010)也指出,在 5 岁左右,儿童和成人一样开始避免宾语关系从句的产出，代之以“被动宾语关系从句”。

(26) a. 诱导的宾语关系从句：The reporter that the senator attacked ignored the president.

b. 实际产出的“被动宾语关系从句”：The reporter that was attacked by the senator ignored the president.

在“儿童关系结构移位说”理论框架下，主张“连续性假说”的学者（如 Arosio et al. 2006，2009 和 Adani 2011）认为，以上主宾不对称现象可以用“最短链接原则”(the Minimal Chain Principle；De Vincenzi 1991）来解释，比如在(27a)和(27b)中，(27a)中的较短链接(shorter dependencies)容易处理，而(27b)中的较长链接难处理；因此，可以预料人类句法分析程序(human parser)应从较短链接开始。因此，儿童最初总是从主语关系从句句法分析开始，将主语关系从句和宾语关系从句都理解为主语关系从句，后来才逐渐接受宾语关系从句句法分析。

(27) a. Indic ail　cavallo$_i$　[che〈e〉$_i$ sta inseguendo i　leoni].

短链接：〈head NP，e〉

‘Point to the horse that　is　chasing　the lions’

b. Indic ail　cavallo$_i$　[che i　leoni stanno inseguendo 〈e〉$_i$].

长链接：〈head NP，e〉

‘Point to the horse that the lions are　chasing’

与“最短链接原则”大同小异，Friedmann，Belletti & Rizzi (2009) 和 Belletti & Rizzi (2010)、Belletti (2010) 认为，“相对最简性原则”(Relativized Minimality；Rizzi 1990，2004；Starke 2001）能解释宾语关系从句中主语对宾语移位的“干扰效应”(intervention effects)，并因此解释以上主宾不对称现象。“相对最简性原则”是 Rizzi (1990，2004) 提出的一条关于移位的局域性(locality)原则，即(28)。后来，它被 Starke (2001) 从特征的角度出发进一步具体化，成为(29)中形式，其中 A 和 B 代表抽象的词形—句法特征。(29)可以解释(30)和(31)的对立。Friedmann，Belletti & Rizzi (2009) 等人进一步认为，和成人语法系统中的“相对最简性原则”相比，儿童早期的语法系统中的“相对最简性原则”会以更严格的形式(a stricter version of the principle)，即(32)中的形式出现，其中，(32II)中的“包含”结构不符合儿童语法（对比(29II)),也就是说,在儿童语法中,移动目标(target)和干扰项(intervener)中只要有一个相同的特征,干扰项就能起到干扰作用,因此(33)不被儿童接受,其中的NP这一共同特征干扰了中心语the elephant和空缺宾语的联系。Belletti & Rizzi(2010)还用(34)的例子证明(32III)不违反"相对最简性原则",因此(34)的正确率基本等同于主语关系从句的正确率。与产出相对应,Friedmann,Belletti & Rizzi(2009)证实了22个Hebrew儿童(3;07~5;00)能很好地理解主语关系从句,但理解宾语关系从句时出现严重问题(90%理解主语关系从句,55%理解宾语关系从句),他们认为"相对最简性原则"也能解释为什么主语关系从句要比宾语关系从句容易理解。

(28)相对最简性原则:在"X… Z… Y"这一结构中,如果Z和X是同类(of the same type),那么X和Y之间的局域性联系会被Z干扰,也就是说,Y不能越过Z而移往X位置。①

(29)相对最简性原则:

	X...	Z...	Y	
I)	+A.....	+A....	〈+A〉	不合语法
	(X和Z的词形—句法特征一致)			
II)	+A,+B....	+A....	〈+A,+B〉	合语法
	(X和Z的词形—句法特征有包含关系)			
III)	+A	+B....	〈+A〉	合语法
	(X和Z的词形—句法特征不一致)			

(30) *How$_i$ do you wonder [who behaved t$_i$]?

+A ..... +A .... 〈+A〉

不合语法 (X和Z的词形—句法特征一致)

(31) Which problem do you wonder how to solve 〈which problem〉?

+A,+B.... +A.... 〈+A,+B〉

合语法 (X和Z的词形—句法特征有包含关系)

---

① 这一原则与其他文献中提及的Minimal Link Condition,Minimal Search,Featural Relativized Minimality(Chomsky 2000,2004,2008,Starke 2001)基本相同。最初用来解释(1b)的不合语法,其中how不能移位,或者说how和语迹无法建立同指关系,因为how的同类who干扰/阻挡了它们建立同指关系。

(1) a. How$_i$ do you think[John behaved t$_i$]?

b. * How$_i$ do you wonder[who behaved t$_i$]?

X Z Y

(32)更严格的相对最简性原则：

X...　　　　Z...　　Y

I)　＋A.....　　　　＋A....　〈＋A〉　　　不合语法

(X和Z的词形—句法特征一致)

II)　＋A，＋B....　＋A....　〈＋A，＋B〉　不合语法

(X和Z的词形—句法特征有包含关系)

III)＋A.....　　　　＋B....　〈＋A〉　　　合语法

(X和Z的词形—句法特征不一致)

(33)(Show me)the elephant that the lion is wetting 〈the elephant〉

＋R，＋NP　　＋NP　　　　＋R，＋NP

X　　　　　Z　　　　　　Y

(34)(Show me)the elephant that they are wetting 〈the elephant〉

＋NP，＋R　　＋Pron　　　　＋NP，＋R

与此直接相关，前面提到，研究者发现，在诱导性产出中，从5岁左右(此时儿童基本习得被动结构)开始，儿童便有一种强烈的趋势，避免宾语关系从句的产出，代之以“被动宾语关系从句”，而且，这种替代随着年龄的增长而增多(5岁时8%，6岁时22%，6～11岁时59%)，最终和成年人一样达到90%。Belletti & Rizzi(2010)解释说，这是因为宾语关系从句的句法要比被动语态的句法复杂。总之，儿童和成人都喜欢使用“被动宾语关系从句”而放弃使用宾语关系从句(尽管从5岁左右开始，儿童和成人一样都接受宾语关系从句)(Belletti 2009，Utzeri 2007，Belletti & Contemori 2010)。为什么宾语关系从句的句法要比被动语态的句法复杂？Belletti(2009)认为这是因为被动结构的句法生成中能够避免“干扰效应”。他分析说，被动结构的句法生成涉及“私运”(smuggling)(Collins 2005)，“私运”是避免“干扰效应”的有效途径。如(35)所示，“私运”是这样一种句法操作：动词和动词的直接宾语“[V DP(O)]”一块移往vP的外论元以上的位置，然后直接宾语“[DP(O)]”再进一步前移。这样一来，“私运”就避免了外论元对宾语移位的“干扰”。因此，只要儿童在5岁左右习得被动结构，他们就会开始和成人一样通过被动结构来避免宾语关系结构的使用。

(35)[CP... [TP pro(expl)... [V DP(O)] by... [vP... DP(S)〈[*V DP(O)*]〉]]]

第2章　汉语关系结构的习得:两次实验的比较

本章内容包括了两次汉语关系结构习得情况的调查实验。首先阐述和分析了第一次实验的过程、结果和所存在的问题。并针对第一次实验的问题重新设计和进行了第二次实验。最后通过两次实验结果的比较，总结和归纳了汉语儿童关系结构习得的总趋势及其特点。为接下来第3章中的英语、法语儿童和汉语儿童的关系从句习得情况的比较和"儿童关系结构非移位分析"的提出提供事实支持。

2.1　实验一

2.1.1　数据采集方法:诱导产出

实验一[①]采用诱导产出的方法对汉语儿童对汉语关系从句[②]的理解和产出情况进行了调查。受试是河南省新乡市几所幼儿园的766名2;04～6;09普通话儿童(其中有效问卷743份)，男女比例相当。通过询问幼儿园教师及查阅儿童入学体检状况得知，所有受试的智力和情感正常，无听力和视觉障碍。尽量采用2～7岁儿童所熟悉的词汇设计测试句，避免在测试过程中受试因词汇原因而影响句法能力的发挥。实验涉及的工具包括图画册、记录纸、笔和录音笔。彩色图画册每页有两幅或三幅大小相同、内容相似的图片，所画的图片色彩丰富，立体感强，容易辨认。实验由两名测试者

---

① 实验一由宁春岩教授带领的习得小组设计和完成。笔者对原始语料进行整理和分析，得出一定的结论，同时指出了设计中可能存在的问题。

② 值得注意的是，本书实验对汉语关系结构的习得研究都是针对限制性关系从句。本书上篇中提到，限制性关系从句和非限制性关系从句的联系和区别。本书实验所设计的图片都是为了测定儿童对限制性关系从句的理解和产出。例如253页上图1中，有两张不同的床，关系从句起区别所指的作用(参上篇)。

实施，一名对图画进行描绘，并提出问题以诱导受试产出关系从句，另一名进行录音的同时逐字记录受试的回答。当时没记下的地方，回去重新听录音并作出完整的记录。在实验之前，每个受试都被告知他/她将和测试者共同做游戏，他/她会看到一系列的图片，他/她的任务是在看图片的时候回答测试者提出的问题（如(36)所示）。在测试项给出 5 秒以后，如果受试没有进行作答，测试者对问题重复一次。所有受试的回答由测试者转写到 Excel 表格中，对采集的数据依据测试项和受试年龄进行分类和标注，最后进行统计与分析。

(36)测试人：小朋友，我们来看一幅画。这只小猫（实验者指着图 1 中左边图中的小猫）在睡觉，这只小狗（实验者指着图 1 中右边图中的小狗）也在睡觉。这是小猫睡觉的床（测试人指着图 1 中左边图中的床），那这个呢（实验者指着图 1 中右边图中的床）？

受试儿童：……。（受试儿童做出回答。）

预期答案：小狗睡觉的床。

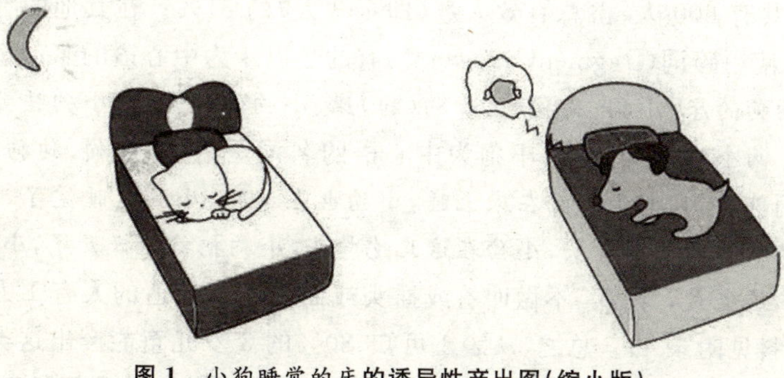

图 1　小狗睡觉的床的诱导性产出图(缩小版)

值得注意的是，设计中一定要满足产出限制性关系从句的语境、语用和语义要求。本书上篇中强调过，限制性关系从句通过特征描写来使听话人从两个或几个实体中识别出整个复杂名词短语的所指，例如小猫睡觉的床（很舒服）这一复杂名词短语能通过关系从句小猫睡觉的这一特征描写来使听话人识别两张床或几张床中到底是哪张床被认为很舒服。因此，一方面，在关系从句诱导产出实验中，一定要至少出现两个等待区别的实体；另一方面，这两个实体能被具有对比性的复杂特征来区别。实验一(1)中的设计满足了这两个要求，因此实验数据和结果基本可靠，但实验一(2)中的设计没有满足这两个要求，因此实验结果和数据可能不可靠。实验二中的设计吸取了实验一的经验，克服了其中的不足，补充和完善了实验一中的测试。

2.1.2 实验一(1)

这一小节呈现的是设计基本合理的实验的结果和分析。包括4个测试题。前3个测试题旨在调查3种不同子类的关系从句,即“典型汉语式关系结构”、宾语关系从句和主语关系从句的习得情况。后一个测试题旨在调查含有被字结构的关系从句的习得情况。这四个测试题所设计的情景满足了限制性关系从句的语境、语用和语义要求,一方面,实验中出现了两个待区别的实体,另一方面,这两个实体能分别被具有对比性的复杂特征来区分。因此此部分的实验所得到的语料和数据基本可靠。

a)“典型汉语式关系结构”小狗睡觉的床的习得情况

(37)测试人:这只小猫在睡觉,这只小狗也在睡觉。这是小猫睡觉的床,那这个呢?(=36)(见图1)

用预期的地点类“典型汉语式关系结构”小狗睡/睡觉的床来回答的人加上极少数用省略了中心语的“典型汉语式关系结构”小狗睡/睡觉的来回答的人共有600人,占总有效人数(即743人)的81%。在其他的答案中,有15%使用碎词(fragment answers):有的是以床为中心语的名词短语,如小狗/狗狗的床、小狗/狗狗的、小狗(睡)床、小狗的睡觉床、小狗睡觉床、蓝色(的)、两个床;有的是以小狗为中心语的名词短语,如小狗、狗狗。另有4%使用陈述句,如小狗躺在床上睡,小狗也在这睡,小狗也睡觉了,小狗在睡觉,小狗睡觉想着骨头,小狗在这儿吃骨头,小狗把被子掀开了,小狗睡了一个床,这也是,等等。不做回答或摇头或回答说不知道的人有1人(部分原始语料见附录4)。总之,从表1可知,80%的3岁儿童能产出这类“典型汉语式关系结构”,而且3到6岁的儿童在这类关系从句的理解和产出上没有显著区别。这说明3岁起儿童已经能理解和产出这类“典型汉语式关系结构”,或者说已经习得这类关系结构了。

表1　小狗睡觉的床的习得情况

受试年龄 / 产出类型及百分比(%)	2;04~2;11	3;00~3;11	4;00~4;11	5;00~5;11	6;00~6;09	2;04~6;09
TCR	54	80	74	88	89	81
碎词	32	15	19	11	10	15
陈述句	14	5	7	2	1	4
未答	0	1	0	0	0	0

注:TCR是typical Chinese relatives(“典型汉语式关系从句”)的缩写

b)宾语关系结构白鸡下的蛋的习得情况(对比本章 2.3 节中的分析)

(38)测试人：这只黄鸡(实验者指着图 2 中左边图中的鸡)下了一个蛋，这只白鸡(实验者指着图 2 中左边图中的鸡)也下了一个蛋。这是黄鸡下的蛋(实验者指着图 2 中左图中的鸡蛋)，那这个呢(实验者指着图 2 中右图中的鸡蛋)？

预期答案：白鸡下的蛋。

图 2　白鸡下的蛋的诱导性产出图(缩小版)

用预期的宾语关系结构(包括受试儿童实际产出的白鸡下的(黄)蛋、没有颜色的鸡下的蛋、(白)公鸡下的蛋、(也是)黄鸡下的蛋、绿/青/红鸡下的蛋、没穿衣服的下的蛋、鸡妈妈下的蛋、白鸡也下的蛋、白色的鸡生的蛋等)①来回答的人加上少数用省略的宾语关系结构(如白/黄鸡下的等)来回答的共有 572 人，占总有效人数 743 人的 77%。在其他答案中，有 18%使用碎词：有的是以蛋为中心语的名词短语，如白鸡/黄鸡/公鸡的蛋、(也是)它的蛋、(还是/也是)鸡蛋、(白/黄色的)蛋、小蛋、也是黄鸡蛋、白鸡的小鸡蛋、也是黄鸡蛋等；有的是以鸡为中心语的名词短语，如白鸡/母鸡/公鸡/绿鸡、也是白色鸡、白(色)的、是这个颜色的、下蛋的白鸡、没有涂颜色的白鸡。另有 5%采用陈述句，如白鸡下(个黄)蛋，也是黄鸡下蛋，它也下个白蛋，它没涂颜色，也生蛋，下蛋，也是，不一样，和它一样，白鸡也下了很多蛋，他是白的，白鸡下出白蛋，等等。不回答或摇头或回答说不知道的人有 11 人，约占总有效人数的 1%(部分原始语料见附录 4)。从表 2 可知，4 岁儿童有 74%能产出这类关系从句，且成绩随年龄增加而逐年递增。这说明 4 岁起

① 注意这些回答中虽然和预期答案白鸡下的蛋有不同，但都能表明受试掌握了宾语关系从句的语法，认知方面的错如公鸡下的蛋被忽略。

儿童已能理解和产出这类关系结构，也就是说，已经习得这类关系结构了(本书以为，在此产出实验中，如果一定年龄的儿童中有75%能产出某一结构，表明该年龄段的儿童已习得该结构了)。还有一个重要的情况是，如表2所示，所有受试儿童中没有任何儿童将宾语关系从句(OR)替换成"被动宾语关系从句"(POR)。这与前文提到的英语、法语中的儿童关系结构的习得事实完全不同。

表2　白鸡下的蛋的习得情况

受试年龄 / 产出类型及百分比(%)	2;04～2;11	3;00～3;11	4;00～4;11	5;00～5;11	6;00～6;09	2;04～6;09
OR	49	65	74	87	90	77
转 POR	0	0	0	0	0	0
碎词	35	27	21	11	9	18
陈述句	3	8	4	1	0	3
未答	14	0	1	1	1	2

注:OR是object relatives(宾语关系从句)的缩写;POR是passive object relatives("被动宾语关系从句")的缩写

c)主语关系结构下白蛋的鸡的习得情况(对比下面2.3节中的分析)

(39)测试人:这只鸡(实验者指着图3中左边图中的鸡)下了一个黄蛋，这只鸡(实验者指着图3中右边图中的鸡)下了一个白蛋。这是下黄蛋的鸡(实验者指着图3中左边图中的鸡)，那这个呢(实验者指着图3中右边图中的鸡)?

预期答案:下白蛋的鸡。

图3　下白蛋的鸡的诱导性产出图(缩小版)

用预期的主语关系结构(包括受试儿童实际产出的下白蛋的鸡、下绿/蓝/红蛋的鸡、弄白蛋的鸡、生白蛋的鸡、也是下黄蛋的鸡等)来回答的人加上少数用省略的主语关系结构(如下(这个)白蛋的)来回答的共有486人,占总有效人数743人的65%。在其他儿童中,有27%采用碎词:主要是鸡为中心语的名词短语,如白蛋的鸡、下白蛋鸡①、白(色)的鸡、白/绿鸡、蛋鸡、蓝/红色的鸡、绿/白的、这也是鸡、还有大公鸡、(这是)黄的、绿色的、白蛋鸡、母鸡、公鸡、也是黄的鸡、白蛋鸡、也是鸡、白/青/绿蛋的鸡、下白(色)的鸡、下没有颜色的鸡、下跟它一样的鸡、下红的小公鸡;还有的是以蛋为中心语的名词短语,如白蛋、蓝色的蛋、白蛋、下这个鸡的蛋、白色小鸡蛋、没涂颜色的蛋、下白鸡的鸭蛋等。另有5%采用陈述句,如弄碎了,下这个鸡,下这个蛋,下白蛋,这个下白鸡,下绿蛋,也是,也是下鸡蛋,也下蛋,这个是下白蛋,它是黄的它是白的,白的鸡下白的蛋,白鸡下白鸡蛋,下白鸡,下绿色的那个鸡蛋,它下个黄的,下的是白色的。不做回答或摇头或回答说不知道的人有18人,占总有效人数的2%(部分原始语料见附录4)。从表3可知,5岁儿童有82%能理解和产出这类关系从句了,且成绩随年龄增加而逐年递增。这说明5岁起儿童已经习得这类关系从句了。

表3　下白蛋的鸡的习得情况

受试年龄 产出类型及百分比(%)	2;04～2;11	3;00～3;11	4;00～4;11	5;00～5;11	6;00～6;09	2;04～6;09
SR	27	40	65	82	84	65
碎词	54	46	29	15	10	27
陈述句	3	8	6	3	5	5
未答	16	5	1	0	0	2

注:SR是subject relatives(主语关系从句)的缩写

d)"被动宾语关系结构"被猴妈妈抱走的小猴的习得情况

(40)测试人:猴妈妈抱走了这只小猴(实验者指着图4中左边图中的小猴),猴爸爸抱走了这只小猴(实验者指着图4中右边图中的小猴)。这是被猴爸爸抱走的小猴(实验者指着图4中右边图的小猴),那这个呢(实验者指着图4中左边图中的小猴)?

① 在笔者的相关试验中,用下白蛋鸡来代替下白蛋的鸡这样的现象,在成年人较快语速语言中也较常出现,可能算是正确的主语关系结构,但笔者没有统计到主语关系结构中。约7%的儿童产出了下白蛋鸡。

预期答案:被猴妈妈抱走的小猴。

图 4 被猴妈妈抱走的小猴**的诱导性产出图(缩小版)**

用“被动宾语关系结构”(如被猴妈妈/阿姨/姐姐抱走的小猴/宝宝、给猴妈妈/阿姨/姐姐抱走的小猴/宝宝、被猴妈妈捡起来的小猴等等)来回答的人加上极少数用省略的“被动宾语关系结构”(如被妈妈抱走的)来回答的共有420人,占总有效人数743人的57%。值得特别注意的是,从表4可以发现,尽管实验是为了诱导产出“被动宾语关系结构”,但相当数量的儿童(总共180人,占总有效人数的24%,特别是较小的儿童比例更重)避免使用“被动宾语关系结构”,而用宾语关系结构代替“被动宾语关系结构”,即将被猴妈妈/阿姨/姐姐抱走的小猴/宝宝转变成猴妈妈/阿姨/姐姐抱走的小猴/宝宝。其他的答案中大多数采用陈述句。这些陈述句又分为两种类型:第一类是主动句(11%),如猴妈妈/阿姨抱走小猴、小弟弟妈妈抱去了、也抱走了、这是妈妈抱、猴妈妈亲猴宝宝、妈妈抱走了、也是抱走了、抱走了小宝宝、她抱走他、小猴抱他回家、阿姨把宝宝送回家、是猴妈妈/小猴的爸爸把小猴抱走了、妈妈/猴爸爸也/又抱走了小猴、抱着他抱走了、也抢走一个小孩、在家抱、抱了小孩等等;第二类是被动句(3%)。被动句又分两种,即语法正确的被动句和语法错误的被动句,前者如小猴被/给妈妈/爸爸抱走了、被爸爸抱走、给妈妈抱走了等,后者如被妈妈抱走(了)小猴、被猴阿姨/妈妈抱(一个)小猴、猴妈妈/猴阿姨被猴宝宝/小猴子抱走了、猴妈妈被抱走了小猴、被猴妈妈被抱走了小猴等。少数儿童(3%)采用碎词,如猴妈妈/阿姨/姐姐、被猴妈妈等。总之,以陈述句或碎词回答的人共118人,占总有效人数的17%。不做回答或者摇头或者回答说不知道的人有9人,占总有效人数的2%(部分原始语料见附录4)。从表4可知,5岁儿童已基本习得“被动宾语关系结构”。和上面提到的主语关系结构的习得情况做一对比,我们可推测汉语儿童在5岁时才习得被动结构,导致他们的“被动宾语关系结构”也在5岁时习得。还有几个儿童产出了有些错误的“被动宾语关系结构”,如是被猴妈妈被抱走的小猴、猴妈妈/爸爸被抱走的小猴、被小猴抱走的阿姨、是被猴妈妈的小猴,这些错误表达尽管不多,但都表明了孩子被动句习得过程中存在困难。

值得特别注意的是，尽管实验是为了诱导产出“被动宾语关系结构”，但相当数量的儿童（24％）避免使用“被动宾语关系结构”，而用宾语关系结构代替“被动宾语关系结构”，而且年龄越小的孩子越容易出现这种替代。这与上文提到的英语关系结构的习得情况正好相反。

表 4　被猴妈妈抱走的小猴的习得情况

受试年龄 产出类型及百分比(％)	2;04～2;11	3;00～3;11	4;00～4;11	5;00～5;11	6;00～6;09	2;04～6;09
POR	22	30	53	73	82	57
转 OR	30	33	25	21	13	24
主动句	26	19	12	5	3	11
被动句 1	3	5	3	1	1	2
被动句 2	3	2	3	1	0	1
碎词	14	9	2	0	1	3
未答	3	2	2	0	0	2

注：POR 是 passive object realtives(“被动宾语关系从句”)的缩写。OR 是 object relatives(宾语关系从句)的缩写。“被动句 1”表示语法错误的被动句，如被猴妈妈被抱走；“被动句 2”表示语法正确的被动句，例如给妈妈抱走了。

2.1.3　实验一(2)

这一小节呈现的是设计可能有问题的实验。这个实验本来的设计目的是调查儿童汉语关系结构接应代词的习得情况。包括两个测试题目。先来看第一个测试题，即(41)：

(41)测试人：这幅图中，小猴在打小狗(实验者指着图 5 中左边图的下边)，这幅图中，小狗在打小猴(实验者指着图 5 中右边图的下边)。这是小猴把它打跑的小狗(实验者指着图 5 中左边图中的小狗)，那这个呢(实验者指着图 5 中右边图中的小猴)？

预期答案：小狗把它打跑的小猴。

图 5　小狗把它打跑的小猴的诱导性产出图(缩小版)

前面提到，设计中一定要满足产出限制性关系从句的语境、语用和语义要求,一方面,在关系从句诱导产出实验中,要至少出现两个等待区别的实体;另一方面,这两个实体必须能被具有对比性的复杂特征来区别。(41)中测试题的问题出在所设计的情景没有满足限制性关系从句的语境、语用和语义要求,虽然图中出现了两只小狗,但它们不是两个需要我们去区分的实体,虽然图中出现了两只小猴,但它们也不是两个需要我们去区分的实体。因此,从(41)中的图和测试人的诱导语看来,受试无法理解测试人想要他们产出关系从句的这一意图。结果,受试大大倾向于把诱导语小猴把它打跑的小狗看成是句子,从而以句子的形式来做出对答。实验结果如下:用“预期”(这可能是试题设计者的一种错误的预期)的含接应代词的关系结构(比如小狗把它打跑的小猴)来回答的人一共只有35人,占总有效人数的5%。用含接应名词的关系结构(比如小狗把小猴打跑的小猴)来回答的人来回答的共有16人,占总有效人数的2%。将“预期”的关系结构替换成宾语关系结构(比如小狗打跑的小猴、打跑的小猴)和“被动宾语关系结构”(如被小狗打跑的小猴、让小狗打跑的猴)的人共有49人,占总有效人数的7%。其他的答案主要是陈述句,如小狗把他/猴弟弟/小朋友打跑了,也打跑了,也是,小狗把这个猴子给打跑/死了,把猴子打了,打小猴子啦,打着小猴子,小狗拿着棍子,狗跑了,它打它的头等,约占总有效人数的81%。少数儿童采用碎语,如小猴、小娃娃、小弟弟、小狗、小狗把小猴等,约占总有效人数的2%。不做回答或者摇头或者回答说不知道的人约占总有效人数的2%(部分原始语料见附录4)。

表5　小狗把它打跑的小猴的习得情况

受试年龄 产出类型 及百分比(%)	2;04～2;11	3;00～3;11	4;00～4;11	5;00～5;11	6;00～6;09	2;04～6;09
RC-PRO	0	3	3	7	10	5
RC-NP	0	3	3	2	2	2
其他 RC	5	8	7	5	11	7
陈述句	62	79	84	85	77	81
碎词	16	3	2	0	0	2
未作答	16	5	2	0	0	2

注:RC-PRO表示含有接应代词的关系从句;RC-NP表示含有接应名词的关系从句

我们再来看第二个测试题,即(42):

(42)测试人:这幅图中,猴爸爸在跟猴阿姨跳舞(实验者指着图6中左边图的下边),这幅图中,小猴在跟猴阿姨跳舞(实验者指着图6中右边图的下边)。这是猴爸爸跟她跳舞的猴阿姨(实验者指着图6中左边图中的猴阿姨),这个呢(实验者指着图6中右边图中的猴阿姨)?

预期答案：小猴跟她跳舞的猴阿姨。

图6 小猴跟她跳舞的猴阿姨的诱导性产出图(缩小版)

这题的设计也存在一定的问题。该题的问题可能出在“这是猴爸爸跟 ta 跳舞的猴阿姨”这一诱导语是有歧义的表达，除了可理解成关系结构外，还可以理解成这是猴爸爸跟他(的那个)跳舞的猴阿姨(两个人)，还可以理解成这是猴爸爸跟跳舞的猴阿姨(两个人)。因此，受试可能无法理解测试人的意图。实验结果如下：用“预期”(这可能是试题设计者的一种错误的预期)的含接应代词的关系结构(比如小猴跟她跳舞的猴阿姨/猴妈妈)来回答的人共有41人，占总有效人数的6%。用含接应名词的关系结构(比如小猴跟阿姨跳舞的猴阿姨、小猴跟妈妈跳舞的猴妈妈、猴妈妈跟宝宝跳舞的猴妈妈)来回答的人来回答的共有15人，占总有效人数的2%。用其他类型的关系结构(如帮小猴跳舞的猴阿姨、宝宝跳的猴阿姨、跟/和猴宝宝跳舞的猴阿姨、跟他跳舞的阿姨)来回答的人共有48人，占总有效人数的6%。其他答案主要是陈述句，如猴阿姨/妈妈和猴子/猴宝宝跳舞，猴宝宝跟猴妈妈(在)跳舞，猴妈妈在和猴宝宝跳舞，猴宝宝跳舞，猴阿姨跟小猴一起跳，妈妈拉着宝宝，阿姨拉着小朋友的手，幼儿园的小猴跟老师跳舞，阿姨跟小猴唱歌，猴孩子也跳舞，妈妈跟孩子一块，在跳舞，猴妈妈跟猴它跳舞，猴宝宝也在跳，是小猴自己会下来，拉手，跳舞，小朋友跟妈妈做游戏，猴姐姐和猴弟弟在玩，猴宝宝跟着猴妈妈等，占总有效人数的71%；少数儿童采用碎词，如是猴阿姨和/跟猴宝宝、跟小猴、是猴妈妈、跟宝宝、这是他的猴妈妈、宝宝跟跳舞的阿姨、孩子跟他的跳舞、猴阿姨、猴孩子等，占总有效人数的11%。另外不做回答或者摇头或者回答说不知道的人约占总有效人数的4%(部分原始语料见附录4)。

表6 小猴跟他跳舞的猴阿姨的习得情况

受试年龄 产出类型及百分比(%)	2;04～2;11	3;00～3;11	4;00～4;11	5;00～5;11	6;00～6;09	2;04～6;09
RC-PRO	0	0	4	8	14	6
RC-NP	0	1	2	4	2	2

(续表)

其他 RC	11	9	7	4	5	6
陈述句	46	63	73	76	77	71
碎词	24	21	11	7	1	11
未作答	19	7	4	1	0	4

注:RC-PRO 表示含有接应代词的关系从句;RC-NP 表示含有接应名词的关系从句

2.2 实验二

2.2.1 数据采集方法:诱导产出和理解

基于以上经验和可能存在的问题,笔者又设计了如下测验(见下表 7),以调查 3~6 岁儿童对汉语关系结构(不同子类)的习得顺序和习得情况。笔者将图片(见下表 7)做成了 flash 动画,诱导性问题由天津师范大学播音专业的一名研究生读出并做成电脑录音,最后用电脑播放动画和声音,以此方式对天津市西青区的一个处于郊区位置的幼儿园中的近 130 多名 3~6 岁儿童和天津市市内南开区日华里小区的 50 名 3~6 岁儿童进行了测试。如表 7 所示,实验包括 7 个测试题。题 1 旨在调查儿童对主语关系从句的习得情况,题 2 旨在调查儿童对宾语关系从句的习得情况。题 3 旨在调查儿童对"被动宾语关系从句"的习得情况。题 4 旨在调查儿童对"典型汉语式关系结构"的习得情况。题 5 旨在调查儿童对汉语关系结构接应代词的习得情况。题 6 和题 7 旨在调查儿童对含两层关系从句的嵌套式关系从句(nested relatives)的习得情况。实验中每个题目所设计的情景满足了限制性关系从句的语境、语用和语义要求,一方面,在关系从句诱导产出实验中,出现了两个需要被区分的实体;另一方面,这两个实体能分别被不同的、具有对比性的特征描写来区分。共测试孩子 185 人,有效数据 182 人,另有 3 人不说话。其中 3 岁孩子 19 人,4 岁孩子 65 人,5 岁孩子 52 人,6 岁孩子 46 人。男女比例基本一致。

表 7 关系结构的理解与诱导性产出

使用说明:1)测试人(电脑录音)用正常语速说出"诱导性问题"栏中的文字。2)"诱导性问题"中都有两处"这",测试人(电脑录音)在说每一处"这"时要同时用(电脑中的)手指(图案)指着相应的图片部位(以下图片为缩小版);3)对于含接应代词的关系从句,测试人(电脑录音)略微快读、轻读接应代词(这是接应代词的语法需要,详见本书上篇 4.7 节中关于接应代词的讨论)。

（续表）

题号	诱导性问题
1	图中有两只狗，这是想吃肉的那只狗，那这个呢？ 
2	图中有两个桃，这是猴哥哥摘的那个桃，那这个呢？ 
3	图中有两只猪，这是被猫打了的那只猪，那这个呢？ 
4	图中有两支笔，这是姐姐画了乌龟的那支笔，那这个呢？ 
5	图中有两个姐姐，这是妈妈在教她画乌龟的那个姐姐，那这个呢？/图中有两个姐姐，这是妈妈在教她写字的那个姐姐，那这个呢？（注：在两个幼儿园用的不同，一个用前者，另一个用后者。） 

（续表）

6	图中有两个气球,这个是吃苹果的姐姐拿着的那个气球,那这个呢? 
7	图中有两个阿姨。这是抱着吃苹果的妹妹的那个阿姨,那这个呢?/图中有两个哥哥,这是牵着戴眼镜的狗的那个哥哥,那这个呢?(注:在两个幼儿园用的不同,一个用前者,另一个用后者。) 

2.2.2　实验结果

a)主语关系结构想吃骨头的(那只)狗的习得情况

用预期的主语关系结构想吃骨头的(那只)狗以及省略的主语关系结构想吃骨头的等来回答的人共有155人,占总有效人数的86%。有4人回答成想吃骨头那只、想吃骨头个狗等,占总有效人数的2%,这种省略的情况在成人方言口语中也存在，可能算是一种正确产出；另有5人用碎词骨头回答，占总有效人数的3%；还有4人用骨头的回答，占总有效人数的2%；有7人用陈述句回答，如想吃骨头，占总有效人数的4%。这四种情况，即下表中的“其他”共占总有效人数的12%。不做回答的有4人，占总有效人数的2%（详细原始语料见附录2）。从表8可知，84%的3岁儿童能理解和产出主语关系从句，说明儿童在3岁时就已经习得主语关系从句了。这一结论与实验一(1c)中的结论表面上有出入，实际上没有，下文会解释为什么会这样。

表8　想吃骨头的（那只）狗的习得情况

受试年龄 产出类型 及百分比(%)	3岁	4岁	5岁	6岁	3～6岁
SR	84	92	83	91	86
其他	11	8	12	9	12
未答	5	0	6	0	2

注：SR是subject relatives（主语关系从句）的缩写

b)宾语关系结构猴姐姐摘的（那个）桃的习得情况

用预期的宾语关系结构猴姐姐摘的（那个）桃以及省略的宾语关系结构猴姐姐摘的等来回答的人共有164人，占总有效人数的90%。其他答案包括猴妈妈、猴妈妈的桃等碎词，还包括陈述句，如猴妈妈摘了一个桃，共有18人，占总有效人数的10%。详细原始语料见附录2。从表9可知，84%的3岁儿童能理解和产出宾语关系从句，说明儿童在3岁时就已经习得宾语关系从句。这一实验中的数据与实验一(1b)中的数据表面上有出入，实际上没有，下文会解释为什么会这样。还有一个重要的情况是，与实验一(1b)中的结论相同，在表9中，所有受试儿童中没有人将宾语关系从句(OR)替换成“被动宾语关系从句”(POR)，这与前文提到的英语、法语中的儿童关系结构的习得事实完全不同。

表9　猴姐姐摘的（那个）桃的习得情况

受试年龄 产出类型 及百分比(%)	3岁	4岁	5岁	6岁	3～6岁
OR	84	91	87	98	90
转POR	0	0	0	0	0
其他	16	9	13	2	10
未答	0	0	0	0	0

注：OR是object relatives（宾语关系从句）的缩写；POR是passive object relatives（“被动宾语关系从句”）的缩写

值得注意的是,表 8 和表 9 中的结果表明,汉语儿童对主语关系从句和宾语关系从句的习得时间完全一致,都是 3 岁。这一结论与实验一(1b)和(1c)中的结论表面上有出入,实际上没有,下文会解释为什么会这样。

c)"典型汉语式关系结构"哥哥画大象的(那支)笔的习得情况

用预期的"典型汉语式关系结构"哥哥画大象的(那支)笔以及省略的"典型汉语式关系结构"哥哥画大象的、画大象的等来回答的人共有 145 人,占总有效人数的 80%。详细原始语料见附录 2。从表 10 可知,84%的 3 岁儿童能理解和产出工具类"典型汉语式关系结构"。这一结论与实验一(1a)中的结论吻合。

表 10　哥哥画大象的(那支)笔的习得情况

受试年龄 / 产出类型及百分比(%)	3 岁	4 岁	5 岁	6 岁	3～6 岁
TCR	84	77	75	87	80
其他	16	21	23	13	19
未答	0	2	2	0	1

注:TCR 是 typical Chinese relatives("典型汉语式关系从句")的缩写

d)"被动宾语关系结构"被狗打了的(那只)猪的习得情况

用预期的被狗打了的(那只)猪和省略的被狗打了的等"被动宾语关系结构"来回答的人共有 119 人,占总有效人数的 65%。另外,使用宾语关系结构,如狗打的猪的有 35 人,占总有效人数的 19%。详细原始语料见附录 2。从表 11 可知,6 岁儿童才习得"被动宾语关系结构"了。这与实验一(1d)中的结论基本吻合。6 岁之前的儿童会避免"被动宾语关系结构"的产出,而将"被动宾语关系结构"转化成相应的宾语关系结构。这与英语、法语事实相反:英语、法语儿童会避免宾语关系结构的产出,而将宾语关系结构转化成"被动宾语关系结构"(详见本书下篇 1.2 节)。此外,对比上文中宾语关系从句的习得情况(表 9 表明儿童 3 岁时就已经习得宾语关系从句)可知,儿童被动句的习得时间应该是在 6 岁时,这与实验一(1d)中的结论基本吻合。

表 11　被狗打了的(那只)猪的习得情况

受试年龄 / 产出类型及百分比(%)	3 岁	4 岁	5 岁	6 岁	3～6 岁
POR	53	55	63	80	63
转 OR	11	28	21	9	19

（续表）

其他	21	17	12	11	14
未答	16	0	4	0	3

注：POR是passive object realtives(被动宾语关系从句)的缩写。OR是object relatives(宾语从句)的缩写。

e)含接应代词/名词的关系从句的习得情况

用预期的含有接应代词的关系结构，如爸爸在教她写字的(那个)姐姐、爸爸在教她画大象的(那个)姐姐、爸爸给她写字的(那个)姐姐和省略的爸爸在教她写字的、爸爸教她画大象的、爸爸教她的等来回答的人共有83人，占总有效人数的46%。用含接应名词的关系从句(比如爸爸正在教姐姐画大象的(那个)姐姐等)来回答的人共有18人，占总有效人数的10%。可见，采用预期的含有接应代词/名词的关系结构的儿童共有101人，占总有效人数的56%。用其他不含接应代词的关系从句，例如爸爸正在教画画的(那个)姐姐、爸爸画大象的(那个)姐姐、画大象的等来回答的人占总人数的16%。其他的答案主要是陈述句，占总有效人数的26%。详细原始语料见附录2。

表12　爸爸在教她画大象的(那个)姐姐的习得情况

受试年龄 产出类型及百分比(%)	3岁	4岁	5岁	6岁	3～6岁
RC-PRO	58	55	34	43	46
RC-NP	0	3	17	15	10
其他RC	16	20	19	7	16
陈述句	16	23	27	34	26
碎词	5	0	0	0	1
未作答	5	0	2	0	1

注：RC是relative clauses(关系从句)的缩写；RC-PRO表示含有接应代词的关系从句；RC-NP表示含有接应名词的关系从句

从表12可知，3～6岁儿童中共有46%+10%=56%的儿童能产出含有接应代词/名词的关系结构。有46%+10%+16%=72%的儿童能将诱导语这是妈妈正在教她画乌龟的那个姐姐理解成关系结构，并产出相应的关系结构。用陈述句回答的只有26%。这一实验结果与实验一(2)中的数据(即表5、表6中的数据)有较大的出入。这种出入可能是由于实验一(2)中提到的种种问题导致的。总之，和表5、表6不同，表12中的数据表明，3～6岁儿童对含有接应代词的关系从句的理解还是基本掌握了(因为有超过70%的儿童能产出关系从句,而不是产出句子,说明儿童能理解含有接应代词的关系从句),不过,只有近半数的儿童能产出含有接应代词的关系结构。可见6岁以前的孩子还没有完全习得含有接应代词的关系结构。

f)"主语空缺—宾语空缺嵌套关系结构"吃香蕉的姐姐拿着的(那个)气球的习得情况

"主语空缺—宾语空缺嵌套关系结构"表示吃香蕉的姐姐拿着的(那个)气球这种结构:内层复杂名词短语吃香蕉的姐姐是空缺主语与中心语同指的关系结构,同时,动词拿着的空缺宾语与外层复杂名词短语的中心语同指。用预期的"主语空缺—宾语空缺嵌套关系结构"吃香蕉的姐姐拿着的(那个)气球来回答的人共有99人,占总有效人数的55%。其他形式的关系结构,如吃香蕉的姐姐的气球、拿香蕉的气球、姐姐拿着香蕉拿着的气球、吃香蕉拿着气球的姐姐、吃香蕉姐姐拿着的气球、拿着香蕉的姐姐、吃香蕉的姐姐等,占总数的28%。其他的都是用陈述句来回答(如吃香蕉的姐姐拿气球、吃香蕉的姐姐拿着气球和姐姐拿着香蕉等),占总有效人数的17%。

表13 吃香蕉的姐姐拿着的(那个)气球的习得情况

受试年龄 / 产出类型及百分比(%)	3岁	4岁	5岁	6岁	3～6岁
SO	53	57	48	59	55
其他RC	16	31	33	24	28
其他	26	12	19	17	17
未答	5	0	0	0	1

注:SO表示"主语空缺—宾语空缺嵌套关系结构"①;RC是relative clauses(关系从句)的缩写

g)"主语空缺—主语空缺嵌套关系结构"抱着吃香蕉的妹妹的(那个)阿姨的习得情况

"主语空缺—主语空缺嵌套关系结构"表示抱着吃香蕉的妹妹的(那个)阿姨这种结构:内层复杂名词短语吃香蕉的妹妹是空缺主语与中心语同指的关系结构,同时,动词抱着的空缺主语与外层复杂名词短语的中心语同指。用预期的"主语空缺—主语空缺嵌套关系结构"抱着吃香蕉的妹妹的(那个)阿姨来回答的人共有34人,占总有效人数的19%。其他形式的关系结构有抱着香蕉妹妹的阿姨、抱着香蕉吃的阿姨、抱着吃香蕉的阿姨、抱

---

① 这里的SO不同于Chang(1984,1995)和Lee(1992)等研究中提到的SO。后者又见本书下篇第4章。

着香蕉吃苹果的阿姨、吃香蕉的、抱着姐姐吃香蕉的阿姨和抱着吃梨的那个阿姨等和陈述句阿姨抱着、吃香蕉的抱着妹妹和抱着吃香蕉的妹妹等,占总有效人数的80%。详细原始语料见附录2。

表14　抱着吃香蕉的妹妹的(那个)阿姨的习得情况

受试年龄 产出类型 及百分比(%)	3岁	4岁	5岁	6岁	3～6岁
SS	16	14	15	30	19
其他	79	86	83	70	80
未答	5	0	2	0	1

注:SS表示"主语空缺—主语空缺嵌套关系结构"①

对比"主语空缺—宾语空缺嵌套关系结构"的习得情况和"主语空缺—主语空缺嵌套关系结构"的习得情况,我们很明显地看到,前者的习得早于后者的习得,或者说前者比后者更容易习得。

2.3　小结

两次实验的结果总结如下:

1)2～6岁汉语儿童产出的关系从句和汉语成年人产出的关系从句相同,包括3类关系从句,即含有与中心语同指的空缺的关系从句、"典型汉语式关系从句"和含有接应代词的关系从句。

2)尽管儿童年龄跨度相当大(即2～6岁),但产出的关系从句在类型上没有区别,都包括以上3类关系从句。

3)儿童习得含有与中心语同指的空缺的关系从句和"典型汉语式关系从句"的年龄很早,3岁儿童就能产出(即已经习得)这两类关系从句了。

4)6岁之前的汉语儿童还没有完全习得"汉语式接应代词"。

5)主语关系从句的习得时间和宾语关系从句的习得时间没有区别,3岁的孩子都能产出(即已经习得)主语关系从句和宾语关系从句。

为什么实验一中的宾语关系结构白鸡下的蛋的习得要先于主语关系结构下白蛋的鸡的习得(前者是4岁,后者是5岁),且都不同于实验二(a-b)

① 这里的SS不同于Chang(1984,1995)和Lee(1992)等研究中提到的SS。后者又见本书下篇第4章。

中的结论(即主语关系结构想吃骨头的(那只)狗和宾语关系结构猴姐姐摘的(那个)桃同时习得,而且都在3岁)?笔者以为,下白蛋的鸡和白鸡下的蛋并不是分别对应于实验二(a-b)中的简单的主语关系结构想吃肉的(那只)狗和宾语关系结构猴哥哥摘的(那个)桃,而是分别对应于实验二(f-g)中的"主语空缺—宾语空缺嵌套关系结构"吃香蕉的姐姐拿着的(那个)气球和"主语空缺—主语空缺嵌套关系结构"抱着吃香蕉的妹妹的(那个)阿姨。这是因为,白鸡下的蛋相当于白色的鸡下的蛋。这从实验一(1b)中孩子的产出可以看出来——在实验一(1b)中,很多孩子产出了没有颜色的鸡下的蛋、没穿衣服的鸡下的蛋、白色的鸡生的蛋、白色的蛋、黄色的蛋、白的、白色的、是这个颜色的、没有涂颜色的白鸡、它没涂颜色、它是白的等表达——这表明,孩子在听到诱导语中的黄鸡时,将其理解成了黄色的鸡。同样道理,下白蛋的鸡相当于下白色的蛋的鸡。这从实验一(1c)中孩子的产出可以看出来——实验一(1c)中很多孩子产出了白的鸡、白色的鸡、蓝/红色的鸡、绿/白的、(这是)黄的、绿色的、也是黄的鸡、下白(色)的鸡、下没有颜色的鸡、下跟它一样的鸡、下红的小公鸡;蓝色的蛋、白色小鸡蛋、没涂颜色的蛋、它是黄的它是白的、白的鸡下白的蛋、下绿色的那个鸡蛋、它下个黄的、下的是白色的等表达——这表明,孩子在听到诱导语中的黄蛋时,将其理解成了黄色的蛋。实验二(f)和(g)的结论表明,吃香蕉的姐姐拿着的(那个)气球的习得比抱着吃香蕉的妹妹的(那个)阿姨的习得要明显地早,同样道理,实验一(1b)和(1c)的结果表明,白鸡下的蛋的习得也要比下白蛋的鸡的习得要明显地早。可见,"主语空缺—宾语空缺嵌套关系从句"的习得要明显地早于"主语空缺—主语空缺嵌套关系从句"的习得。

6)3岁儿童就已经习得宾语关系从句了,所以,没有儿童将宾语关系从句替换成"被动宾语关系从句"。相反,很大比例的6岁前儿童将"被动宾语关系从句"替换成宾语关系从句。要到6岁时儿童才能产出"被动宾语关系从句"。

第3章　本书新观点:儿童关系结构的非移位分析

3.1　英语、法语儿童和汉语儿童关系从句习得情况的比较

本研究将近1000名2～6岁普通话儿童的关系结构习得情况同文献中英语、法语儿童的关系结构习得情况进行总结和比较,发现(汉语中的)中心语后置关系从句的习得情况与(英语、法语中的)中心语前置关系从句的习得情况有相同之处,也有不同之处。

相同之处是:

1)2～6岁儿童产出的关系从句和成人产出的关系从句部分相同,部分不同,也就是说,2～6岁左右的儿童能产出部分(但不是全部)成人产出的关系从句;

2)2～6岁儿童能理解一部分(但不是全部)成人产出的关系从句;

3)儿童产出关系从句早——3岁左右的儿童就能产出关系从句标记(英语中的关系从句标记是连接词 that,汉语中的关系从句标记是"的")——这表明,儿童很早就能区别关系从句和句子,很早就有关系从句的概念—意旨和句法;

4)儿童理解关系从句早——3岁左右的儿童就已经能理解部分(但不是全部)成人产出的关系从句了;

5)2～6岁儿童产出的关系从句中没有出现关系代词;即使2～6岁的英语、法语儿童不断地听到关系代词,但他们不能理解和产出含有关系代词的关系从句;

6)所有类型的关系从句的完全习得都要花较长的时间,至少6岁以上;

7)关系从句子类的习得顺序不同,例如在英语、法语中,主语关系从句的习得要早于宾语关系从句的习得,又如在汉语中,"主语空缺—宾语空缺

嵌套关系从句"的习得早于"主语空缺—主语空缺嵌套关系从句"的习得;

8)虽然 2～6 岁儿童产出的大部分关系从句中都含有空缺或接应代/名词与中心语同标,但也有较多的关系从句中不含空缺或接应代/名词与中心语同标,即 2～6 岁儿童都能产出"典型汉语式关系结构";这类关系结构在成人英语、法语语法中不存在,但在成人汉语中大量存在;

9)尽管儿童年龄跨度相当大(即 2～6 岁),但关系从句在类型上没有区别,都包括三类关系从句,即含有与中心语同指的空缺的关系从句、"典型汉语式关系从句"和含有与中心语同指的接应代词的关系从句;

10)在 2～6 岁儿童产出的关系从句中,空缺与中心语同指时,空缺一般是主语和部分直接宾语,不能是介词宾语、间接宾语、所有格等成分。与此相应,在 2～6 岁儿童产出的关系从句中,接应代/名词与中心语同指时,接应代/名词一般出现在部分直接宾语、间接宾语、介词宾语、所有格等位置。本书以为,此为"汉语式接应代词"(详见本书上篇 4.7 节)。这类接应代词在成人英语、法语中不存在,在成人汉语中存在;

11)6 岁以前的英、法语儿童产出的关系从句中约有一半含有接应代词或接应名词,即使这些接应代词不出现在他们听到的成人语言中;而 6 岁以前的汉语儿童也只有一半能产出接应代词或接应名词,即使这些接应代词出现在他们听到的成人语言中。

不同之处是:

1)在英语、法语儿童的关系从句习得中,主语关系从句的产出和理解明显早于宾语关系从句的产出和理解,然而在汉语儿童的关系从句习得中,宾语关系从句和主语关系从句同时习得;

2)约 5 岁时,英语、法语儿童开始用"被动宾语关系从句"替代宾语关系从句,且这种替代逐年增多,而 5 岁之前的汉语儿童喜欢用宾语关系从句替代"被动宾语关系从句",而 5 岁之后这种现象逐渐减少。

3.2 移位分析所存在的问题和不能解释的事实

前面提到,很多研究,特别是近 10 来年的研究显示:关系从句的产出相当早,儿童在 3 岁(甚至 2 岁)时就能产出关系从句;与产出相对应,儿童对部分关系从句的理解也相当早。这些研究在"连续性假说"的理论框架下认为:3 岁左右的儿童产出的关系从句和成年人产出的关系从句一样都是中心语移位推导出来的;6 岁之前的儿童产出的关系从句之所以在一定的程度上不同于成年人产出的关系从句,是因为他们还没有习得关系代词这一具体词汇类型,属于词汇学习问题。他们还认为,以上分析能解释为什么儿童产出的关系从句会偏离成年人产出的关系从句,但又不抵触普遍语法,同时还能解释为什么主语关系从句的习得先于宾语关系从句的习得。

但本书以为,以上分析实质上还是必须强调儿童关系从句的语法不同于成人关系从句的语法,正如 Friedmann, Belletti & Rizzi(2009)等人所指出的,和成人语法相比,儿童早期的语法系统中的"干扰效应"会以更严厉的形式出现(详见本书下篇 1.2 节)。因此,"儿童关系结构移位说"还是会违反"连续性假说",出现"不连续问题"。

接应代词或接应名词的频繁出现(详见本书下篇 1.1 节)在"儿童关系结构移位说"中被解释为"拼读出来的变量语迹"(详见本书下篇 1.2 节)。本书以为,他们的这一结论难以解释为什么在儿童产出的关系从句中有时候"变量语迹"会拼读出来而有时候却不必拼读出来,也无法解释为什么在 Labelle 所收集的关系结构语料中主语和直接宾语位置容易出现空缺,而间接宾语、介词宾语和所有格位置容易出现接应代词或接应名词。

"儿童关系结构移位说"还不能解释为什么所有类型的关系从句的完全习得要花较长的时间(至少 6 岁以上)。"儿童关系结构移位说"认为,6 岁之前的儿童产出的关系从句在一定的程度上不同于成年人的关系从句,只是因为他们还没有习得关系代词这一具体词汇类型,属于词汇学习问题。本书则以为这种分析不太合理,因为 who, which, when 和 where 等几个词汇的习得不可能要花那么久的时间。

前文还提到,被动句的习得发生在 6 岁之后,也就是说,移位这一句法操作的习得发生在 6 岁之后。如果儿童关系结构的狭义句法生成真的有移位的话,那么孩子不可能在 3 岁左右就能理解和产出关系结构,而应该像被动句那样要到 6 岁以后。可见,移位说的分析前后矛盾。

主语关系结构和宾语关系结构在习得上的不对称现象被认为能在移位说下得到很好的解释。例如 Adani(2011)支持"儿童关系结构移位说",认为儿童一开始就有和成年人一样的关系从句移位操作,儿童早期在理解宾语关系从句(而不是主语关系从句)上所表现出来的困难能用"干扰效应"来解释,而且成人也有同样的问题,因此成人也同样避免宾语关系从句,代之以"被动宾语关系从句"。但是,虽然很多研究者认为在英语、法语儿童的习得中主语关系从句的产出和理解早于宾语关系从句的产出和理解,但本书实验发现:在汉语儿童的习得中,宾语关系从句的产出和理解并没有早于主语关系从句的产出和理解,而是两者同时习得。本书上篇详细提到,就汉语中的主语关系从句和宾语关系从句而言,文献中主要存在以下三种分析:Ning(1993)等人的分析如(43);Del Gobbo(2003)的分析如(44);Aoun & Li(2003)的分析如(45)。如果“儿童关系结构移位说”合理的话,同时,如果汉语关系化也是某一成分向左移位的结果的话,那么,在汉语儿童的习得中,主语关系从句的产出和理解也同样应该早于宾语关系从句的产出和理解。然而汉语关系从句的习得事实并非如此。根据 Aoun & Li(2003)的成分向右移位的分析(即(45)中的分析),我们可预测,由于另一成分的“干扰效应”,主语关系从句的习得应先于宾语关系从句的习得,然而事实也并非如此。因此,“儿童关系结构移位说”和成人汉语关系结构移位分析都无法解释有关事实。而且,如果成人汉语关系化也是移位的结果的话,那么无论是孩子还是成人,也都会出现在 5 岁左右用“被动宾语关系从句”来替代宾语关系从句的情况。然而,汉语事实正好相反。虽然 5 岁时英语、法语儿童开始用“被动宾语关系从句”替代宾语关系从句,且这种替代逐年增多,但 5 岁之前的汉语儿童却喜欢用宾语关系从句来替代“被动宾语关系从句”,且 5 岁之后这种现象逐渐减少。可见,“儿童关系结构移位说”值得商榷。

(43)a. 买书的人　　　　b. 我买的书

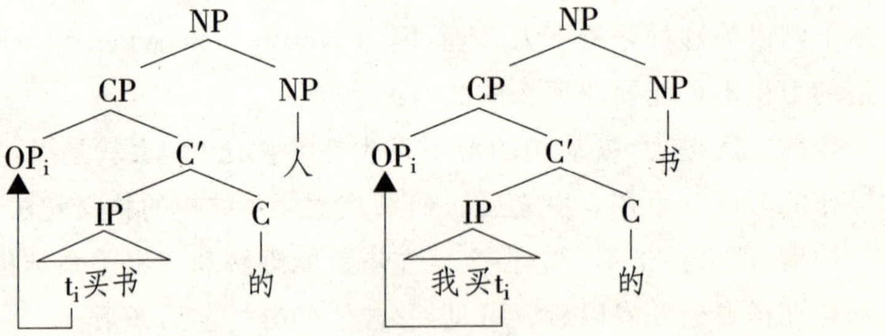

(44)a. 买书的人　　　　b. 我买的书

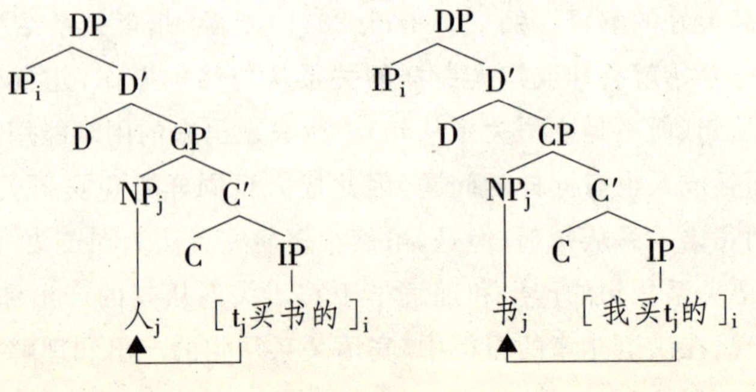

(45)a. 买书的人　　　　　　b. 我买的书

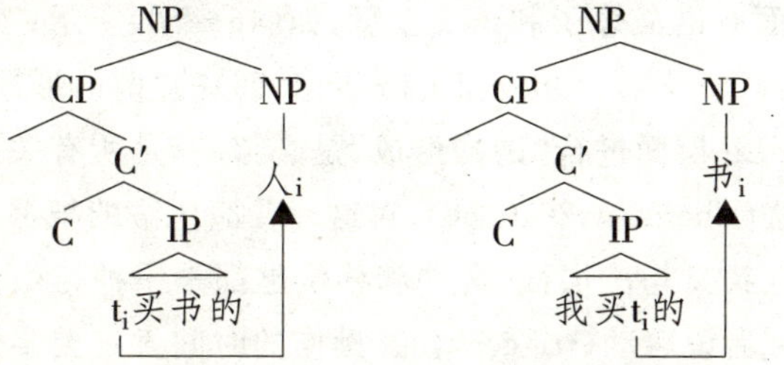

3.3　本书新观点:儿童关系结构非移位分析

为了解释上面3.1节中列举出来的英语、法语儿童和汉语儿童在关系结构习得上的相同与不同之处,本书在成人英语关系结构移位分析和成人汉语关系结构非移位分析的基础上提出如下“儿童关系结构非移位分析”(对比 Labelle 1996):

1)所有6岁以下儿童(包括英语、法语、汉语和其他语言的儿童)产出的关系结构都是非移位的结果,句法操作中都只有合并,没有移位;

2)与英语、法语成年人产出的关系结构的狭义句法不同,6岁以下英语、法语儿童产出的关系结构的推导中没有移位操作(既没有空*wh*-算子的移位,也没有中心语的移位);

3)虽然英语、法语儿童确实在3岁(甚至2岁)就能产出关系结构,但那些都是非移位生成的或者说是合并生成的,不同于英语、法语成年人产出的关系结构;

4)英语、法语儿童关系结构的习得会经历一个从非移位生成关系结构向移位生成关系结构过渡的成熟(maturation)或生长的过程,在特定的生理时期,在一定的语言输入的启动(trigger)下,英语、法语儿童才能逐步习得成人英语、法语中的、由于*wh*-移位或者中心语移位生成的关系结构。这就能解释为什么英语、法语儿童的关系结构的完全习得要花较长时间;

5)汉语儿童在关系结构的习得中,会始终保持非移位生成关系结构的狭义句法,但其难度表现在“汉语式接应代词”的习得上,汉语儿童要在6岁以后才逐渐习得“汉语式接应代词”,这可能是由于汉语关系结构的接应代词出现在先行词的线性顺序之后的缘故;

6)总之,所有6岁以下儿童采用的是一种最简单和最原始的关系结构生成策略(对比 Labelle 1996):所有儿童产出的关系结构,不管关系结构内有没有空缺或接应代词,关系结构的狭义句法中都没有句法算子和句法变量,但在语义层面有语义算子和语义变量,如(46～50)所示;

7)如果采用 Chomsky(1981)和 Labelle(1996)的“谓词形成”这一术语的话,本书以为,在 LF 层面进行“谓词形成”是必需的,是所有关系从句的语义共性,是普遍语法(Chomsky 2010:60),对这一普遍语法的把握是儿童与生俱来的语言本能;在狭义句法层面,合并和移位也都是一种与生俱来的句法本能,但儿童习得或者说启动(trigger)合并操作的时间肯定要早于儿童习得或者说启动移位操作的时间;所以,早期儿童(约 6 岁之前)采用合并的句法操作来产出自己的关系结构,但要到 6 岁以后才有可能采用移位的句法操作来产出关系结构。移位虽然也是人所独有的语法本能,但其出现需要一个成熟过程,如同“蝌蚪”变“青蛙”,只能发生在某一特定生理期,因此,移位生成的被动结构和移位生成的英语、法语关系结构的习得都只能是在 6 岁之后。

(46)a. la balle qu' i(l) dessine pro(MJ 3;06)

Ø“谓词形成”Ø (在语义层面)

→la balle[λ_x[qu' i(l) dessine x]]

'the ball that he is drawing'

b. λ_x[x is a ball] &[he is drawing x]

(47)a. 白蛋下的鸡

Ø“谓词形成”Ø (在语义层面)

→[λ_x[白鸡下 x]的]蛋

b. λ_x[x 是蛋] &[白鸡下 x]

(48)a. *Celle-là que le papa **lui** montre un dessin

Ø“谓词形成”Ø (在语义层面)

→Celle-là[λ_x[que le papa *à* x montre un dessin]]

that one that the father **to-her** is showing a drawing

b. λ_x[x is an entity] &[the father is showing a drawing to x]

(49)a. *Un truc qu' on fait les jardins. (J. Pieree P. ,6;00)

Ø“谓词形成”Ø (在语义层面)

→Un truc [λ_x[qu' on fait les jardins avec x]]

a thing that one makes gardens

b. λ_x[x is a thing]&[one makes gardens with x]

(50)a. 小狗睡觉的床 Ø“谓词形成”Ø (在语义层面)

→[λ_x[小狗在 x 上睡觉]的]床

b. λ_x[x 是床] &[小狗在 x 上睡觉]

总之，表面上，英语、法语和汉语儿童产出的关系结构有两小类：1)关系从句内含有与中心语同指的句法空缺或接应代词的关系结构；2)关系从句内不含与中心语同指的句法空缺或接应代词的关系结构。但是，这两小类关系结构的生成都与移位无关，既没有空 *wh*-算子的移位，也没有中心语的移位，而且这些关系从句的句法表达式中都没有句法算子和句法变量的存在。也就是说，这两小类关系从句的句法表达式没有本质区别，只不过前一小类关系从句中有一个基础生成的具有代词性质的(空)接应代词，而后一小类关系从句中没有(空)接应代词。因此，就儿童产出的关系从句而言，句法表达式到语义表达式的映射也是不平凡映射。

3.4　本书非移位分析能解释和预测的事实

1)本书的"儿童关系从句非移位分析"能够解释为什么儿童产出的关系从句中有时含有接应代词，有时含有空缺，而且呈现一定规律。本书认为，其中的接应代词属于"汉语式接应代词"(其分布规律详见上篇4.7节)。儿童接应代词的分布和成人汉语接应代词的分布规律基本一致，即与成人英语关系结构接应代词完全不同，儿童关系结构接应代词的出现与"岛屿限制"没有任何关系，而是与关系从句的谓词本身是否合乎语法息息相关。详细内容是：a)如果空缺和接应代词都能使谓词本身合乎语法，则空缺和接应代词中可任选一个，但经济原则会让我们倾向于选择空缺；b)如果只有接应代词才能使谓词本身合乎语法，则必须选择接应代词而不能选择空缺。上篇详细讨论过，在间接宾语关系从句、介词宾语关系从句、所有格关系从句以及"岛屿"中，关系从句的谓词中必须出现接应代词，谓词本身才合乎语法。总之，儿童关系结构中的接应代词和空缺的分布规律和成人汉语关系结构中的接应代词和空缺的分布规律基本一致。值得注意的是，英语、法语和汉语儿童产出的关系结构中，含空缺的关系结构除了包括直接宾语关系从句之外，还包括主语关系从句。这是因为，虽然成人英语、法语中主语不能脱落，但英语、法语儿童习得过程中主语是经常脱落的，也就是说，主语脱落是合乎英语、法语儿童的语法的。

总之，本书发现，所有儿童(包括英语、法语、汉语和其他语言儿童)产出的关系从句都和汉语成人产出的关系从句类似，空缺和接应代词的使用呈现相似的规律。因此，本书支持儿童关系结构的非移位分析以及汉语成人关系结构的非移位分析。另外，由于儿童语法是一种主语脱落语法,因此儿童产出的主语关系从句中的主语也总是以空缺形式出现。而当空缺为直接宾语时,直接宾语的动词一般是“弱及物动词”,此时的空缺充当空宾语(相关内容见上篇)。值得注意的是,本书支持儿童关系结构的非移位分析,因此,本书以为,与汉语成人接应代词的使用相似,儿童关系从句的谓词必须本身合乎语法,因此和汉语成人关系从句中的接应代词一样,儿童产出的关系从句接应代词也通常出现在“强及物动词”直接宾语、间接宾语、介词宾语、所有格等位置。这一点 Labelle 等人没有解释过,但在本书的理论体系中能得到较好的解释。

2)本书的“儿童关系从句非移位分析”也能解释为什么儿童较容易产出没有空缺或接应代词/名词与中心语同标的关系结构(即“典型汉语式关系结构”),如(51～53)所示。

(51) *Le petit garçon qu' il a un chapeau. (G 3;00)(M 4;09)
the little boy that he has a hat
'*the little boy that he(child points to the dog)has a hat.'
'the little boy whose dog has a hat'

(52) *Un truc qu' on fait les jardins. (J. Pieree P., 6;00)
a thing that one makes gardens
'Something that is used for gardening.'

(53) *Sur la boîte que la poupée i dit coucou. (G 4;07)
on the box that the doll he says 'hi'
'On the box where the doll says 'hi'.'

3)本书的“儿童关系从句非移位分析”还能解释为什么英语、法语儿童产出的关系从句会偏离成年人的关系从句(例如能解释为什么英语、法语儿童产出的关系从句中没有关系代词,更没有“介词+关系代词”的裹挟现象)。

4)本书的“儿童关系从句非移位分析”还能解释上文提到的英语、法语和汉语儿童产出的关系从句的所有相同之处(详见 3.1 节)。

5)本书的“儿童关系从句非移位分析”还能解释为什么在汉语儿童关系从句的习得中,宾语关系从句的产出和理解时间和主语关系从句的产出和理解时间差不多。

6)本书的“儿童关系从句非移位分析”还能解释为什么约 5 岁时,英语、法语儿童开始用“被动宾语关系从句”替代宾语关系从句,且这种替代逐年增多;而 5 岁之前的汉语儿童喜欢用宾语关系从句替代“被动宾语关系从句”,且这种现象逐年减少。

总之，本书以为，Labelle 的假设没有脱离管约论框架。如果脱离管约论框架而采用最简方案，那我们就可以采用一种更灵活的句法运作，这种灵活运作能使不同语言通过不同途径走向一种共性，即语言的完美性。本书的非移位分析认为：就成人关系结构而言，如果句法表达式较复杂，即存在合并和移位两种句法操作，移位产生句法变量和句法算子关系，那么句法表达式到语义表达式的映射就会较平凡，因为句法变量和句法算子分别和语义变量和语义算子一一匹配，英语关系从句就处于这一状态；如果句法表达式较为简单，即只存在合并这一种句法操作，也就不存在句法变量和句法算子关系，那么句法表达式到语义表达式的映射就会较不平凡，因为不存在句法变量和句法算子来分别与语义变量和语义算子一一匹配，汉语关系从句就处于这一状态；只要句法系统和语义系统之"和"尽可能的简单，这样的句法表达式就是最优的，因此汉语关系从句和英语关系从句的句法表达式都是最优的。两种不同途径共同走向各自语言的完美。同样，本书以为，虽然在成人句法中，英语、法语关系结构的狭义句法推导中存在句法算子移位，留下句法变量语迹（大致如(54)所示[①]，详见本书上篇），但是本书的"儿童关系结构非移位分析"认为，与英、法语成年人不同，所有 6 岁（甚至更大）之前的儿童都是用非移位的方法生成关系结构的，儿童关系结构的推导中没有 *wh*-算子移位或中心语移位（大致如(55)所示，其中的 RP 表示 resumptive pronoun，详见本书上篇）。

(54) a.
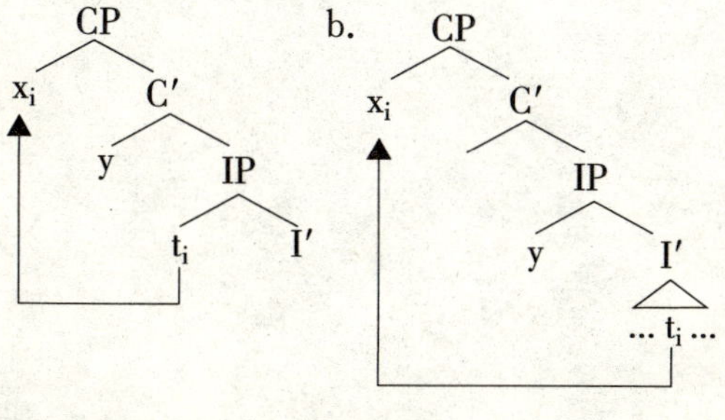

(55) a.
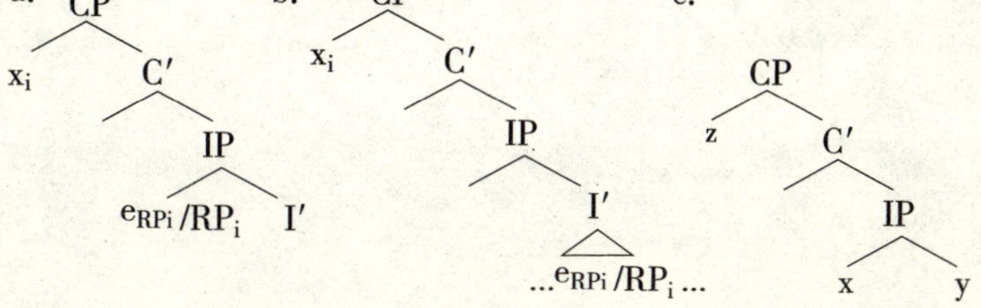

① 此处忽略英、汉之间中心语和关系从句线性顺序的不同。

语言习得问题通常会涉及两个相互联系的内容:其一是可习得性问题(learnability),即儿童如何自然而轻易地习得自然语言?其二是发展问题(development),即儿童语言能力如何随着年龄的增加而逐渐加强?这两个问题都涉及儿童的语言发展离不开语言经验/语言输入这一事实。语言输入的两个作用是一方面去启动(trigger)普遍语法/语言习得机制,普遍语法天赋假说是解释语言可习得性和发展阶段性的唯一可能假说,另一方面是去设定语言特有参数(Wexler 1999)。本书的"儿童关系结构非移位分析"背后的理论支持是基于Chomsky语言习得理论提出的、认为儿童语言能力发展和其他生理器官一样经历不同发育成熟阶段的"儿童语言发育成熟论"(the time-related Maturation Theory)(Wexler 1999,2004)。"儿童语言发育成熟论"的基本观点是:不同年龄的儿童有着不一样的语法系统,也就是说,儿童的语法系统在不断地发展,最终发展成成人的语法。儿童的语法发展由两个方面决定,一是儿童发展机制/普遍语法需要一个逐步成熟(maturation)的过程所决定的发展,二是后天学习(learning)所引起的发展。以2岁儿童和10岁儿童为例,2岁儿童的语法不同于10岁儿童的语法这一情况是由两个方面决定的:一是儿童发展机制/普遍语法的逐步成熟,二是后天的学习。就英语关系从句的语法而言,2岁儿童关系从句的语法不同于10岁儿童关系从句的语法,前者是非移位的结果,后者是移位的结果,非移位生成向移位生成的发展是儿童语法发展机制的单向发展,因此移位生成向非移位生成的发展为儿童语法发展机制所不容。

第4章 天津儿童关系结构理解和产出能力测试

单纯性语障(Specific Language Impairment,以下简称 SLI)儿童是指智力、听力正常,无精神疾病,在正常环境中成长,但语言发展迟缓或异常的儿童。SLI 又被称为语法能力异常或语言计算能力异常,其根源在于患儿大脑内的程序性系统出现异常(Ullman & Pierpont 2005),因此每个幼儿都有可能罹患这一疾病,且全世界各地罹患这一疾病的儿童的比例也会大致相同。SLI 在儿童发展时期较常见,美国著名的《精神疾病诊断与统计手册》(第四版)指出 SLI 患儿占儿童总数的 5%;美国爱荷华大学儿童语言中心 Tomblin 在对 6000 多 5 岁儿童的调查中发现 SLI 患儿占儿童总数的 7.4%。这些儿童中有 51%的儿童入学后存在不同程度的学习及阅读障碍(Leonard 2000)。SLI 一般会从婴幼儿期持续到青少年甚至成人期,严重影响患儿学业、社交和智能发展。

开发儿童句法能力检测工具有助于 SLI 儿童的早期发现、早期诊断和早期干预。自 Lee(1966)以来,以正常儿童语言发展规律作为评估语言障碍儿童的基础已成为一种趋向。西方国家近三十年来陆续研制了一些评估儿童语言能力并检测 SLI 的工具,比如美国得克萨斯大学教育学院 Newcomer 等研制的包括句法、词汇和语音三方面的"语言发展测试",它被美国爱荷华大学 Tomblin 用来评估美国 6000 多名 5 岁儿童的语言能力,并检测出 7.4%的 SLI 患儿。在台湾,用来评估台湾儿童语言能力并检测 SLI 的工具有台湾大学心理系张欣戊 1991 年研制的包括词汇和句法两方面的"学前儿童语言能力测试"。在香港,用来评估香港儿童语言能力并检测 SLI 的工具有香港城市大学语言资讯科学研究中心邹嘉彦等 2005 年研制的包括词汇、句法和语篇三方面的"香港儿童口语(粤语)能力量表"。我国内地近几年也开始着手研制检测内地儿童语言能力和语障的工具,比如中国聋儿康复研究中心孙喜斌等 2009 年编制的"听力障碍儿童听觉、语言能力评估标准及方法",天津师范大学语言研究所宁春岩(2011a)研制的用来评估中国北方儿童语言能力并可检测 SLI 的包括词汇、语音、语义和句法四方面的“儿童汉语(普通话)语言能力量表”。①

效仿以上研究方法,本研究初步编制了“天津儿童关系结构理解能力测

---

① 更多的语言检测工具及相关信息见下文:

Newcomer & Hammill 于 1977 年研制出“语言发展测试”(Test of Language Development, TOLD),并于 1991 年和 1997 年进行了两次修订。已成为目前诊断 4;0～7;11 岁 SLI 儿童的标准之一。从理解能力和表达能力两个方面测试儿童句法、语义和语音能力。将低于平均分 1.25 个标准方差作为筛选语言异常儿童的标准。其目的在于测量儿童的语法、语义、听、说及言语能力。为评估儿童语言发展的强项和弱项,诊断缺陷,制定训练方案提供了非常有用的信息。

“学前儿童语言能力测验”(Preschool Language Comprehension Test, PLC)(1979)为台湾大学心理系张欣戊所设计,针对台湾地区两岁半到六岁学龄前儿童的国语句法理解能力进行测试,以便提早筛检出学龄前儿童中可能发生语言迟缓的个案。该量表已经发展到第四版。测验主要包括听力理解和表达交流两部分。1986 年台湾的张正芬、钟玉梅根据 1979 年版的 PLS 修订成用于台湾地区的“修订学前儿童语言发展量表”(Preschool Language Scale-Chinese, PLS-C)。全量表由听觉理解与口语表达二分测验所构成,评量二岁至五岁十一个月儿童的语言能力。测验时间约需 30 分钟,标准化样本取自台北地区两岁至六岁六个月的儿童,共计 363 名。

“学前儿童语言障碍评量表”(Language Abilities in Preschool Children, LAPC)(1994)是由国立台湾师范大学特殊教育研究所的林宝贵和林美秀编制,以台湾地区公立、私立幼儿园、托儿所 839 名三岁至五岁十一个月的儿童为研究对象。该研究的目的在评量 3 岁至 5 岁 11 个月学前儿童的口语理解能力、表达能力及构音、声音、语畅情况,以建立台湾地区 3 岁至 5 岁 11 个月,每半岁为一组的学前儿童语言发展能力的常模,以作为筛选、鉴别学前儿童语言障碍情形,并作为与其他各类身心障碍儿童语言发展能力比较和对照的指标,据此来探讨学前儿童语言发展的有关问题。

1990 年,中国康复研究中心编制了“语言发育迟缓检查法”。目的是用于评估受测者建立符号与指示内容关系的能力。适用于因各种原因而导致语言发育水平处于婴幼儿阶段的儿童。该检查法将语言发育水平划分成五个阶段,通过一系列的检查,可以确定受测者达到了哪个阶段。五个阶段分别为:第一阶段,事物、事物状态理解困难阶段;第二阶段,事物的基础概念阶段;第三阶段,事物的符号阶段;第四阶段,组句(二词句、三词句)阶段;第五阶段,句子形式(语序和被动语态)阶段。儿童语言发育迟缓的检查共包括操作性课题检查、符号与指示内容关系检查、基础性过程的检查和日常生活交流态度的检查四个方面。该检查法设定了各项目的合格标准和各阶段的通过标准,并提供各年龄正常儿童应通过项目的参考标准。

“入学前儿童语言能力测验”(SRTB-L)是作为儿童入学准备系列的评定工具之一,由东北师范大学教育科学学院儿童发展研究中心编制。目的是诊断儿童是否达到了入学所需具备的基本语言技能。该测验以中国大陆对儿童语言发展的研究为基础,结合国外语言测试形式的新进展,对 5～6 岁儿童的语言能力进行考察。该测验主要包括语言理解能力和语言表达能力。采用选择题的形式通过图片指认来实现。

2006 年香港卫生署推出全球首个测试学龄儿童粤语口语的评估工具,名为“香港儿童口语(粤语)能力量表”,有助于诊断患有语言障碍的儿童,以便为他们提供及时和适当的协助,从而将障碍的影响减至最低,长远更可减轻教师和社会的负担。以 5 岁至 12 岁儿童年龄组别的共 1120 名学生的测试结果为常模。评估工具所涵盖的语言范围包括儿童在词汇、语法、话语和语义方面的理解及表达能力,属综合测试,包含六个小测试,即香港粤语语法测试、篇章理解测试、词语释义测试、词义关系测试、故事重述测试及词汇表达测试。测试时间为 60 至 90 分钟。

“口语理解评估”(Comprehensive Assessment of Spoken Language, CASL)是 1999 年由美国 Elizabeth Carrow-Woolfolk 编制,适用于 3 岁至 21 岁被试。包括 15 个分测试,来测试受试的语言处理能力(如理解、表达和反馈),主要集中于 4 种语言结构,涉及词汇、语义、句法和语用等方面。该测验采用选择题形式通过黑白图片指认来实现。

试”和“天津儿童关系结构产出能力测试”，分别用来评估天津儿童对关系结构的理解和产出能力，并检测语言理解方面的 SLI 和语言表达方面的 SLI 高危儿童，希望能达到一叶知秋的效果。

“天津儿童关系结构理解能力测试”和“天津儿童关系结构产出能力测试”的研制以“语言双机论”(dual-mechanism approach, Pinker & Ullman, 2002)、“程序性缺损假说”(Procedural Deficit Hypothesis, Ullman & Pierpont 2005)和“儿童语言发育成熟论”(Maturation Theory, Wexler 1999, 2004)为主要理论依据。“语言双机论”为美国麻省理工学院人脑和认知科学系 Pinker 和美国乔治城大学人脑与语言实验室主任 Ullman 基于 Chomsky 语言模块论提出的理论，认为人脑分为程序性和陈述性两个系统，程序性系统掌管有规律的语言计算/语法内容，陈述性系统掌管无规律的语言内容。后来 Ullman 等在分析总结 380 多种文献和众多 SLI 病例的基础上进一步提出“程序性缺损假说”，认为 SLI 的根源在于大脑内程序性系统出现异常。“儿童语言发育成熟论”为美国麻省理工学院语言学系 Wexler 基于 Chomsky 语言习得理论提出的、认为儿童语法能力和其他生理器官一样经历不同发育成熟阶段的理论，这为在研发儿童语法能力量表时区分“无辜的异常”和真正的异常提供可能性，为评估表征极为复杂的儿童语法能力和检测 SLI 提供了可能性。

4.1　天津儿童关系结构理解能力测试

在较系统地研究汉语关系结构和其他语言现象之间的句法蕴涵规律和相应的习得情况以及各种关系结构子类(如主语关系结构、宾语关系结构、附加语关系结构、含接应代词的关系结构等)之间的句法蕴涵规律和相应的习得情况的基础上，我们首先确定本测试的框架、内容及方式；然后展开前测，建立前测原始数据库和加标处理过的数据库，进行统计分析，根据分析结果调整测试内容，确定量表测试项；然后展开较大规模常模样本测试，建立原始数据库和加标处理过的数据库；最后对数据进行统计分析，得出儿童关系结构理解能力常模，进而诊断儿童在语言理解方面的 SLI 高危儿童。本测试在定题后经过了两次前测(trial)和一次预测(pilot study)，并在分析前测和预测的数据后，以难度和区别度为根据删减和修改题目。在最后的常模测试中共测试天津市三所幼儿园中的 401 名 2;06～6;05 受试儿童。受试儿童男女比例相当，无智力、心理、听力等方面的问题。数据分析使用基于 Rasch 模型的 Winsteps 软件来检验测试题的信度,使用 SPSS 软件来检验试题的效度、难度和区分度,最后初步建立了关系结构理解能力参考性常模,并筛查出了得分低于平均分 1.5 个标准方差的儿童,即在理解上的 SLI 高危儿童。

4.1.1 测试题

本书下篇第 1 章介绍了国内外文献对儿童关系结构理解能力的研究,接下来简单回顾国内外文献对儿童另一些关系结构理解能力的研究。这些内容与本测试中测试项目的确定直接相关。

Sheldon(1974)使用以下 4 类结构,测试了 33 名 3;08～5;05 英语儿童,将其分为 3 个年龄组,每组 11 个人。这 4 类结构分别是:SS 结构(即关系从句修饰主句主语,且关系从句的主语空缺);SO 结构(即关系从句修饰主句主语,且关系从句的宾语空缺);OS 结构(即关系从句修饰主句宾语,且关系从句的主语空缺);OO 结构(即关系从句修饰主句宾语,且关系从句的宾语空缺)。

SS:The dog that jumps over the pig bumps into the lion.

SO:The lion that the horse bumps into jumps over the giraffe.

OS:The pig bumps into the horse that jumps over the giraffe.

OO:The dog stands on the horse that the giraffe jumps over.

实验发现,这 4 类句式的难度排序为 SS<OO<OS<SO,受试儿童对于 SS 和 OO 句式比 OS 和 SO 句式更容易理解。Tavakolian(1978)使用了与 Sheldon(1974)相似的 4 类句式测试了 24 名 3;00～5;06 英语儿童,将其分为 3 个年龄组,每组 8 人。结果发现:受试儿童对于 SS 句式最容易理解,但是与 Sheldon(1974)不同的是,OO 句式的正确率不高,SO 和 OS 句式的正确率也不同于 Sheldon(1974)的结果。

英语的语序是 SVO。在英语关系从句中的发现是否能应用到其他语言呢? Hakuta(1981)设计了一系列实验来测试日语儿童如何理解这 4 类结构。其发现为:当主句语序为 SOV 时,关系从句修饰主语比修饰宾语更易理解;而当主句语序为 OSV 时,关系从句修饰宾语比修饰主语更容易理解。这说明,在日语中,中心内嵌结构(center-embedded construction)比左分叉结构(left-branching construction)更难理解。Clancy et al.(1986)对于韩语儿童关系从句的研究也发现了相似的结果,SS 和 SO 句式在 SOV 语序中的正确率高于在 OSV 语序中的正确率;而 OS 和 OO 句式在 OSV 语序中的正确率高于在 SOV 语序中的正确率。

就汉语关系从句的习得研究而言，Chang(1984)利用物件摆设的方法测试了48名汉语小学生对SS、SO、OS、OO这4类结构的理解。研究结果表明：汉语儿童关系从句理解的难度顺序为SS＝SO＜OO＝OS，SS和SO一般来说比OS、OO要容易理解。Lee(1992)在北京作了与Chang类似的实验，实验对象是四到八岁的儿童。部分实验结果与Chang的结果一致。Lee发现，汉语儿童对不同类型的关系从句理解的难度顺序为SS＜OS＜SO＜OO，八岁儿童对SS、SO和OS型句子的理解准确率达到70％以上，但八岁儿童对OO型句子的理解仍然很差。然而，若观察儿童对修饰主语的关系从句的理解，便会发现连四岁儿童理解SS、SO型的正确率也达到了75％以上。这证实了Goodluck & Tavakolian (1982)以及Hamburger & Crain(1982)的分析，表明关系从句的习得较早，影响儿童表现的似乎是主句的结构。Cheng(1995)运用物件摆设的方法测试36名3;04～6;03汉语学龄前儿童对于4类句式的理解，将受试分为3个年龄组，每组12个人。实验发现：关系从句的难度排序为SS＜SO＜OS＜＝OO，其中SS最容易理解。

借鉴以上文献以及本书对关系从句的研究，本研究将所涉及的结构分为4类进行测试：主语关系从句和宾语关系从句，SS/SO/OS/OO结构，附加语关系从句(时间、工具、地点)以及含有“把、被”和接应代词的复杂关系从句。共计21题，其中包括2道主语/宾语关系从句，4道SS/SO/OS/OO结构，7道附加语关系从句，8道含有“把、被”和接应代词的复杂关系从句。本测试采用图片匹配的方式，来测试汉语儿童对关系结构的理解。“理解正确”是指受试对测验者所说出的表达能找到匹配的图片。此外，该检测的受试为学龄前儿童，而且测试的目的是测试儿童关系结构的句法理解能力，因此在测试的编制过程中，我们注意了词汇的使用，挑选学龄前儿童常用词汇，避免由于词汇的陌生而造成句子理解的困难。本测试简短，受试在测验中能维持高度兴趣，记录与评分简单快速。

以下是测试题：

T1：(哪幅画是)背着猴弟弟的猴姐姐哭了。 (SS)

T2：(哪幅画是)猴弟弟背着的猴姐姐哭了。 (SO)

T3:(哪只狗是)追小猫的小狗　　（主语关系从句）

T4:(哪只狗是)小猫追的小狗　　（宾语关系从句）

T5:(哪幅画是)小猫吃饭的桌子上有个苹果。（地点类附加语关系从句）

T6:(哪幅画是)大灰狼出现在小兔子生病的早上。

（时间类附加语关系从句）

T7:(哪幅画是)小猪过生日的那天下雨了。（时间类附加语关系从句）

T8:(哪幅画是)被小猫咬了的小狗打了小猪。

T9:(哪幅画是)把小猫咬了的小狗打了小猪。

T10:(哪只狗是)被小猫打了的小狗

T11:(哪只狗是)把小猫打了的小狗

T12:(哪幅画是)小猴踢球的脚受伤了。　　(工具类附加语关系从句)

T13:(哪支笔)是小妹妹画花的笔?　　　　(工具类附加语关系从句)

T14:(哪幅画是)妈妈抱着小姐姐和他打球的小哥哥。

T15:(哪幅画是)小姐姐和他打了球的那个小哥哥哭了。

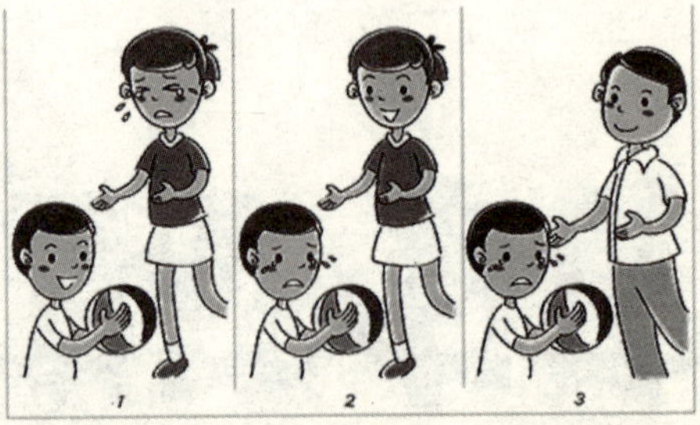

T16:(哪幅画是)小姐姐抱着小猫打了的小狗。(OO)

T17:(哪幅画是)小姐姐抱着打了小猫的小狗。(OS)

T18:(哪幅画是)小猫躺在小狗睡觉的床上了。(工具类附加语关系从句)

T19:(哪幅画是)小兔子摔碎了它喝水的杯子。(工具类附加语关系从句)

T20:(哪幅画是)妈妈抱着被小哥哥打了的小姐姐。

T21:(哪幅画是)妈妈抱着把小哥哥打了的小姐姐。

4.1.2　实验

a)受试

401 名 2;06～6;05 汉语普通话儿童参加本次实验,他们来自天津市的三所幼儿园(两所位于市区,一所位于郊区)。2;06～3;05 儿童总人数为 36 人(平均年龄为 3;03);3;06～4;05 儿童总人数为 131 人(平均年龄为 3;11);4;06～5;05 儿童总人数为 135 人(平均年龄为 5;00);5;06～6;05 儿童总人数为 99 人(平均年龄为 5;10)。询问教师及查阅入学体检状况,所有受试均无听力、视觉、心理或智力障碍。

b)材料

本实验涉及的工具包括画册、记录纸、笔和录音笔。关系从句理解测试有一套彩色画册,每页有两张或三张大小相同、内容相似的图片,所画的图片色彩丰富,立体感强,容易辨认。受试根据听到的句子选择其中的一张。

c)方法

实验由两名测试者实施,每个受试的测试都是在一个相对安静的环境中单独进行的,其中一名测试者对图画进行描绘以诱导受试回答问题,另外一名测试者在进行录音的同时逐字记录受试的回答。在实验之前,每个受试都被告知他/她将和测试者共同做游戏,其中他/她会看到一系列的图片,他们的任务是在看图片的时候回答测试者的问题。在测试项给出5秒以后,如果受试没有进行作答,测试者应当对问题进行重复。要求测试者用自然的语速、语音和语调描述图片和测试题。

d)计分方法

受试所有的回答都被逐字记录在记录纸上。回答被分为3类:1、0、NR(无反应)。如果他/她能将图片和测试句正确匹配,那就记为1;如果他/她不能将图片和测试句正确匹配,那就记为0;如果他/她拒绝回答,那就记为NR。

e)数据分析

所有受试的回答由测试者进行转录,誊写至Excel表格中,对采集的原始数据依据测试项和受试年龄进行分类,并用国际统一标识进行标注。最后使用SPSS和Winsteps进行分析。

4.1.3 结果统计分析

a)年龄分组

为了使所测试的各种关系结构的习得情况在各年龄段儿童之间具有明显差异,首先要对401名受试进行年龄分组。本研究以一岁为年龄间隔,将受试分成4个年龄组。使用SPSS16.0进行方差分析,检验各组之间是否具有显著性差异。

表1 年龄分组与总分方差齐性检验表(Test of Homogeneity of Variances)

关系从句总分			
Levene Statistic	df1	df2	Sig
2.241	3	397	.083

经过方差齐性检验发现显著值(sig.)=0.083>0.05,各组的方差在0.05的水平上没有显著差异,即各组方差是同质的,可以进行单因素方差分析。

表2 年龄分组与总分单因素方差分析数据表(ANOVA)

关系从句总分					
	Sum of Squares	df	Mean Square	F	Sig
Between Groups	589.123	3	196.374	30.401	.000
Within Groups	2464.389	397	6.459		
Total	3153.511	400			

从表2中,显著值(sig.)为0.000低于0.05,故各组之间有显著性差异。因此,根据受试年龄,分为4组:第一组为2;06~3;05,第二组为3;06~4;05,第三组为4;06~5;05,第四组为5;06~6;05。

表 3　各年龄段关系从句平均分分组描述统计量表(Report)

关系从句总分			
组别	Mean	N	Std. Deviation
1	12.14	36	3.136
2	14.31	131	2.584
3	15.49	135	2.369
4	16.42	99	2.475
Total	15.03	401	2.308

表 3 描述了 4 个年龄组的受试作答的情况,平均分(Mean)分别为12.14、14.31、15.49 和 16.42。总体来看,儿童随年龄的增长对关系从句的理解能力逐渐提高。

为了了解性别是否对受试理解能力有影响,我们就男孩和女孩的测试得分进行了比较。本次实验中共有 194 个男孩、207 个女孩。结果显示,显著值(Sig.)为 0.111 远远大于 0.05,充分说明男孩与女孩在测试得分上并无显著差异。

b)正态分布

为了检验数据是否呈正态分布,我们对数据进行 P-P 概率图检测。观察图 1 中的两个正态检验图。先看左边的正态 P-P 图。如果数据呈正态分布,则数据点应和理论直线(对角线)基本重合。左边图中的数据散点与对角线基本重合,因此可以判断本实验的数据服从正态分布。再看右边的去势(Detrended)正态 P-P 图,该图反映的是按正态分布计算出来的理论值与实际值之差的分布情况,即分布的残差图。如果数据服从正态分布,则数据点应均匀分布在 Y=0 这条直线上下。理论上,只要残差正态评分的绝对值在 0.07 以内,都应该肯定这组数组是呈正态分布的。由右边图可见,残差正态评分的绝对值在 0.04 以内,这也说明本实验的受试总分的正态性基本令人满意。

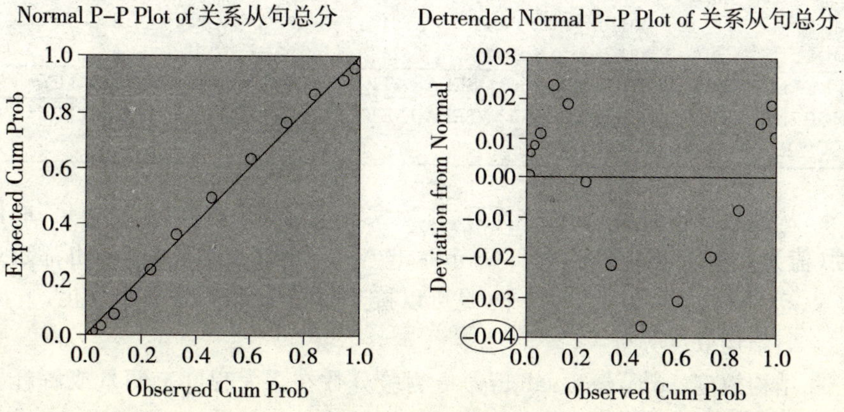

图 1　正态检验图

c)结果分析

在进行标准化检测的分析中,本实验采用两种分析软件:SPSS16.0和Winsteps。使用Winsteps检验测试题的信度,使用SPSS对测试整体的结构效度、难度和区分度进行检测。使用Winsteps对各年龄段每一道试题的效度进行分析,并筛选出得分低于平均分1.5个标准方差的受试。

1)信度分析

本研究使用Rasch模型下的Winsteps软件进行信度分析,在校估过程中,其观念大致等同于传统测验理论(CTT)测量的Cronbach Alpha信度概念,其校估的可靠度越接近1时,代表研究所采集的评分资料越具稳定性,评分资料的可靠性也就越高。Winsteps软件的优点在于既可以显示样本信度(Person Reliability)和试题信度(Item Reliability),又可以显示出SPSS计算出的Cronbach Alpha信度值。

表3　信度表

SUMMARY OF 401 MEASURED PERSON

	TOTAL SCORE	COUNT	MEASURE	MODEL ERROR	INFIT MNSQ	INFIT ZSTD	OUTFIT MNSQ	OUTFIT ZSTD
MEAN	15.0	21.0	.05	.57	.99	.1	.95	.0
S.D.	2.8	.2	.91	.13	.30	.9	.53	.9
MAX.	21.0	21.0	3.49	1.33	4.33	4.1	6.79	3.5
MIN.	7.0	19.0	−2.05	.48	.03	−2.4	.02	−2.1
REAL RMSE .61	TRUE SD .67		SEPARATION 1.10		PERSON RELIABILITY .55			
MODEL RMSE .59	TRUE SD .69		SEPARATION 1.17		PERSON RELIABILITY .58			
S.E. OF PERSON MEAN=.05								

PERSON RAW SCORE-TO-MEASURE CORRELATION=.96

CRONBACH ALPHA(KR-20)PERSON RAW SCORE RELIABILITY=.55

SUMMARY OF 21 MEASURED ITEM

	TOTAL SCORE	COUNT	MEASURE	MODEL ERROR	INFIT MNSQ	INFIT LSTD	OUTFIT MNSQ	OUTFIT ZSTD
MEAN	287.1	400.6	.00	.13	1.00	.3	.95	−.1
S.D.	65.3	.7	1.62	.03	.07	1.6	.14	1.6
MAX.	375.0	401.0	3.14	.21	1.17	4.4	1.23	3.9
MIN.	159.0	399.0	−2.93	.11	.87	−2.4	.67	−2.1
REAL RMSE .14	TRUE SD 1.62		SEPARATION 11.80		ITEM RELIABILITY .99			
MODEL RMSE .14	TRUE SD 1.62		SEPARATION 11.90		ITEM RELIABILITY .99			
S.E. OF ITEM MEAN=.36								

从上表可以看出,就整体而言,本次实验试题信度具备“十分可信”的信度(值为0.99),样本信度值和Cronbach Alpha信度值均为0.55,也都超过了0.5,即超过了“可信”的水平,是可以接受的,但还值得进一步优化。

2)结构效度分析

结构效度(construct validity)指测验分数在多大程度上测量或解释了所要测量的内容或理论构想。

表 4　四类关系从句相关系数表(Corralations)

		主/宾语关系从句	SS/SO/OS/OO	附加语关系从句	复杂关系从句	关系从句总分
主/宾语关系从句	相关系数	1	.158 **	.193 **	.118 *	.417 **
SS/SO/OS/OO	相关系数	.158 **	1	.141 **	.089	.544 **
附加语关系从句	相关系数	.193 **	.141 **	1	.308 **	.657 **
复杂关系从句	相关系数	.118 *	.089	.308 **	1	.759 **
关系从句总分	相关系数	.417 **	.544 **	.657 **	.759 **	1
** 在 0.01(单侧显著值)的水平上具有显著性						
* 在 0.05(双侧显著值)的水平上具有显著性						

由表 4 中四类句型各个因素之间的相关系数以及因素与总分之间的相关系数可知，使用 SPSS 计算出各因子间相关系数在 0.089～0.308 之间，呈中等偏低的相关，而各因子与关系从句总分之间的相关系数在 0.417～0.759 之间，呈中等偏高的相关；因子之间的相关系数明显小于因子与总分之间的相关系数。这说明各个因素较好地反映了测试所要测查的内容，表明该标准化测试具有较好的结构效度，但还有待进一步优化。

3)难度分析

难度是指试题的难易程度。根据难度计算公式 P＝R/N(P 为难度指标值，R 为答对某题的人数，N 为受试人数)，计算各题难度得出，整个测试平均难度为 0.72。一般认为，难度适中更能反映受试的能力情况。多数试题难度分布在 0.33～0.67 之间，选拔性测试接近中间值(P＝0.5)左右为宜。本研究欲建立目标参照性常模，P 值适当偏高，全测试题平均难度以 0.7 左右为宜，0.6～0.8 为正常。故本测试难度正常。

4)区分度分析

区分度是指试题对能力水平不同的受试的区分程度。在进行区分度分析时，常以测试总分作为受试的实际能力水平，而把受试在某题上的得分与总分之间的相关系数作为该题的区分度。对于选择性试题来说，使用等级相关分析，在此使用斯皮尔曼(Spearman)等级相关分析。对区分度(DI)的评价，当 DI≥0.4，试题区分度很好；当 0.3≤DI＜0.4，试题区分度良好，不要求改进；当 0.2≤DI＜0.3，试题区分度尚可，可以接受，如能改进更好；当 DI＜0.2，试题需淘汰或需要改进。

表 5　区分度表

区分度(DI)	测试题
DI＜0.2	T16，T9
0.2≤DI＜0.3	T17，T20，T14，T8，T18，T12，T19
0.3≤DI＜0.4	T1，T 21，T3，T4，T5，T6，T7，T13，T 15
DI≥0.4	T2，T10，T11

通过表5中各项目的区分度可以看出,总体试题的区分度尚可;其中,T16,T9这两项的区分度低,需淘汰或进行改进。0.2≤DI<0.3区间的7道题也要进行改进。

以下的试题分析使用Winsteps软件进一步检验各年龄段中每道试题的效度。

d)试题分析

在筛选试题的过程中,我们首先要观察每一道试题是否具备效度,即每一道题的infit和outfit ZSTD是否在±2之间。MNSQ是另外一个衡量指标。Infit MNSQ和Outfit MNSQ可接受的取值范围在很大程度上取决于研究目的。Linacre(2006)建议取0.5至1.5的范围。本研究筛选试题的标准为对照每题的相应指标,当试题违反ZSTD和MNSQ指标时,该题需要删除或改进。即当MNSQ小于0.5或大于1.5,同时ZSTD大于2.0或小于-2.0,表示该项目与Rasch模式预期不同,过度配适(Overfit)与低度配适(Underfit)相当于落在非信赖区间的范围,故应探究不合适原因并删除或改进。根据ZSTD和MNSQ指标对现有试题进行分析,分别检测这21道试题是否有效。结果发现T9、T16和T14题的infit和outfit ZSTD指标均在±2之外,属不具备效度的项目,需要删除或改进;同时从区分度分析中可以看出,T9和T16这两题的区分度也不好,需要删除或改进。但所有试题的MNSQ均在要求范围之内。

e)受试分析

在筛选有理解困难儿童的过程中,本研究的计算标准参考锜宝香(2008)筛选单纯性语言障碍儿童的方法,对照平均数与标准差的差距,以低于平均数1.5个标准差来初步筛选可能有理解问题的儿童。在2;06~3;05儿童中,平均分为12.14,SD为3.136,低于平均数1.5个标准差的下限分数为7.436,从该年龄组中发现总分低于7.436的受试有1名:YXH30228。在3;06~4;05儿童中,平均数为14.31,SD为2.584,低于平均数1.5个标准差的下限分数为10.434,从该年龄组中发现总分低于10.434的受试有10名:MYP30912、MYS40523、JZA31105、ZRM40225、HJM30623、WH30712、WYF30814、JZY30903、LZM30920、LYX31015。在4;06~5;05儿童中,平均数为15.49,SD为2.369,低于平均数1.5个标准差的下限分数为11.9365,从该年龄组中发现总分低于11.9365的受试有6名:YLP40830、LJX41124、YJQ50118、QY40619、ZGCS40916、LXP50202。在5;06~6;05儿童中,平均数为16.42,SD为2.808,低于平均数1.5个标准差的下限分数为12.208,从该年龄组中发现总分低于12.208的受试有9名:

WBQ60022、ZT50627、GSC50928、WYX60004、FXY50600、SYR50817、ZRT60004、ZYH60217、WYG60219。结果发现在这401名受试中有26名儿童的总分低于各年龄段平均分1.5个标准方差。国外多项研究皆显示单纯性语言障碍出现率约为7%(Leonard,2000),在本研究中得分较低儿童占总数的6.4%,该数值虽不能确定这些儿童就是单纯性语言缺损患儿,但能区分出这些儿童与同龄儿童的理解水平存在明显差异。所筛选出的儿童比同龄儿童的理解能力要低,语言能力发展迟缓,可能为单纯性语言障碍高危儿童。

4.1.4　讨论与改进

本测试是为测试汉语学龄前儿童而编制的,测试的是2～6岁儿童关系结构理解能力的发展状况,并希望通过此测试工具筛选出在关系结构理解方面有困难的儿童。从测验结果分析可知,该测验试题的信度很好,为0.99,整体结构效度较好,难度适中,具有区分度。测验基本能对理解能力低于1.5个标准方差的儿童进行筛查。但SPSS和Winsteps分析结果都表明,其中有些题不太理想,必须进行修改。现对需要修改的试题进行逐一分析,并在保持原题句法结构的基础上进行修改。从前文中的区分度检测结果来看,区分度差的T9、T16和区分度较差的T17、T20、T14、T8均有一个共同特点,就是图画设计有问题,因为这些图画描述的是个连续的动作,在一幅图中,分为上下两部分,上下两部分图意是相联系的,但受试在作答时有可能不能理解图画内容,只看图画的上部分就进行作答,或者胡乱作答,致使这几题区分度和效度都不高,应进行修改。因此这几道题分别用T9′、T16′和T17′、T20′、T14′和T8′来替代(见下文)。T21虽然区分度不太低,但也有类似问题,因此修改成T21′会更好。另外,T19的区别度不高的原因其实可想而知,小兔子摔碎了它喝水的杯子的图画不符合(限制性)关系从句的语境、语用和语义要求,因为图中没有两个杯子需要通过她喝水来区分,受试只要听到小兔子摔坏了杯子就可以选对第2幅图,因此该题与关系从句其实没有多大联系,故被删除。T12小猴踢球的脚受伤了的区别度不高,可能在于第一幅和第二幅图中受伤的含义不清晰,如能改进更好。

用来替代的题如下:

T8′:(哪幅画是)被小猪咬了的小猫打了小猴。

T9′:(哪幅画是)把小猫咬了的小狗打了小猴。

T14’:(哪幅画是)小猴子指着妈妈和她打球的那个小姐姐

T16’:(哪幅画是)小猴打了小猫咬了的小狗。(OO)

T17’:(哪幅画是)小猴打了咬了小猫的小狗。(OS)

T20’:(哪幅画是)小猴打了被小猫咬了的小狗。

T21’:(哪幅画是)小猴打了把小猫咬了的小狗。

4.2　天津儿童关系结构产出能力测试

本测试旨在通过快速重复(quick repetition)方法来测试儿童的关系结构产出能力并检测语言表达方面的 SLI 高危儿童。快速重复包括多个方面,比如非词(non-word)重复、句子重复等。非词重复主要用于测试听力正常儿童的语音意识和工作记忆(Gathercole 1995;Gathercole,Willis,Baddeley & Emslie 1994;Metsala 1999)(转引自 Dillon et al. 2004)以及研究语言障碍儿童的语言表达能力(Sahlén,Reuterskiöld-Wagner,Nettelbladt & Radeborg 1999)(转引自 Dillon et al. 2004)。句子重复主要研究儿童的语言表达/产出能力(Fraser et al. 1963;Devescovi et al. 1992;Blake et al. 1994;Devescovi & Caselli 2001)(转引自 Devescovi & Caselli 2007),也一直是语言障碍儿童的筛查手段(Semel et al.,1989;Newcomer & Hammill 1997),还被用来研究 SLI 儿童的加工能力(Stoks & Fletcher 2003;Vicari,Caselli,Gagliardi,Tonucci & Volterra 2002;Bolterra,Caselli,Capirci,Tonucci,& Vicari 2003;Rispens 2004)(转引自 Stokes et al. 2006)。Conti-Ramsden et al. (2001)根据四种潜在诊断标记,即非词重复、时标记(Tense Marking)、第三人称单数任务(Third-person Singular task)和句子重复,对比了 160 名 11 岁的 SLI 儿童和 100 名同龄正常儿童的表现。结果表明句子重复是区分 SLI 的最好方法,其次是非词重复,然后是时标记,最后是第三人称单数任务。Devescovi & Caselli(2007)运用句子重复来评估意大利学前儿童的语言表达能力,主要包括两项测试:测试一通过让受试重复不同长度和不同形态句法复杂性(morphosyntactic complexity)的句子来评估句子重复在区分儿童语言能力发展变化的力度;测试二是探讨句子重复、自由言语和言语记忆广度(verbal memory span)的关系。测试包括 27 个不同长度和复杂性的句子,每个句子都配有能够表述测试句大概意思的图画。测试一中的受试是 100 名 2 到 4 岁意大利学前儿童,男女比例相当;句子重复任务主要通过测试—再测试设计(test-retest design)来实现,再测试的目的主要是检验初测的信度。测试二包括人数和性别分布均匀、年龄在 2 到 4 岁期间的 25 名学龄前儿童,分析过程主要是对比受试在句子重复任务中的表现和他们的即时语言数据。测试一表明 2 岁儿童重复出的句子呈现出电报句的特点;2;00～2;06 受试在句子重复任务中,平均句长(MLU)增长了两到三个词,同时冠词、介词和修饰语等的遗漏数量明显减少;在 3 岁时,功能词的遗漏现象完全消失。测试二的结果表明在句子重复任务中,受试重复出来的句子的 MLU、冠词的遗漏、动词的运用等现象与在自由言语中表现是一致的,也就是说快速重复任务能够反映儿童的句法产出能力。①

4.2.1 测试题

儿童语言发展过程的不同阶段有不同的发展里程碑(Milestones)。即使是同一种句法表达式,比如关系从句,对于不同类型的关系从句,儿童的习得时间也会不同。本研究设计了 7 个含有关系从句的表达来检验儿童的句法产出能力。分别将它们称为 P-S、SO、Other-S、T-S、BEI-S、T-O 和 Prep-O。②

P-S 小猴吃饭的桌子干净。

SO 小姐姐玩的布娃娃很漂亮。

other-S 小猴说话的声音很大。

T-S 小猴不在家的晚上没有月亮。

BEI-S 被小姐姐追着的小弟弟撞了爸爸。

T-O 小弟弟生在姐姐去学校的那天。

Prep-O 阿姨喜欢和叔叔踢球的小哥哥。

测试句中出现的名词、动词、形容词、时间词等都是 2 到 7 岁儿童比较熟悉的词汇,以避免在测试过程中,受试会因为词汇原因而影响能力的发挥。

4.2.2 实验

a)测试对象及人数

本测试的数据主要来自天津市三所幼儿园(两所位于市区,一所位于郊区),参加试验的学龄前儿童有 401 名,参加统计的有效受试人数为

① Stokes, Wong, Fletcher & Leonard(2006)提出句子重复可以用来区分 SLI 和正常发展儿童(Typically Developing Age-matched, TDAM)和发展迟缓儿童(Typically Developing Younger, TDY)。试验对象是 14 名 4;02～5;07SLI 粤语儿童(M=4;11,SD=5.6 个月)和各 30 名 TDAM 和 TDY 同龄儿童。试验方法是对比这两组儿童在句子重复任务中的表现。试验表明在句子重复任务中,MLU 显著区分了 SLI 儿童和 TDAM 同龄儿童,但 SLI 儿童和 TDY 同龄儿童在 MLU 表现上没有显著区别。通过分析表明句子重复能够区分 SLI 儿童和 TDAM 同龄儿童。

② S 表示 Subject,O 表示 Object;其中 BEI-S 表示从句是被字结构并且中心语在主句中充当主语;SO 结构的 S 表示中心语在主句中充当主语,O 表示中心语在从句中充当宾语;在 Prep-O、P-S、I-S、T-O、T-S、other-S 结构中,Prep/P/I/T 表示从句的类型或功能,分别为介词从句/地点状语从句/工具状语从句/时间状语从句等,而 O/S 表示中心语在主句中分别充当宾语或主语等语法角色。

395名。

b)测试人员、试验材料及设备

测试者有20人，分成10个小组。每组都配有录音笔、画册、小贴画、记录纸等材料和设备。测试时，两人各有分工，一人负责记录，另外一人负责测试。同时用录音笔等工具对受试的产出进行录音，以方便对试验数据进行转译等工作。

c)试验指导语和测试过程

试验开始时，首先主试要对受试说："小朋友我们一起来玩个小游戏——学说话的游戏。首先我要说一句话，然后你要按照我所说的再说一遍。比如，我说：'我很高兴。'然后你也要说：'我很高兴。'"等受试真正明白自己的任务后，试验正式开始。如果受试表现很好或是注意力开始不集中，我们会送给受试一个小贴画作为奖励，以重新吸引其注意力。

d)试验方法

上文提到，Conti-Ramsden et al.(2001)提出，句子重复任务对于区分正常儿童和SLI儿童是非常有效的。根据前人研究(Fraser et al. 1963; Blake et al. 1994)，快速重复是测试儿童句法能力的重要方法。所以本实验采用快速重复任务来检测儿童关系结构的产出能力。

e)评分标准

对于评分的标准问题，现在还没有一个统一的方法，许多研究者(Fraser et al. 1963; Clay 1971; Frasure & Entwisle 1973)采用正确—错误评分法(incorrect-correct scoring method)。受试重复错误主要包括以下几个方面：增添重要内容、遗漏重要内容、合乎语法的关键内容的替换与不合语法的替换等。本实验也采用二分法对受试进行打分，正确记为1，错误记为0。如果受试的重复中基本的句法表达式不变，只是名称上有替换或遗漏现象，仍然认为正确；如果受试的重复内容句序凌乱、遗漏考察的关键字词(如功能词"的"等)或有不合语法的替换等，都认为是错误。

f)试验数据处理

在对试验数据的赋值上，主要采用正确、错误和无反应三种赋值。试验数据主要通过SPSS、Winsteps等软件对试题的信度、效度、显著性、平均数和标准方差等方面进行分析统计。在统计中，无效答案不参与计算。

4.2.3　结果统计分析

首先，本实验用SPSS16.0统计软件来检验收集到的数据是否呈正态分布,然后主要利用 Winsteps 来检验本套试题的信度、效度、难度等指标。最后利用 SPSS 计算出每组受试总分的临界分来筛查 SLI 高危儿童。

a)数据的正态分布检验

上章提到,SPSS16.0 主要通过 P-P 概率图来判断变量是否呈正态分布。

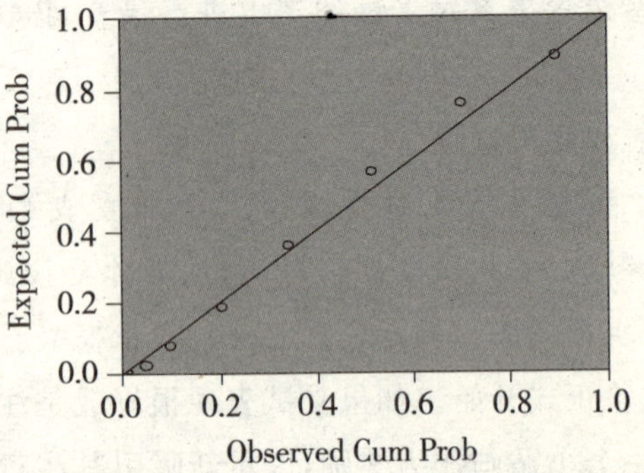

图 1 所有受试成绩正态 P-P 图(Normal P-P Plot of Total)

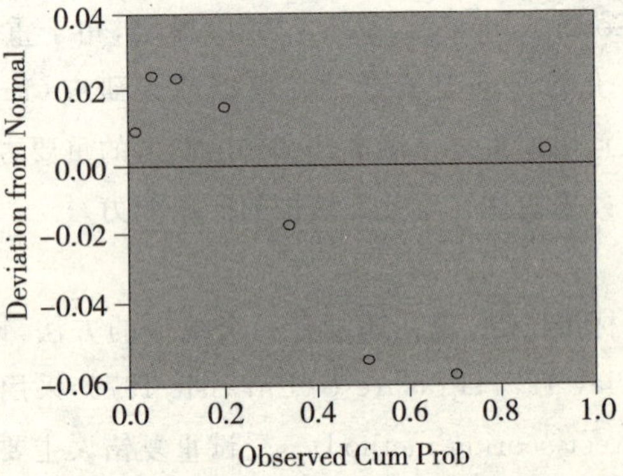

图 2 所有受试成绩去势正态 P-P 概率图(Detrended Normal P-P Plot of Total)

第一幅图中,对角线是理论直线,周围分布的圆点是受试的成绩。如果圆点大体上分布在理论直线上,说明数据呈正态分布。第二幅图是受试成绩分布的残差图。如果数据服从正态分布,则数据点应均匀分布在 Y=0 这条直线上下。如果残差正态评分的绝对值都在 0.07 之内,说明改组分数的正态性是非常令人满意的(杨端和 2004)。观察本实验中受试成绩的正态 P-P 概率图,可以看出数据和对角线基本吻合,且去势图中残差正态评分的绝对值都在 0.06 以内,表明该试验数据是呈正态分布的。

b)信度检验

1)Winsteps 信度检验

Winsteps 进行分析时,主要考察两个信度:样本信度(Person Reliability)和试题信度(Item Reliability)。本实验中,样本信度为0.70;试题信度为0.99,表示受试者和试题都是比较可靠的。克伦巴赫α系数为0.76,表明所有试题间的内在一致性程度较好。

2)折半信度检验

本实验的数据除了用Winsteps来检验信度外,还用SPSS对数据进行折半信度检验,结果如下表所示:

表1　折半信度检验(Reliability Statistics)

Cronbach's Alpha	Part 1	Value	.671
		N of Items	4[a]
	Part 2	Value	.694
		N of Items	3[b]
	Total N of Items		7
Correlation Between Forms			.526
Spearman-Brown Coefficient	Equal Length		.689
	Unequeal Length		.693
Guttman Split-Half Coefficient			.684

a. The items are:T88 P-S,T93 SO,T96 other-S,T97 T-S.

b. The items are:T97 T-S,T102 BEI-S,T108 T-O,T134 Prep-O.

从上表中可以看出折半信度系数为0.684,符合标准。①

3)每一道测试题的效度

效度是指量测工具能真正量测到所要量测目标的程度,亦称为正确性。Winsteps主要采用ZSTD来衡量效度。配适统计量(fit statistics)ZSTD②为效度分析的依据。当ZSTD的值小于2.0或大于－2.0,表示该项目与Rasch模式预期相同。另外一个参考值就是测量均方误的MNSQ,当它的值大于0.5且小于1.5时,说明数据位于信赖区间的范围内。本实验数据中的MNSQ和ZSTD的具体值主要如下表所示:

① 由于本实验除了测试此处的七个题外,还测试了其他的题,因此本节图表中出现了T88、T93等题次。

② ZSTD又可分为infit与outfit:其中infit为加权变异数后的权重,相较于outfit,它是未加权,infit更适合用以判断试题的配适度。本研究也使用outfit值,以求效度检验更为完整。ZSTD是MNSQ的标准化形式,也可分为infit与outfit。

表 2　实验数据中的 MNSQ 和 ZSTD 值分布

ITEM STATISTICS:MISFIT ORDER

ENTRY NUMBER	TOTAL SCORE	COUNT	MEASURE	MODEL S. E.	INFIT MNSQ	INFIT ZSTD	OUTFIT MNSQ	OUTFIT ZSTD	PT-MEASURE CORR.	PT-MEASURE EXP.	EXACT MATCH OBS%	EXACT MATCH EXP%	ITEM	G
7	145	387	3.15	.17	.98	−.2	1.43	1.3	A .69	.69	81.7	81.2	T134 Prep-O	0
2	368	393	−3.65	.31	1.09	.5	1.30	.7	B .49	.51	95.6	95.6	T93 SO	0
4	313	394	−.96	.18	.99	−.1	1.22	.9	C .65	.65	84.0	84.1	T97 T-S	0
3	324	395	−1.30	.18	1.06	.7	1.17	.6	D .62	.63	85.1	85.9	T96 other-S	0
1	334	395	−1.65	.19	.94	−.5	1.10	.4	c .62	.61	88.8	87.4	T88 P-S	0
5	186	387	2.13	.15	.97	−.4	.81	−.7	b .72	.71	77.8	77.9	T102 BEI-S	0
6	179	389	2.29	.15	.97	−.4	.77	−.8	a .72	.71	79.3	78.9	T108 T-O	0
MEAN	264.1	391.4	.00	.19	1.00	−.1	1.12	.3			84.6	84.4		
S. D.	83.8	3.4	2.34	.05	.05	.4	.23	.7			5.6	5.6		

从表 2 可以看出，本试验所采用的试验材料完全符合 MNSQ 和 ZSTD 的范围要求，比如 Prep-O 这道题的 infit MNSQ 值是 0.98，位于 0.5 到 1.5 的区间范围；同时 infit ZSTD 值是－0.2，也在－2 到 2 的区间范围内，这说明我们的试验材料在效度上也是合乎要求的。

4）区分度检验

在进行区分度分析时，常以测试总分作为受试的实际能力水平，而把受试在某题上的得分与总分之间的相关系数作为该题的区分度。对区分度(DI)的评价，当 DI≥0.4，试题区分度很好；当 0.3≤DI<0.4，试题区分度良好，可不改进；当 0.2≤DI<0.3，试题区分度尚可，用时需要改进；当 DI<0.2，试题需淘汰或改进。

表 3　试题区分度分布(Correlations)

		T88 P-S	T93 SO	T96 other-S	T97 T-S	T102 BEI-S	T108 T-O	T134 Prep-O	Total
T88 P-S	Pearson Correlation	1	.353 **	.366 **	.373 **	.341 **	.351 **	.224 **	.628**
	Sig. (2-tailed)		.000	.000	.000	.000	.000	.000	.000
	N	395	393	395	394	387	389	387	395
T93 SO	Pearson Correlation	.353 **	1	.311 **	.320 **	.211 **	.216 **	.203 **	.493**
	Sig. (2-tailed)	.000		.000	.000	.000	.000	.000	.000
	N	393	393	393	392	385	387	386	393
T96 other-S	Pearson Correlation	.366 **	.311 **	1	.317 **	.276 **	.338 **	.305 **	.619**
	Sig. (2-tailed)	.000	.000		.000	.000	.000	.000	.000
	N	395	393	395	394	387	389	387	395
T97 T-S	Pearson Correlation	.373 **	.320 **	.317 **	1	.386 **	.304 **	.324 **	.654**
	Sig. (2-tailed)	.000	.000	.000		.000	.000	.000	.000
	N	394	392	394	394	386	389	386	394
T102 BEI-S	Pearson Correlation	.341 **	.211 **	.276 **	.386 **	1	.439 **	.424 **	.717**
	Sig. (2-tailed)	.000	.000	.000	.000		.000	.000	.000
	N	387	385	387	386	387	382	382	387
T108 T-O	Pearson Correlation	.351 **	.216 **	.338 **	.304 **	.439 **	1	.424 **	.714**
	Sig. (2-tailed)	.000	.000	.000	.000	.000		.000	.000
	N	389	387	389	389	382	389	382	389
T134 Prep-O	Pearson Correlation	.224 **	.203 **	.305 **	.324 **	.424 **	.424 **	1	.678**
	Sig. (2-tailed)	.000	.000	.000	.000	.000	.000		.000
	N	387	386	387	386	382	382	387	387
Total	Pearson Correlation	.628 **	.493 **	.619 **	.654 **	.717 **	.714 **	.678 **	1
	Sig. (2-tailed)	.000	.000	.000	.000	.000	.000	.000	
	N	395	393	395	394	387	389	387	395

**　Correlation is significant at the 0.01 level(2-tailed).

从表 3 中可以看出，所有题目的区分度都在 0.493 以上，有的甚至高达

0.717,这说明题目有非常好的区分度。

5)难度检验

本实验通过 Winsteps 来对试题的难易度进行检验。

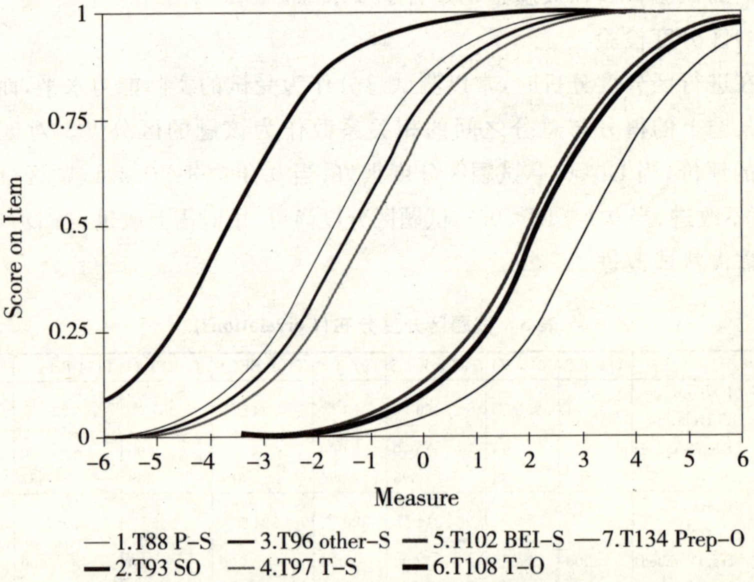

图 3 测试项难度分布(Item Characteristic Curves)

如图 3 所示,测试项的难易分布基本均匀。其中偏右侧的测试题 5、6 和 7 稍微偏难一些。偏左侧的测试项难度比偏右侧的测试项难度小。

通过对模仿句正态分布、信度、效度、区分度等各项指标的检验,本实验所使用的模仿句在以上各项指标上都完全符合要求。

6)受试分析

通过 P-P 概率图的检验得知,本实验中所有受试的成绩是呈正态分布的,所以我们可以通过平均值与方差的关系来筛查出各个年龄段表现异常的儿童,其中偏离 1.5 个 SD 的儿童可能为 SLI 高危儿童。本实验共有 395 名受试的实验数据参与统计过程,具体可以分为四组:第一组受试年龄为 2;06~3;05,共有 34 名儿童;第二组受试年龄为 3;06~4;05,共有 130 名儿童;第三组受试年龄为 4;06~5;05,共有 133 名受试;第四组受试年龄为 5;06~6;05,共有 98 名儿童。分组的意义在于组间要存在显著差别,从而进行对比分析。本实验主要通过 SPSS 的 One-way Anov 来对组间差别的显著性进行检验。首先通过方差齐性检验(Test of Homogeneity of Variances)来检验方差是否整齐。如果 sig 值大于 0.05 说明方差整齐,可以进行方差分析;如果 sig 值小于 0.05,说明方差不齐,需要进行事后分析。

表4　方差齐性检验(Test of Homogeneity of Variances)

Total

Levene Statistic	df1	df2	Sig.
5.416	3	391	.001

从表4中可以得知，sig值为0.001＜0.05，说明方差不齐，不能进行方差分析，而要进行事后分析。

表5　数据的事后分析(Multiple Comparisons)

Total

Tamhane

(I) group	(J) group	Mean Difference(I-J)	Std. Error	Sig.	95%Confidence Interval Lower Bound	Upper Bound
1	2	−1.878*	.354	.000	−2.85	−.91
	3	−2.534*	.347	.000	−3.49	−1.58
	4	−3.453*	.341	.000	−4.39	−2.51
2	1	1.878*	.354	.000	.91	2.85
	3	−.656*	.216	.016	−1.23	−.08
	4	−1.575*	.206	.000	−2.12	−1.03
3	1	2.534*	.347	.000	1.58	3.49
	2	.656*	.216	.016	.08	1.23
	4	−.919*	.195	.000	−1.44	−.40
4	1	3.453*	.341	.000	2.51	4.39
	2	1.575*	.206	.000	1.03	2.12
	3	.919*	.195	.000	.40	1.44

* The mean difference is significant at the 0.05 level.

通过组间比较，发现各组间都在0.05的水平上存在显著差异，说明这样的分组是合理的，各组间都存在显著差异。我们可以根据各个年龄组成绩的临界分(又称下限分数)来筛查SLI高危儿童。

第一组：2;06～3;05(34人)

第一组的平均分是2.35，SD为1.84，所以根据1.5SDs(2.76)，我们确定的临界分为−0.41。本实验中的最低分为0分，所以第一组的临界分定位零分。通过比较发现受试成绩为临界分的有7名儿童：LJY20080402、LWD20071111、YJ20070923、GXR20070815、YXH20070905、SYC20070625、ZSY20070603，约占20.58%。

第二组：3;06～4;05(130人)

第二组的平均分是4.23，SD为1.82，所以根据1.5SDs(2.73)，我们确定的临界分为 1.5。通过比较发现受试成绩在临界分之下的有 8 名儿童:WXM20070330、MYP20070219、WXY20070207、ZPC20070428、JZY20070130、LQL20070112、ZHJJ20061125、XLR20060713,约占 6.15%。

第三组:4;06~5;05(133 人)

第三组的平均分是 4.89,SD 为 1.67,所以根据 1.5SDs(2.51),我们确定的临界分为 2.39。通过比较发现受试成绩在临界分之下的有 9 名儿童:ZYF20060202、HHR20051031、LSQ20060301、LJX20051202、WR20051115、ZSH20060427、LY20060418、XHR20060301、SKJ20050615,约占 6.77%。

第四组:5;06~6;05(98 人)

第四组的平均分是 4.23,SD 为 1.82,所以根据 1.5SDs,我们确定的临界分为 1.5。通过比较发现受试成绩在临界分之下的有 6 名儿童:WYG20040813、SLY20050406、SYR20050309、SYS20050225、HUH20050129、WYS20040813,约占 6.12%。

4.2.4 错误分析和结论

a)儿童语料的分析

通过对受试语料的整理和分析,发现受试的错误类型主要集中在以下几个方面(部分原始数据详见附录 3):

A. 重复句子的个别词语,这些词语可能位于句首、句中或句尾。比如干净。

B. 打乱句子结构,重复出来的句子结构紊乱,比如干净小猴在吃饭。

C. 遗漏从句中的功能词"的",比如小猴吃饭桌子干净。

D. 遗漏从句的中心语,比如小猴吃饭的干净。

E. 功能词"的"与中心语一起遗漏,比如小猴吃饭干净。

F. 替换关系从句的中心语,比如小猴吃饭的时候干净。

G. 把带有关系从句的简单句转换成复句,比如小猴吃饭时,桌子干净。

H. 遗漏关系从句,只重复出句子的主干,比如小猴子声音很大。

I. 只重复出关系从句中的部分内容,比如小猴说话。

J. 只重复出主句和关系从句的部分内容,句子结构不完整,比如小猴没在家月亮。

K. 把主句和关系从句糅合成一个简单句,比如小姐姐撞了小爸爸。

L. 遗漏"把/被"结构中的"把/被",比如小姐姐撞着的小弟弟叫爸爸。

M. 替换"把/被"从句中的标志词"把/被",比如小姐姐把爸爸的撞了。

N. 遗漏从句的谓语动词,比如被姐姐的弟弟被撞了爸爸。

O.　遗漏主句的谓语动词，比如小弟弟在小姐姐去学校那天。

P.　遗漏从句中的介词“跟/和/在”。如阿姨喜欢叔叔踢球的哥哥。

Q.　“把/被”结构混乱使用，比如被姐姐被撞了弟弟撞了爸爸。

R.　遗漏关系从句中的介词“跟”和中心语。比如阿姨喜欢哥哥踢球的。

S.　遗漏从句中的介词宾语，比如阿姨喜欢和踢球的小哥哥。

S1.　功能词“的/被/把”等的泛滥使用，比如小猴的吃的饭的桌子干净。

b)正常儿童与 SLI 高危儿童的错误类型对比分析

以上所总结的二十种错误类型中，有许多错误类型是具有共同点的，按照它们的特点，基本可以合并成三大类错误。第一大类（T_1）：受试只重复出现个别词或词语，比如 A；第二大类（T_2）：受试重复出的句子是简单句，如 H、I、K、L、M、N、O；第三大类（T_3）：受试重复出的句子是较为复杂的表述，有一定的从句意识，比如 B、C、D、E、F、G、J、P、Q、R、S、S1。下图是正常孩子与 SLI 高危儿童在这三大类错误上的对比：

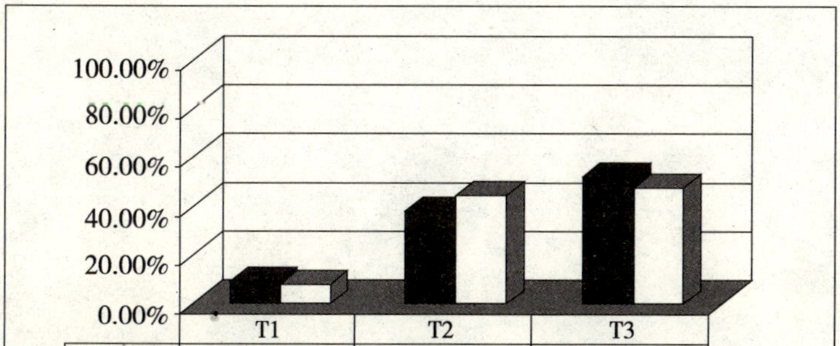

	T1	T2	T3
■SLI-PR	9.30%	38.37%	52.33%
□Nor-PR	7.93%	44.52%	47.55%

图 4　正常孩子与 SLI 高危儿童错误类型上的对比

从图 4 可以看出，SLI 高危儿童更容易犯 T1 和 T3 两种错误，所占的比例略高于正常儿童，而且正常儿童和 SLI 高危儿童都倾向于把关系从句转换为简单句。

本研究以 1.5SD 为标准，在年龄分组的基础上，从 395 名受试中筛查出 30 名 SLI 高危儿童，其中第一组（2;06～3;05）中筛查出 7 人，约占第三组总人数的 20.58%；第一组人数比较少，导致筛查出的能力异常儿童所占的比例比较高。第二组（3;06～4;05）中筛查出 8 名儿童，约占 6.15%；第三组（4;06～5;05）中筛查出 9 名儿童，约占 6.77%；第四组（5;06～6;05）中筛查出 6 名儿童，约占 6.12%；这项结果基本接近 Leonard(2000)的研究（约为 7%）。这也同时说明了本试验所设计的快速重复试题在检测汉语儿童关系从句产出能力上还是较有用的。这为以后的研究提供了一种新的发展思路,即可能可以利用关系从句的快速重复任务来检测儿童的句法产出能力,并区分正常儿童和SLI高危儿童。在对受试的错误分析中我们还发现,SLI高危儿童不仅经常犯正常儿童常犯的错误,而且会出现正常儿童极少或不出现的错误类型。由于样本量不是很大,并且在SPSS、Winsteps等软件使用技术上还不是很熟练,本研究中还存在许多的问题有待进一步的探讨和分析。

参考文献

Abney, S. 1987. *The English Noun Phrase in its Sentential Aspect*. Cambridge: MIT Press.

Adams, C. 1990. Syntactic comprehension in children with expressive language impairment. *British Journal of Disorders of Communication* 25:149～171.

Adani, F. 2008. *The Role of Features in Relative Clause Comprehension: A Study of Typical and Atypical Development*. PhD dissertation. University Milano-Bicocca.

Adani, F. 2011. Re-thinking the acquisition of Relative Clauses in Italian: Towards a grammatically-based account. *Journal of Child Language* 38(1):141～165.

Alexiadou, A., Law, P., Meinunger, A. & C. Wilder (eds.). 2000. *The Syntax of Relative Clauses*. Amsterdam: John Benjamins.

Aoun, J. & A. Y. H. Li. 2003. *Essays on the Representational and Derivational Nature of Grammar: The Diversity of WH-constructions*. Cambridge: MIT Press.

Arnold, D. 2004. Non-restrictive relative clauses in construction-based HPSG. In S. Müller (ed.). *Proceedings of the 11th International Conference on Head-Driven Phrase Structure Grammar*. Stanford: CSLI Publications, 301～304.

Arnon, I. 2005. Relative clause acquisition in Hebrew: Towards a processing-oriented account. Paper presented at the Boston University Conference on Language Development, Boston.

Arosio, F., Adani, F. & M. T. Guasti. 2005. Processing grammatical features by Italian children. In David Bamman, Tatiana Magnitskaia and Colleen Zaller (eds.). *Proceedings of the 30th Boston University Conference on Language Development*. Somerville: Cascadilla Press. 又见：

http://www.bu.edu/budd/files/2011/05/30-ArosioBUCLD2005-pdf(2013-8-23下载).

Arosio, F., Adani, F. & M. T. Guasti. 2006. Children's processing of subject and object relatives in Italian. In A. Belletti, E. Bennati, C. Chesi & I. Ferrari (eds.), *Language Acquisition and Development*. Cambridge: Cambridge Scholars Press, 15～27.

Arosio, F., Adani, F. & M. T. Guasti. 2009. Grammatical features in the comprehension of Italian Relative Clauses by children. In A. Gavarrò et al. (eds.). *Merging Features: Computation, Interpretation and Acquisition*. Oxford: Oxford University Press. 又见：http://www.uni-potsdam.de/fileadmin/projects/aladdin/AAG_2009_OUP.pdf(2013-8-23下载).

Asudeh, A. 2004. *Resumption as Resource Management*. Ph. D. Dissertation. Stanford: Stanford University.

Asudeh, A. 2007. Three kinds of resumption. Paper Presented at Resumptive Pronouns at the Interfaces. University of Paris, Paris. 又见:
http://www.llf.cnrs.fr/Autres/Resumptives/asudeh.pdf(2013-8-23下载).

Austin, J. L. 1962. *How to Do Things with Words*. Oxford: Oxford University Press.

Baltin, M. R. 1982. A landing site theory of movement Rules. *Linguistic Inquiry* 13:1～38.

Bar-Shalom, E., Crain, C. & D. Shankweiler. 1993. Comparison of comprehension and production in good and poor readers. *Applied Psycholinguistics* 14, 197～227.

Belletti, A. & C. Contemori. 2010. Intervention and attraction: on the production of subject and object relatives by Italian(young) children and adults. In *The Proceedings of GALA 2009*, University of Lisbon, 39～52.

Belletti, A. & L. Rizzi. 2010. Ways of avoiding intervention: Object relatives, Passive and Control. To appear in R. Berwick & M. Piattelli Palmarini(eds.). *Rich Grammars from a Poor Input*. Oxford: OUP. 又见: http://citeseerx.ist.psu.edu/viewdoc/download?doi=10.1.1.186.1736 & rep=rep1 & type=pdf(2013-8-23下载).

Belletti, A. 2009. Notes on Passive Object relatives. To appear in P. Svenonius(eds.). *Functional structure from Top to Toe*. Oxford: Oxford University Press. 又见: http://citeseerx.ist.psu.edu/viewdoc/download?doi=10.1.1.153.8253 & rep=rep1 & type=pdf(2013-8-23下载).

Belletti, A. 2010. Relatives, relative to children and adults: Comparative evidence with main focus on Italian. Presented at Glow in Asia VIII, Beijing, China.

Berman, R. 1997. Early Acquisition of Syntax and Discourse in Hebrew. In Y. Shimron (ed.). *Psycholinguistic Studies in Israel: Language Acquisition, Reading and Writing*. Jerusalem: Magnes Press, 57～100.

Bianchi, V. 1999. *Consequences of Antisymmetry: Headed Relative Clauses*. Berlin: Mouton de Gruyter.

Bianchi, V. 2000. Some Issues in the Syntax of Relative Determiners. In Artemis Alexiadou, Paul Law, Andre Meinunger & Chris Wilder(eds.). *The syntax of relative clauses*. Amsterdam: John Benjamins, 53～81.

Campos, H. 1991. Silent objects and subjects in Spanish. In H. Campos & F. Martinez-Gil (eds.). *Current Studies in Spanish Linguistics*. Washington: Georgetown University Press, 117～141.

Chafe, W. L. 1976. Givenness, Contrastiveness, Definiteness, Subjects, Topics and Points of View. In Charles Li(ed.). *Subject and Topic*. New York: Academic Press, 25～55.

Chang, H. W. 1984. The comprehension of complex Chinese sentences by children: relative clauses. *Chinese Journal of Psychology* 26(1), 57～66.

Chao, W. 1992. Null objects in Portuguese, Paper presented at the Oxford Romance Linguistic Seminar.

Chao, Y. R. 1968. *A Grammar of Spoken Chinese*. Berkeley: University of California Press.

Cheng, S. Y. Y. 1995. *The Acquisition of Relative Clauses in Chinese*, Unpublished MA thesis, National Taiwan Normal University.

Chiu, B. H. C. 1993. *The Inflectional Structure of Mandarin Chinese*. Ph. D. Dissertation. Los Angeles: University of California.

Chomsky, N. 1957. *Syntactic Structures*. The Hague: Mouton.

Chomsky, N. 1965. *Aspects of the Theory of Syntax*. Cambridge, MA: MIT Press.

Chomsky, N. 1977. On *Wh*-Movement. In Peter Culicover, Thomas Wasow & Adrian Akmajian(eds.). *Formal Syntax*. New York: Academic Press, 71～132.

Chomsky, N. 1980. On Binding. *Linguistic Inquiry* 11: 1～46.

Chomsky, N. 1981. *Lectures on Government and Binding*. Dordrecht: Foris.

Chomsky, N. 1982. *Some Concepts and Consequences of the Theory of Government and Binding*. Cambridge: MIT Press.

Chomsky, N. 1986. *Barriers*. Cambridge: MIT Press.

Chomsky, N. 1995. *The Minimalist Program*. Cambridge: MIT Press.

Chomsky, N. 1998. Minimalist Inquiries: The Framework. *MIT Occasional Papers in Linguistics 15*. Cambridge: MIT Press. Reprinted in Roger Martin, David Michaels & Juan Uriagereka(eds.)(2000). *Step by Step: Essays on Minimalist Syntax in Honor of Howard Lasnik*. Cambridge: MIT Press, 89～155.

Chomsky, N. 1999. Derivation by Phase. *MIT Occasional Papers in Linguistics 18*. Cambridge: MIT Press. Reprinted in Michael Kenstowicz(ed.)(2001). *Ken Hale: A Life in Language*. Cambridge: MIT Press, 1～52.

Chomsky, N. 2004. Beyond explanatory adequacy. In A. Belletti(ed.). *Structures and Beyond: The Cartography of Syntactic Structures*, Vol. 3. Oxford: Oxford University Press, 104～131.

Chomsky, N. 2007. Approaching UG from below. In Sauerland, U. & H. M. Gärtner (eds.) *Interfaces + Recursion = Language?* Berlin: Mouton de Gruyter, 1～29.

Chomsky, N. 2008. The Biolinguistic Program: Where does it Stand Today. In *The Pre-Conference Proceedings of the 16th Annual Conference of the International Association of Chinese Linguistics* (*IACL-16*)(国际中国语言学学会第 16 次学术年会(*IACL-16*)会前论文和提要集). 北京:北京大学出版社, 3～17。

Chomsky, N. 2010. Some simple evo devo theses: How true might they be for language? In Richard K. Larson et al. (eds.). *The Evolution of Human Language: Biolinguistic Perspectives*. Cambridge: Cambridge University Press, 45～62.

Chomsky, N. 1977. On *Wh*-Movement. In Culicover, P., Wasow, T. & A. Akmajian (eds.). *Formal Syntax*. New York: Academic Press, 71～132.

Cinque, G. 1990. *Types of A'-dependencies*. Cambridge, Massachusetts: MIT Press.

Cinque, G. 1999. *Adverbs and Functional Heads: A Cross-linguistic Perspective*. Oxford: OUP.

Cinque, G. 2004. Issues in adverbial syntax. *Lingua* 114: 683～710.

Citko, B. 2008. An argument against assimilating appositive relatives to Coordinate Structures. *Linguistic Inquiry* 39:633～655.

Clancy, P. M., Lee, H. & M. H, Zoh. 1986. Processing strategies in the acquisition of relative clauses: universal principle and language-specific realizations. *Cognition* 24(3): 225～262.

Clay, M. 1971. Sentence repetition: Elicited imitation of a controlled set of syntactic dependencies. *Lingua* 119(1), 67～88.

Cole, P. 1987. Null Objects in Universal Grammar. *Linguistic Inquiry* 18, 4:597～612.

Collins, C. 2005. A Smuggling Approach to the Passive in English. *Syntax* 8(2): 81～120.

Collins, C. 2011. A formalization of minimalist syntax. Paper presented at the Fifth International Conference on Formal Linguistics(ICFL 5), Guangdong University of Foreign Studies.

Contemori, C. & M. Garrafa. 2010. Comparison of modalities in SLI: A study on the comprehension and production of non-canonical sentences. *Lingual* 20:1940～1955.

Conti-Ramsden, G., Botting, N. & Faragher, B. 2001. Psycholinguistic markers for specific language impairment(SLI). *Journal of Child Psychology and Psychiatry* 42: 741～748.

Conti-Ramsden, G., Botting, N., Simkin, Z. & E. Knox. 2001. Follow-up of children attending infant language units: outcomes at 11 years of age. *International Journal of Language and Communication Disorders* 36(2):207～219.

Contreras, H. 1984. A Note on Parasitic Gaps. *Linguistic Inquiry* 15:698～701.

Corrêa, L. M. 1995. An alternative assessment of children's comprehension of relative clauses. *Journal of Psycholinguistic Research* 24:183～203.

Costa, J., Lobo, M. & C. Silva. 2011. Subject-object asymmetries in the acquisition of Portuguese relative clauses: Adults vs. children. *Lingua* 6:1083～1100.

Crain, S., McKee, C. & M. Emiliani. 1990. Visiting relatives in Italia. In L. Frazier and J. de Villiers(eds.). *Language Processing and Language Acquisition*. Dordrecht: Kluwer, 335～356.

Cristofaro, S. 2003. *Subordination*. Oxford: Oxford University Press.

Culicover, P. W. & P. M. Rostal(eds.). 2001. *Parasitic Gaps*. Cambridge: MIT Press.

Culicover, P. W. & R. Jackendoff. 2005. *Simpler Syntax*. Oxford: Oxford University Press.

Culicover, P. W. 1991. Topicalization, inversion, and complementizers in English. In D. Delfitto, M. Everaert, A. Evers & F. Stuurman(eds.). *Going Romance, and Beyond: Fifth Symposium on Comparison Grammar*. OTS Working Papers, 1～43.

Cummins, S. & Y. Roberge. 2004. Null Objects in French and English. In Julie Auger, J. Clancy Clements & Barbara Vance(eds.). *Contemporary Approaches to Romance Linguistics*. Amsterdam: John Benjamins, 121～138.

Cummins, S. & Y. Roberge. 2005. A Modular Account of Null Objects in French. *Syntax* 8:44～64.

Dalby, M. 1977. Aetiological studies in language retarded children. *Neuropaediatrie(supplement)* 8:499～500.

de Villiers, J. G. , de Villiers, P. A. & E. Hoban. 1994. The Central Problem of Functional Categories in the English Syntax of Oral Deaf Children. In H. Tager-Flusberg(ed.). *Constraints on Language Acquisition: Studies of Atypical Children*. Hillsdale: Erlbaum, 9～47.

de Villiers, J. , Tager-Flusberg, H. , Hakuta, K. and M. Cohen. 1979. Children's comprehension of the relative clause. *Journal of Psycholinguistic Research* 8:499～518.

De Vincenzi, M. 1991. *Syntactic Parsing Strategies in Italian*. Dordrecht: Kluwer.

De Vries, M. 2002. *The Syntax of Relativization*. Utrecht: LOT.

De Vries, M. 2006. The syntax of appositive relativization: On specifying coordination, false free relatives, and promotion. *Linguistic Inquiry* 37:229～270.

De Vries, M. 2002. *The Syntax of Relativization*. Ph. D. Dissertation. Netherlands Graduate School of Linguistics, the Netherlands.

Del Gobbo, F. 2003. *Appositives at the Interface*. Ph. D. Dissertation. California: University of California at Irvine.

Del Gobbo, F. 2010. *Chinese Relative Clauses: Restrictive, Descriptive or Appositive?* http://venus. unive. it/fdelgobb/Del%20Gobbo. iggxxx. rtf. (2010～12～8 下载)

Demirdache, H. 1991. *Resumptive Chains in Restrictive Relatives, Appositives and Dislocation Structures*. Cambridge: MIT Press.

Devescovi, A. and M. C. Caselli. 2007. Sentence repetition as a measure of early grammatical development in Italian. *Int J Lang Commun. Disord* 42(2):187～208.

Diessel, H. & M. Tomasello. 2000. The development of relative clauses in spontaneous child speech. *Cognitive Linguistics* 11:131～151.

Diessel, H. & M. Tomasello. 2005. A new look at the acquisition of relative clauses. *Language* 81:1～25.

Dillon, C. M. , Burkholder, R. A. , Miranda, C. & D. B. Pisoni. 2004. Non-word repetition by Children with Cochlear Implants: Accuracy Ratings from Normal-Hearing Listeners. *Journal of Speech, Language, and Hearing Research* 6:1103.

Dretske, F. 1972. Contrastive statements. *Philosophical Review* 81:411～437.

Engdahl, E. 1983. Parasitic Gaps. *Linguistic and Philosophy* 6:5～34.

Engdahl, E. 2001. Versatile Parasitic Gaps. In Peter W. Culicover & Paul M. Postal (eds.). *Parasitic Gaps*. Cambridge: MIT Press, 127～145.

Foley, W. A. & R. D. Van Valin. 1984. *Functional Syntax and Universal Grammar*. Cambridge University Press.

Frampton, F. 1990. Parasitic Gaps and the Theory of *Wh*-Chains. *Linguistic Inquiry* 21: 49～77.

Friedmann, N. and R. Novogrodsky 2004. The Acquisition of Relative Clause Comprehension in Hebrew: A Study of SLI and Normal Development. *Journal of Child Language* 31:661～681.

Friedmann, N., Belletti, A. & L. Rizzi. 2009. Relativized relatives: Types of intervention in the acquisition of A-bar dependencies. *Lingua* 119(1): 67～88.

Fukui, N. & Y. Takano. 2000. Nominal structure: An extension of the symmetry principle. In P. Svenonius (ed.). *The Derivation of VO and OV*. Amsterdam: John Benjamins, 219～254.

Garraffa, M., & Grillo, N. 2008. Canonicity effects as grammatical phenomena. *Journal of Neurolinguistics* 21: 177～197.

Goodluck, H. and D. Stojanovic. 1996. The structure and acquisition of Relative clauses in Serbo-Croatian. *Language Acquisition* 5: 285～315.

Goodluck, H., and S. Tavakolian. 1982. Competence and processing in children's grammar of relative clauses. *Cognition* 11: 1～27.

Grillo, N. 2009. Generalized Minimality: Feature impoverishment and comprehension deficits in agrammatism. *Lingua* 119: 1426～1443.

Grosu, A. 1973. On the Non-unitary Nature of theCoordinate Structure Constraint. *Linguistic Inquiry* 4: 88～92.

Grümpel, C. 2002. The acquisition of German syntax by Spanish-speaking advanced learners of German based on an underlying Subject Verb Object order. *Círculo de Lingüística Aplicada* 11: 1～12.

Gu, G. 2001. *A Study of Resumptive Pronouns*. Ph. D Dissertation. Hong Kong: The Chinese University of Hong Kong.

Guasti, M. T. and U. Shlonsky. 1995. The acquisition of French relative clauses reconsidered. *Language Acquisition* 4: 257～276.

Guasti, M. T., & A. Cardinaletti. 2003. Relative clause formation in romance child's production. *Probus* 15: 47～89.

Håkansson, G. & K. Hansson. 2000. Comprehension and production of relative clauses: a comparison between Swedish impaired and unimpaired children. *Journal of Child Language* 27: 313～333.

Haegeman, L. & J. Guéron. 1999. *English Grammar: A Generative Perspective*. Oxford: Blackwell.

Haegeman, L. 1994. *Introduction to Government and Binding Theory* (*2nd Edition*). Oxford: Blackwell.

Haegeman, L. 2006. Topicalization, CLLD and the left periphery. http://www.zas.gwz-berlin.de/fileadmin/material/ZASPiL_Volltexte/2p35/zaspil35-haegeman.pdf(2013-8-23 下载).

Haiman, J. & S. A. Thompson (eds.). 1985. *Iconicity in Syntax*. John Benjamins.

Haiman, J. & S. A. Thompson. 1984. Subordination in Universal Grammar. In Claudia Brugman & Monica Macauleyce. *Proceedings of the 10th Annual Meeting of the Berkeley Linguistics Society*. Berkeley: University of California Press, 510～523.

Hakuta, K. 1981. Grammatical description versus configurational arrangement in language acquisition: The case of relative clauses in Japanese. *Cognition* 9: 197～236.

Halliday, R. K. 1970. Functional diversity in language as seen from a consideration of mood and modality in English. *Foundations of Language* 6:322～361.

Hamburger, H. & Crain, S. 1982. Relative acquisition. In S. A. Kuczaj (ed.) *Language Development, Vol. 1 , Syntax and Semantics*. Hillsdale, NJ: Lawrence Erlbaum Associates, Inc, 245～274.

Hashimoto, A. Y. 1971. *Mandarin Syntactic Structures, Unicorn* 8. Princeton: Princeton University, 1～149.

Haverkort, M. 1993. Romance and Germanic clitics: A comparison of their syntactic behavior. In T. J. Shannon & J. P. Snapper (eds.). *The Berkeley Conference on Dutch Linguistics*. Lanham, Md.: University Press of America, 141～150.

Haynes, C. 1992. Alongitudianl study of language-impaired children form aresidential school. In P. Fetdher & D. Hall (eds.). *Specific speech and language disorders in children*. London: Whurr, 166～182.

Heim, I. & A. Kratzer. 1998. *Semantics in Generative Grammar*. Massachusetts: Blackwell.

Holmberg, A. 1986. *Word Order and Syntactic Features*. PhD Dissertation. Stockholm: University of Stockholm.

Hornstein, N. & A. Weinberg. 1981. Case Theory and Preposition Stranding. *Linguistic Inquiry* 12:55～91.

Hornstein, N. 1995. *Logical Form: From GB to Minimalism*. Oxford: Blackwell.

Hornstein, N. 2001. *Move! A Minimalist Theory of Construal*. Oxford: Blackwell.

Hu, J. H. 2002. *Prominence and Locality in Grammar: The Syntax and Semantics of Wh-Questions and Reflexives*. Ph. D. Dissertation. Hong Kong: City University of Hong Kong.

Huang, C. R. 1992. Certainty and Functional Uncertainty. *Journal of Chinese Linguistics* 20:247～288.

Huang, C. -T. J. 1982/1998. *Logical Relations in Chinese and the Theory of Grammar*. New York: Garland.

Huang, C. -T. J. 1984. On the Distribution and Reference of Empty Pronouns. *Linguistic Inquiry* 15:531～574.

Huang, C. -T. J. 1989. Pro-drop in Chinese: A Generalized Control Theory. In O. Jaeggli & K. J. Safir (eds.). *The Null Subject Parameter*. Dordrecht: Kluwer Academic Publishers, 185～214.

Huang, C. -T. J. 1991. Remarks on the status of the null object. In R. Freidin (ed.). *Principles and Parameters in Comparative Gramma*. Cambridge: MIT Press, 56～76.

Huang, C-R. 1992. Certainty and functional uncertainty. *Journal of Chinese Linguistics* 20:247～288.

Huang, R. R. -H. & J. Ting. 2006. Are there Dangling Topics in Mandarin Chinese? *Concentric: Studies in Linguistics* 32:119～146.

Huang, Y. 2000. *Anaphora: A Cross-linguistic Study*. Oxford: Oxford University Press.

Jackendoff, R. 1972. *Semantic Interpretation in Generative Grammar*. Cambridge: the MIT Press.

Jackendoff, R. 1977. *X-Syntax: A Study of Phrase Structure Rules*. Cambridge: the MIT Press.

Johannessen, J. B. 1998. *Coordination*. Oxford University Press.

Kayne, R. 1983. Connectedness. *Linguistic Inquiry* 14:223～249.

Kayne, R. 1994. *The Antisymmetry of Syntax*. Cambridge: MIT Press.

Kehler, A. 1995. *Interpreting Cohesive Forms in the Context of Discourse Inference*. Ph. D. dissertation, Harvard University.

Kehler, A. 1996. Coherence and the Coordinate Structure Constraint. http://ling.ucsd.edu/～kehler/Papers/Kehler-BLS-1996.pdf(2013-8-23 下载).

Kim, S. & J. Lyle. 1996. Parasitic gaps, multiple question, and VP ellipsis. In J. Camacho, L. Choueiri & M. Watanabe(eds.). *The Proceedings of the Fourteenth West Coast Conference on Formal Linguistics*. Stanford, Calif.: CSLI publications, 287～301.

Kiss, K. 1985. Parasitic chains. *The Linguistic Review* 5:41～74.

Koopman, H. & D. Sportiche. 1982. Variables and the Bijection Principle. *The Linguistic Review* 2:139～160.

Labelle, M. 1990. Predication, wh-Movement, and the Development of Relative Clauses. *Language Acquisition*(1):95～119.

Labelle, M. 1996. The acquisition of relative clauses: movement or no movement. *Language Acquisition* 2:65～82.

Lakoff, G. 1986. Frame Semantic Control of the Coordinate Structure Constraint. In Anne M. Farley, Peter T. Farley & Karl-Erik McCullough(eds.). *Papers from the Twenty-Second Annual Regional Meeting of the Chicago Linguistic Society*. Chicago Linguistic Society, 152～167.

Lambrecht, K. 1994. *Information Structure and Sentence Form*. Cambridge: Cambridge University Press.

Landa, A. 1995. *Conditions on Null Objects in Basque Spanish and their Relation to "leismo" and Clitic-doubling*. Ph. D. Dissertation. California: University of Southern California.

Larson, R. 2011. Θ-Feature and Projection. Presented at the Fifthe International Conference on Formal Linguistics(FICL-5), Guangdong University of Foreign Studies.

Law, P. 1992. Resumptive Pronouns as Spell-outs of Traces in French Relative Clauses. Paper presented at the 16th Annual Boston University Conference on Language Development.

Lee, L. 1966. Developmental Sentence Type: A Method for ComparingNormal and Deviant Syntactic Development. *Journal of Speech & Hearing Disorder* 31:311～330.

Lee, T. H.-T. 1992. The inadequacy of processing heuristics: evidence from relative clause acquisition in Mandarin Chinese. In T. Lee(eds.). *Research on Chinese Linguistics in Hong Kong*. Hongkong: Linguistic Society of Hong Kong, 47～85.

Leonard, L, Bortolini, U, Caselli, M, McGregor, K & L., Sabbadini. 1992. Morphological deficits in children with specific language impairment: The status of features in the underlying grammar. *Language Acquisition* 2:151～179.

Leonard, L. B. 2000. *Children with specific language impairment*. Massachusetts: The MIT press Cambridge.

Li, Y-H. A. 2002. Word order, structure, and relativization. In Tang, S. W. & C-S. Liu. (eds.) *On the Formal Way to Chinese Languages*. Stanford: CSLI., 45～73.

Li, Y-H. A. 1998. Argument determiner phrases and number phrases. *Linguistic Inquiry* 29:693～702.

Lin, J. W. 2003. On restrictive and non-restrictive relative clauses in Mandarin Chinese. *Tsinghua Journal of Chinese Studies* 33:199～240.

Lin, T.-H. J. 2001. *Light Verb Syntax and the Theory of Phrase Structure*. Ph. D. diss, University of California.

Linacre, J. M. 2006. *A User's Guide to WINSTEPS/MINISTEP: Rasch-model Computer Programs*. Chicago, IL: Winsteps. com.

Lyons, J. 1968. *Introduction to Theoretical Linguistics*. Cambridge University Press.

Lyons, J. 1977. *Semantics*. Cambridge: Cambridge University Press.

Lyons, J. 2000. *Linguistic Semantics: An Introduction*. Beijing: Foreign Language Teaching and Research Press.

Lyons, J. 1977. *Semantics*. Cambridge: Cambridge University Press.

Massam, D. & Y. Roberge. 1989. On Recipe Context Null Objects in English. *Linguistic Inquiry* 20(1):135～139.

McCawley, J. D. 1982. Parentheticals and discontinuous constituent structure. *Linguistic Inquiry* 13:91～106.

McCloskey, J. 2002. Resumption, Successive Cyclicity, and the Locality of Operations. In Samuel David Epstein & T. Daniel Seely (eds.). *Derivation and Explanation in the Minimalist Program*. Oxford: Blackwell, 184～226.

McCloskey, J. 2006. Resumption. In M. Everaert & H. van Riemsdijk (eds.). *The Blackwell Companion to Syntax, vol. 4*. Oxford: Blackwell, 94～117.

McDaniel, D., McKee, C. and J. Bernstein. 1998. How children's relatives solve a problem for Minimalism. *Language* 74:308～334.

McKee, C. and D. McDaniel. 2001. 'Resumptive Pronouns in English Relative Clauses'. *Language Acquisition* 9:113～156.

McKee, C., McDaniel, D. & J. Snedeker. 1998. Relatives children say. *Journal of Psycholinguistics Research* 27:573～596.

Michael T. U. & E. I. Pierpont. 2005. Specific language impairment is not specific to language: the procedural deficit hypothesis. *Cortex* 41(3):434～442.

Munn, A. 2001. Explaining Parasitic Gap Constructions. In Peter W. Culicover & Paul M. Postal (eds.). *Parasitic Gaps*. Cambridge: MIT Press, 369～392.

Munn. A. 1992. A Null Operator Analysis of ATB Gaps. *Linguistic Review* 9:1～26.

Neeleman, A. 1994. Scrambling as a D-structure phenomenon. In N. Corver & H. van Riensdijk(eds.). *Studies on Scrambling: Movement and Non-movement Approaches to Free Word-Order Phenomenon*. Berlin: Mouton de Gruyter, 387～429.

Newcomer, P. L. & D. Hammill. 1991. *Test of Language Development—Primary*, Second Eidition. Austin, TX: Pro-Ed.

Newcomer, P. L. & D. Hammill. 1997. *Test of Language Development-Primary, Third Edition*. Austion, TX: Pro-Ed.

Ning, C. Y. 1993. *The Overt Syntax of Relativization and Topicalization in Chinese*. Ph. D. Dissertation. California: University of California(Irvine).

Ning, L. H. 2008. *The Grammar and Processing of Resumptive Pronouns in Chinese Relative Clauses*. MA Thesis. National Chengchi University.

Nissenbaum, J. 2000. *Investigations of Covert Phrase Movement*. Ph. D. Dissertation. Cambridge: Massachusetts Institute of Technology.

Palmer, F. R. 1986. *Mood and Modality*. Cambridge: Cambridge University Press.

Palmer, F. R. 2001. *Mood and Modality: Second Edition*. Cambridge: Cambridge University Press.

Pan H. H. & Hu, J. H. 2002. Representing Topic-Comment Structure in Chinese. In *Proceedings of 16th Pacific-Asia Conference on Language, Information and Computation*. Jeju: The Korean Society for Language and Information, 382～390.

Pan, H. H. 1998. Closeness, Prominence and Binding Theory. *Natural Language and Linguistic Theory* 16: 771～815.

Pérez-Leroux, A. T. 1995. Resumptives in the Acquisition of Relative Clauses. *Language Acquisition* 4: 105～138.

Perlmutter, D. 1978. Impersonal passives and the unaccusative hypothesis. In J. J. Jaeger, A. C. Woodburg et al. *Proceedings of the 4th Annual Meeting of the Berkeley Linguistics Society(BLS 4)*, 157～189.

Perzanowski, D. 1980. Appositive relatives do have properties. In J. T. Jensen(ed.). *Proceedings of NELS X*. Ottawa: University of Ottawa, 355～368.

Pinker, S. & M. T. Ullman. 2002. The past and future of the past tense. *Trends in Cognitive Science*, 6: 456～463.

Postal, P. 1993. Parasitic Gaps and the Across-the-Board Phenomenon. *Linguistic Inquiry* 24: 735～754.

Postal, P. 1994. Parasitic and Pseudoparasitic Gaps. *Linguistic Inquiry* 25: 63～117.

Quine, W. O. 1960. *Word and Object*. Cambridge: MIT Press.

Radford, A. 2004. *Minimalist Syntax: Exploring the Structure of English*. Cambridge: Cambridge University Press.

Reinhart, T. 1984. Principles of Gestalt Perception in the Temporal Organization of Narrative Texts. *Linguistics* 22: 779～809.

Rizzi, L. 1986. Null Objects in Italian and the Theory of pro. *Linguistic Inquiry* 17: 501～557.

Rizzi, L. 1990. *Relativized Minimality*. Cambridge, MA. : The MIT Press.

Rizzi, L. 1997. The Fine Structure of the Left Periphery. In Liliane Haegeman(ed.). *Elements of Grammar*. Amsterdam: Kluwer, 281～337.

Rizzi, L. 2002. Locality and left periphery. In Adriana Belletti(ed.). *Structures and Beyond: The Cartography of Syntactic Structures*, Vol. 3. Oxford: Oxford University Press, 223～252.

Rizzi, L. 2004. Locality and the left periphery. In A. Belletti(ed.). *Structures and Beyond: The Cartography of Syntactic Structures*, Vol. 3. New York: Oxford University Press, 223～251.

Rochemont, M. S. 1986. *Focus in Generative Grammar*. Amsterdam: John Benjamins.

Rochemont, M. S. 1989. Topic islands and the subjacency parameter. *Canadian Journal of Linguistics* 34: 145～170.

Ross, J. R. 1967. *Constraints on Variables in Syntax*. Cambridge: MIT.

Roth, P. F. 1984. Accelerating language learning in children. *Journal of Child Language* 11: 89～107.

Russel, B. 1905. On denoting. *Mind* 14: 479～493.

Russell, B. 2005. Functional Parasitic Gaps. In Effi Georgala & Jonathan Howell(eds.). *Proceedings from Semantics and Linguistic XV*. New York: CLC Publications.

Safir, K. 1984. Multiple Variable Binding. *Linguistic Inquiry* 15: 603～638.

Safir, K. 1986. Relative clauses in a theory of binding and levels. *Linguistic Inquiry* 17: 663～689.

Schachter, P. 1973. Focus and relativization. *Language* 49: 19～46.

Sells, P. 1985a. Anaphora and the nature of semantic representation, ms., CSLI, Stanford, California.

Sells, P. 1985b. Restrictive and non-restrictive Modification, ms., CSLI, Stanford, California.

Sells, Peter. 1984. *Syntax and Semantics of Resumptive Pronouns*. Ph. D. Dissertation. UMass Amherst.

Semel, E. M., Wiig, E. & W. Secord. 1989. *CELE-R Screening Test*. San Antonio, TX: Psychological Corporation.

Sheldon, A. 1974. The role of parallel function in the acquisition of relative clauses in English. *Journal of Verbal Learning and Verbal Behavior* 13: 272～281.

Shi, D. X. 2000. Topic and topic-comment constructions in Mandarin Chinese. *Language* 76: 383～408.

Shlonsky, U. 1992. Resumptive Pronouns as a Last Resort. *Linguistic Inquiry* 23: 443～468.

Shyu, S.-Y. 1995. *The Syntax of Focus and Topic in Mandarin Chinese*. Ph. D. Dissertation. Los Angeles: University of Southern California.

Simpson, A. 2001. Definiteness agreement and the Chinese DP. *Language and Linguistics* 2: 125～156.

Simpson, A. 2002. On the status of modifying DE and the syntax of Chinese DP. In Tang, S. W. & C-S. Liu. (eds.) *On the Formal Way to Chinese Languages*. Stanford: CSLI, 74～101.

Smith, C. S. 1964. Determiners and relative clauses in a generative grammar of English. *Language* 40: 37～52.

Starke, M. 2001. *Move Dissolves into Merge: A Theory of Locality*. Ph. D dissertation. University of Geneva.

Stokes, S. F., Wong, A. M-Y., Fletcher, P. & L. B. Leonard. 2006. Nonword repetition and sentence repetition as clinical markers of specific language impairment: the case of Cantonese. *Journal of Speech, Language, and Hearing Research* 49: 219～236.

Stuurman, F. 1983. Appositives and X-bar theory. *Linguistic Inquiry* 14: 736～744.

Talmy, L. 2000. *Toward a Cognitive Semantics*. Cambridge: MIT Press.

Taraldsen, K. T. 1981. The theoretical interpretation of a class of marked extraction. In A. Belletti, L. Brandi & L. Rizzi (eds.). *Theory of Markedness in Generative Grammar: Proceedings of the 1979 GLOW Conference*. Scuola Normale Superiore, Pisa, 475～516.

Tavakolian, S. 1981. The conjoined-clause analysis of relative clauses. In S. Tavakolian (ed.). *Language Acquisition and Linguistic Theory*. Cambridge, MA.: MIT Press, 167～187.

Tavakolian, S. L. 1978. The conjoined-clause analysis of relative clauses and other structures. In H. Goodluck and L. Solan (eds.). *Papers in the Structure and Development of Child Language, University of Massachusetts Occasional Papers in Linguistics, Vol*. 4. Massachusetts: University of Massachusetts, GLSA Publications, 37～83.

Tellier, C. 1991. *Licensing Theory and French Parasitic Gaps*. Dordrecht: Kluwer.

Traxler M. J., Morris, R. K. & R. E. Seely. 2002. Processing subject and object relative clauses: Evidence from eye movements. *Journal of Memory & Language* 47: 69～90.

Tyack, D. & R. Gottsleben. 1986. Acquisition of complex sentences. *Language, Speech, and Hearing Services in Schools* 17: 160～174.

Ullman, M. T. & E. I. Pierpont. 2005. Specific Language Impairment is not specific to language: The Procedural Deficit Hypothesis. *Cortex* 41: 399～433.

Utzeri, I. 2007. The production and acquisition of subject and object relative clauses in Italian. *Nanzan Linguistics Special Issue*, vol. 3, 283～314. 又见：http://www.ic.nanzan-u.ac.jp/LINGUISTICS/publication/pdf/NLSI3_1-11-utzeri.pdf(2013-8-24 下载).

Van Valin, R. D. & R. LaPolla. 1997. *Syntax: Structure, Meaning and Function*. Cambridge: Cambridge University Press.

Varlokosta, S. & S. Armon-Lotem. 1998. Resumptives and Wh-Movement in the Acquisition of Relative Clauses in Modern Greek and Hebrew. In A. E. A. Greenhill (ed.). *Proceedings of the 22th Annual Boston University Conference on Language Development*, Sommerville, MA.: Cascadilla Press, 737～746.

Warren, T. & E. Gibson. 2005. Effects of NP-type on reading English clefts. *Language and Cognitive Processes* 20:751～767.

Wexler, K. 1999. Maturation and Growth of Grammar. In Ritchie, W. and Bhatia, T. (eds.) *Handbook of Child Language Acquisition*. Boston: Academic Press, 55～109.

Wexler, K. 2004. Theory of phasal development: perfection in child grammar. *MIT Working Papers in Linguistics* 48:159～209.

Williams, E. 1978. Across-the-Board Rule Application. *Linguistic Inquiry* 9:31～43.

Williams, E. 1990. The ATB Theory of Parasitic Gaps. *The Linguistic Review* 6:265～279.

Wu, X.-Z. Z. 2000. *Grammaticalization and the Development of Functional Categories in Chinese*. Ph. D. Dissertation. Los Angeles: University of Southern California.

Wymann, A. T. 1996. *The Expression of Modality in Korean*. Universität Bern, Bern.

Xu, L. J. & D. T. Langendoen. 1985. Topic structures in Chinese. *Language* 61:1～27.

Xu, L. J. 1985～6. Towards a Lexical-thematic Theory of Control. *The Linguistic Review* 5:345～376.

Xu, L. J. 1986. Free Empty Categories. *Linguistic Inquiry* 17:75～93.

Xu, L. J. 1990. Are they Parasitic Gaps? In Joan Mascaró & Marina Nespor (eds.). *Grammar in Progress*. Dordrecht: Foris, 455～461.

Xu, L. J. 1994. The Antecedent of *ziji*. *Journal of Chinese Linguistics* 22:115～137.

Xu, L. J. 2003. Remarks on VP-ellipsis in disguise. *Linguistic Inquiry* 34:163～171.

Xu, L. J. 2006. Topicalization in Asian Languages. In Martin Everaert & Henk van Riemsdijk (eds.). *Blackwell Companion to Syntax*. London: Blackwell, 137～174.

Zimmerman, I., Steiner, V. & Evatt, R. 1969. *Preschool Language Scale*. Columbus, OH: Merrill.

安丰存,刘春光　2010　关系结构的语段推导,《解放军外国语学院学报》(4):6～11。

曹逢甫　2005　《汉语的句子与子句结构》,北京语言大学出版社。

陈宗利　2007　汉语关系结构生成句法研究,《现代外语》(4):331～340。

陈宗利,温宾利　2004　论现代汉语关系分句的限定性,《四川外语学院学报》(3):76～80。

程　工　2004　《远程反身代词的最简方案研究》,河南大学出版社。

戴曼纯　2003a　《最简方案框架下的广义左向合并理论研究》,外语教学与研究出版社。

戴曼纯　2003b　寄生语缺的推导式生成,《外国语》(6):13～22。

戴曼纯,崔　刚　2002　空算子理论与英语寄生语缺,《外国语》(5):31～39。

邓思颖　2008　汉语被动句句法分析的重新思考,《当代语言学》(4):308～319。

丁声树等　2004　《现代汉语语法讲话》,商务印书馆。

顾　钢　2006　接应代词的句法分类,《外语与外语教学》(5):1～3。

桂诗春,宁春岩　1997　《语言学方法论》,外语教学与研究出版社。

胡建华,潘海华,李宝伦　2003　宁波话与普通话中话题和次话题的句法位置,载徐烈炯、刘丹青编,《话题与焦点新论》,164～175页,上海教育出版社。

胡明扬　1981　北京话的语气助词和汉语,《中国语文》(5/6):347～350,416～423。

胡裕树,范　晓　1995　《动词研究》,河南大学出版社。

蒋　严,潘海华　1998　《形式语义学引论》,中国社会科学出版社。

黎小荣　2008　英汉接应代词对比分析,《现代语文(语言研究)》(5):76~77。

李立成　1997　不表可能的"动 de 形"结构及 de 的性质,《语言教学与研究》(1):115~133。

林宝贵,林秀美　1994　学前儿童语言障碍评量表之编订及其相关研究,《特殊教育研究学刊》(10):259~281。

刘丹青　2002　汉语中的框式介词,《当代语言学》(4):241~253。

刘礼进　2010　关系结构的提升分析,《华文教学与研究》(1):62~68。

陆丙甫　2003　"的"的基本功能和派生功能——从描写性到区别性再到指称性,《世界汉语教学》(1):14~29。

陆俭明,郭　锐　1998　现代汉语语法研究所面临的挑战,《世界汉语教学》(4):3~21。

吕叔湘　1981　《现代汉语八百词》,商务印书馆。

吕叔湘　1984　《汉语语法论文集(增订本)》,商务印书馆。

吕叔湘　1985　《近代汉语指示词》,学林出版社。

马庆株　1983　现代汉语的双宾构造,《语言学论丛(十)》,166~196 页,商务印书馆。

宁春岩　2011a　《"儿童语言(普通话)能力检测量表"研究报告》,未出版手稿。

宁春岩　2011b　在 MP 理论平台上的人类语言研究,《当代语言学》(3):226~236。

潘海华,韩景泉　2005　显性非宾格动词结构的句法研究,《语言研究》(3):1~13。

潘海华,胡建华　2002　汉语复合反身代词与英语反身代词比较研究,《外语教学与研究》(4):241~247。

锜宝香　2008　特定型语言障碍检核表之编制,《测验学刊》55(2),247~286。

屈承熹　2005　《汉语认知功能语法》,黑龙江人民出版社。

石定栩　2003　Chomsky 句法理论的最新动向,《当代语言学》5(1):33~40。

石定栩,胡建华　2005　"被"的句法地位,《当代语言学》(3):213~24。

史金生　2003　语气副词的范围、类别和共显顺序,《中国语文》(5):17~31。

司富珍　2004　中心语理论和汉语的 *De*P,《当代语言学》(1):26~34。

汤廷池　1979　《国语语法研究论集》,台湾学生书局。

唐正大　2007　关系化对象与关系从句的位置——基于真实语料和类型分析,《当代语言学》(2):139~150。

王洪君　1994　汉语的特点与语言的普遍性,载北京大学中文系(编),《缀玉二集》,303~314 页,北京大学出版社。

王　力　1943/1982　《中国现代语法》,商务印书馆。

文　旭,刘润清　2006　汉语关系小句的认知语用观,《现代外语》(2):111~119。

邢福义　2001　《汉语复句研究》,商务印书馆。

熊仲儒　2005　以"的"为核心的 DP 结构,《当代语言学》(2):148~165。

熊仲儒　2007　汉语式话题句的结构分析,《安徽师范大学学报(人文社会科学版)》(2):202~207。

徐烈炯　2002　汉语是话语概念结构化语言吗?《中国语文》(5):400~410。

徐烈炯　2003　话题句的合格条件,载徐烈炯、刘丹青(编)《话题与焦点新论》,131~144 页,上海教育出版社。

徐烈炯　2005　几个不同的焦点概念,载徐烈炯、潘海华(编)《焦点结构与意义的研究》,11~33,外语教学与研究出版社。

徐烈炯　2008　《中国语言学在十字路口》,上海教育出版社。

徐烈炯　2009　《生成语法理论:标准理论到最简方案》,上海教育出版社。

杨彩梅　2003　"DeP 结构"的 λ 提取与可追踪性原则,《现代外语》(3):241～248。

杨彩梅　2007　关系化:一种识别句子主观性语言实现的形式手段,《现代外语》(1):1～10。又见人大复印资料《语言文字学》2007(6):20～29。

杨彩梅　2008　英汉语中的关系化都是移位的结果吗?《外语教学与研究》(1):20～28。

杨彩梅　2009　复杂名词短语(不)可接受性语义析因,载程工、刘丹青(编),《汉语的形式与功能研究》,203～216 页,商务印书馆。

杨彩梅　2012a　空宾语的分布与动词及物性研究,《当代语言学》(2):145～154。

杨彩梅　2012b　汉语关系结构接应代词的句法,《现代外语》(4):353～360。

杨彩梅　2012c　关系化对汉语句子的界定(To Define a Chinese Sentence by Means of Relativization),外语教学与研究出版社。

杨彩梅,肖云南,戴曼纯　2004　从寄生语缺知识的调查结果看语言习得的逻辑问题及语言的共性,《外语教学与研究》(3):196～204。

杨端和　2004　《语言研究应用 SPSS 软件实例大全》,中国社会科学出版社。

尹世超　1991　试论粘着动词,《中国语文》(6):401～410。

袁毓林　1996　话题化及相关的语法过程,《中国语文》(4):241～245。

张建理,徐　银　2011　构式语法对汉语"形容词+宾语"结构的研讨,《外国语》(6):11～18。

张谊生　2000　《现代汉语副词研究》,学林出版社。

朱德熙　1961　说"的",《中国语文》(12):67～103。

朱德熙　1982/1999　《语法讲义》,商务印书馆。

附录 1　英汉对照术语表

λ 提取	λ-abstraction
包孕句	pregnant sentences
饱和	saturated
被编号过的词列	Numeration
被拼读出来的空缺	pronounced/spelt-out gap
被约束变量	bound variable
边界	boundaries
边缘性	marginal
变体	variant form
表层结构	representational structure
宾语关系从句	object-gap relatives
并列结构限制	Coordinate Structure Constraint
补救性代词	intrusive pronoun
补足语	complement
不得已的补救手段	last resort
不可及位置	inaccessible positions
不连续性问题	discontinuity problem
不平凡映射	non-trivial mapping
不允准主语脱落的	non-pro-drop
材料格	Material
成分	constituent
成分统制	c-command
充分解读原则	Full Interpretation
重构效应	reconstruction effects
处于原位	in-situ
纯句法(分析)	purely syntactic
词库	Lexicon
词列	Lexical Array
词项	lexical items
D-CP＋中心语直接提升分析	D-CP ＋ head-raising approach
单称项	singular term
单纯性语言障碍	Specific Language Impairment/SLI

岛屿	island
地点格	Place
定指—非定指	specific-nonspecific
动词的语义次范畴	subcategorized by the verb
断言	assertion
断言检验	assertiveness tests
对应表达	counterpart
多对一映射	many-to-one mapping
多元 *wh*-问句	multiple *wh*-question
发音—感知系统	articulatory-perceptional system
反成分统制	anti-c-command
方式格	Manner
方位格	Locative
非法(句)	ungrammatical
非空语类	non-empty category
非论元位置	Ā-position
非论元约束	Ā-binding
非描述性/行为性/主观性的	non-descriptive/performative/subjective
非现实语气	Irrealis mood
附加	adjoin
附加语＋中心语基础生成分析	Adjunction-to-external-head approach
附加语	adjunct
附加语孤岛限制	the Adjunct Island Constraint
附加语假说	adjunction hypothesis
复杂名词短语限制	the Complex Noun Phrase Constraint
概念—意旨系统	conceptual-intentional system
根情态	root modal
工具格	Instrument
孤岛限制	island constraints
孤岛效应	island effects
关系化	relativization
管约论	Government and Binding
广义控制规则	General Control Rule
裹挟	pied-piping
合并	external merge
合并优于移位	merge over move
合法(句)	grammatical
话题	topic
话题化	topicalization
基础生成的接应代词	base-generated resumptives

寄生空缺	parasitic gap
兼语结构	pivotal construction
交集性修饰语	intersective modifer
焦点	focus
接口	interface
接应名词短语	resumptive noun phrases
解读	interpret
解读性的	interpretive
介词悬空	preposition stranding
精细结构图示法	the cartographic approach
局部约束者	local binder
句法表达式	Derivation in narrow syntax
句法非开放性谓词	syntactic close predicate
句法开放性谓词	syntactic open predicate
句法空缺	syntactic gap
句法手段	syntactic device
句法双射原则	the Syntactic Bijection Principle
句子	Sentence
可能性副词	contingency adverbs
客观性	objectivity
空宾语	empty object
空代词	pro
空语类原则	Empty Category Principle
空缺	gap
控制	control
控制结构	control construction
跨语言比较研究法	cross-linguistic study
类量词	classifer
类同	Resemblance
历事	Experencer
连续	Contiguity
连续 *wh*-移位	successive-cyclic *wh*-movement
连续性分析	continuity analysis
连续移位	successive-cyclic movement
量词	quantifiers
量词提升	quantifier raising
邻近原则	Subjacency
论元约束	A-binding
没有接应代词的语言	non-resumptive pronoun languages
描写性	descriptivity

默认值	default
目的格	Purpose
难易结构/Tough-结构	Tough-construction
内论元	Internal Argument
拼读	spell out
平凡映射	trivial mapping
评估副词	evaluation adverbs
评估语气	evaluative mood
前往 COMP 的移位	movement-to-COMP
嵌套(式)	nested
情态	modality
任意性解读	arbitrary reading
生成	generate
生成性的	generative
省略	omission
省略了介词的介词短语	PP-reduced form
时间格	Time
时态	Tense
识别	identify
实体	entity
受事	Patient
述语/述题	comment
数词	number
双宾结构	the double object construction
双重关系从句	double/stacked relatives
双射对应关系	bijective correspondence
双射原则	the Bijection Principle
说话者指向	speaker oriented
算子的移位语迹	trace of operator
所有格	Genitive
所指	referent
特征函数	characteristic function
特征核查	feature-checking
提取法	abstraction
体态	aspect
通称项	general term
同标/同指	coindex
同一语素的不同变体	allomorphs
投射	head a projection
推导崩溃	crash

推导成功	converge
外化	externalization
外论元	External Argument
谓词提取规则	Predicate Abstraction
谓词修饰原则	Predicate Modification
谓语动词论元结构	thematic structure
问卷调查	questionnaire
wh-孤岛限制	*Wh*-island Constraint
无空缺关系从句	gapless relatives
无空缺关系结构	gapless relative structures
习语	idiom
狭义句法	narrow syntax
辖域	scope
先行词约束	antecedent-binding
显性移位	overt movement
限定词	determiner
限定词补足语假说	Determiner Complement hypothesis
小句最左端	the left periphery of the clause
修饰语标记	modifier marker
悬空	strand
选择/选取	select
言语行为语气	speech act mood
一般意义上的代词	ordinary pronoun
一一对应	one-to-one correspondence
一一映射	one-to-one mapping
移交	transfer
移位	move/internal merge
移位产生的接应代词	movement resumptives
移位优于合并	move over merge
隐性代词	empty pronominal
隐性移位/LF-移位	covert movement/LF-movement
英语式话题结构	English Style topic structure
映射	map;mapping
有定、无定算子	definite or indefinite operators
与格结构	the dative construction
语段	phase
语境	context
语气	mood
语势	Force/illocutional force
〈语音表达式,语义表达式〉	〈PHON,SEM〉

语言运算系统	human language computational system
语义/指谓	denotation
语义解读原则	an interpretation rule
语义开放性谓词	semantic open/unsaturated predicate
语义双射原则	the Semantic Bijection Principle
语义系统	semantic component
语音系统	phonological component
语阻	barrier
预设	presupposition
元语言	meta-language
约束	bind
约束原则 A	Binding Principle A
约束者	binder
允准主语脱落的	pro-drop
照应语	anaphor
诊断性理由	diagnostic evidence
真空缺	true gap
真势情态	alethic modal
真值	truth value
证据语气	evidential mood
支配	dominate
知识情态	epistemic modal
只有一个单词的 *wh*-算子	a single-word *wh*-operator
指示词	demonstrative
指示语	specifier
中间语迹	medium of a trace /intermediate traces
中心语	Head/Relative head
中心语基础生成假说	base-generated head hypothesis
中心语提升假说	Head-raising hypothesis
周边系统	peripheral system
周边约束	peripheral-binding
主语关系从句	subject-gap relatives
主语子句限制	the Sentential Subject Constraint
自由变量	free variable
组合	compositionality
最小差异对	minimal pair
最优的	optimal
最左端	the left periphery
左枝限制	the Left Branch Constraint
左置副词	left peripheral adverb

附录2　关系从句诱导产出原始语料

序号	性别	年龄	题1	题2	题3	题4	题5	题6	题7
1	男	3;00	想吃骨头的狗	哥哥画了大象的笔	被猫打的猪	姐姐拿着香蕉	猴妈妈摘的桃	阿姨抱着吃香蕉妹妹	爸爸在教这个小姐姐写字
2	女	3;00	想吃骨头的狗	哥哥画了大象的笔	被猫打的猪	吃香蕉的姐姐拿的气球	猴妈妈摘的桃	抱着吃香蕉的阿姨	爸爸教她写字的姐姐
3	女	3;02	想吃骨头的狗	哥哥画大象的笔	被猫打了猪	吃香蕉的姐姐拿的气球	小姐姐摘的桃	抱着吃香蕉的妹妹的阿姨	爸爸给她写字的姐姐
4	女	3;03	想吃骨头的狗	哥哥画大象的笔	被猫打了的猪	吃香蕉的姐姐的气球	小姐姐摘的桃	阿姨抱着	她的爸爸在教她写字的姐姐
5	男	3;04	没肉的狗	画大象的	不知道	吃香蕉的姐姐拿的气球	妈妈摘的	没有眼镜的	画大象的
6	男	3;05	NA	画大象	NA	NA	猴妈妈摘桃	没戴眼镜的哥哥	NA
7	女	3;05	想吃骨头的狗	哥哥画大象的笔	被猫打了的猪	吃香蕉的姐姐拿的气球	小姐姐摘的桃	吃香蕉的抱着妹妹	她的爸爸在教她写字
8	男	3;06	想吃骨头(的)狗	哥哥画大象的	猫打了猪	吃香蕉的姐姐拿气球	小姐姐摘的那桃	戴帽子的	爸爸教她画大象的那个姐姐
9	女	3;07	想吃骨头的狗	哥哥画了大象的	被猫打的这个猪	吃香蕉的这姐姐拿的气球	猴妈妈摘得这个桃	小狗不戴眼镜的	爸爸帮她画的大象
10	女	3;07	想吃骨头的狗	哥哥的笔	猫打的猪	吃香蕉的姐姐拿的气球	小姐姐摘的桃	抱着吃香蕉的妹妹的阿姨	爸爸在教她写字的姐姐

（续表）

11	男	3;08	想吃骨头的狗	哥哥画大象的笔	猫打的猪	吃香蕉的拿着的气球	小姐姐摘的桃	抱着香蕉吃的阿姨	爸爸教她写字的姐姐
12	男	3;08	吃骨头的狗	哥哥画大象的笔	被猫打了的猪	拿香蕉的气球	小姐姐摘的桃	不知道	爸爸教她写字的姐姐
13	男	3;09	骨头的	画小象的	猫打猪	吃香蕉的气球	这个猴妈妈	这个是狗	爸爸画小象的这
14	男	3;10	骨头	爸爸画的大象	不知道	吃香蕉	猴妈妈	这个打旺那狗	爸爸
15	男	3;10	想吃骨头的狗	哥哥画大象的笔	被猫打了的猪	吃香蕉的姐姐拿着气球	小姐姐摘的桃	抱着吃香蕉的妹妹的阿姨	她的爸爸在教她写字的姐姐
16	男	3;10	想吃骨头的狗	哥哥画大象的笔	被猫打了的猪	吃香蕉的姐姐拿的气球	小姐姐摘的桃	抱着香蕉吃苹果的阿姨	爸爸教她写字的姐姐
17	男	3;11	想吃骨头的	不知道谁画的笔	被猫咬的	吃香蕉的拿的气球	儿子摘的	这是没戴眼镜戴帽子的狗	爸爸教她画大象
18	女	3;11	想吃骨头的	画大象的	小猪哭了	拿着香蕉的拿着气球	猴妈妈摘的	没戴眼镜的狗	教她画大象的
19	男	3;11	想吃骨头的狗	哥哥画大象的笔	被猫打了的猪	吃香蕉的姐姐拿的气球	小姐姐摘的桃	抱着吃香蕉的阿姨	她的爸爸在教她的姐姐
20	男	4;00	想吃骨头的狗	画大象的笔	猫咪打这个猪	吃香蕉的姐姐拿这个大气球	小姐姐摘的那个桃	戴眼镜的哥哥拉着戴帽子的狗	爸爸教她画大象的那个姐姐
21	女	4;00	想吃骨头的小狗	画了大象的那支笔	被猫打的猪	吃香蕉的那个姐姐拿的气球	猴妈妈摘的那个桃	牵着戴帽子的狗的哥哥	爸爸正在教她画大象的那个姐姐
22	女	4;00	想吃骨头的小狗	小哥哥画了大象的笔	给小猫打了(的)猪	吃香蕉的姐姐拿的气球	猴妈妈摘的桃	戴眼镜哥哥	爸爸教他画大象的姐姐
23	男	4;00	吃骨头的小狗	画了大象的笔	让猫打的	吃香蕉的拿起球	猴妈妈摘的桃	小狗牵着戴帽子	爸爸画大象的姐姐

（续表）

24	女	4;00	想吃骨头的狗	画了大象的笔	小猫打猪	姐姐吃香蕉拿的气球	小猴妈妈摘的桃	牵着戴帽子的狗	爸爸教姐姐画大象
25	男	4;00	想吃骨头的狗	哥哥画大象的笔	小猫打的猪	吃香蕉的姐姐拿气球	小姐姐摘的桃	抱着吃香蕉的阿姨	她的爸爸在教她写字的姐姐
26	女	4;00	想吃骨头的狗	哥哥画大象的笔	被猫打了的猪	吃香蕉的姐姐拿着气球	小姐姐摘的桃	抱着吃香蕉的妹妹的阿姨	她的爸爸在教她写字的姐姐
27	男	4;01	想吃骨头的	画大象的笔	小花猫打了猪	香蕉的那个气球	猴妈妈摘的桃	戴眼镜的那个狗	爸爸教她画大象的姐姐
28	男	4;01	想吃骨头的	笔	两只猪	吃香蕉的拿的气球	猴妈妈摘的桃	两个哥哥	爸爸教她画大象的姐姐
29	男	4;01	骨头的	大象的	被那只猫打的	吃香蕉的姐姐	猴妈妈摘的桃	这个也戴眼镜的哥哥	爸爸在教她画大象
30	女	4;01	吃骨头的狗	也是画乌龟的笔	被猫打了的猪	吃香蕉的姐姐拿的气球	猴妈妈摘的	抱着吃香蕉的妹妹	爸爸教她的
31	女	4;01	骨头	不知道	被猫打了的猪	吃香蕉的姐姐拿的气球	小姐姐摘的桃	抱着吃香蕉的妹妹的阿姨	她的爸爸在教她写字的姐姐
32	男	4;02	吃骨头	画大象	给猫打的猪	吃香蕉的	猴妈妈	不戴眼镜的狗	爸爸教她画大象
33	男	4;02	想吃骨头的	哥哥的画笔	猫打小猪	拿香蕉的拿的气球的姐姐	猴 妈 妈 桃	牵着戴帽子的狗	爸爸教姐姐画大象
34	男	4;02	想吃骨头的狗	画了象的笔	这个猫打的那只猪	吃香蕉的姐姐拿的气球	猴妈妈摘的桃	戴帽子的哥哥	爸爸教她画大象的姐姐
35	男	4;02	想吃骨头的狗	哥哥画大象的笔	被猫打了的猪	吃香蕉的拿着的气球	小姐姐摘的桃	抱着吃香蕉的阿姨	她爸爸在教她写字
36	女	4;03	不是想吃肉的那个狗	哥哥画大象的那个笔	猫打那个猪的猫	吃香蕉的姐姐拿的气球	猴妈妈摘的桃	哥哥牵着没有眼镜的狗	爸爸教他画大象的姐姐

（续表）

37	女	4;03	想吃骨头的狗吧	那哥哥画了大象吧	猫	这是吃香蕉的姐姐拿的气球	猴妈妈那个	这个是没有戴眼镜的狗，而且他上面还缺一个帽子	爸爸教她画大象的姐姐
38	男	4;03	想吃骨头的狗	哥哥画大象的笔	被猫打了的猪	吃香蕉的姐姐拿的气球	小姐姐摘的桃	抱着吃梨的那个阿姨	她的爸爸在教她写字的姐姐
39	男	4;04	想吃骨头的狗	大象	小猫打的	吃香蕉的姐姐	猴妈妈	也是戴眼镜的	爸爸教小孩画大象
40	女	4;04	吃骨头的	画大象的笔	猫打的那只猪	吃香蕉的姐姐拿的那个气球	小姐姐摘的那个桃	牵着戴帽子那狗	爸爸正在教她画大象的那个姐姐
41	女	4;05	想吃骨头的狗	画大象的笔	用猫打的猪	吃香蕉的姐姐拿的气球	猴妈妈摘的桃	他的狗不戴眼镜，所以他是不戴眼镜的叔叔	爸爸教她画大象的图案
42	男	4;05	吃骨头的	画大象的笔	猫打的猪	吃香蕉的气球	猴妈妈摘的桃	拿狗的哥哥	爸爸教姐姐画大象的
43	女	4;05	想吃骨头的狗	哥哥画的那支笔	猫打的猪	吃香蕉的姐姐拿的气球	猴妈妈摘的桃	不是戴眼镜的哥哥	爸爸教她的那个大象
44	男	4;06	想吃骨头的	画大象的那支笔	猫打的	吃香蕉的姐姐拿的气球	猴妈妈摘的桃	牵着戴帽子的狗的	爸爸教她画大象的
45	男	4;06	想吃骨头的那个狗	哥哥画了大象的笔	小猫打的猪	吃香蕉的那个姐姐拿的气球	猴宝宝摘的那个桃	没戴眼镜的那个狗的哥哥	正在教他画大象那个哥哥
46	男	4;06	想吃骨头的狗	哥哥画大象的笔	被猫打了(的)猪	吃香蕉的姐姐拿的那个气球	小姐姐摘的那个桃	牵着戴帽子的狗	爸爸教她画大象的姐姐
47	女	4;06	想吃骨头的	哥哥画大象的笔	被猫打了的猪	吃香蕉的姐姐拿的气球	小姐姐摘的桃	抱着吃香蕉的妹妹的阿姨	她的爸爸在教她写字的姐姐

（续表）

48	男	4;07	吃骨头的	画大象的那支笔	被猫打的猪	吃香蕉的那姐姐拿的那气球	小姐姐摘的那个桃	牵着不戴眼镜的那个哥哥	爸爸正在教她画大象的那个姐姐
49	男	4;07	想吃骨头的狗	画大象的笔	猫打的那只猪	吃香蕉的姐姐拿的那个气球	猴妈妈摘的桃子	牵着戴帽子的那个狗	爸爸在教她画大象的那个叔叔
50	女	4;07	想吃骨头的狗	哥哥画的那支笔	给猫打的这猪	姐姐拿着香蕉的气球	猴妈妈摘的那桃	这个戴眼镜的爸爸不戴眼镜的狗	姐姐想找爸爸画画
51	男	4;07	想吃骨头的	画大象的那支笔	猫打的猪	吃香蕉的气球	猴妈妈摘的桃	小男孩戴眼镜狗没戴眼镜	爸爸让她画的那个大象
52	女	4;07	想吃骨头的	哥哥画了大象的笔	猫打的猪	吃香蕉的气球	猴妈妈摘的桃	牵着没有眼镜的狗	哥哥给他画大象
53	男	4;07	骨头	大象	被猫打了的	吃香蕉的姐姐拿的那个气球	小姐姐摘的那个桃	他也戴眼镜	爸爸正在教她画大象的那个姐姐
54	男	4;07	爱吃骨头那只狗	画大象的那支笔	被猫打了的那只猪	吃香蕉的气球	小姐姐摘的那个桃	戴帽子的狗	爸爸正在教她画大象的那个姐姐
55	女	4;07	想吃骨头的那只狗	哥哥画的大象	猫的一只猪	吃香蕉的姐姐拿的那个气球	小姐姐摘的那个桃	没有眼镜的哥哥	爸爸正在教她画大象的那个姐姐
56	男	4;07	想吃骨头的	哥哥画了大象的那支笔	被猫打的猪	吃香蕉那个姐姐拿的气球	小姐姐摘的那个桃	牵着戴帽子的狗	爸爸教她画大象的姐姐
57	女	4;07	想吃骨头的狗	画了大象的笔	被猫打的一个猪	吃香蕉的姐姐拿着的气球	猴妈妈摘的一个桃	狗没戴眼镜的哥哥	爸爸教她画大象的姐姐
58	女	4;07	想吃骨头的狗	拿来画大象的笔	猫打的猪	吃香蕉那个拿的气球	猴妈妈摘的桃	牵着狗是戴帽子的	爸爸教姐姐画大象

（续表）

59	女	4;07	想吃骨头的	哥哥画的一支笔	被猫打(的)那个猪	吃香蕉的那个姐姐拿的那个气球	猴妈妈摘的桃	牵着戴眼镜那狗的哥哥	爸爸正在教这个姐姐画大象的哥哥
60	女	4;07	想吃骨头的狗	哥哥画大象的笔	被小狗打的猪	吃香蕉的姐姐拿的气球	小姐姐摘的桃	抱着妹妹吃香蕉的阿姨	她的爸爸在教她写字的姐姐
61	女	4;08	想吃骨头的狗	大象笔	猫打的猪	吃香蕉拿的气球	猴妈妈摘的桃	不是戴眼镜的哥哥	爸爸教姐姐画大象
62	男	4;08	想吃骨头那只	画大象的那支笔	被猫	吃香蕉那姐姐拿气球	小姐姐摘的那个桃	也是戴眼镜狗的哥哥	爸爸教她画大象的那个
63	男	4;08	想吃骨头的	哥哥画的笔	猫打了的那只猪	吃香蕉拿的那个气球	小姐姐摘的那个桃	牵着狗的哥哥	爸爸想教那个姐姐画大象
64	男	4;08	想吃骨头的这只狗	哥哥画了大象的这支笔	被猫打了的那只猪	吃香蕉的姐姐拿的那个气球	猴妈妈摘的那个桃	牵着没戴眼镜的狗的那个哥哥	爸爸教她画大象的姐姐
65	女	4;09	想吃骨头的	画大象	猫想打这个狗	这个姐姐是吃香蕉的	猴妈妈摘的桃	不戴眼镜的哥哥	爸爸让她画的大象
66	男	4;09	想吃骨头的	男孩画了大象的那支笔	被猫打了的那只猪	吃香蕉的一个姐姐拿的球	猴妈妈摘的一个桃	这个牵没有戴眼镜的	爸爸教她画大象
67	女	4;09	是想吃骨头的狗	哥哥画了大象的笔	这个是牛打的猪	第一个是一个姐姐吃香蕉的气球，姐姐	这个是猴妈妈摘的桃	这个狗是哥哥牵着不戴眼镜的狗狗	这个是爸爸教姐姐画大象的姐姐
68	男	4;09	想吃肉骨头	男孩又画了一个大象	让猫打的	吃香蕉的	猴妈妈摘的桃	戴帽子的	画大象的
69	男	4;09	想吃骨头的狗	是哥哥画了大象的笔	是被猫打的那只猪	这个是吃香蕉的那个姐姐拿的气球	这是猴妈妈摘的那个桃	是养狗的哥哥	这个是爸爸正在教画画的姐姐
70	男	4;09	想吃骨头的狗	哥哥画大象的笔	被猫打了的猪	吃香蕉的姐姐拿着气球	小姐姐摘的桃	抱着吃香蕉的妹妹的阿姨	爸爸教她写字的姐姐

（续表）

71	女	4;09	想吃骨头的狗	哥哥画大象的笔	被猫打了的猪	吃香蕉的姐姐拿的气球	小姐姐摘的桃	抱着姐姐吃香蕉的阿姨	她的爸爸在教她写字的姐姐
72	女	4;09	想吃骨头的狗	哥哥画大象的笔	被猫打了的猪	吃香蕉姐姐拿着的气球	小姐姐摘的桃	抱着吃香蕉妹妹的阿姨	她的爸爸在教她写字的姐姐
73	男	4;09	想吃骨头的狗	哥哥画大象的笔	被猫打了的猪	吃香蕉的姐姐拿的气球	小姐姐摘的桃	抱着香蕉妹妹的阿姨	爸爸在教她写字的姐姐
74	男	4;10	吃骨头那只	哥哥画了大象	这个也打了狗	吃着苹果拿着那个球	猴妈妈摘的那个狗	这个戴帽子的那个狗	爸爸大象画的
75	男	4;10	吃骨头的	哥哥的笔	被猫打了的猪	吃香蕉的姐姐拿的气球	猴妈妈摘的桃	这个不是戴眼镜的是戴帽子的	爸爸教那个姐姐
76	女	4;10	吃骨头的狗	哥哥画了大象的笔	给猫打了的猪	拿着香蕉的球	猴妈妈摘的桃	不戴眼镜的哥哥	教她画大象的哥哥
77	男	4;10	吃骨头的	画大象的	被猫打了那只猪	吃香蕉的	小姐姐摘的那个桃	牵着不戴眼镜的狗	爸爸教她画大象的那个
78	女	4;10	想要骨头的狗	哥哥画大象的笔	被猫打了的猪	这个是吃香蕉拿的球	这个是猴妈妈摘的桃	这是牵着没戴眼镜的哥哥	这个是爸爸给教姐姐画大象
79	男	4;11	想吃骨头的	哥哥画了大象的笔	被猫打的猪	吃香蕉的姐姐拿气球	猴妈妈摘的桃	牵着不戴眼镜的狗	爸爸教姐姐画大象的姐姐
80	女	4;11	想吃骨头的	大象	小猫打了那只猪	吃香蕉的那个姐姐拿的	猴妈妈摘的那个桃	戴帽子的狗的那个哥哥	爸爸教她画大象的那个姐姐
81	女	4;11	想吃骨头的	画大象的笔	被猫打的猪	吃香蕉的姐姐拿的气球	猴妈妈	不戴眼镜的狗的哥哥	爸爸教她画大象的姐姐
82	男	4;11	想吃骨头	哥哥画大象的笔	被猫打了的那个猪	吃香蕉的那个姐姐拿的气球	猴妈妈摘的那个桃	牵着不戴眼镜戴帽子的狗的哥哥	爸爸正在教另外一个姐姐画大象
83	女	4;11	想吃骨头个狗	画了大象的笔	被猫打的猪	吃香蕉的拿的气球	猴妈妈摘的桃	牵着戴帽子的哥哥	爸爸正在教她画大象的那个姐姐

（续表）

84	男	4;11	吃骨头的狗	水笔	猫打的	女孩拿气球的	妈妈的桃	戴眼镜的	女孩和爸爸的画
85	男	5;00	想吃骨头的狗	画大象的笔	猫打的那只猪	吃香蕉的姐姐拿的气球	猴妈妈摘的桃	戴帽子的狗的哥哥	爸爸教这个姐姐画大象的姐姐
86	男	5;00	想吃骨头的那只狗	他画的是大象	猫抓他的	他吃香蕉的气球	跟它不一样，走路不一样，头发不一样……	爸爸领着那个狗，大小不一样	爸爸教她画大象
87	女	5;00	不知道	也是画大象的	猫打了小猪	也是气球	猴妈妈摘的桃	也是戴眼镜的哥哥	爸爸教她画大象
88	男	5;00	想吃骨头狗的	画大象的笔	猫打了的一只猪	吃香蕉的姐姐	猴妈妈摘的桃	牵着不戴眼镜的哥哥	哥哥教他画大象
89	女	5;01	吃骨头的狗	哥哥画了大象的笔	猫打了的那只猪	吃香蕉的姐姐拿着的这个气球	猴妈妈摘的桃	这个哥哥是没戴眼镜的小狗牵着	爸爸教她画大象的姐姐
90	女	5;01	吃骨头的	哥哥画了一只大象	猫打了一只猪	吃香蕉的姐姐拿了一个气球	猴妈妈摘了一个桃	这个哥哥牵着不戴眼镜，戴着帽子的狗	爸爸正在教这个姐姐画大象
91	女	5;01	骨头的	大象	被猫打的	香蕉	妈妈	戴帽子的	教画哥哥的姐姐
92	男	5;01	想吃骨头的那只狗	哥哥画了大象的笔	被猫打了的那只猪	吃香蕉的那个姐姐拿的那个气球	猴妈妈摘的那个桃	不戴帽子牵手的那个哥哥	爸爸正在教姐姐画大象的那个爸爸
93	女	5;01	吃骨头的那只狗	哥哥画大象那支笔	猫打了的那只猪	吃香蕉那个姐姐的	猴妈妈摘的桃	不是戴眼镜的那个狗	爸爸教她画大象
94	男	5;01	想吃骨头那只狗	画大象的笔	被猫打了(的)那只猪	吃香蕉的那个气球	小姐姐摘的那个桃	戴帽子那个哥哥	爸爸画大象那个姐姐
95	男	5;01	爱骨头	画大象的那支笔	被猫打的那只猪	拿着香蕉的那个姐姐的气球	是猴妈妈摘的那个桃	不戴眼镜的那个狗的哥哥	是帮她画大象的那个爸爸

（续表）

96	女	5;02	骨头	大象	猫	吃香蕉的	猴妈妈	戴帽子的	爸爸教姐姐画大象
97	男	5;02	想吃骨头的	哥哥画大象的笔	被小狗打的猪	吃香蕉拿着气球的姐姐	小姐姐摘的桃	抱着妹妹吃香蕉的阿姨	她爸爸教她写字的
98	女	5;03	想吃骨头的	画了大象的笔	被猫打的	吃香蕉姐姐拿的气球	猴妈妈摘的桃	哥哥弄的狗是戴帽子的	爸爸教姐姐画大象
99	男	5;03	想吃骨头的	画了一只大象的笔	被猫打的猪	吃香蕉的姐姐拿气球	猴妈妈摘的桃	也是戴眼镜的狗	爸爸教姐姐画大象那个
100	男	5;03	想吃骨头的	哥哥画了大象的	被猫打了(的)只猪	吃香蕉的姐姐拿了一个气球	猴妈妈摘了一个桃	戴帽子的那哥哥领的那只狗	爸爸正在教她画大象的姐姐
101	男	5;03	想吃骨头的那条狗	哥哥画了大象的那支笔	被猫打的猪	吃香蕉拿着气球的姐姐	猴妈妈摘的那个桃	牵着没戴眼镜的狗的那个哥哥	爸爸教姐姐画大象的那支笔
102	男	5;03	想吃骨头的	画大象的	猫打的那只猪	气球吃香蕉的	小姐姐摘的那个桃	不戴眼镜的狗牵着	爸爸教她画大象的姐姐
103	男	5;03	想吃骨头的狗	哥哥画大象的笔	被猫打了的猪	吃香蕉的姐姐拿的气球	小姐姐摘的桃	抱着妹妹吃香蕉的阿姨	爸爸在教她写字的姐姐
104	男	5;04	吃骨头的	哥哥用的笔	猫打的猪	吃香蕉拿的气球	猴妈妈摘的桃	牵着戴帽子的狗	爸爸教的她画大象
105	男	5;04	这个想吃骨头的那个狗	这个是哥哥画了大象的那个笔	这个是被猫打的那只猴	这个是吃香蕉的姐姐拿着的气球	这个是猴妈妈摘的桃	这个是牵着戴帽子的狗	这个是哥哥教她画的大象
106	女	5;04	想吃骨头的狗	哥哥画大象的笔	被狗打的猪	吃香蕉的姐姐拿的气球	小姐姐摘的桃	抱着吃香蕉的妹妹的阿姨	爸爸教她写字的姐姐
107	女	5;04	想吃骨头的狗	哥哥画大象的笔	被猫打了的猪	吃香蕉的姐姐拿的气球	小姐姐摘的桃	抱着吃香蕉的阿姨	她的爸爸在教她写字的姐姐
108	女	5;05	吃肉骨头的狗	哥哥拿着一个笔	被猫打了的猪	吃香蕉的姐姐拿的一个气球	猴妈妈摘的桃	没眼镜的哥哥狗	和哥哥画的大象

（续表）

109	女	5;05	想吃骨头的那只狗	哥哥画了大象的那支笔	被猫打了的那只猪	吃香蕉的姐姐拿的气球	小姐姐摘的那个桃	牵着没戴眼镜的那个哥哥	爸爸正在教她画大象的那个姐姐
110	男	5;05	吃骨头的	NA	NA	吃香蕉的姐姐	妈妈摘的桃	戴眼镜的狗	爸爸教她画大象的姐姐
111	男	5;05	想吃骨头的狗	这个是哥哥画的大象	这是被猫打了的那只猪	这个是吃香蕉的那个姐姐拿的气球	这猴妈妈摘的那个桃	这个是牵着戴帽子的哥哥的狗	这爸爸教她画大象的姐姐
112	男	5;05	吃完肉的狗	哥哥画大象的笔	被猫打了的猪	吃香蕉姐姐拿着的气球	小姐姐摘的桃	抱着吃香蕉的妹妹的阿姨	她老师在教她写字的姐姐
113	女	5;06	想吃骨头的	哥哥画了大象的	猫打的猪	拿着气球姐姐吃香蕉了	妈妈摘的桃	戴帽子的狗	爸爸画的大象
114	男	5;06	吃骨头的那只狗	哥哥画大象的那支笔	猫打的猪	吃香蕉的拿的气球	猴妈妈摘的桃	给小狗不戴眼镜的	爸爸正在教姐姐画大象的那个姐姐
115	女	5;06	想吃骨头的	哥哥画了一只大象的	被猫打的猪	姐姐吃的香蕉的气球	猴妈妈摘的桃	哥哥牵着没戴眼镜的狗	爸爸教姐姐画大象
116	男	5;06	吃骨头的那只狗	画象的笔	被猫打了的猪	香蕉的气球	猴妈妈摘的桃	牵着戴帽子的那个哥哥	爸爸教她画大象的
117	女	5;06	爱吃骨头的狗	哥哥画了一支笔是大象	被猫打了(的)一只猪	吃香蕉的姐姐拿了气球	猴妈妈摘了那个桃	戴着眼镜牵着狗的那个哥哥	爸爸教姐姐画大象的那个姐姐
118	男	5;06	NA	也是画乌龟的笔	NA	吃香蕉姐姐拿着的气球	也是猴爸爸	抱着吃香蕉的妹妹的阿姨	她爸爸教她写字的姐姐
119	女	5;07	吃骨头的狗	拿了铅笔画的大象	被猫打的那个猪	吃香蕉的姐姐拿的气球	猴妈妈摘的桃	这个狗没戴眼镜	爸爸教姐姐画大象的那幅画
120	男	5;07	吃骨头的那只狗	画了大象的那支笔	被猫打的那只猪	吃香蕉的姐姐拿的那个气球	猴妈妈摘的桃	不戴眼镜的那个哥哥	爸爸教姐姐画大象的

（续表）

121	男	5;07	想吃肉骨头的那只狗	哥哥画了大象的笔	猫打的猪	阿姨吃香蕉的气球	小姐姐摘的那个桃	戴帽子的狗	爸爸教姐姐画了大象
122	男	5;08	想吃骨头的狗	哥哥画了大象的笔	被猫打的猪	吃香蕉的姐姐拿着气球	猴妈妈摘的桃子	牵着戴帽子的哥哥	爸爸教她画大象的姐姐
123	女	5;08	骨头的	男孩画的大象	小猫打了这猪	吃香蕉的拿的这气球	猴妈妈摘的	戴帽子的他拿了这狗	爸爸教姐姐画大象
124	男	5;08	想吃骨头的狗	哥哥画大象的笔	被猫打了的猪	拿着香蕉的姐姐	小姐姐摘的桃	抱着吃香蕉的妹妹的阿姨	她的爸爸在教她写字的姐姐
125	男	5;09	想吃骨头的那只狗	哥哥想画大象的笔	被猫打了的那只猪	吃香蕉的姐姐拿的气球	小姐姐摘的那个桃	牵着不戴眼镜的狗的哥哥	爸爸正在教这个姐姐画大象的哥哥
126	男	5;09	吃骨头	大象	猫	香蕉	猴妈妈	戴帽子的他拿了这狗	爸爸教姐姐画大象
127	女	5;09	爱吃骨头的狗	哥哥画了大象的笔	被猫打了(的)那只猪	吃香蕉拿着皮球的姐姐	猴妈妈摘的桃	牵着不戴眼镜的哥哥	爸爸教姐姐画大象的那个姐姐
128	男	5;09	想吃骨头的狗	哥哥画了小象的那支笔	被猫打了的	吃香蕉的姐姐拿的气球	猴妈妈摘的	牵着不戴眼镜的狗的哥哥	爸爸正在教她画大象的那个姐姐
129	女	5;09	想吃骨头的狗	画大象的那支笔	给猫打的那只猪	吃香蕉的姐姐拿的气球	小姐姐摘的那个桃	牵一只帽子狗的哥哥	爸爸教姐姐大象的爸爸
130	男	5;09	想吃骨头的那只狗	哥哥画了大象的那个笔	猫打了那只猪	吃香蕉的姐姐拿的气球	小姐姐摘的那个桃	一只哥哥牵一个戴帽子的狗	爸爸教这个姐姐画大象
131	女	5;10	想吃骨头的那只狗	哥哥画大象的笔	猫打了的猪	吃香蕉的姐姐拿的气球	她自己摘的桃	这个是哥哥	爸爸正在教她画大象的那个姐姐
132	男	5;10	想吃骨头的狗	哥哥画了大象的笔	叫猫打了的猪	这个姐姐拿着气球吃着香蕉	猴妈妈摘的桃	这个哥哥牵着戴帽子的狗	爸爸教着这个姐姐画大象

（续表）

133	女	5;10	想吃骨头的狗	哥哥画了的大象	让猫打的猪	吃香蕉姐姐拿的这个气球	猴妈妈摘的桃	牵着戴帽子的狗的哥哥	爸爸教姐姐画大象的姐姐
134	女	5;10	吃骨头的	画大象的那支笔	被猫打了的	吃香蕉的姐姐拿的那个气球	小姐姐摘的那个桃	牵着没戴眼镜的哥哥	爸爸正在教画大象的那个姐姐
135	男	5;10	NA	哥哥画了大象	被猫打的猪	姐姐吃香蕉拿的气球	猴妈妈摘的桃	NA	NA
136	男	5;11	这个是想吃骨头的狗	这个是哥哥画了大象的笔	这个是被猫打了的猪	这个是吃香蕉的姐姐拿的这个气球	这个是猴妈妈摘的这个桃	这个是不戴眼镜的那个哥哥	这个是哥哥教她画大象的那只姐姐
137	男	6;00	想吃骨头的狗	哥哥画了大象那支笔	被猫打了的猪	吃香蕉的姐姐拿着气球	猴妈妈摘的桃	戴眼镜的哥哥牵着不戴眼镜的小狗	爸爸正在教她画大象的姐姐
138	女	6;00	想吃骨头的狗	哥哥画大象的笔	猫打了的小猪	这是另一个姐姐，吃着香蕉拿着的气球	猴妈妈摘的桃	这个哥哥牵着没戴眼镜的小狗	爸爸在教她画大象的一个姐姐
139	女	6;00	想吃骨头的狗	哥哥画了大象的笔	被猫打的猪	吃香蕉的姐姐拿着气球	猴妈妈摘的桃	牵着不戴眼镜的哥哥	爸爸教姐姐画大象
140	男	6;00	吃骨头的狗	哥哥拿着铅笔画了一个大象	这个是被猫打了的那只猪	吃香蕉的姐姐拿的那个气球	猴妈妈摘的桃	戴着帽子的狗的哥哥	爸爸教姐姐画小大象
141	男	6;01	想吃骨头	哥哥画小象的那支笔	被猫的	拿香蕉拿的气球	猴妈妈摘的	牵着没眼镜的狗	爸爸教她画了大象
142	男	6;01	吃骨头的	画大象的	被猫打了的那只猪	吃香蕉的拿的气球	猴妈妈摘的那个桃	不是戴眼镜的	爸爸教画大象的
143	男	6;01	想吃骨头的狗	画大象的那支笔	被猫打了的那只猪	吃香蕉的姐姐拿的气球	小姐姐摘的那个桃	抱着吃香蕉妹妹的阿姨	爸爸在给她画大象
144	男	6;01	想吃骨头的狗	哥哥画大象的笔	被猫打了的猪	吃香蕉的姐姐在拿着的气球	小姐姐摘的桃	抱着吃香蕉妹妹的阿姨	她的爸爸在教她写字的姐姐

（续表）

145	男	6;02	想吃骨头的那只狗	哥哥画了大象的那个笔	被猫打了的	吃香蕉的姐姐拿着气球	猴妈妈摘的桃子	牵着不戴眼镜的小狗	爸爸教姐姐画大象
146	男	6;02	想吃骨头的狗	哥哥画了大象的笔	被猫打了的那只猪	吃香蕉的姐姐拿着气球	猴妈妈摘的桃	牵着戴帽子的狗的哥哥	爸爸教他画大象的姐姐
147	女	6;03	想吃骨头的小狗	哥哥画大象的笔	被猫打的猪	吃香蕉的姐姐的气球	猴妈妈摘的桃	不戴眼镜的狗	爸爸正在教姐姐画大象的那个姐姐
148	男	6;03	想吃骨头的狗	弟弟画了大象的那支笔	被猫打的那只猪	吃香蕉那只姐姐拿的气球	猴妈妈摘的那只桃	牵着戴帽子的狗那只哥哥	爸爸教她画大象的那个姐姐
149	女	6;03	想吃骨头的那只狗	哥哥画了大象的那个笔	被猫打了(的)那只猪	吃香蕉的姐姐拿的那个气球	小姐姐摘的那个桃	牵着不戴眼镜狗的那个哥哥	爸爸教她画大象那个姐姐
150	男	6;03	想吃骨头的狗	哥哥画大象的笔	被猫打了的猪	吃香蕉的姐姐拿的气球	小姐姐摘的桃	抱着吃香蕉的妹妹的阿姨	她的爸爸在教她写字的姐姐
151	女	6;04	想吃骨头的	大象的	被猫打的	吃香蕉拿的那个气球	猴妈妈摘的那个桃	牵着戴帽子的狗	爸爸教那个姐姐画大象
152	女	6;04	想吃骨头的	哥哥画大象的那支笔	被猫打了(的)一只猪	吃香蕉那个球	猴妈妈摘的桃	不戴眼镜的狗	爸爸教姐姐画大象
153	男	6;04	想吃骨头的狗	哥哥画大象的那支笔	被猫打了的那只猪	吃香蕉的姐姐拿的气球	猴妈妈摘的桃	不戴眼镜狗的哥哥	爸爸要教姐姐画大象
154	男	6;04	想吃骨头的狗	弟弟画了一头大象	被猫打的猪	吃香蕉妹妹拿的皮球	猴妈妈摘的桃	牵着没戴眼镜的狗	爸爸教姐姐画大象的
155	男	6;04	吃骨头的那只狗	哥哥画了大象的那支笔	被猫打了的那只猪	吃香蕉的姐姐拿的气球	猴妈妈摘的那个桃	牵着戴帽子的那个哥哥	爸爸教她画大象的那个姐姐
156	女	6;04	想吃骨头的狗	哥哥画大象的笔	被猫打了的猪	吃香蕉的那个姐姐拿的气球	妈妈摘的桃子	牵着戴帽子的狗的哥哥	爸爸正在教她画大象的姐姐
157	男	6;04	想吃骨头的狗	哥哥画大象的笔	被猫打了的猪	吃香蕉的姐姐拿的气球	小姐姐摘的桃	抱着吃香蕉的妹妹	爸爸教姐姐写字

（续表）

158	男	6;05	想吃骨头的	哥哥画只大象的	被猫打了的猪	吃香蕉的姐姐拿的气球	猴妈妈摘的桃	牵着戴帽子的狗的哥哥	爸爸教那个姐姐画大象的
159	男	6;05	想吃骨头的狗	画大象的笔	被猫打的猪	吃香蕉的姐姐拿的皮球	猴妈妈	戴帽子的狗	爸爸教她画大象的姐姐
160	女	6;05	想吃骨头的狗	哥哥拿着笔画了一个大象	被猫打的一个猪	吃香蕉的姐姐拿的气球	猴妈妈摘的桃	戴帽子的哥哥	爸爸教她大象的姐姐
161	男	6;05	想吃骨头的狗	画了大象的那支笔	猫打了那只猪	吃香蕉的拿的那个	猴妈妈摘的这个桃	牵着不戴眼镜的狗的哥哥	让爸爸画的大象
162	女	6;05	想吃骨头的那只狗	哥哥画了大象的那个笔	猫被打的那只猪	吃香蕉拿气球姐姐	小姐姐摘的那个桃	牵着戴帽子的那个哥哥	爸爸正在教那个姐姐画大象
163	男	6;06	想吃骨头的	画大象的笔	猫打的猪	吃香蕉的姐姐拿着气球	猴妈妈摘的桃	戴帽子的狗	爸爸教她画画的姐姐
164	女	6;06	想吃骨头的狗	弟弟画了大象的那支笔	被猫打了的那只猪	吃香蕉的姐姐拿的那气球	猴妈妈摘的那个桃	牵着不戴眼镜的那个狗的那个哥哥	爸爸正在教姐姐画大象的那个姐姐
165	男	6;06	想吃骨头的那只狗	哥哥画了那个大象的那支笔	那只猫打的那只猪	那个姐姐拿的那个气球	猴妈妈摘的那只桃	牵着不戴眼镜的狗	爸爸正在教画大象的那个姐姐
166	女	6;06	想吃骨头的狗	哥哥画大象的笔	被猫打了的那只猪	吃香蕉的姐姐拿的这个气球	小姐姐摘的那个桃	牵着戴帽子的狗的哥哥	给那个姐姐画了一张大象
167	女	6;06	吃骨头的小狗	哥哥拿着画象的铅笔	被猫打的猪	拿香蕉的姐姐的气球	猴妈妈摘的桃	戴着帽子的狗	姐姐教爸爸画大象那个
168	女	6;07	这个想吃骨头的	这是画的大象笔	被猫打的猪	吃香蕉拿的气球	这是猴妈妈摘的桃	戴着帽子的哥哥	爸爸在教这个姐姐画象
169	男	6;08	想吃骨头的一只狗	哥哥画了一只大象的笔	被猫打了的猪	吃香蕉的姐姐拿的气球	猴妈妈摘的桃	牵着戴帽子的狗	爸爸在教她画大象的姐姐

（续表）

170	男	6;08	吃骨头的	画了大象的那支笔	被猫打了的那只的猪	吃香蕉的那只姐姐拿着那只气球	猴妈妈摘的那桃	牵着戴帽子的那只狗的哥哥	爸爸教她画大象的那只姐姐
171	女	6;08	想吃骨头的狗	弟弟画了小象的笔	被猫打了（的）一个猪	吃香蕉的姐姐拿着一个气球	猴妈妈摘的桃	这个哥哥是牵着戴帽子的狗	那个姐姐正在教他画小象
172	男	6;08	想吃骨头的	弟弟画大象的笔	被猫打的那只猪	吃香蕉的姐姐拿的气球	猴妈妈摘的桃	牵着戴眼镜的狗	爸爸在教那个姐姐画大象
173	女	6;08	想吃骨头的狗	哥哥画的那支笔	被猫打了（的）那只猪	吃香蕉的那个姐姐拿的气球	猴妈妈摘的那个桃	牵着没有戴眼镜的哥哥	爸爸正在教她画大象的那个
174	男	6;08	想吃骨头的狗	哥哥画大象的一支笔	被猫打了（的）那只猪	拿香蕉的姐姐吃的拿的气球	猴妈妈摘的一只桃	戴帽子的有狗的一只哥哥	爸爸正在教她画大象的那个姐姐
175	男	6;09	想吃骨头	这个笔是画了大象的笔	被猫打的猪	一个姐姐拿着香蕉的气球	猴妈妈摘的桃	戴帽子的狗的哥哥	刚才那个姐姐，爸爸教她画小象的姐姐
176	男	6;09	想吃骨头	哥哥画大象的笔	被猫打了的那只猪	吃香蕉的那个姐姐拿的那个气球	猴妹妹摘的那个桃	牵着不戴眼镜那个哥哥	爸爸正在教姐姐画大象的那个姐姐
177	女	6;09	这个是想吃骨头的狗	这个是弟弟画了大象的笔	这个是被猫打了的猪	这个是吃着香蕉的姐姐拿着气球	这个是猴妈妈摘的那个桃	这个是牵着没戴眼镜哥哥	这个姐姐是爸爸在教画大象的姐姐
178	女	6;09	想吃骨头的这只狗	这个是哥哥画的这只大象	被猫打了（的）这只猪	这是这个姐姐拿着香蕉的气球	这是猴妈妈摘的那个桃	这是这个哥哥举着狗不戴眼镜人	这是爸爸正在教她画大象的姐姐
179	男	6;10	想吃骨头的	哥哥画了大象的笔	被猫打了的猪	吃香蕉的姐姐拿的气球	猴妈妈摘的桃	戴帽子的那个狗的那个哥哥	爸爸教她写大象的姐姐
180	女	6;10	吃骨头的狗	画大象的笔	被猫打的猪	吃香蕉的姐姐拿气球	猴妈妈摘的桃	不戴眼镜的狗	爸爸拿毛笔给她画大象

（续表）

181	男	6;11	骨头	哥哥画了大象的笔	被猫打了猪	吃香蕉的那个姐姐拿的气球	猴妈妈摘的那个桃	牵着不戴眼镜的那个哥哥	爸爸教她画大象的那个姐姐
182	女	6;11	想吃骨头的那只狗	哥哥画大象的那支笔	猫打的那只猪	吃香蕉那个姐姐拿的那个气球	猴妈妈摘的那个桃	牵着不戴眼镜那只狗的那个哥哥	爸爸教姐姐画那只大象姐姐

附录 3　关系从句快速重复原始语料(部分)

序号	编号	年龄（年月日）	P-S	SO	其他-S	T-S	BEI-S	T-O	Prep-O
			小猴吃饭的桌子干净	小姐姐玩的布娃娃很漂亮	小猴说话的声音很大	小猴不在家的晚上没有月亮	叫小姐姐追着的小弟弟撞了爸爸	小弟弟生在姐姐去学校的那天	阿姨喜欢和叔叔踢球的小哥哥
			产出内容	产出内容	产出内容	产出内容	产出内容	产出内容	产出内容
1	ZZH20050530	5;5;22	原句	原句	原句	原句	原句	小弟弟睡在姐姐去学校的那天	原句
2	GSC20050124	5;9;28	原句	原句	原句	原句	被姐姐追着的弟弟撞着了爸爸	小弟弟去学校的那天	阿姨和小叔叔踢球的小哥哥
3	FXY20050522	5;6;0	原句	原句	原句	原句	叫小姐姐追着小弟弟撞了爸爸	原句	阿姨喜欢和小哥哥踢球的叔叔
4	QYN20050802	5;3;20	原句	原句	原句	原句	原句	原句	原句
5	ZYH20040905	6;2;17	原句	原句	原句	原句	叫小姐姐追着的小弟弟撞了爸爸	小弟弟生在姐姐上学校的那天	阿姨
6	ZRT20041118	6;0;4	原句	原句	原句	原句	原句	原句	原句

（续表）

7	SLY20050406	5;7;16	小猴的吃饭的桌子干净	原句	小猴说话的音很大	原句	叫小姐姐撞了弟弟爸爸	小弟弟生在姐姐那天的	阿姨喜欢踢足球的哥哥
49	QRH20041126	5;11;27	原句	原句	原句	原句	叫小姐姐追的小弟弟撞了爸爸	小弟弟去姐姐的学校的那天	阿姨和叔叔喜欢踢球的哥哥
50	GP20050211	5;9;12	原句	原句	原句	原句	叫小姐姐追着的小弟弟撞着了爸爸	小弟弟生在姐姐上学校的那天	阿姨喜欢跟叔叔踢球的小哥哥
109	DYR20060902	4;2;22	原句	原句	原句	原句	原句	小弟弟生在小姐姐的去学校那天	妈妈喜欢叔叔和踢球的哥哥
110	XJY20050512	5;6;12	原句	原句	原句	原句	原句	原句	原句
111	CXY20051019	5;1;5	原句	原句	原句	原句	原句	小弟弟生在姐姐去学校那天	原句
112	LFW20060624	4;5;0	原句	原句	小猴说的声音很大	原句	叫小姐姐追的小弟弟撞了爸爸	原句	阿姨喜欢跟叔叔踢球的小哥哥
113	CZM20060503	4;6;21	原句	小姐姐玩的布娃娃挺漂亮	原句	小猴不在家晚上没有月亮	小弟弟	小弟弟生姐姐去学校的那天	阿姨和叔叔踢球的哥哥
114	LXY20050310	5;8;14	原句	原句	小猴说话声音很大	小猴不在家的时候没有月亮	叫小姐姐撞了爸爸	小哥哥生在小弟弟去学校的那天	阿姨喜欢踢球的小哥哥
115	FKY20060130	4;9;25	原句	原句	原句	小猴没在家里的晚上没有月亮	被小姐姐撞了爸爸撞了弟弟	原句	阿姨喜欢踢球的哥哥
116	ZXY20051001	5;1;24	原句	原句	原句	小猴在晚上没有月亮	小姐姐被撞倒了小弟弟撞倒了爸爸	小弟弟被小姐姐上学那一天	阿姨和喜欢叔叔踢球的小哥哥

（续表）

117	LYL20060605	4;5;20	原句	原句	小猴说的话的声音很大	原句	原句	原句	阿姨喜欢踢球的哥哥
118	YBW20060819	4;3;6	原句	原句	原句	原句	被小姐姐和小弟弟撞了爸爸	原句	阿姨喜欢和踢球的小哥哥
119	LZW20060710	4;4;15	原句	原句	小猴说的声音很大	小猴不在晚上的没有月亮	小姐姐追小弟弟撞了爸爸	小弟弟去在姐姐去学校的那天	阿姨喜欢和小哥哥
125	HYY20060623	4;5;2	原句	原句	原句	原句	原句	原句	原句
126	XHR20060301	4;8;24	小猴的吃饭的干净	小姑娘玩的娃娃挺漂亮	小猴说的声音很大	小猴不在家没有月亮	小弟弟追上了爸爸	小弟弟生学校的那天	阿姨和叔叔的踢球的哥哥
127	SYR20060623	4;5;2	原句	原句	原句	原句	原句	原句	原句
138	XZY20060323	4;8;2	原句	原句	原句	原句	被姐姐追了弟弟撞了爸爸	原句	阿姨喜欢和踢球的哥哥
139	ZYW20060102	4;10;23	原句	原句	原句	原句	原句	姐姐生在学校的那天	阿姨和叔叔喜欢的哥哥
140	HYF20060621	4;5;4	小猴吃饭桌子干净	原句	小猴说话声音可大	小猴不在家没有月亮	小姐姐追着的小弟弟撞了爸爸	小姐姐去学校的那天	阿姨喜欢跟哥哥踢球的小哥哥
141	JXC20040920	6;2;5	原句	原句	原句	原句	原句	原句	原句
142	LBY20041022	6;1;3	原句	原句	原句	原句	原句	原句	原句
143	LYF20050621	5;5;4	原句	原句	原句	原句		小弟弟生在学校的	妈妈喜欢和叔叔踢球的小哥哥
144	HTT20050130	5;9;25	原句	原句	原句	原句	被小姐姐追的小弟弟撞了爸爸	小弟弟去学校的那天	阿姨喜欢跟叔叔踢球的小哥哥

（续表）

145	KBW20060204	4;9;21	原句	原句	原句	原句	小姐姐追着的弟弟撞了爸爸	原句	阿姨喜欢和我踢球的哥哥
146	LXT20051118	5;0;7	原句	原句	原句	小猴不在家的晚上月亮	被小姐姐追着小弟弟撞的爸爸	小弟弟生在小姐姐上学校那天	阿姨喜欢踢球的小哥哥
147	ZRY20051217	4;11;9	原句	原句	原句	原句	原句	小姐姐去学校那天	阿姨喜欢跟小弟弟踢球的小哥哥
148	ZSH20060427	4;6;29	原句	原句	小猴说话声音很大	小猴不在家晚上没有月亮	被小姐姐追小弟弟撞了爸爸	小弟弟生在姐姐去学校那天	阿姨喜欢跟喜欢踢球的小哥哥
149	CYF20051109	5;0;17	原句	原句	小猴的声音很大	小猴没在家的晚上没有月亮	小弟弟和小妹妹撞了爸爸	小弟弟生病那时候	阿姨和哥哥踢球的哥哥
150	LSQ20060301	4;8;25	小猴吃饭桌子干净	原句	小猴说话声音很大	小猴不在家晚上没有月亮	小姐姐追弟弟撞了爸爸	小姐姐去学校那天	阿姨喜欢踢球的哥哥
151	ZJ20061103	4;0;23	原句	原句	小猴说话的很大	小猴不在家月亮	小弟弟小妹妹撞了爸爸	小弟弟和小妹妹	阿姨
152	DMX20060606	4;5;20	小猴吃饭的干净	原句	小猴说话的很大	小猴没有家的晚上没有月亮	小姐姐撞了爸爸	小弟弟学校时候	阿姨踢球的小叔叔
153	ZRM20060831	4;2;25	原句	原句	原句	原句	原句	原句	原句
154	XYR20051017	5;1;9	原句	原句	原句	原句	原句	原句	阿姨喜欢
161	MYX20060504	4;6;22	原句	原句	原句	原句	原句	小姐姐	阿姨喜欢跟哥哥踢球的叔叔
162	PYC20060309	4;8;17	原句	原句	原句	原句	小姐姐追着的小弟弟撞了爸爸	原句	阿姨喜欢和踢球

（续表）

163	WBH20051213	4;11;13	小猴吃饭的时候干净	原句	小猴说的声音很大	小猴在家的晚上没有月亮	原句	小姐姐去睡觉的那天	阿姨叔叔踢球的哥哥
164	YQ20051103	5;0;23	原句	原句	原句	原句	原句	原句	原句
165	CY20060710	4;4;16	小猴吃饭的小孩干净	原句	原句	原句	原句	原句	原句
166	WLH20060328	4;7;28	原句	原句	原句	小猴在家的晚上没月亮	被姐姐追着的弟弟撞着了爸爸	弟弟去在姐姐去学校的那天	妈妈喜欢和叔叔的哥哥
167	SYR20050309	5;8;17	原句	她玩的布娃娃很漂亮	小猴说话很大	小猴不在的晚上没有月亮	撞了爸爸	姐姐去幼儿园的那天	踢球的哥哥
168	MCY20051223	4;11;3	原句	小姐姐不玩的布娃娃很漂亮	原句	小猴回家的时候，晚上没有月亮	被姐姐被撞了弟弟撞了爸爸	弟弟和姐姐去学校的那天	阿姨和踢叔的哥哥
169	WX20061023	4;1;3	原句	原句	原句	原句	原句	原句	阿姨
170	FYH20050909	5;2;17	原句	原句	原句	原句	原句	原句	妈妈喜欢叔叔的哥哥
171	CJM20050125	5;10;1	小猴吃饭桌子干净	小姐姐玩的布娃娃好漂亮	小猴说话的声音好大	原句	叫小姐姐追撞了爸爸	小弟弟去学校的那天	原句
172	YZH20060705	4;4;21	原句	原句	原句	原句	小姐姐被撞了小弟弟没有爸爸	小弟弟生在妹妹去学校的那天	阿姨喜欢踢叔叔的小哥哥
202	LZM20060413	4;7;16	原句	原句	原句	原句	原句	原句	阿姨喜欢跟叔叔踢球的小哥哥
203	LQW20051105	5;0;24	原句	原句	小猴说的声音很大	小猴的晚上没有月亮	把弟弟撞了	上学校的那天	阿姨喜欢小哥哥
204	LPJ200610	4;1;17	原句	原句	原句	原句	撞了爸爸	原句	

（续表）

207	ZYJ20060414	4;7;15	原句	原句	原句	原句	原句	原句	原句
208	ZBY20060825	4;3;4	原句	小姐姐玩得布娃娃很干净	小猴说的话很大	晚上小猴没在家的月亮	小弟弟被爸爸给撞了	小弟弟被学校的那天	阿姨比叔叔
209	ZR20060208	4;9;21	原句	原句	原句	原句	原句	原句	阿姨喜欢跟叔叔踢球的小哥哥
210	WYY20061002	4;1;27	原句	原句	原句	原句	被小姐姐追着的小弟弟追了爸爸	小弟弟在	妈妈喜欢跟哥哥踢球的哥哥
211	ZWY20051013	5;1;16	原句	原句	原句	原句	原句	小弟弟生在小姐姐去学校的那天	阿姨跟叔叔喜欢踢球的哥哥
212	SQ20060430	4;6;29	原句	原句	小猴说的声音很大	小猴在晚上没有月亮	被小姐姐撞了小弟弟撞了爸爸	小姐姐去学校的那天	小哥哥喜欢跟大哥哥踢球
213	ZXH20060301	4;8;28	原句	原句	原句	原句	被小姐姐撞了的小弟弟的爸爸	小弟弟生在小姐姐去学校的那天	阿姨喜欢跟阿姨踢球的哥哥
214	CAQ20070518	3;6;11	原句	原句	小猴说的声音很大	小猴不在家没有月亮	被小姐姐撞了爸爸	小姐姐小弟弟去学校的那天	阿姨喜欢的哥哥
215	LJR20070118	3;10;11	原句	原句	原句	小猴不在家的时候没有月亮	小姐姐追着的小弟弟撞了爸爸	小弟弟去姐姐学校的那天	阿姨喜欢和踢球的叔叔
216	LR20061230	3;11;0	原句	原句	小猴说话声音很大	原句	被姐姐撞了弟弟撞了爸爸	弟弟生在姐姐上学校的那天	阿姨跟叔叔的
217	HQY20070131	3;9;29	原句	原句	小猴说音的声音很大	小猴不在家的没有月亮	被姐姐追了的弟弟撞了爸爸	小弟弟生在小姐姐去学校的那一天	阿姨喜欢被踢球的哥哥

（续表）

218	WYT20061106	4;0;24	原句	原句	小猴说的话很大	原句	叫小弟弟追着的爸爸摔倒了	小弟弟生在学校的那天	阿姨喜欢跟叔叔踢哥哥
236	LQL20070112	3;10;19	小猴吃饭干净	小姐姐玩布娃娃很漂亮	小猴说话很大	小猴没在家的时候没有月亮	小姐姐小弟弟跑着撞了爸爸	小姐姐去学校那天	小哥哥小孩跟他爸踢球
237	ZSY20070603	3;5;28	小猴吃饭干净	小姐姐玩布娃娃很漂亮	小猴说话挺大	小猴不在家没有录音	小弟弟撞了爸爸	小弟弟去学校的夏天	阿姨跟哥哥和踢球的哥哥
238	BXC20070527	3;6;4	小猴吃饭的干净				叫小姐姐追的弟弟撞了爸爸	小姐姐学校在学校的那天	阿姨和叔叔喜欢踢球的哥哥
239	YYF20070129	3;10;2	原句	原句	原句	原句	原句	原句	原句
240	DBT20061214	3;11;17	原句	原句	原句	原句	被姐姐追着的爸爸	小弟弟去学校的那天	阿姨踢球的哥哥
244	HRX20071116	3;0;15	原句	原句	原句	原句	小弟弟追着的小弟弟撞了爸爸	小弟弟生在小姐姐去学校的那天	阿姨喜欢踢球的小哥哥
245	TYY20070407	3;7;24	原句	原句	原句	原句	撞了爸爸	小姐姐去学校的那天	阿姨喜欢跟叔叔踢球的小哥哥
246	PSW20061012	4;1;19	原句	小姐姐玩的布娃娃很漂亮	原句	原句	被姐姐撞着弟弟撞了爸爸	弟弟生在姐姐去学校那天	阿姨喜欢跟叔叔踢球的哥哥
247	LYX20061220	3;11;11	原句	原句	小猴的说音很大	原句	被小姐姐撞了爸爸	贝贝背姐姐去学校的那天	阿姨和叔叔踢球的哥哥
248	ZYX20070320	3;8;11	原句	原句	原句	小家不在家的没有月亮	原句	原句	阿姨喜欢叔叔的哥哥
249	LRL20061013	4;1;18	原句	原句	小猴说很大声音	原句	姐姐弟弟撞了爸爸	小弟弟驮姐姐上学校去了	阿姨喜欢叔叔的哥哥

（续表）

250	WJY20070420	3;7;11	原句	原句	原句	原句	被小姐姐撞了小弟弟撞了爸爸	小姐姐生在去学校的那天	阿姨和踢球的哥哥
251	WYQ20061109	4;0;22	小猴吃饭的干净	原句	原句	小猴不在家没有月亮	小姐姐追着的小弟弟撞了爸爸	小弟弟生在姐姐学校那天	阿姨喜欢跟踢球的哥哥
252	ZYY20070506	3;6;25	原句	原句	原句	原句	被小姐姐撞了小弟弟被撞了爸爸	小哥哥生在姐姐去学校的那天	阿姨和踢球的哥哥
253	MYP20070219	3;9;12	小猴吃饭桌子干净	小姐姐玩布娃娃很漂亮	小猴说话声音很大	小猴不在家晚上没有月亮	被小姐姐撞了爸爸	小姐姐去学校的那天	阿姨喜欢说话哥哥
256	SWY20061230	3;11;2	小猴吃饭的干净	小姐姐玩的布娃娃真漂亮	小猴说的声音很大	小猴不在没有月亮	小姐姐小弟弟撞了爸爸	小弟弟那天	阿姨和踢叔叔的哥哥
258	LZM200702	3;9;20	小猴子吃饭的桌子干净	原句	原句	小猴没在家里的月亮	被小姐姐追着的小妹妹小弟弟	小弟弟生在小弟的那天	阿姨和喜欢的踢球的哥哥
259	LDT20070517	3;6;15	小猴的吃饭的桌子干净	原句	原句	小猴不在家的时候没有月亮	被追着的小弟弟给撞了爸爸	原句	阿姨喜欢踢球的哥哥
260	HYQ200610	4;1;20	原句	原句	原句	原句	原句	原句	原句
261	FCX20070122	3;10;10	原句	原句	小猴说的声音很大	小猴不在家没有月亮	被姐姐追上了弟弟撞了爸爸	那天	妈妈和踢球的哥哥
262	LTY20070408	3;7;24	小猴吃饭桌子干净	原句	原句	小猴睡觉的晚上没有月亮	被姐姐的弟弟撞了爸爸	小弟弟生了孩子那天	阿姨
263	SYC20070625	3;5;7	小猴吃饭桌子干净	小姐姐玩布娃娃很漂亮	小猴说话声音很大	小猴不在家晚上没有月亮	被小姐姐追着小弟弟撞了爸爸	小弟弟生到小姐姐	阿姨和叔叔喜欢踢球的哥哥

附录4 关系从句诱导产出原始语料(部分)

性别	年龄	题1	题2	题3	题4	题5	题6
男	4;00;02	小狗睡觉的床	下白蛋的鸡	白鸡下的蛋	被猴妈妈抱走的小猴	猴宝宝和猴阿姨跳舞	狗把猴子打跑了
男	4;00;04	小狗睡觉的床	下白蛋的鸡	白鸡下的蛋	被妈妈抱走的猴子	猴阿姨	小狗打小猴
男	4;00;06	小狗睡这个床	白蛋的鸡	两个鸡孵出的蛋	爸爸抱走了小猴	NA	小狗咬了他的尾巴
女	4;00;10	小狗睡的床	下白蛋的鸡	白鸡下的蛋	猴妈妈抱走的小猴	和猴宝宝跳舞	小狗把小猴打跑了
男	4;00;12	小狗睡觉的床	下白蛋的鸡	白鸡下的蛋	猴爸爸抱走的小猴	猴妈妈和宝宝跳舞	小狗把小猴的尾巴咬伤了
女	4;00;13	小狗睡觉的床	下白蛋的鸡	NA	NA	NA	NA
女	4;00;14	小狗的	下白鸡的	白鸡下的蛋	被猴爸爸抱走的小猴	猴孩子	被狗咬伤他
女	4;00;21	小狗睡觉的床	白蛋的鸡	白鸡下的蛋	被猴妈妈抱走的小猴	猴妈妈	小狗打跑他了
女	4;00;21	是小狗睡觉的床	是下白色的鸡	是白鸡	被猴妈妈抱走的小猴	猴妈妈和小猴一起跳舞	小狗把小猴打晕了
男	4;00;21	小狗睡觉的床	下白蛋的鸡	是白鸡下的蛋	被猴妈妈抱走的小猴	是猴妈妈跟猴孩子跳舞	是小狗把小猴打跑的小猴
女	4;00;21	小狗	白鸡的蛋	白鸡的蛋	被猴妈妈抱走的小猴	猴妈妈跟猴宝宝跳舞	小狗把小猴打跑了
女	4;00;21	小狗睡觉的床	下白蛋的鸡	白鸡下的蛋	被猴妈妈抱走的小猴子	猴妈妈和小猴跳舞	小狗打小猴
男	4;00;23	小狗睡觉的床	下白蛋的鸡	白鸡下的蛋	妈妈把小猴抱走了	跟猴阿姨跳舞的孩子	小狗把小猴打跑了

（续表）

女	4;00;26	小狗睡觉的	白蛋的鸡	白鸡	猴爸爸抱的小猴	猴宝宝和猴妈妈跳舞	狗把小猴的尾巴咬伤了
男	4;00;27	狗狗	下白蛋	母鸡下的蛋	猴妈抱走	猴妈妈和猴爸爸跳舞	狗把猴给敲跑了
女	4;00;28	小狗睡觉的床	下白蛋的鸡	白鸡的蛋	被猴妈妈抱走的小猴	宝宝跟阿姨跳舞	小狗把他打跑了
男	4;00;29	小狗睡觉的床	这个是下白蛋的鸡	是白鸡下的蛋	被猴妈妈抱走的小猴	猴妈妈跟猴宝宝跳舞	是小狗把小猴打跑的小猴
女	4;01;00	小狗睡觉的床	白蛋的鸡	白鸡下的蛋	被妈妈抱走的宝宝	小猴跟跳舞的猴阿姨	小狗打跑的小猴
男	4;01;03	小狗睡的床	白蛋	也是黄鸡的	被爸爸抱走的小猴	猴宝宝跟猴妈妈跳舞	小狗把小狗打走
男	4;01;07	两个床	下蓝蛋的鸡	白鸡没有	爸爸抱着的小猴	他们一起唱歌	咬他呢
男	4;01;08	小狗睡的床	下白蛋的鸡	也是黄鸡下的蛋	猴妈妈又抱走了小猴	猴宝宝跟猴阿姨跳舞	小狗把小猴打跑了
男	4;01;09	小狗	下白蛋的	白鸡	被妈妈抱走的小猴	小猴跟猴阿姨跳舞	小狗把小猴打跑
男	4;01;11	小狗的	下白蛋的	白鸡下的蛋	被猴妈妈抱走的小猴	猴宝宝跟猴阿姨跳舞	小狗把小猴打跑的
男	4;01;12	小狗睡觉的床	下白蛋的鸡	白鸡下的蛋	猴妈妈抱走的小猴	孩子跟妈妈	被狗宝宝咬伤的猴宝宝
女	4;01;13	小狗睡觉的床	白蛋的鸡	白鸡下的蛋	被猴妈妈抱走的小猴	猴宝宝跟猴阿姨跳	小狗把小猴给打晕
女	4;01;16	小狗睡觉的床	下白蛋的鸡	白鸡下的蛋	被猴妈妈抱走的小猴	猴宝宝跟她跳舞的猴阿姨	小狗把小猴打跑了
女	4;01;19	小狗睡觉的床	下白蛋的鸡	白色的蛋	被猴妈妈抱走的小猴	猴妈妈在跟小猴跳舞	猴爸爸
男	4;01;19	小狗睡觉的床	白蛋的鸡	白鸡下的蛋	被猴妈妈抱走的小猴	猴弟弟跟她跳舞的猴阿姨	小狗把小猴打跑了
男	4;01;19	小狗睡觉的床	这是下白蛋的鸡	这是白鸡下的蛋	NA	这是猴妈妈跟小猴跳的舞	小狗把小猴给打晕了
男	4;01;19	小狗睡觉	白蛋的鸡	白蛋	猴妈妈抱走的小猴	猴孩子也跳舞	打了小狗
女	4;01;20	小狗的床	白蛋的鸡	白鸡也下的蛋	猴阿姨抱走的小猴	猴阿姨跟小猴跳舞	小狗把小猴打了
女	4;02;02	小狗睡觉的床	下白蛋的	下蛋的白鸡	猴爸爸抱走的小猴	猴妈妈和宝宝跳舞	被小猴给小狗咬伤了

（续表）

女	4;02;03	小狗睡觉的床	也是下黄的蛋	也是黄鸡下的蛋	猴妈妈也抱走的小猴	猴妈妈跟孩子跳舞	小狗打跑了小猴子
女	4;02;04	小狗睡觉的床	下白蛋的	白鸡下的蛋	被猴妈妈抱走的小猴	跟小猴跳舞的猴阿姨	小狗把小猴打跑了
女	4;02;05	小狗睡觉的床	下白蛋的鸡	白鸡下的蛋	被猴阿姨抱走的小猴	阿姨拉着小朋友的手	小狗把小朋友打跑的
男	4;02;07	小狗	下白蛋的鸡	白鸡的蛋	被阿姨抱走的小猴	猴妈妈、猴宝宝	小狗把小猴打跑了
女	4;02;08	小花狗睡觉的床	下白蛋的鸡	白鸡下的蛋	猴妈妈抱走小猴	猴弟弟和猴姐姐	小狗打跑的小猴
男	4;02;10	小狗睡的床	白鸡下的蛋	这个是个黄鸡下的蛋	是妈妈抱走了小猴	猴阿姨跟猴宝宝跳	这个是个小狗把人打走了
女	4;02;14	小狗睡觉的床	下白蛋的鸡	白鸡下了黄蛋	被妈妈抱走的小猴	宝宝跟阿姨跳舞	小狗打跑小猴
男	4;02;16	小狗睡觉的床	下白蛋的鸡	白鸡下的蛋	妈妈抱走的小猴	猴宝宝和猴阿姨跳舞	小狗没打跑的小猴
男	4;02;16	小狗睡觉的床	下红蛋的鸡	也是黄鸡下的蛋	是妈妈抱走的小猴	这个是妈妈	打跑的小狗
女	4;02;22	小狗睡觉的床	白鸡	白鸡	被妈妈抱走了小猴	猴宝宝跟猴阿姨跳舞	是小狗把小猴打跑了
女	4;02;22	小狗睡觉的床	下白蛋的鸡	白鸡下的蛋	被妈妈抱走的小猴	猴阿姨和猴宝宝跳舞	小狗把
男	4;02;29	小狗	下白蛋的鸡	白鸡下的蛋	被猴妈妈抱走的小猴	小猴跟猴妈妈跳的舞	小狗把他打跑的小朋友
男	4;03;01	小狗睡的床	下白色蛋的鸡	白鸡下的	猴妈妈抱走的小猴	猴阿姨跟猴宝宝跳舞	小狗打跑了小猴
女	4;03;01	小狗的床	公鸡下的蛋	白鸡下的蛋	猴妈妈抱走的小姐姐	猴阿姨和小猴跳舞	小狗打跑了小猴
男	4;03;03	小狗睡的床	是下白蛋鸡	是白鸡下的蛋	也是猴妈妈抱走的小猴	猴妈妈跟猴宝宝跳舞	是小狗把小猴打跑的小猴
女	4;03;04	小狗睡觉的床	下白蛋的鸡	白鸡下的蛋	妈妈抱走的小猴	小宝宝跟阿姨跳舞	小狗把小猴打跑了
男	4;03;04	小狗睡觉的床	下白蛋的	白鸡下的蛋	爸爸抱走的小猴	猴宝宝跟妈妈跳舞	小狗咬伤了小猴的尾巴
男	4;03;12	小狗睡觉的床	下白蛋的鸡	公鸡的鸭蛋/公鸡下的蛋	被妈妈抱走的小猴	小猴跟妈妈跳	小狗把小娃娃打死
男	4;03;13	这也是小狗睡觉的床	下白蛋的鸡	也是黄鸡下的蛋	也是抱走的小猴	在跳舞	也是狗拿个棍子要打小猴
男	4;03;14	小狗睡觉的床	下白蛋的鸡	白鸡下的蛋	被妈妈抱走的小猴	跟小猴跳舞的猴阿姨	打跑的小猴

（续表）

女	4;03;17	小狗睡觉的床	下白蛋的鸡	红颜色的鸡下的蛋	妈妈抱走的小猴	猴妈妈和孩子跳舞	小狗把他给打跑了
男	4;03;18	小狗睡觉的床	下白蛋	下蛋的黄鸡	猴爸爸抱走的小猴	也跳	小狗把小猴咬伤了
男	4;03;19	小狗的床	下白蛋的鸡	母鸡下的蛋	NA	阿姨跟小猴跳舞	小狗把小朋友打跑了
男	4;03;20	这是小狗睡觉的床	白鸡的床	白鸡睡觉的床	这个是小猴给爸爸抱着了	这个是猴弟弟跳舞	这个小狗是把他打跑了
女	4;10;17	小狗	下白蛋的鸡	鸡下的蛋	被爸爸抱着小猴	妈妈跟孩子跳舞	小狗把小猴没打跑
男	4;10;18	小狗睡觉的床	下白蛋的鸡	NA	是被猴阿姨抱走的小猴	猴阿姨和猴宝宝跳舞	小狗把小猴给打晕了
男	4;10;18	小狗睡觉的床	下白蛋的鸡	白鸡下的蛋	被妈妈抱走的小猴	小猴跟阿姨跳舞	小狗把它打跑的小猴
男	4;10;19	狗睡觉的床	下白蛋的鸡	是白鸡下的蛋	被猴妈妈抱走的小猴	小猴跟妈妈跳舞猴妈妈	小狗把小猴打跑
女	4;10;20	小狗睡觉的床	白蛋	白鸡	是被猴妈妈抱走的小猴	猴妈妈跟猴它跳舞	小狗把小猴也打跑了
男	4;10;20	小狗睡觉的床	下白色的蛋	白鸡下的蛋	被猴妈妈抱走的小猴	跟猴宝宝跳舞	小狗把小猴打跑了
女	4;10;20	小狗睡觉的床	下白蛋的鸡	白鸡下的蛋	是猴妈妈抱走了小猴	是小猴在跟猴猴阿姨在跳舞	这是小狗给小猴打晕了
女	4;10;20	小狗睡觉的床	这个是下白蛋的鸡	白鸡下的蛋	被猴阿姨抱走的小猴	小猴跟猴阿姨在跳舞	小狗把小猴打跑了
女	4;10;20	小狗睡觉的床	下白蛋的鸡	白鸡	被妈妈抱走的小猴子	猴妈妈跟小猴在跳舞	NA
男	4;10;20	小狗床	下蛋的白鸡	白鸡下的蛋	被爸爸抱走的小猴	她跟孩子跳舞	小狗打跑
男	4;10;21	小狗睡的床	下白蛋的鸡	白鸡下的蛋	被猴妈妈抱走的小猴	猴妈妈给小猴跳舞	小狗把猴子打跑了
男	4;10;21	小狗想吃肉骨头	下白蛋的鸡	白鸡下的蛋	爸爸抱了小猴	妈妈跟宝宝跳舞	打了小猴
男	4;10;22	小狗也睡觉了	下白蛋的鸡	白鸡	被猴爸爸抱走的小猴	手啦手跳舞	小狗把他扔小猴
男	4;10;25	狗狗的床	白蛋的鸡	也是鸡的蛋	被猴妈妈抱走的小猴	猴弟弟和猴妈妈跳的	打晕了
男	4;10;28	小狗	白蛋的鸡	黄蛋	爸爸抱走的小猴	跟妈妈和小猴跳舞	已经把它给打晕了
男	4;11;01	小狗睡觉的床	下白蛋的鸡	白鸡下的蛋	被妈妈抱走的小猴	猴阿姨跟小猴跳舞	小猴把小狗打跑了

（续表）

女	4;11;02	小狗睡觉的床	下白蛋的鸡	白鸡下的蛋	被妈妈抱走的小猴	阿姨跟小朋友跳舞	小狗把小猴打跑
男	4;11;07	小狗睡觉的床	下白蛋的鸡	白鸡下的蛋	被猴爸爸抱着的小猴	猴妈妈和猴爸爸跳舞	小狗把他打跑了小猴
男	4;11;10	小狗睡觉的床	下白蛋的鸡	白鸡下的蛋	被妈妈抱走的小猴	小猴跟她跳舞的阿姨	小狗把小朋友打跑了
男	4;11;12	小狗睡觉的床	下白蛋的鸡	是白鸡下的蛋	被妈妈抱走的小猴	宝宝跟她跳舞的阿姨	小狗把他打跑的小猴
女	4;11;13	小狗睡觉的床	白鸡	白鸡下的蛋	被猴妈妈抱走的小猴	猴阿姨和猴弟弟跳舞	小狗把小猴打跑
男	4;11;14	小狗的床	白蛋的鸡	白鸡下的蛋	被妈妈抱走的猴宝宝	小猴和妈妈在跳舞	狗把猴子给打跑
男	4;11;14	小狗睡觉的床	下白蛋的鸡	白鸡下的蛋	被妈妈抱走的小猴	阿姨跟小猴跳舞	小狗把小猴子打晕了
女	4;11;15	小狗睡觉的床	下白蛋的鸡	白鸡下的蛋	被妈妈抱走的小猴	猴宝宝和猴阿姨跳舞	小狗把小猴打跑
女	4;11;16	小狗睡觉的床	下白蛋的鸡	白鸡下的蛋	被妈妈抱走的小猴	是跟阿姨跳舞的小猴	小狗把小猴打跑
女	4;11;18	小狗睡觉的床	是下白蛋的鸡	是白鸡	是被猴妈妈抱走的小猴	是猴阿姨和猴宝宝跳舞	是小狗把小猴打跑了
女	4;11;18	小狗的床	下白蛋的鸡	也是白鸡下的蛋	被妈妈抱走的小猴	猴弟弟和猴姐姐跳舞	小狗把小猴给他打到一边
男	4;11;19	小狗睡觉的床	下白蛋的鸡	黄鸡下的蛋	猴妈妈抱走的小猴	猴妈妈跟猴宝宝跳舞	小狗打跑的小猴
男	4;11;19	小狗睡觉的床	下白蛋的鸡	母鸡下的蛋	被猴妈妈抱走的小猴	猴宝宝正在和猴阿姨跳舞	小狗把小猴打跑了
女	4;11;19	小狗睡觉的床	下白蛋的鸡	白鸡下的蛋	被猴妈妈抱走的猴子	猴妈妈和他跳舞的猴孩子	小狗把他打跑的小猴
女	4;11;19	小狗睡觉的床	下白蛋的鸡	白鸡下的蛋	被猴阿姨抱走的小猴	猴阿姨在和猴宝宝跳舞	小猴
男	4;11;26	小狗睡觉的床	是白蛋的鸡	是白鸡下的蛋	是猴妈妈抱走的小猴	是猴妈妈和小猴跳舞	是小狗把小猴打跑了
女	4;11;27	小狗睡觉的床	下白蛋的鸡	白鸡下的蛋	被妈妈抱走的小猴	小猴跟阿姨跳舞	小狗把小猴打跑
男	4;11;28	小狗睡觉的	是下白蛋的鸡	白鸡	被猴妈妈抱走的	猴阿姨跟猴宝宝跳舞	小狗又把小猴打晕了
女	4;11;28	小狗睡觉的床	白蛋	黄鸡	猴爸爸抱走	猴妈妈给猴爸爸跑	小狗把小猴打跑
女	4;11;29	小狗睡觉的床	下白蛋的鸡	白鸡下的蛋	被猴爸爸抱走的小猴	他跟孩子跳舞	NA

后　　记

本书对关系结构的研究在2003年就已开始，一直延续至今，其中有些问题笔者还将继续研究下去。本书研究过程中得到了很多老师的指导和帮助，如徐烈炯教授、宁春岩教授、胡建华教授、戴曼纯教授(这四位老师是笔者的博士生导师)、王克非教授、李兵教授、王腊宝教授、顾钢教授、伍雅清教授、满在江副教授等等。在此对他们表示衷心的感谢！还感谢我的父母、爱人庄宇峰、爱女庄梓曼对我的爱和支持！

本书研究主要得到国家社会科学基金(编号:11FYY007)的资助，同时也得到“中国博士后科学基金资助项目”和中国社会科学院哲学社会科学创新工程项目语言研究所语音与言语科学重点实验室“儿童语言获得与认知发展”课题的资助。特此表示感谢！感谢笔者原工作单位天津师范大学外国语学院和现工作单位苏州大学外国语学院的领导、老师对本书的研究及出版给予的支持和帮助。感谢商务印书馆对本书的肯定及为本书出版所做的工作！